NCS
원가회계

김형경 · 김이배 · 김재준 · 정형록 · 김미옥 공저

교육과학사

머리말

정부는 자격제도 규제개혁의 과제 일환으로 1999년 국가직업능력표준의 조기 개발 및 보급을 시작으로 2002년부터 산업분야의 전문인력 양성을 위한 NCS (National Competency Standards) 표준개발에 착수하게 되었다. 국가직무능력표준(NCS)이란 산업현장에서 직무를 수행하기 위해 요구되는 지식·기술·태도 등의 내용을 국가가 체계화한 것을 말한다. 정부는 국가직무능력표준을 통해 능력 있는 인재를 개발해 핵심인프라를 구축하고 나아가 국가경쟁력을 향상시키는 데 목적을 두고 있다. 즉 학력이나 스펙보다는 능력을 중심으로 하는 역량 중심의 인적자원을 개발하겠다는 데 목적을 둔다.

이러한 목적하에 정부는 이미 2015년 현재 847개의 NCS를 개발한 상태이다. 이 중 원가회계에 해당하는 NCS의 경우 대분류는 경영·회계·사무분야, 중분류는 재무·회계, 소분류는 회계, 세분류는 회계·감사, 능력단위는 원가계산, 능력단위요소는 원가요소 분류하기, 원가배부하기, 원가계산하기, 원가정보 활용하기 등으로 구성되어 있다. 특히, 능력단위는 재무제표를 작성할 때 필요한 원가를 산출하여 경영의사결정에 필요한 원가정보를 제공하는 업무에 적용하는 것이다.

현재, NCS를 기반으로 하는 교육과정의 개발방향은 정해져 있지만, 어떤 과목이 어떻게 학습되어야 하는지에 대해서는 명확히 명시되어 있지 않은 상태이다.

본 저서 『NCS 원가회계』는 이러한 내용을 근본으로 하여 회계원리 과목을 학습한 학생들이 조직의 관리활동과 함께 원가의 중요성을 깨닫고, 기업경영 관련 의사결정에 필요한 정보를 마련할 수 있는 데 초점을 두어 다음과 같이 구성되었다.

첫째로, 원가회계의 기초를 다룬다. 즉 조직에서 회계전문가는 어떠한 역할을 하고, 원가란 과연 무엇이며, 원가는 어떠한 형태로 움직이고, 결과적으로 원가-조업도-이익에 대한 관계를 어떻게 분석을 해야 하는지를 배운다.

둘째로, 조직의 원가흐름을 다룬다. 원가흐름을 통한 제조기업의 회계순환과정을 살펴보고 회계정보의 산출과정과 재무제표 작성과정에 대한 원가회계의 전반적인 관점을 학습한다.

셋째로, 조직의 경영활동을 위한 원가산출 과정을 다룬다. 기본적인 원가배부와 수익배부에 대하여 학습한 후, 개별원가계산, 종합원가계산 및 결합원가계산을 공부함으로써 전통적인 원가계산방법을 배운다.

넷째로, 경영계획 설정과 통제를 위한 도구에 대하여 다룬다. 변동원가계산과 함께 차이분석을 학습한다.

현대 기업은 자원 고갈에 따른 문제 등으로 장기계획 및 투자에 대하여 보다 좋은 의사결정을 내려야 한다. 이를테면, 원가도 이제는 전략적으로 관리할 수 있어야만 기업의 생존이 가능하다는 판단을 내리는 상황이다. 따라서 본 저서에서는 원가회계에 대하여 포괄적으로 공부한 후, 계획과 통제에 필요한 원가정보를 제공하는 데 초점을 둔다. 본 저서는 회계학을 전공하는 학생들뿐만 아니라, 모든 조직에서 회계를 제대로 파악하여 직무를 수행하고자 하는 사람들에게도 유용한 역할을 할 것으로 판단된다.

본서의 내용 중 부족한 부분이나, 아직 다루지 못한 사안에 대해서는 전체의 틀을 유지하는 방향에서 향후 지속적으로 보완해 나갈 것이다.

[NCS 원가회계]의 집필과정과 검토과정 등에서 도움을 많이 준 심동희 교수님께 감사의 마음을 전한다. 또한 이 책의 출간을 흔쾌히 맡아주신 교육과학사 김동규 사장님과 이주표 부장님께 감사드린다.

2016년 8월

저자 일동

차례

제 1 장

조직에서의 원가회계의 이해

학습목표

원가회계의 특성과 유용성을 이해하는 것은 원가회계의 여러 부분에 대한 개관과 앞으로의 학습에 대한 전반적인 관점을 제공해 준다.

본장에서는 원가회계의 성격, 즉 누가 이용하며, 어떻게 이용할 것이며, 왜 이용하는가를 설명한다. 또한 원가회계의 유용성, 즉 원가회계가 제공하는 정보가 다른 분야들과 어떻게 연관되어 유용성을 갖게 되는가를 설명한 후, 다양한 원가회계시스템의 특성과 문제점에 대해 설명한다. 본 장의 학습목표는 다음과 같다.

1. 회계의 체계는 어떻게 구성되어 있는가?
2. 원가회계의 의의와 목적은 무엇인가?
3. 원가회계의 역할은 무엇인가?
4. 원가회계시스템은 어떻게 구성되어 있는가?
5. 원가회계시스템의 종류는 어떤 것이 있는가?

제1절 회계의 체계

현대 사회는 매우 역동적으로 변화하고 있으며, 이에 따라 한 사회를 구성하고 있는 조직도 변화에 대응해야 할 뿐만 아니라, 미래에 대하여 제대로 예측하고 적극적으로 변화를 이끌어낼 수 있어야 한다. 최근 이와 같은 변화에 대처하는 양상은 기업을 주축으로 하는 민간부문만이 아니라, 정부 등 공공부문에서도 적극적으로 수용되어 오고 있다. 더구나 우리나라에서는 1990년대 후반의 외환위기를 기점으로, 경영의 투명성과 함께 경영의 효과성이 널리 확산되어 회계의 역할이 어느 때 보다 중요해지기 시작하였다. 즉 단순히 과거의 기록에 머무는 회계개념을 토대로 하는 생산자 위주의 재무제표 작성에서 탈피하여 정보이용자 관점에서 유용한 정보를 제공하여 그들의 의사결정에 즉시 활용될 수 있도록 하는 것에 주안점을 두게 된 것이다. 여기서 구체적으로 회계의 체계에 대하여 알아보도록 하자.

1 회계의 체계와 회계정보의 특성

회계(accounting)란 정보이용자들이 자원배분에 관한 의사결정을 합리적으로 수행할 수 있도록 경제실체의 다양한 경영활동을 화폐단위로 수집, 측정, 기록하고 이에 관한 정보를 분류, 요약, 분석하여 정보이용자들에게 전달하기 위해 고안된 정보생산체계이다. 이러한 정의에 부합하기 위해서 조직이 활용하는 회계는 경제실체와 관련된 정보이용자들이 의사결정을 수행할 때 도움을 줄 수 있어야 한다.

회계정보를 필요로 하는 이용자들은 크게 내부정보이용자와 외부정보이용자로 구분된다. 내부정보이용자(internal users)는 경제실체의 내부에 존재하는 대표이사, 이사회 등의 경영진이며, 외부정보이용자(external users)는 주식투자자, 채권투자자, 거래은행, 공급자, 종업원, 고객, 정보중개인, 조세당국, 금융감독기구 등이다. 이렇게 경제실체에 대하여 다양한 이해관계자들은 저마다 다른 의사결정문제에 직면하기 때문에 다른 정보를 요구하게 되며, 이를 만족시키기 위해서는 다양한 형태의 회계정보를 제공해야 한다.

즉, 경제실체에 관련된 정보이용자들의 유형에 따라 제공되는 회계정보의 목적과 성격이 달라진다. 이러한 관점에서 회계를 관리회계와 재무회계로 구분할 수 있다.

관리회계(management accounting)는 경영진이 경영활동에서 수반되는 의사결정을 효율적·효과적으로 구사함으로써 조직 목표를 달성할 수 있도록 재무적, 비재무적 정보를 수집·분류·요약·분석하여 제공하는 회계분야로서 경제실체에 관한 전략과 경영계획 및 통제활동에 초점을 맞추는 내부보고시스템(internal reporting system)이다.

재무회계(financial accounting)는 외부이해관계자인 주주나 채권자 등에게 경제적 의사결정에 유용한 정보를 제공하는 것을 목적으로 한다. 즉 주주나 채권자들이 합리적인 의사결정을 내릴 수 있도록 경제실체의 재무상태, 경영성과, 재무상태의 변동에 관한 정보를 제공하는 분야이다. 따라서 재무회계에서는 정보이용자들에게 일반적으로 인정된 회계원칙(GAAP: Generally Accepted Accounting Principles)에 근거를 두어 작성된 공표용 재무제표를 통하여 정보를 제공한다.

일반적으로 경영자에 대한 보상은 내부적으로 설정된 평가지표의 비재무적 성과정보뿐만 아니라 재무제표를 통해 외부로 보고된 재무적 성과정보를 기초로 결정된다. 이에 따라 경영진은 관리회계와 재무회계에 모두 관심을 갖게 된다.

한편 원가회계는 관리 및 재무 분야를 위한 정보를 제공한다. 즉 원가회계는 조직이 자원을 취득하고 소비하는 것에 대한 재무적, 비재무적 정보를 측정·분석·보고하는 것이다. 이를테면, 제조기업의 경우 원가회계에서는 생산 및 영업활동에 관한 원가정보를 확인·분류·집계한다. 이렇게 제품원가정보는 대표적인 원가회계의 기능으로 재무상태표의 재고자산가액을 결정하고 포괄손익계산서의 매출원가를 산출하는데 필요한 정보를 제공하기 때문에, 재무회계와의 연결 관계를 가지고 있다. 또한 원가회계는 제품배합(product mix), 가격설정(pricing), 성과평가(performance evaluation) 등과 같은 관리적 의사결정에 필요한 정보를 제공한다. 곧 원가회계시스템은 재무회계와 관리회계의 목적에 필요한 정보를 제공하는 것이다. 특히 조직 관리의 관점에서는 현대의 원가회계시스템에서 산출되고 있는 원가정보가 기본적으로 기업의 내부의사결정과 밀접한 관계를 맺고 있으므로, 관리회계와 원가회계의 구분을 엄격하게 하지 않고 있는 추세이다.

원가정보제공

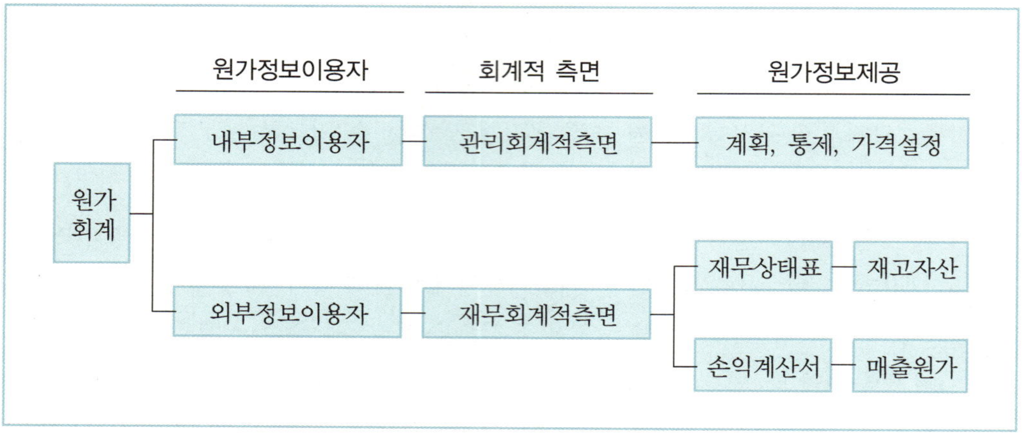

2 재무회계와 관리회계의 비교

다음 표는 재무회계와 관리회계의 차이를 함축적으로 비교한 것이다.

재무회계와 관리회계의 비교

구분	재무회계	관리회계
목적	기업의 외부이해관계자인 주주나 채권자 등에게 유용한 정보제공	기업의 내부이해관계자인 경영자 등에게 유용한 정보의 제공
회계정보이용자	외부정보이용자(주주, 채권자 등)	내부정보이용자(경영자 등)
원칙의 유무	일반적으로 인정된 회계원칙(GAAP)	기업이 내부적으로 설정한 원칙이나 규정
정보의 특성	객관성, 신뢰성	목적적합성, 적시성
정보의 유형	재무적 정보	재무적/비재무적 정보
범위	기업경영 전반의 기초적인 범위(기업전체)	경영활동의 각기 목적에 부합되는 범위(기업전체/사업부문/팀/개인)
시간적 관점	과거지향적임	미래에 대한 예측에 초점을 둠
보고수단	공표용 재무제표(재무보고)	특수한 의사결정 목적에 적합한 보고서
보고빈도	정기	수시

재무회계는 주주나 채권자, 신용평가사, 금융기관, 금융당국과 같은 외부이해관계자의 의사결정에 유용한 정보를 제공하는 것을 목적으로 하는 반면, 관리회계는 최고경영자, 중간관리자, 업무담당자 등 내부이해관계자의 의사결정에 유용한 정보를 제공하는 것을 목적으로 한다.

외부정보이용자는 본질적으로 기업의 내부정보에 접근할 수 없기 때문에 이들과 기업 사이에 정보비대칭이 크고, 기업마다 성격이 모두 다르기 때문에 기업 간 비교가 어렵다. 따라서 재무회계 정보는 신뢰성과 비교가능성을 제고하기 위하여 기업 외부에서 강제된 일반적으로 인정된 회계원칙(GAAP)에 따라 산출된다. 따라서 재무회계 정보는 객관성(objectivity)과 신뢰성(reliability)의 특성을 지니며, 동일한 경제적 사건에 대해서 재무회계 정보는 모든 기업에서 동일하다. 반면 관리회계 정보는 원칙적으로 외부기준이 적용되지 않고, 기업이 내부적으로 미리 설정한 원칙이나 규칙에 따라 개별 의사결정이 신속하게 내려질 수 있도록 산출된다. 따라서 관리회계 정보는 목적적합성(relevance)과 적시성(timeliness)의 특성을 지니며, 동일한 경제적 사건이라도 주어진 상황이나 경영자의 의도에 따라 관리회계 정보는 기업마다 다를 수도 동일할 수도 있다.

재무회계는 기업전체의 재무상태, 경영성과 및 현금흐름 등과 같은 과거의 재무적 정보를 회계원칙에서 규정한 방식에 따라 작성된 공표용 재무제표를 통해 정보이용자에게 제공된다. 관리회계는 기업전체, 사업부문, 팀, 개인 등 경영활동의 각기 목적에 부합하는 대상에 대하여 개별 의사결정과 관련된 재무적 정보뿐만 아니라 고객정보, 생산시간, 배송거리 등과 같은 비재무적 정보까지 제공한다. 이러한 관리회계정보는 미래에 대한 예측에 초점이 맞추어져 있으며, 의사결정의 목적과 성격에 알맞은 형태로 자유롭게 정보이용자에게 제공된다.

한편 재무회계와 관리회계는 다음과 같은 공통점이 있다. 우선 재무회계와 관리회계는 특정한 경제실체에 대한 동일한 회계정보시스템을 기반으로 정보가 마련되는데, 의사결정 주체와 범위에 따라 두 가지 정보로 구분되는 것이다. 그리고 재무회계와 관리회계 모두 책임(responsibility) 혹은 수탁책무(stewardship)의 개념에 의존하는데, 재무회계의 경우 조직 전체에 대한 수탁책무에 초점을 두는 반면에, 관리회계는 각각의 부서에 대한 책무감에 주안점을 두므로, 원가에 대한 책임의 경우 조직의 오직 한 사람에게까지 그 범위를 확대시키게 된다.

제2절 원가회계시스템

1 원가회계시스템의 구성요소

우리들은 일상생활을 해나가면서 의복, 서적, 가구 등 많은 물건들을 구입한다. 우리가 이러한 물건들을 획득하기 위해서는 어떤 희생을 치러야 하는데, 이와 같이 특정재화나 용역을 얻기 위해서 치른 희생을 원가(costs)라고 한다. 보다 일반적인 의미에서 원가란 특정목적을 달성하기 위해 희생된 자원의 가치, 즉 경제적 효익의 희생을 화폐단위로 측정한 것을 말한다.

원가회계(cost accounting)란 재무회계뿐만 아니라 관리회계의 목적에 필요한 원가정보를 제공하기 위하여 생산활동과 영업활동에 관한 원가정보를 확인, 분류, 집계하는 회계분야이다. 즉, 원가회계는 재무상태표상의 재고자산가액을 결정하고 포괄손익계산서상의 매출원가를 결정하는 데 필요한 원가정보를 제공하며, 예산설정, 경영활동의 통제, 가격결정, 성과평가 등과 같은 관리적 의사결정을 수행하는 데 필요한 원가정보를 제공하는 회계분야이다. 그러므로 원가회계담당자는 외부보고와 관련하여 원재료의 출고, 임금의 지급, 경비의 지출과 같은 일상적인 원가정보를 수집하고, 이를 특정부문이나 제품에 배부함으로써 재무제표나 세무보고서를 작성하는 데 필요한 재고자산 평가액과 매출원가 등을 결정해야 한다.

또한 내부보고와 관련하여 특정의사결정문제에 필요한 원가정보를 선택하고, 이를 당면한 의사결정문제에 적합하도록 수정한 후 경영자들이 쉽게 이해할 수 있도록 원가정보를 분석해야 한다.

다음 그림은 관리회계시스템의 구성요소를 보여주고 있다. 원가에 관한 정보를 사용하는 기본목적으로 제품원가계산, 의사결정, 성과평가의 세 가지가 있는데, 이는 곧 원가회계시스템이 재무회계와 관리회계를 위한 기본자료를 제공한다는 사실을 말해 준다.

자산평가와 이익측정을 위해 원가를 집계하고 개별 제품 또는 서비스의 원가를 산출하는 과정을 원가회계로 분리할 수 있다. 제품이나 서비스의 원가정보는 매출원가, 재고자산 등의 계정과목으로 재무회계에 원가정보를 제공한다. 이럴 경우, 관리회계는 좁은 의미로 의사결정과 성과평가를 위한 내부보고체제나 정보시스템만을 포함하는 것으로 정의할 수 있다. 물론 경영자는 가격설정이나 투자 등의 의사결정에 원가정보를 사용하기도 하고, 사업부, 팀, 개인 등의 성과평가에도 해당 부문의 원가 및 수익성 정보를 활용하기도 한다. 즉 제품이나 서비스의 원가정보는 다양한 관점에서 경영자의 의사결정과 성과평가에 활용될 수 있다. 이럴 경우, 넓은 의미에서 관리회계는 원가회계를 포함하는 것으로 정의할 수 있다.

본서는 관리회계를 좁은 의미로 해석하여 주로 제품이나 서비스의 원가계산에 초점을 맞추고 있는 원가회계를 독립적인 영역으로 파악하여 논의를 전개해 나가기로 한다. 또한 전통적인 기업형태인 제조업의 제품원가계산을 중심으로 원가회계와 관련된 이론을 설명을 하도록 한다.

관리회계시스템의 구성요소

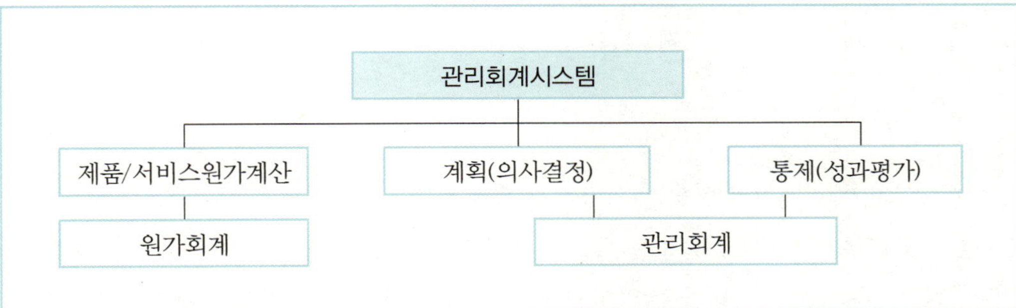

2 원가회계의 역할

원가회계가 경영관리 목적과 외부보고 목적을 위해 어떻게 이용되는가를 관리과정과 연결시켜 개괄적으로 나타내면 다음 그림과 같다.

관리과정 및 원가회계의 이용

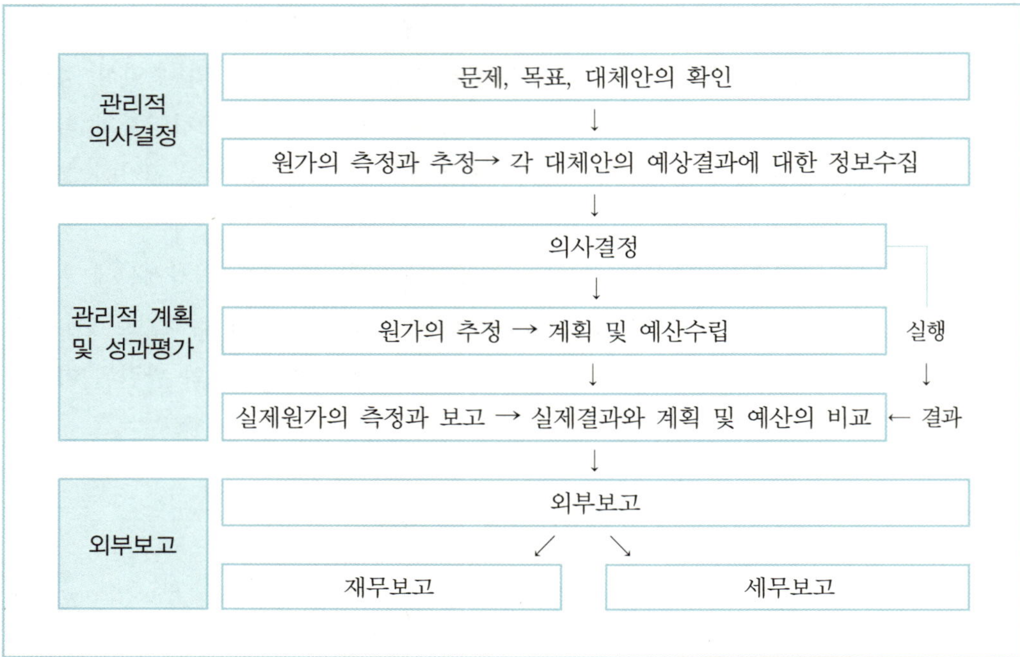

회계담당자가 회계처리를 하는 과정에서 특정문제에 직면하였을 때 가장 먼저 고려해야 할 사항은 현재 작성중인(또는 앞으로 작성될) 회계정보의 이용목적을 파악하는 일이다. 원가정보의 사용목적을 파악하는 이유는 동일한 경제적 활동에 대하여 원가정보를 이용하려는 목적에 따라 상이한 원가정보(different costs for different purposes)를 제공해야 하기 때문이다. 원가회계정보의 대표적인 용도는 다음과 같다.

첫째, 재무제표에 계상되는 재고자산평가액의 결정
둘째, 경영자의 관리적 의사결정 수행을 위한 차액원가 또는 관련원가정보의 파악
셋째, 성과평가를 위한 자료의 수집과 분석

원가회계는 정보이용자들이 필요로 하는 원가정보를 확인·분류·집계하여 제공하는 것을 목적으로 하며, 이러한 목적과 관련하여 원가회계의 주요 역할을 요약하면 다음과 같다.

- 제품원가계산: 재무제표상의 재고자산평가액 및 매출원가 등의 결정을 위한 원가정보의 제공
- 계획 및 통제: 경영계획수립 및 통제를 위한 원가정보의 제공
- 세무회계상의 역할: 세무보고서의 작성을 위한 원가정보의 제공
- 보상회계상의 역할: 원가보상계약에 있어서의 보상금액 결정 혹은 이와 유사한 성격의 가격결정을 위한 원가정보의 제공

(예) 토스트 가게 운영

① 토스트 한 개 만드는데 원가가 얼마가 드는지 궁금할 것이다.(제품원가계산)
② 토스트 30개를 할인된 가격에 주문이 들어 왔을 때 이를 받아들일 것인지의 여부를 결정해야 한다.(의사결정)
③ 후에 분점을 운영하게 되면 각 분점별로 책임자를 두어 분점별 성과를 평가하려고 할 것이다.(성과평가)

다음에서는 이들 각각에 대해 살펴본다.

1) 제품원가계산

제품원가계산이란 산출물의 단위당 원가를 측정하기 위해 기업이 투입한 재화나 용역의 원가를 수집하고 분석하는 과정으로 기업회계시스템의 하위시스템이다. 제품원가를 계산한다 함은 원가정보를 확인 · 집계 · 분류하여 특정원가단위와 연관시키는 것으로서, 본서에서는 편의상 제조기업의 제품원가계산만을 다룬다.

원가정보의 확인이란 제품원가계산의 가장 기본적인 단계로서, 기업 내에서 발생하는 여러 가지 사건(events)을 제품생산과 관련이 있는 사건과 관련이 없는 사상으로 구분하는 과정을 말한다. 예를 들면, 생산 공정에 재료를 투입하는 것은 제품생산과 관련이 있는 사건이며, 생산된 제품을 광고부서에서 사용하는 것은 제품생산과 관련이 없는 사건이다. 그러나 경우에 따라서는 원가정보의 확인이 용이하지 않은 때도 있다. 즉, 공장 건물을 보수하기 위해 재료를 사용하는 경우, 이러한 사상은 제품생산과 관련이 있는지의 여부를 판단하기가 쉽지 않다. 따라서 제품원가계산에서는 여러 가지 모호한 사상이

제품생산과 관련이 있는지를 결정하는 것이 중요하며, 대부분의 회사에서는 이러한 상황에 대하여 사전에 정한 방침을 적용하여 제품생산과의 관련성 여부를 결정한다.

원가정보의 집계란 원가회계상의 원가범주별로 원가정보를 수집하는 것을 말한다. 기본적인 원가범주는 직접재료비, 직접노무비, 그리고 이 두 가지를 제외한 모든 제조원가를 포함하는 제조간접비로 구분한다.

원가정보의 분류란 수익·비용의 대응원칙에 따라 원가범주별로 집계된 원가요소를 다시 구분하는 것을 말한다. 이와 같이 원가요소를 다시 구분하는 이유는 기업이 얻게 되는 성과와 투입하는 노력을 적절히 대응시킴으로써 의사결정과 성과평가를 위한 보다 유용한 정보를 얻을 수 있기 때문이다. 일반적으로 원가요소는 수익과의 대응관계에 따라 제품원가와 기간원가(또는 기간비용)로 구분하며, 제품원가는 다시 특정제품에의 추적가능성에 따라 직접원가(예: 직접재료비와 직접노무비)와 간접원가(예: 제조간접비)로 구분한다. 직접원가와 간접원가는 모두 제품원가를 구성하는 것이지만, 각기 다른 방식으로 제품과 관련을 맺는다.

원가정보의 결부란 제품원가계산과정의 마지막단계로, 각 범주의 원가를 전통적 원가회계방법에 따라 제품과 관련시키는 것을 말한다. 이를 통해 원가회계담당자는 제품생산과 관련된 사상을 찾아내어 그 사상으로부터 제품원가정보를 얻어내는 과정을 완료한다. 여러 가지 제품원가계산방법 가운데 특히, 중요한 원가계산방법으로는 개별원가계산과 종합원가계산이 있다.

2) 계획 및 통제

원가회계의 중요한 역할 중의 하나는 경영자의 의사결정에 필요한 정보를 정확하고 필요한 때에 즉시 제공하는 것이다. 일반적으로 경영자의 의사결정은 계획의 수립과 조직의 통제와 관련된다.

계획은 조직의 목표를 설정하고 그것을 달성하기 위한 수단으로서, 조직이 이용 가능한 자원을 어떻게 사용할 것인지를 결정하는 과정이다. 원가회계는 기업의 생산 활동이나 영업활동에 소요되는 원가정보를 제공함으로써 재료의 구입, 종업원의 채용과 교육훈련, 생산, 가격인하 또는 인상 등의 계획을 수립하는 데 필수적 역할을 하며, 나아가 자금조달, 투자결정 등을 수행하는 데에도 중요한 역할을 한다.

통제란 사전에 계획된 행동으로부터의 이탈을 방지하기 위하여 현재 일어나고 있는 사상을 추적하며, 이에 대한 정보를 해석하여 그에 대응하는 적절한 행동을 취하고자 하는 경영자의 노력이라고 할 수 있다. 통제는 개인, 제품, 부문 등 기업의 모든 수준에서 나타난다. 원가회계정보는 이러한 통제과정에서 매우 중요한 역할을 한다. 원가회계는 사전에 계획된 활동으로서 예산 또는 표준원가를 설정하며, 현재 일어나고 있는 사상에 대하여 실제원가를 집계함으로써 통제과정의 기본적인 정보를 제공한다.

3) 세무회계상 역할

세무회계는 기업의 당기순이익에 직접적으로 영향을 미치는 조세부담액의 산정과 관련된 재무회계의 한 분야이다. 원가회계담당자는 적절한 세액의 산정에 필요한 원가정보를 제공하는 데 특별한 주의를 기울여야 한다. 재무제표작성상의 규정과 세법상의 규정이 서로 다를 뿐만 아니라 일반적으로 세법상의 규정은 회계담당자가 집계해야 할 원가의 범위를 구체적이고 단정적으로 설정해 놓고 있으며, 또한 재무제표작성상의 규정보다 훨씬 더 복잡하기 때문이다. 따라서 제품원가계산 측면에 있어서 원가회계담당자는 서로 일치하지 않는 경우가 대부분인 재무제표상의 재고자산원가와 세무보고서상의 재고자산원가를 적절히 산정해 내는데 필요한 원가정보를 제공하는 것이 중요하다.

4) 보상회계상의 역할

보상회계 혹은 보상원가계산이란 기업이 재화와 용역을 제공하는 대가로 수취할 금액을 계산하거나 비영리기업이 기부금의 형태로 증여받을 금액을 계산할 목적으로 개별제품이나 용역 등에 원가를 할당하는 과정을 말한다. 원가회계는 이러한 보상회계에 있어서도 중요한 역할을 수행한다.

원가보상계약은 재화나 용역의 원가발생액에 대하여 일정률 또는 일정액의 이윤을 가산한 금액을 제공된 재화나 용역의 대가로 지급하는 계약형태인데 주로 정부기관과 사기업간의 거래에서 많이 사용된다. 이러한 형태의 계약시에 사전에 원가의 정의, 측정방법 등을 충분히 합의해 두지 않으면 계약이행과정에서 쌍방간의 분쟁이 발생하여 소송

문제로까지 발전할 우려가 있다. 그러므로 계약시에 원가의 정의나 측정방법 등을 명백히 밝혀 놓을 필요가 있으며, 이러한 점에서 본다면 원가회계담당자는 계약체결에 앞서서 계약원가의 결정과 관련된 중요한 역할을 수행한다.

3 원가회계시스템의 분류

원가회계시스템은 원가를 집계하는 방법, 제품원가를 계산하는 방법, 원가를 측정하는 방법에 따라 다양하게 분류할 수 있다. 다음에서는 이들 각각에 대해 살펴본다.

1) 원가의 집계

원가회계시스템은 원가를 집계하는 방법에 따라 개별원가계산과 종합원가계산으로 분류할 수 있다.

개별원가계산이란 개별작업별로 원가를 구분하여 계산하는 방법을 말하며, 종합원가계산이란 공정이나 부문별로 원가를 집계한 후, 집계된 원가를 총산출물에 균등히 배분하여 단위당 원가를 계산하는 방법이다. 주문품의 성격을 갖는 대형선박을 건조하는 경우에는 선박제조에 소요되는 원가를 작업별로 집계하는 것이 용이하므로 개별원가계산을 사용한다. 그러나 정유회사 또는 화학약품회사와 같이 연속공정에 의해 표준제품을 대량 생산하는 기업에서는 제품별로 원가를 집계하는 것이 용이하지 않기 때문에 일정한 회계기간을 기준으로 특정 공정 또는 부문에서 발생한 모든 원가를 집계하여 이를 제품에 평균적으로 배분하는 종합원가계산을 사용한다.

2) 제품원가의 계산

원가회계시스템은 제품원가를 계산하는 방법에 따라 전부원가계산과 변동원가계산으로 분류할 수 있다.

전부원가계산은 고정제조간접비를 포함한 모든 원가를 제품이 판매되는 시점에서 수익에 대응시켜 비용으로 계상할 수 있도록 제품원가로 처리하고, 판매 및 관리활동에서 발생한 원가는 기간비용으로 처리하는 원가계산방법이다. 이에 반해 변동원가계산은 고정제조간접비를 제외한 변동제조원가만을 제품원가로 처리하고, 고정제조간접비는 판매 및 관리활동에서 발생한 원가와 함께 발생한 기간의 수익에 대응시켜 기간비용으로 처리하는 원가계산방법이다. 따라서 전부원가계산과 변동원가계산의 차이는 고정제조간접비를 제품원가로 처리하느냐, 아니면 기간비용으로 처리하느냐의 여부에 달려 있다.

제품원가로 처리되는 원가는 재고자산원가에 포함시켜 차기로 이월할 수 있고, 판매시점에서 수익과 대응하여 비용화할 수도 있다. 그러나 기간비용으로 처리하는 원가는 재고자산원가에 포함시키지 않고, 발생 즉시 그 기간의 비용으로 처리한다. 따라서 어떤 원가계산방법을 적용하느냐에 따라 재고자산의 평가액 및 기간손익이 달라진다.

3) 원가의 측정

원가회계시스템은 원가를 측정하는 방법에 따라 실제원가계산, 정상원가계산, 표준원가계산으로 분류할 수 있다.

실제원가계산이란 개별 생산요소의 실제의 구입가격 및 실제의 사용수량을 기준으로 제품의 원가를 측정하는 방법을 말한다. 이에 반해 표준원가계산이란 개별 생산요소에 대해 사전에 정해진 표준가격 및 표준사용수량을 바탕으로 원가를 측정하는 방법이다. 정상원가계산은 실제원가계산과 표준원가계산을 결합한 원가측정방법으로 직접재료비와 직접노무비는 실제원가를 적용하고, 제조간접비는 미리 정해놓은 예정배부율에 따라 결정된 원가(일종의 표준원가)를 적용하는 원가측정방법이다.

여기서 원가를 측정하는 기준이 되는 '실제' 또는 '표준'이라는 용어에 대하여 다음의 예로써 설명한다. 예를 들어, kg당 ₩100짜리 얼음 1kg과 g당 ₩10짜리 색소 1g을 혼합하여 아이스크림을 만든다고 하자. 실제로 얼음을 kg당 ₩110에 구입한 후 얼음 1.2kg과 ₩10짜리 색소 1g을 혼합하여 아이스크림 1개를 만들었다면, 원래의 목표보다 얼음구입에 있어서는 kg당 ₩10씩, 얼음사용에 있어서는 아이스크림 1개당 얼음 0.2kg이 초과되었다고 할 수 있다. 이 경우 아이스크림 1개당 얼음 1kg, 색소 1g은 수량에 있어서의 표준이라 할 수 있고, 얼음 1kg당 ₩100과 색소 1g당 ₩10은 가격에 있어서의 표준이라 할 수 있다. 이 예에서는 얼음의 실제구입가격 및 실제사용수량이 모두 표준가격과 표준수량을 초과하고 있다.

4) 원가회계시스템의 종류 및 선택

지금까지 설명한 원가의 집계방법과 제품원가계산방법 및 원가측정기준을 결합하면 다음 그림에 나타나 있는 것과 같이 여러 가지 조합의 원가회계시스템을 만들 수 있다.

예를 들어, 개별·전부·표준원가회계시스템을 채택하면서 그 외에 추가적으로 변동원가계산제도를 병행하는 조합을 생각할 수 있다. 이와 같은 시스템은 모든 제조원가를 제품에 부과하면서(전부원가계산), 각 작업별로 원가를 집계하고(개별원가계산), 사전에 결정된 표준원가와 실제원가를 비교하며(표준원가계산), 직접원가에 근거한 보고서도 부수적으로 작성(변동원가계산)하는 원가회계시스템이 된다. 이 밖에도 여러 가지 종류의 조합이 있을 수 있다.

원가회계시스템의 종류

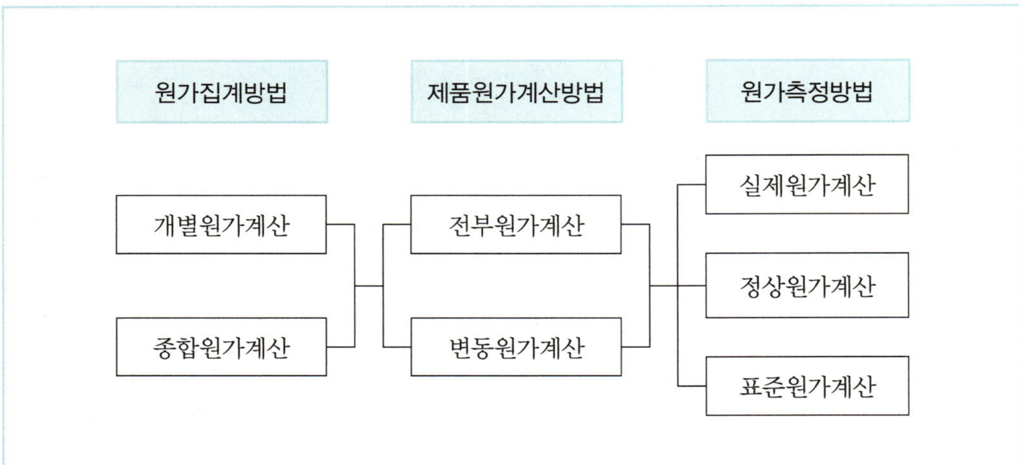

원가회계시스템의 선택은 경영자가 이용할 수 있는 원가정보에 중대한 영향을 미친다. 만일 실제원가계산제도를 채택한 기업에서 표준원가계산제도를 병행하지 않으면, 원가통제목적에 중요한 역할을 하는 표준원가와 실제원가의 차이에 관한 정보를 얻지

못하게 될 것이다.

한편, 전부원가계산제도를 채택한 기업에서 변동원가계산제도를 병행하지 않으면, 고정제조원가와 변동제조원가와의 관계를 명확히 파악할 수 없게 된다. 이러한 경우에 조업도의 변화에 따른 적정한 가격 인상 또는 하락폭에 대한 정보를 알아내기가 어려울 것이다. 그러므로 원가회계시스템의 설계 및 선택에 관한 의사결정은 여러 가지 중요한 요소들을 고려하여 합리적인 방법으로 이루어져야 한다.

개별원가계산과 종합원가계산 중에 어느 하나를 선택하는 것은 특히 중요한 일인데, 이때에는 제조활동의 성격, 필요한 원가정보의 종류, 원가회계시스템 운영비용 등의 세 가지 기준을 신중히 고려하여 결정해야 한다. 이 중에서도 제조활동의 성격은 개별원가계산제도와 종합원가계산제도를 선택하는 데 있어서 가장 중요한 기준이 된다. 예를 들어, 어떤 기업의 제조활동이 유사한 종류의 제품을 계속적으로 동일한 공정을 거쳐 대량으로 생산하는 것이라면 그 기업에는 종합원가계산제도가 적합하며, 이와는 달리 제조활동의 성격이 특별주문 등을 접수하여 다양한 종류의 제품을 서로 다른 공정을 거쳐 생산하는 것이라면 그 기업에는 개별원가계산제도가 적합하다.

I. 평가자체크리스트

※ 다음 서술이 옳으면 T, 옳지 않으면 F를 기재하시오.

1.1 일반적으로 회계정보이용자들은 외부이용자들로 구성되어 있다.

1.2 내부정보이용자들은 대표이사, 이사회 등의 경영진들로 구성되어 있다.

1.3 원가회계는 관리 및 재무 분야를 위한 정보를 제공한다.

1.4 원가회계는 제품배합, 가격결정, 성과평가 등과 같은 관리적 의사결정에 필요한 정보를 제공한다.

1.5 특정 재화나 용역을 얻기 위해서 치른 희생을 원가(costs)라 한다.

1.6 생산 원가자료는 관리회계에서만 이용된다.

1.7 원가회계는 일반적으로 인정된 회계원칙에 의하여 이루어진다.

1.8 원가를 측정하는 방법에 따라 실제원가계산, 정상원가계산으로 분류할 수 있다.

1.9 원가를 집계하는 방법에 따라 개별원가계산과 종합원가계산으로 분류할 수 있다.

1.10 제품원가를 계산하는 방법에 따라 전부원가계산과 변동원가계산으로 분류할 수 있다.

II. 객관식

1.1 원가회계의 특징으로 적합하지 않은 것은?

① 경영자의 계획과 통제를 위한 원가정보를 제공한다.

② 재무회계에 제공되는 원가 정보는 반드시 기업회계기준을 따른다.
③ 관리회계에 제공되는 원가 정보는 반드시 기업회계기준을 따른다.
④ 비영리기업이 증여받을 금액을 계산할 목적으로 개별제품이나 용역에 할당된 원가 정보를 제공한다.
⑤ 세금계산을 위한 원가 자료를 제공한다.

Ⅲ. 주관식

1.1 원가회계의 역할을 설명하시오.

1.2 다음 각각의 기준에 따라 원가회계시스템을 분류하고, 그 특징을 설명하시오.
① 원가를 집계하는 방법
② 제품원가를 계산하는 방법
③ 원가를 측정하는 방법

1.3 재무회계와 관리회계의 차이점에 대하여 설명하시오.

1.4 다음 내용에 대하여 재무회계(F)와 관리회계(M)를 구분 표시하시오.
① 외부보고를 위한 회계
② 내부이용자를 위한 회계
③ 계획과 통제기법을 주로 다루는 회계
④ 주주와 채권자를 위한 회계정보 제공
⑤ 경영자에게 보고하기 위한 회계
⑥ 업적평가를 위한 회계
⑦ 의사결정을 위한 회계
⑧ 조직전체보다 조직의 부문에 관심을 더 집중한다.
⑨ 비영리단체에도 적용 가능하다.
⑩ 공식적인 원칙이나 기준이 없다.

제 2 장

원가의 개념 및 분류

학습목표

원가개념과 원가용어 그리고 그 분류에 대하여 잘 알게 되면, 원가·관리회계를 학습하여 적용하는 데 큰 도움을 받을 수 있다. 이는 어느 조직이든 간에, 활동을 시작하게 되면 원가는 언제든지 발생되는 것으로 이를 제대로 구분하는 것이 유용한 관리회계정보를 마련할 수 있는 요건이 되기 때문이다. 따라서 본 장에서는 다음과 같은 학습목표를 세운다.

1. 원가회계와 관리회계의 차이는 무엇인가?
2. 원가에 대한 정의는 어떻게 내려야 하는가?
3. 추적가능성과 원가행태에 따라 원가는 어떻게 구분되며, 원가유형 간의 관계는 어떻게 연결되는가?
4. 원가의 통제가능성은 왜 중요한가?
5. 제조원가는 어떻게 산출되며, 원가흐름은 어떻게 연결되는가?
6. 재무제표상에서 재고가능원가와 기간원가는 어떻게 표시되는가?

제1절 원가의 개념

원가회계란 외부보고용 재무제표를 작성하고, 기업내부의 경영활동을 계획 · 통제하며 특수한 의사결정 및 경영자의 성과평가에 필요한 원가정보를 제공하기 위한 목적으로 기업의 원가자료를 확인 · 분류 · 집계하는 회계분야이다. 원가회계가 이와 같은 여러 목적을 달성하기 위해서는 사용목적에 따라 각각 다른 원가정보가 필요하기 때문에, 원가회계담당자는 특정목적에 가장 적합한 원가정보를 제공하기 위하여 어떤 원가자료를 확인 · 분류 · 집계할 것인가를 결정해야 한다. 한편, 관리회계는 경영자의 의사결정과 통제활동에 도움이 되는 각종 정보를 수집 · 분류 · 요약 · 분석하여 이를 이용자에게 보고하는 회계분야로서 내부경영계획과 경영통제활동에 초점을 맞추는 내부보고 지향적 회계분야이다. 따라서 관리회계의 목적은 특수목적의 재무제표나 보고서를 작성하여 기업내부 정보이용자의 의사결정에 유용한 정보를 제공하는 것이다. 이런 의미에서 원가회계와 관리회계의 가장 기본이 되는 사고는 '상이한 목적에 따라 상이한 원가를 적용한다'는 것이다. 이것은 원가를 정의하고 측정하는 방법에 여러 가지가 있으며, 그러한 원가정보를 이용하는 목적도 여러 가지가 있음을 의미한다.

원가의 정의를 다루기 전에 자산(asset)에 대해서 살펴보기로 한다. 자산을 기업이 보유하고 있는 미래 현금창출능력이 있는 경제적 자원이라고 할 때, 이 자원 중 특정 목적을 달성하기 위해 희생 또는 소모된 자원을 화폐액으로 나타낸 것이 원가(cost)이다.

예를 들어, 기업이 획득한 원재료를 이용해서 제품을 생산하였다면 이 원재료의 가액은 다음 기에 현금을 창출할 수 없기 때문에 재료원가로 계상된다. 그러나 이 원재료가 아직 제품의 생산 공정에 투입되지 않았다면, 원재료의 가액은 재무상태표의 자산항목인 원재료로 계상된다.[1)]

한편, 소멸자원인 원가는 그것이 수익창출에 기여했으면 비용으로, 수익을 창출하는데 아무런 기여도 하지 못하고 소멸되었으면 손실로 계상된다. 예를 들면, 아무런 수익

1) 실무에서는 원가와 비용을 엄격하게 구분하지 않고 혼용해서 사용한다. 기본적으로 수익창출을 목적으로 경제적 자원을 사용한다고 간주되므로 원가라는 계정을 사용하지 않고 비용이라는 계정을 사용하는 것이 불합리하다고는 판단되지 않으나 추후 수익창출에 기여하지 않은 부분에 대해서는 손실로 계상해야 할 것이다.

을 창출하지 못하고 소멸된 재고자산은 경제적 효익을 상실한 것이므로, 이 경우 소실된 재고자산의 원가는 재고자산감모손실과 같은 손실항목으로 계상된다.

원가의 정의

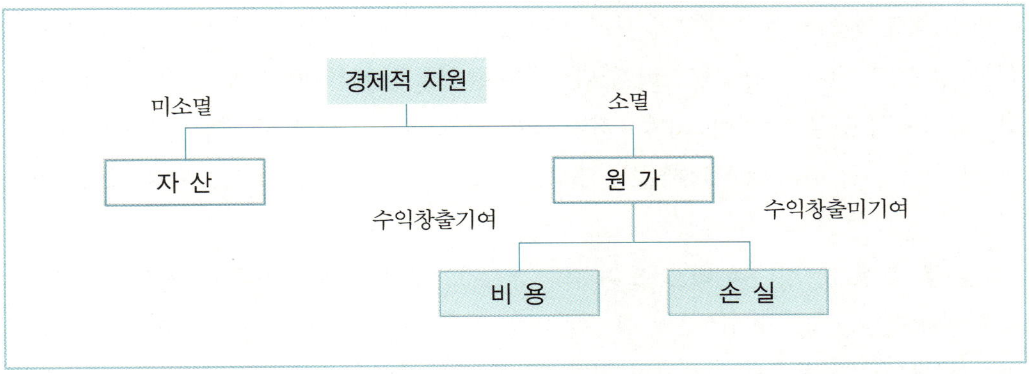

제2절 원가의 분류

원가정보의 실질적인 유용성을 도모하기 위하여 원가는 그 사용목적에 따라 분류된다. 즉 특정 원가는 어느 한 가지로만 구분되는 것이 아니라, 의사결정 목적에 따라 동시에 여러 가지로 분류될 수 있다.

1 직접원가와 간접원가

원가는 원가대상(cost object)의 추적가능성(traceability)에 따라 직접원가(direct costs)와 간접원가(indirect costs)로 구분할 수 있다.

경영자는 경영의사결정을 위하여 원가를 부담하는 '무엇'에 대한 원가정보를 필요로 한다. 이 '무엇'을 원가집적대상 또는 원가대상이라고 한다. 이러한 원가대상의 예로는 제품, 서비스, 고객, 브랜드, 부문 등을 들 수 있다.

직접원가는 특정 원가대상에 대해 직접적으로 특정제품 또는 특정부문에 직접 관련시킬 수 있는 원가이다. 예를 들어, 조선업체에서 엔진원가는 완성된 선박별로 추적할 수 있으므로 해당 선박에 대한 직접원가가 된다.

반면 어떤 원가가 원가대상과 관련성은 있지만 그 원가대상에 직접적으로 추적할 수 없는 경우 그 원가를 간접원가라 한다. 예를 들어, 조선업체에서 공통적으로 발생하는 공장감독자의 임금, 전력비, 기계유지비 등은 비록 제품을 생산하는 데 필요한 원가이기는 하지만, 이들 원가를 특정제품에 대하여 직접적으로 추적할 수 없으므로 간접원가가 된다.

원가를 추적가능성에 따라 직접원가와 간접원가로 분류하는 경우, 직접원가는 각 원가대상에 할당(assignment)하게 되는데 이를 원가추적(cost tracing)이라고 하고 간접원가는 별도의 부과방법을 이용하여 원가대상에 할당하는 것을 원가배부(cost allocation)이라고 한다. 간접원가의 배부는 원가·관리회계의 거의 모든 분야에 관련되는 것으로서 매우 중요하다.

추적가능성에 따른 원가분류

생산요소	제조원가	추적가능성	
		직접원가	간접원가
원재료	재료비	① 직접재료비	간접재료비
노동력	노무비	② 직접노무비	간접노무비
생산설비(용역)	경 비	③ 제조간접비(경비, 간접재료비, 간접노무비)	

특정원가가 직접원가 또는 간접원가로 구분하는 것이 항상 고정되어 있는 것은 아니다. 즉, 동일한 원가라 할지라도 그 집적대상의 선택과 범위에 따라 추적가능성도 달라질 수 있다. 같은 공장감독자의 급여라고 하더라도 원가대상을 A제품으로 설정했을 경우, A제품을 감독하는 감독자의 노무원가는 직접원가로 구분할 수 있으나, 공장전체를 통제하는 감독자의 노무원가는 특정제품으로 추적하는 것이 용이하지 않으므로 간접원가로 구분해야 할 것이다. 이러한 원가는 위에서 언급한 바와 같이 원가배부를 통하여 원가대상에 할당해야 할 것이다.

한편, 비록 특정원가대상에 실질적으로 추적가능한 원가항목이라 하더라도 원가－효익 기준(cost-benefit criteria)과 중요성 기준을 만족시키지 못할 때에는 간접원가로 분류하는 것이 타당하다.

원가－효익 기준과 중요성 기준은 관련성과 신뢰성을 갖춘 유용한 회계정보를 정보이용자에게 제공할 때에 고려해야 할 실무적인 요인들이다. 이러한 요인들은 회계정보가 가져야 할 질적 특성을 제한하므로 제약요인(constraints)이라고 부른다.

원가－효익 기준이 갖는 의미는 조직의 목표를 달성하기 위해 소비한 자원으로 부터 기대효익이 기대원가를 초과해야 한다는 것이다. 기대효익과 기대원가를 측정하기는 용이하지 않지만, 이러한 원가－효익 기준은 자원배부 의사결정에 있어서 중요한 기준이다. 이를 원가분류에 적용하면 원가를 추적함으로써 얻을 수 있는 효익이 원가보다 작은 경우에는 간접원가로 분류하는 것이 타당하다는 것이다.

중요한 정보(material information)란 그 정보의 누락이나 오류로 인해 정보이용자의 의사결정이 바뀔 수 있을 정도로 중대한 영향(significant impact)을 미치는 정보를 가리킨다.

중요성(materiality)은 잠재적으로 관련성과 신뢰성이 있는 정보일지라도 중요하지 않다면(immaterial), 그 정보를 처리하는 방법이 논리적으로 타당한 회계이론이나 기준과 일치하지 않더라도 무방하며, 경우에 따라서는 그러한 정보의 공시를 생략할 수도 있다. 따라서 중요성은 회계항목이 정보로서 정확하게 제공되기 위한 최소한의 요건(threshold)이라 할 수 있다. 일반적으로 중요성은 해당 항목의 성격과 금액의 크기에 의해 결정된다. 이를 원가분류에 적용하면 특정제품을 생산하는 데 사용한 소모품의 원가가 그 금액이 미미하면 각 제품단위에까지 추적하여도 큰 효익이 없다. 이 경우 소모품 원가는 간접원가로 처리하는 것이 바람직하다.

2 변동원가와 고정원가

원가는 원가행태(cost behavior)에 따라 변동원가(variable cost)와 고정원가(fixed cost)로 구분할 수 있다.

먼저 원가행태란 조업도나 활동수준이 변화함에 따라 총원가발생액이 일정하게 변화하는 정도를 의미한다. 기업이 원가행태에 따라 원가를 분류하는 것은 경영계획과 통제목적에 유용한 정보를 제공할 수 있기 때문이다.

미래에 발생할 원가가 어떠한 양상으로 변화할 것인지를 예측하는 것은 미래의 일정 시점에 예상된 범주를 벗어날 경우 그 변화 금액을 알아야 하기 때문이다. 즉, 산출량 혹은 투입량의 변화에 따라 원가가 어떻게 변할 것인가를 알 수 있어야 원가정보를 계획과 통제목적에 유용하게 사용할 수 있다. 따라서 조업도나 활동수준의 변화에 따라 원가가 어떻게 변화하는가를 파악하는 일은 원가회계담당자의 중요한 임무이다.

변동원가는 조업도나 활동수준의 증감에 따라 비례하여 총원가가 증감하는 원가항목을 말한다. 따라서 단위당 변동원가는 조업도나 활동수준의 증감과 관계없이 일정하다.

고정원가는 가격변화와 같은 외부요인의 변동이 없는 한 관련범위(relevant range)내에서 조업도나 활동수준의 증감에 관계없이 총원가가 일정한 원가항목을 말한다. 따라서 조업도나 활동수준의 증가(감소)하면 단위당 고정원가는 감소(증가)한다. 고정원가의 예로는 공장건물의 임차료나 정액법에 의한 감가상각비 등을 들 수 있다.

여기에서 관련범위란 조업도나 활동수준과 원가의 관계, 즉 원가함수를 유효하게 적용할 수 있는 조업도나 활동수준의 범위를 의미한다. 이러한 관련범위 내에서는 특정원가의 행태가 변화하지 않는다고 가정한다. 즉, 일반적으로 고정원가와 변동원가는 일정범위의 조업도 및 특정기간이 주어졌다는 전제하에서 정의된다.

예를 들면, 고정원가는 주어진 조업도나 활동수준에서만 총원가가 변하지 않는다. 즉 관련범위 내에서 조업도나 활동수준의 증감은 고정원가에 아무런 영향을 미치지 않는 것이다. 만약 해당 관련범위를 벗어나는 경우에는 고정원가의 총액이 변화한다. 따라서 관련범위를 어떻게 설정하느냐에 따라 원가의 구분은 달라질 수 있으며, 관련범위를 상당히 넓게 설정했을 경우에는 순수한 의미의 고정원가는 존재하지 않는 것이다.

이렇게 관련범위에서는 특정 원가의 행태가 변화하지 않는다는 것이 고정원가에만 해당되는 개념은 아니다. 변동원가 역시 해당 관련범위 내에서 조업도나 활동수준에 비례하여 총원가가 변동하므로, 해당 관련범위를 벗어나는 경우에는 조업도나 활동수준에 대하여 다른 비율(예: 대량구매에 따른 가격할인 등)로 변동할 수 있다.

원가행태에 따른 분류

<table>
<tr><td rowspan="6">제조원가</td><td>직접재료비</td><td rowspan="3">변동비</td><td>변동비</td><td>총연료비</td></tr>
<tr><td>직접노무비</td><td>단위당 변동비</td><td>주행거리당 연료비</td></tr>
<tr><td>변동제조간접비</td><td>준변동비</td><td>임차료+연료비</td></tr>
<tr><td rowspan="3">고정제조간접비</td><td rowspan="3">고정비</td><td>고정비</td><td>임차료</td></tr>
<tr><td>단위당 고정비</td><td>주행거리당 임차료</td></tr>
<tr><td>준고정비</td><td>택시 추가 구입</td></tr>
</table>

예제

물음

현대자동차 아산공장에서 쏘나타 자동차의 타이어를 대당 ₩300,000에 구입하여 제조하고 있다. 또한 공장임차료가 ₩100,000,000이 발생한다고 하자. 10,000~20,000대의 관련범위 내에서 타이어의 총변동원가는 자동차 생산대수에 대한 단위당 변동원가 ₩300,000의 일정비율에 따라 비례적으로 증가하고 있으나, 임차료의 총액은 변화하지 않으므로 자동차 단위당 임차료는 감소하고 있다.

쏘나타의 생산대수 (A)	타이어의 단위당 변동원가(B)	타이어의 총변동원가 (C)=(A)×(B)	고정임차료 연간총액 (D)	쏘나타의 단위당 고정임차료 (E)=(D)/(A)
1	₩300,000	₩300,000	₩100,000,000	₩100,000,000
5,000	300,000	1,500,000,000	100,000,000	20,000
10,000	300,000	3,000,000,000	100,000,000	10,000
20,000	₩300,000	₩6,000,000,000	₩100,000,000	₩5,000

풀이

다음은 위의 예를 그래프를 통하여 구체적으로 설명할 것이다. 각 원가행태를 설명함에 있어서 그래프의 가로축은 독립변수인 자동차 생산대수를 나타내고, 세로축은 종속변수인 총원가를 나타낸다.

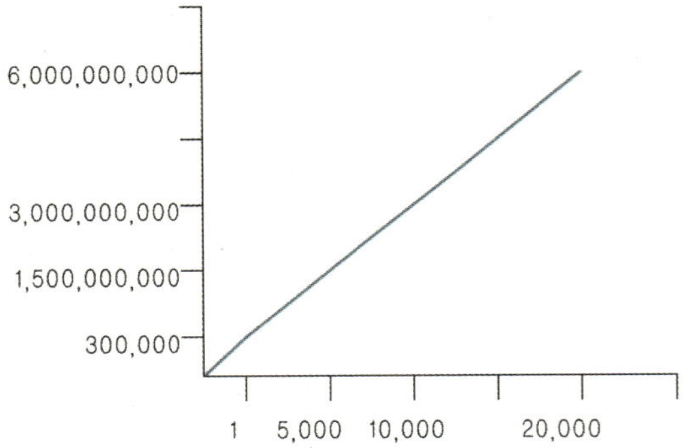

(패널 A) 타이어 총변동원가

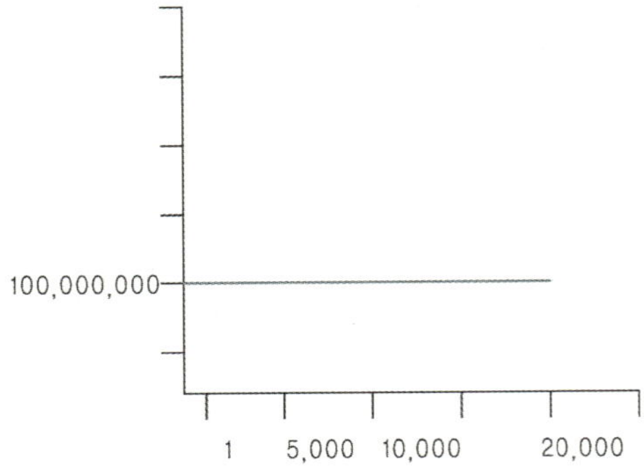

(패널 C) 아산공장의 고정임차료

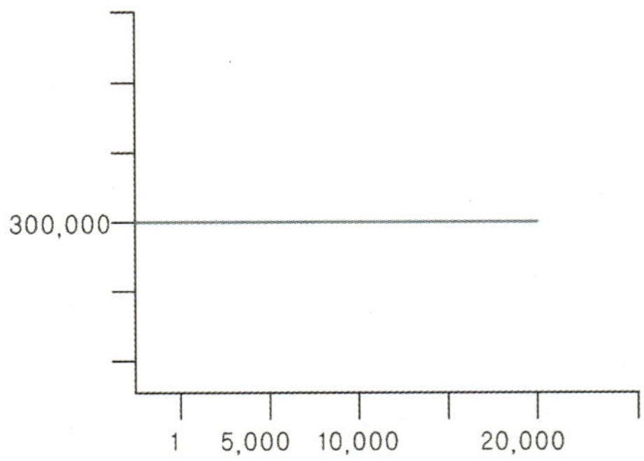

(패널 B) 쏘나타 1대당 타이어 변동원가

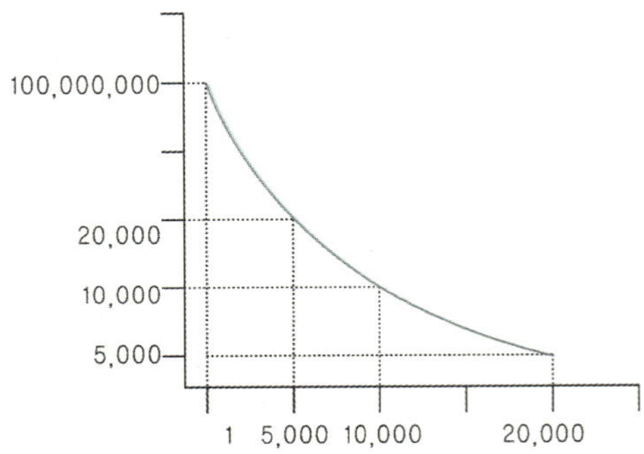

(패널 D) 쏘나타 1대당 고정임차료

원가동인(cost driver)이란 원가를 발생시키는 원인이 되는 변수이다. 대표적인 원가동인으로는 앞에서 원가행태에 따른 원가구분에서 언급한 활동이나 조업도 수준을 들 수 있다. 위의 그림에서 생산대수인 조업도를 독립변수로 사용한 이유도 조업도 수준의 증감과 원가대상에 대한 총원가수준의 증감 사이에 인과관계가 존재하기 때문이다.

변동원가의 원가동인은 그 원가를 비례적으로 변동시키는 활동 또는 조업도수준이다. 위의 예에서 타이어원가가 자동차 생산대수에 따라 변동되면 자동차 생산대수는 타이어 원가의 원가동인인 것이다.

관련범위 내에서 고정원가는 변화하지 않으므로 원가동인은 없다고 할 수 있지만 관련범위를 확대시키게 되면 총고정원가 역시 변화하게 되므로 이를 야기한 원가동인이 있을 것이다. 본 예에서 보면 조업도(자동차 생산대수)가 20,000대 이상이 되는 경우, 즉 관련범위를 벗어나는 경우에는 설비를 증대해야 하고 이에 따라 공장임차료를 추가로 지급해야 할 것이다. 장기적인 관점에서 보면 조업도가 공장임차료의 원가동인이 될 것이다.

3 제조원가와 비제조원가

1) 기업의 종류

기업을 크게 서비스기업, 상기업, 제조기업 세 가지 종류로 구분할 수 있다.

먼저 서비스기업(service company)은 고객에게 용역을 제공하는 기업이다. 대표적인 예로는 회계법인, 법무법인, 은행, 투자자문회사, 정보중개회사 등을 들 수 있다.

상기업(merchandising company)은 제품을 구입하여 고객에게 판매하는 것을 주된 영업활동으로 하는 기업이다. 상기업을 매매기업 또는 판매기업이라고도 하며 대표적인 예로는 소매업, 유통업, 도매업에 속하는 회사들이다.

제조기업(manufacturing company)은 원재료를 매입하여 생산 공정에 투입하고 추가적으로 노무원가와 제조간접비를 투입하여 제품을 생산한다. 그리고 이렇게 생산된 완제품을 고객에게 판매하는 활동을 주요한 영업활동으로 영위하는 기업이다.

회계정보 산출측면에서 보면, 이렇게 서로 다른 형태의 기업들은 원가를 구성하고 있는 항목들의 비중 및 성격이 상이하므로 서로 다른 형태의 회계문제에 직면하게 된다.

상기업과 제조기업은 서비스 기업과는 달리 상품이나 제품을 거래하므로 이들의 매출원가를 계산한다는 것이 특징이다.

상기업에서는 매입활동, 판매활동이 이루어지고 제조기업에서는 매입활동, 판매활동과 더불어 생산 활동이 복합적으로 이루어지므로 회계정보 산출과정과 재무제표가 서비스기업이나 상기업보다 복잡하다. 본서에서는 제조기업에 초점을 맞추어 원재료의 매입부터 판매활동에 이르기까지의 원가개념 및 계산에 대해 자세히 다루고자 한다.

2) 제조활동 관련성과 원가

제조활동과의 관련성에 따라 원가를 분류하면 제조원가(manufacturing costs)와 비제조원가(non-manufacturing costs)로 나눌 수 있다.

먼저 제조원가를 살펴보기 전에 제조기업의 생산과정에 따라 나타나는 재고자산에 대하여 알아보기로 한다. 제조기업은 인적자원과 물적 설비를 투입하여 구매한 재료나 부품을 물리적, 화학적 변환을 통해 재화를 생산하게 된다. 따라서 생산과정에 투입되기 전에 미사용되어 저장되어 있는 직접재료는 원재료재고(raw material inventory)라는 계정으로 재무상태표에 계상된다. 그리고 인적자원과 물적 설비를 투입하여 부분적으로 작업이 수행되었지만 미완성된 재화는 재공품재고(work-in-process inventory)계정에 표시되고 작업이 완료되었지만 판매가 이루지지 않은 제품은 제품재고(finished goods inventory)계정에 표시된다.

제조원가는 제품을 생산하는 과정에 소요되는 모든 원가를 말한다. 제조원가는 보통 직접재료비, 직접노무비 및 제조간접비의 세 가지로 구분하며 각각 동일한 의미를 가진 재료비, 노무비, 경비계정을 사용하기도 한다.

직접재료비(direct material cost)는 원재료재고 중에서 제품을 생산하는 데 사용되는 재료원가 중 특정제품에 직접적으로 추적 가능한 원가이다. 예를 들면, 선박생산에 필요한 엔진의 원가가 직접재료비에 해당된다. 직접재료비는 생산조업도에 비례하여 변화하기 때문에 일반적으로 변동원가로 구분된다.

한편, 원재료 중에서 제품을 생산하는 데 사용되지만 원가대상에의 추적가능성이 떨어지는 재료원가는 간접재료비(indirect material cost)이며, 이는 제조간접비에 포함되는 원가항목이다. 간접재료비의 예로는 제품생산에 사용되는 접착제, 기계장치에 사용되는 윤활유 등이다.

직접노무비(direct labor cost)란 특정제품의 제품생산에 소요된 추적 가능한 인적자원에 대한 보상액이다. 예를 들면, 특정제품을 생산하는 작업자에게 지급된 임금, 보너스 등이다. 직접노무비도 직접재료비와 유사하게 생산조업도에 비례하여 변화하기 때문에 일반적으로 변동원가로 구분된다.

한편, 간접재료비와 유사하게 제품에 투입되지만 원가대상에의 추적가능성이 낮은 인적자원에 대한 보상액은 간접노무비(indirect labor cost)이며, 이는 제조간접비에 포함되는 원가항목이다. 예를 들어, 공장관리인이나 감독자에게 지급하는 임금, 보너스 등은 직접적인 생산 활동을 수행하지는 않지만 공장운영을 위해 필요한 종업원에게 지급한 보상액이다.

직접재료비와 직접노무비를 제외한 제조원가를 제조간접비(indirect manufacturing cost)라고 하는데, 제조간접비를 구성하는 항목들은 위에서 언급한 간접재료비, 간접노무비와 공장건물이나 설비자산에 대한 감가상각비, 재산세, 수도광열비 등과 같은 제조원가 항목이 여기에 해당한다.

제조원가의 개념

제조원가	추적가능여부	내 용	예
직접재료비	추적가능	특정제품을 생산하기 위해 투입된 재료비	냉면을 만들기 위한 면
직접노무비	추적가능	특정제품을 생산하기 위해 투입된 생산직근로자의 임금	주방장의 급여
제조간접비	추적어려움	직접재료비와 직접노무비 이외의 모든 제조원가	수도광열비, 감가상각비, 보험료 등

* 추적가능성이란? 어떤 제품에 어떤 원가가 얼마만큼 투입되었는지를 개별적으로 파악가능여부

제조원가에 속하는 원가항목을 재구분할 수 있는데 직접재료비와 직접노무비를 합하여 기본원가(prime costs)라고 한다. 이는 제품을 제조하는데 직접적으로 관련된 원가항목이기 때문이다. 또한 직접노무비와 제조간접비는 원재료를 가공하여 제품을 생산하는데 소요되는 원가이므로, 이 두 원가항목의 합을 전환원가(conversion costs) 혹은 가공원가라고 한다.

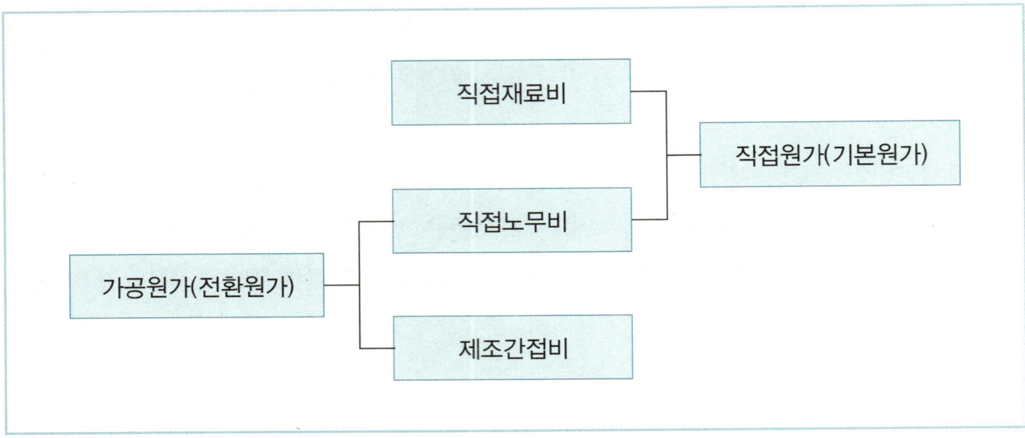

예제

다음은 한국타이어(주)가 생산하는 제품의 원가자료이다.
직접재료비 ₩20,000 직접노무비 ₩25,000 제조간접비 ₩40,000

물음

한국타이어(주)가 생산하는 타이어의 기본원가와 가공원가를 구하시오.

풀이

기본원가 = 직접재료비 + 직접노무비
= ₩20,000 + ₩25,000
= ₩45,000

가공원가 = 직접노무비 + 제조간접비
= ₩25,000 + ₩40,000
= ₩65,000

비제조원가는 기업의 제조활동과 직접적인 관련이 없는 원가로서 판매비와 일반관리비 항목이 대표적인 예이다. 판매비는 상품, 제품, 용역의 판매에 소요되는 비용이며 판매원 급여, 포장운반비, 광고선전비 등이다. 일반관리비는 기업 활동의 전반적 관리에 소요되는 비용으로 본사(본부)비용을 말하며, 임원 및 사무원의 급여, 복리후생비, 건물 및 설비 등의 감가상각비와 일반관리부문의 접대비, 통신비, 소모품비, 세금과공과 등이 이에 속한다. 제조원가와 비제조원가를 포함하여 원가의 구성이 이루어진다.

원가의 구성

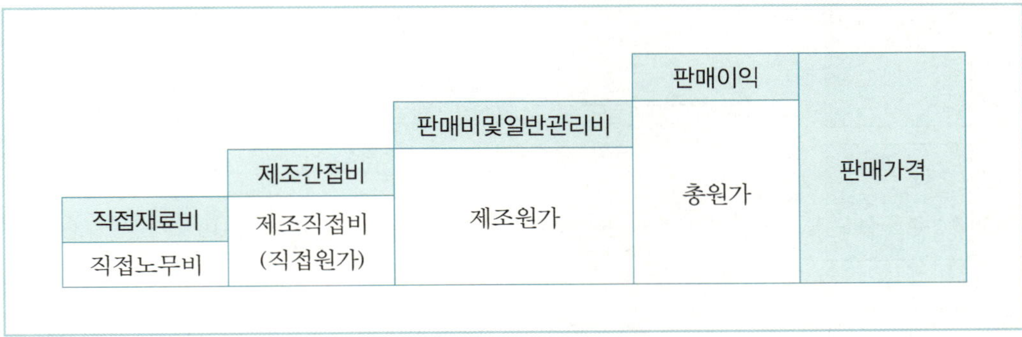

한편, 자산화 가능성에 따라 원가를 분류하면 재고가능원가(inventoriable cost)와 기간원가(period cost)로 구분할 수 있다. 재고가능원가는 원가 발생시 재무상태표에 자산으로 기록되는 원가를 말한다. 위에서 설명한 모든 제조원가는 재고가능원가이다. 또한 판매목적으로 제조한 제품에 소요되는 자원을 화폐액으로 나타낸 제품원가(product costs) 역시 재고가능원가이다.

제조과정이 진행됨에 따라 직접재료비, 직접노무비, 제조간접비를 재공품에 부과하였다가 제조과정이 완료됨과 동시에 제품계정으로 대체하고, 그 제품이 판매될 때까지 자산으로 계상함으로써 비용인식을 미래로 이연한다. 원가임에도 불구하고 재무상태표 항목으로 분류하는 이유는 제품이 미래현금창출능력이 있는 경제적 자원이라는 자산의 정의에 부합하기 때문이다. 이후 그 제품이 판매활동을 통해 수익을 창출하면 매출원가라는 항목으로 대체되는데 비용의 성격을 지니고 있으나 원가라는 명칭으로 불리고 있다.

기간원가란 재무상태표에 계상된 재고가능원가 이외의 모든 원가로서 재고가능원가와는 달리 해당 원가를 개별제품의 수익과 대응시키는 것이 현실적으로 어렵기 때문에, 비용인식을 미래로 이연하지 않고 발생한 회계기간에 즉시 비용으로 인식한다. 따라서 넓은 의미로 기간비용이라고도 한다. 위에서 설명한 비제조원가(예: 판매비와 관리비)는 기간원가의 대표적인 예이다.

재고가능원가와 기간원가

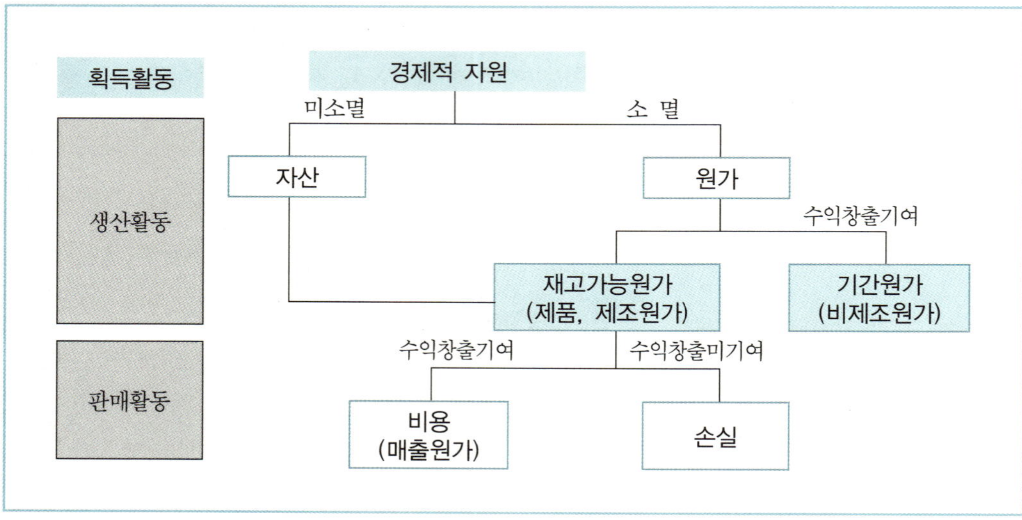

4 원가유형간의 관계

지금까지 원가를 추적가능성에 따라 직접원가와 간접원가로, 원가행태에 따라 변동원가와 고정원가로 분류하였다. 또한 제조활동과의 관련성 여부에 따라 제조원가와 비제조원가로 원가를 구분하였다. 이러한 원가유형간의 관계를 살펴보면 다음 그림과 같다.

원가유형간의 관계

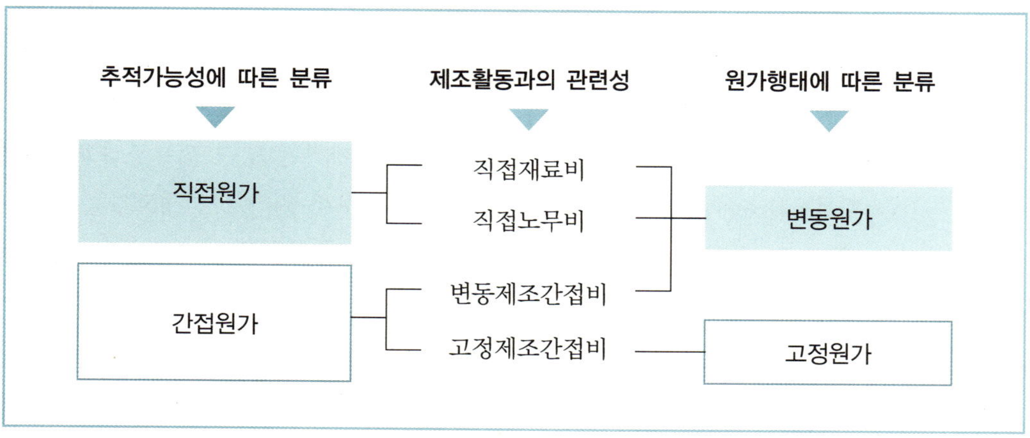

5 통제가능원가와 통제불능원가

통제가능성에 따른 원가를 구분하면 통제가능원가(controllable costs)와 통제불능원가(uncontrollable costs)로 나눌 수 있다.

통제가능성이란 경영자가 특정원가항목을 관리할 수 있는 권한의 유무를 말한다. 따라서 통제가능하다는 것은 경영자가 원가발생액을 통제할 수 있는 재량권을 갖고 있음을 의미한다.

따라서 통제가능원가란 경영자가 발생에 영향을 미칠 수 있는 원가를 말하며, 통제불능원가란 경영자가 발생에 영향을 미칠 수 없는 원가를 말한다.

이러한 통제가능성에 따른 원가분류는 책임중심점의 경영자를 성과평가하기 위해서 필요하다. 즉, 특정부문에서 발생하는 원가를 통제가능원가와 통제불능원가로 분류하여 부문경영자의 성과를 평가해야 한다.

원가와 통제

원가의 통제가능성 : 책임중심점

통제가능원가와 통제불능원가

- 원가통제가능성(책임중심점)을 기준으로 한 원가분류임.
- 특히 고정원가에 대한 경영진의 의사결정이 주요사안임.

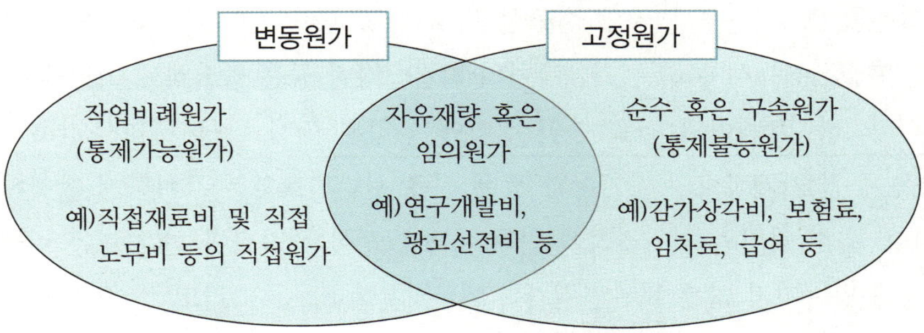

통제불능원가는 특정부문의 외부에서 이루어지는 의사결정에 의해 발생한다. 예를 들어, 공장부문에서 사용할 설비자산의 구입에 관한 의사결정이 최고경영진에 의해 이루어졌다면, 이 설비자산과 관련된 고정원가는 공장부문경영자가 직접적으로 관리할 수 없는 통제불능원가이다. 만약 이러한 원가를 포함시켜 성과평가를 수행했을 경우 공장부문 경영자의 성과평가는 왜곡되게 된다. 따라서 공장부문경영자의 성과평가대상에서 이러한 원가정보는 제외시켜야 한다.

6 기타 기준에 따른 원가분류

지금까지는 원가의 추적가능성, 원가행태, 제조활동과의 관련성, 통제가능성 등의 기준에 따라 원가의 유형을 살펴보았다. 이외에도 다양한 기준으로 원가의 유형을 구분할 수 있다.

첫째, 원가는 의사결정과의 관련성(relevance) 여부에 따라 관련원가(relevant cost)와 비관련원가(irrelevant cost)로 구분할 수 있다. 경영자의 의사결정은 다양한 상황에서 이루어진다. 따라서 동일한 원가정보라 하더라도 하나의 상황에서는 중요하게 다루어지지만, 다른 상황에서는 중요하지 않을 수 있다. 관련원가는 여러 가지 대안 사이에 차이가 있는 미래원가로서 특정 의사결정에 중요하게 활용되는 원가를 말한다. 반면, 비관련원가는 여러 가지 대안 사이에 차이가 없거나 이미 발생한 과거의 원가로서 특정 의사결정에 영향을 주지 않는 원가를 말한다. 예를 들어, 조선업체가 신규로 선박을 수주할지 여부를 결정할 경우, 신규 건조에 필요한 원재료 구입원가, 추가로 고용할 근로자에 대한 임금, 추가로 취득해야 하는 기계장치의 감가상각비 등은 중요하게 고려해야 할 관련원가가 된다. 하지만, 이미 건조 중인 선박에 투입된 원재료 구입원가, 기존 근로자의 임금, 사용 중인 기계장치의 감가상각 등은 신규 선박건조와는 무관하게 발생하는 비관련원가이다. 특히 과거의 의사결정에 의해 이미 발생한 원가로서 현재 또는 미래의 의사결정에 의해 달라지지 않는 비관련원가를 매몰원가(sunk cost)라고 한다. 이러한 매몰원가는 경영자가 통제할 수 없고 여러 가지 대안 사이에 아무런 차이도 가져오지 않기 때문에 의사결정에서 고려하지 않아야 한다.

둘째, 원가는 측정단위를 기준으로 총원가(total cost)와 단위당 원가(unit cost)로 구분할 수 있다. 총원가는 특정 원가대상에서 발생한 모든 원가의 합계를 말하고, 단위당 원가는 총원가를 생산수량 또는 조업도로 나눈 값을 말한다. 예를 들어, 직접재료비 ₩20,000, 직접노무비 ₩25,000, 제조간접비 ₩40,000을 투입하여 제품 100개를 생산하였다면, 총원가는 ₩85,000(=₩20,000+₩25,000+₩40,000), 단위당 원가는 ₩850(=₩85,000÷100개)이 된다.

셋째, 원가를 경제학적 관점에서 기회원가(opportunity cost)로 파악할 수도 있다. 기회원가는 기업의 경제적 자원을 현재 사용하고 있는 곳이 아닌 다른 대체적 용도에 사용하였을 때 실현할 수 있는 최대금액을 말한다. 신규 투자의사결정을 할 경우에는 여러 가지 대안 중에서 차선의 대안을 포기함으로써 상실한 경제적 효익(economic benefit)이 기회원가가 된다. 기회원가는 제한된 경제적 자원을 여러 가지 목적에 활용할 수 있을 때 성립되는 개념이며, 경제적 자원이 무한하거나 하나의 용도밖에 사용할 수 없는 경우 기회원가는 ₩0이 된다. 일반적으로 기회원가는 회계시스템에서는 측정·기록되지 않으며, 현실적으로 기회원가의 측정이 어렵다. 그러나 합리적 의사결정을 위해서는 어떠한 형태로든 기회원가를 파악하도록 노력할 필요가 있다.

지금까지 설명한 원가개념을 정리하면 다음 표와 같다.

원가개념의 요약

개념		정의
원가		특정 목적을 달성하기 위해 희생 또는 소모된 자원을 화폐액으로 나타낸 것
비용		특정회계기간의 수익창출에 기여한 원가
손실		특정회계기간의 수익창출에 기여하지 못한 원가
추적가능성	직접원가	특정원가대상에 직접 관련시킬 수 있는 원가
	간접원가	특정원가대상에 직접 관련시킬 수 없는 원가
원가행태	변동원가	조업도에 따라 총액이 변하는 원가
	고정원가	조업도에 따라 총액이 변하지 않는 원가
제조활동 관련성	제조원가	제품을 생산하는 과정에서 소요되는 모든 원가
	비제조원가	기업의 제조활동과 직접적인 관련이 없는 원가

개념		정의
자산화 가능성	재고가능원가	원가발생시 재무상태표상 자산으로 계상되는 원가
	기간원가	발생기간에 비용으로 인식하는 원가
통제가능성	통제가능원가	경영자가 발생에 영향을 미칠 수 있는 원가
	통제불능원가	경영자가 발생에 영향을 미칠 수 없는 원가
의사결정 관련성	관련원가	경영자의 의사결정에 차이를 가져오는 원가
	비관련원가	경영자의 의사결정에 차이를 가져오지 않는 원가
측정단위	총원가	특정원가대상에서 발생한 모든 원가의 합계
	단위당 원가	총원가를 생산수량(또는 조업도)으로 나눈 원가
기타	매몰원가	과거의 의사결정에 의해 이미 발생한 원가로서 현재 또는 미래의 의사결정에 의해 달라지지 않는 원가
	기회원가	경제적 자원을 현재 사용하고 있는 곳이 아닌 다른 대체적 용도에 사용하였을 때 실현할 수 있는 최대금액 (또는 경제적 효익)

Ⅰ. 평가자체크리스트

※ 다음 서술이 옳으면 T, 옳지 않으면 F를 기재하시오.

2.1 원가회계는 '일반적으로 인정된 회계원칙(GAAP)'에 따르지 않으며, 관련 측정치와 보고서는 원가·효익 분석에 근거를 둔다.

2.2 원가회계는 내부관리용 경영계획의 수립·통제, 특수한 의사결정 등 관리측면의 원가정보만을 제공한다.

2.3 원가회계는 조직 자원의 취득과 사용에 따른 원가와 관련된 재무적·비재무적 정보를 측정, 분석 및 보고한다.

2.4 원가회계는 포괄손익계산서 작성에 필요한 매출원가와 관련된 원가정보를 제공할 뿐만 아니라 재무상태표 작성에 필요한 재고자산 가액 결정을 위한 원가정보를 제공한다.

2.5 발생한 원가를 원가대상별로 추적할 수 있는가에 따라서 직접원가와 간접원가로 분류된다.

2.6 실질적 또는 경제적으로 특정 제품 등에 직접 관련시킬 수 있는 원가를 직접원가라고 한다.

2.7 조업도의 변동에 따른 원가행태(cost behavior)에 근거하여 직접원가와 간접원가로 분류된다.

2.8 고정원가는 조업도의 증감에 따라 비례적으로 증가 또는 감소하는 성격의 원가이다.

2.9 고정원가는 조업도가 증감하더라도 관련 범위 내에서는 고정적이기 때문에, 다른 조건이 동일할 경우 제품의 단위당 고정원가는 조업도의 증가에 따라 감소한다.

2.10 변동원가는 조업도가 0(영)인 경우에도 일정액이 발생하고, 그 이후로부터 조업도에 따라 비례적으로 증가하는 원가를 말한다.

Ⅱ. 객관식

2.1 원가에 대한 설명 중 가장 옳은 것은?

① 직접재료비는 기초원가와 가공원가 모두 해당된다.
② 매몰원가는 의사결정과정에 영향을 미치는 원가를 말한다.
③ 고정원가는 조업도와 상관없이 일정하게 증가하는 원가를 말한다.
④ 직접원가란 특정한 원가집적대상에 추적할 수 있는 원가를 말한다.
⑤ 공장 감독자 급여는 기본원가에만 포함된다.

2.2 원가의 개념에 대한 설명으로 가장 옳지 않은 것은?

① 간접원가란 특정한 원가대상에 직접 추적할 수 없는 원가이다.
② 회피가능원가는 특정 대안을 선택하지 않음으로써 회피할 수 있는 원가이다.
③ 변동원가는 조업도가 증가할 때마다 원가총액이 비례하여 증가하는 원가이다.
④ 경영자가 미래의 의사결정을 위해서는 과거 지출된 원가의 크기를 고려하여야 하므로 매몰원가 역시 관련원가에 해당한다.
⑤ 제품생산량이 증가함에 따라 관련 범위 내에서 제품단위당 고정원가는 감소한다.

2.3 원가회계의 특징에 대한 설명으로 가장 옳지 않은 것은?

① 손익계산서의 제품매출원가를 결정하기 위하여 제품생산에 소비된 원가를 집계
② 재무상태표에 표시되는 재공품과 제품 등의 재고자산의 가액을 결정
③ 기업의 경영계획 및 통제, 의사결정에 필요한 원가자료를 제공
④ 주로 외부 이해관계자에게 의사결정에 대한 유용한 정보제공
⑤ 원가계산제도는 경영자의 판단에 의하여 변경이 가능하다.

2.4 공장 감독자의 급여를 분류한 것으로 옳은 것은?

	기본원가	가공원가	제품원가	기간원가
①	아니오	예	아니오	예
②	예	아니오	예	아니오
③	아니오	예	예	아니오
④	예	아니오	예	예
⑤	예	예	아니오	예

2.5 원가의 추적가능성에 따라 분류한 것으로 옳은 것은?

① 재료비, 노무비, 경비 ② 직접비와 간접비 ③ 변동비와 고정비
④ 제품원가와 기간원가 ⑤ 제조원가와 비제조원가

2.6. 제조부문과 판매부문에 동시에 발생할 수 있는 계정과목으로 옳은 것은?

① 광고선전비, 간접노무비, 보험료, 수도광열비
② 감가상각비, 재산세, 보험료, 수도광열비
③ 외주가공비, 보험료, 공장감가상각비, 급료
④ 수도광열비, 광고선전비, 공장감가상각비, 보험료
⑤ 공장전기료, 특허권사용료, 외주가공비, 감가상각비

2.7 원가는 경영자의 의사결정 목적에 따라 여러 가지로 분류할 수 있다. 다음 원가 분류에 대한 설명으로 옳지 않은 것은?

① 고정원가는 원가의 행태에 따른 원가분류 방법이다.
② 간접원가는 원가의 추적가능성에 따른 분류이다.
③ 매몰원가는 의사결정과의 관련성에 따른 원가분류 방법이다.
④ 제조원가는 기본원가와 가공원가의 합으로 구성된다.
⑤ 통제가능원가는 통제가능성에 따른 원가분류 방법이다.

2.8 제조원가에 포함되지 않는 계정과목은?

① 재료비 ② 노무비
③ 관리비 ④ 경비
⑤ 동력용수비

2.9 제조원가항목에 대한 설명으로 옳은 것은?

① 관리부 직원 급여
② 영업사원 복리후생비
③ 마케팅부서 접대비
④ 영업부 차량 감가상각비
⑤ 공장 차량운반구의 감가상각비

2.10 제조간접비에 대한 설명으로 옳은 것은?

① 기본원가에 해당된다.
② 고정원가만 있고 변동원가는 없다.
③ 직접노무비와의 합계액을 가공원가라고 한다.
④ 간접재료비와 간접노무비에서는 포함되지 아니한다.
⑤ 제조간접비에 해당하는 계정과목은 생산직 근로자의 임금이 예이다.

2.11 제조공장에서 발생한 보험료를 분류한 것으로 옳은 것은?

① 기본원가
② 직접원가
③ 비제조원가
④ 가공원가
⑤ 통제가능원가

2.12 통제가능원가에 해당하는 계정과목으로 옳은 것은?

① 직접재료비
② 보험료
③ 감가상각비
④ 보험료
⑤ 급여

2.13 통제불능원가에 해당하는 계정과목으로 옳은 것은?

① 직접재료비
② 직접노무비
③ 광고선전비
④ 감가상각비
⑤ 연구개발비

2.14 기본원가를 계산하면 얼마인가?

기초원재료재고액	₩15,000	전월노무비미지급액	₩20,000
당월원재료매입액	₩95,000	당월노무비지급액	₩60,000
기말원재료재고액	₩10,000	당월노무비미지급액	₩10,000
당월보험료지급액	₩25,000	당월영업부사무원급여	₩10,000

① ₩100,000
② ₩120,000
③ ₩150,000
④ ₩160,000
⑤ ₩175,000

2.15 다음 원가자료에 의하여 가공원가를 계산하면 얼마인가?

직접재료비	₩1,200,000	직접노무비	₩1,500,000
변동제조간접비	₩800,000	고정제조간접비	₩200,000

① ₩1,200,000 ② ₩1,500,000
③ ₩1,700,000 ④ ₩2,300,000
⑤ ₩2,500,000

2.16 기본원가와 가공원가를 계산하면 얼마인가?

직접재료비	₩50,000	직접노무비	₩80,000
공장장급료	₩40,000	본사건물감가상각비	₩20,000
대표이사급료	₩90,000	공장건물화재보험료	₩5,000
공장기계수선비	₩15,000	공장 전기료	₩25,000

	기본원가	가공원가
①	₩130,000	₩160,000
②	₩130,000	₩165,000
③	₩170,000	₩160,000
④	₩170,000	₩165,000
⑤	₩170,000	₩255,000

2.17 다음 자료를 이용하여 당기총제조원가를 계산하면 얼마인가?

기본원가	₩500,000	가공원가	₩700,000
제조간접비	₩400,000		

① ₩700,000 ② ₩800,000
③ ₩900,000 ④ ₩1,000,000
⑤ ₩1,200,000

2.18 다음 자료를 이용하여 판매가격을 계산하면 얼마인가?

직접재료비	₩500,000	직접노무비	₩300,000
제조경비	₩200,000	제조간접비	₩1,000,000
판매관리비는 제조원가의 15%		판매이익은 총원가의 10%	

① ₩2,300,000
② ₩2,320,000
③ ₩2,350,000
④ ₩2,530,000
⑤ ₩2,570,000

2.19 다음 자료를 이용하여 제조원가를 계산하면 얼마인가?

직접재료비	₩200,000	직접원가	₩500,000
판매비와관리비는 제조원가의 25%		판매가격은 총원가의 120%	
판매가격	₩1,500,000		

① ₩700,000
② ₩800,000
③ ₩900,000
④ ₩1,000,000
⑤ ₩1,200,000

2.20 다음 자료를 이용하여 판매비와 관리비를 계산하면 얼마인가?

직접재료비	₩1,000,000	직접노무비	₩2,000,000
제조간접비	₩3,000,000	판매가격	₩12,000,000
판매가격은 총원가의 20%를 가산하여 판매한다.			

① ₩4,000,000
② ₩4,500,000
③ ₩5,000,000
④ ₩6,000,000
⑤ ₩8,500,000

Ⅲ. 주관식

2.1 다음에 열거한 항목 중 제조간접비에 해당하는 것은?

a. 공장기계 감가상각비	b. 공장감독자의 복리후생비
c. 공장건물에 대한 재산세	d. 생산직근로자의 임금
e. 본사사무실 비품	f. 공장 전기료
g. 광고선전비	h. 영업부 차량 감가상각비

2.2 3월 중의 직접재료비는 ₩1,000,000이었다. 3월 중의 가공원가는 ₩1,500,000인데 이 중 ₩800,000은 제조간접비이다. 3월 중의 기본원가는 얼마인가?

2.3 다음의 원가자료에서 기본원가와 가공원가 모두에 해당하는 금액은?

직접재료비	₩100,000	직접노무비	₩500,000
변동제조간접비	₩300,000	고정제조간접비	₩200,000

2.4 다음의 원가정보를 이용하여 가공원가를 계산하면?

직접재료비 구입액	₩300,000	직접재료비 사용액	₩200,000
직접노무비 발생액	₩500,000	변동제조간접비 발생액	₩500,000

(변동제조간접비는 총제조간접비의 20%이다)

2.5 다음은 모형자동차를 제조하는 경기(주)의 원가자료이다. 각각의 원가에 대하여 (a) 제품원가, (b) 기간원가, (c) 기본원가, (d) 전환원가로 구분하여 표시하시오.

① 자동차공장의 근로자임금	② 공장건물의 보험료
③ 판매관리자의 급료	④ 공장건물의 재산세
⑤ 판매시 운송료	⑥ 컴퓨터창고의 화재보험료
⑦ 본사 비품의 감가상각비	⑧ 공장감독자의 복리후생비
⑨ 원재료 매입 부대비용	⑩ 공장 경비실의 급료

2.6 (주)서울의 원가자료이다. 단, 기말 제품재고액 ₩100,000을 제외한 기초와 기말 재고액은 없다. 다음 자료를 이용하여 (1) 기본원가 (2) 가공원가 (3) 당기총제조원가 (4) 기간원가를 구하시오.

원재료소비액	₩1,000,000	공장건물재산세	₩20,000
공장감독자 급료	100,000	본사사무실 비품	50,000
직접노무비	800,000	공장 수도광열비	30,000
직접노동자의 복리후생비	50,000	본사사무원 급료	100,000
광고비	250,000	본사사무실 잡비	50,000
공장기계 감가상각비	200,000		

2.7 (주)서울은 기계장치를 5년전에 ₩10억에 구입하였으나 이 기계를 사용할 수 없게 되었다. 따라서 이 기계장치를 처리하고자 하는데 방안A는 수리비용 ₩1억을 들여 ₩5억에 판매하는 것이고 방안B는 ₩3억원에 바로 처분을 하는 것이다. 이 때 매몰원가는 얼마인가?

2.8 다음은 (주)강릉의 원가자료이다. 다음 자료를 이용하여 원가구성도를 완성하시오.

재료비 소비액	₩1,000,000 (이 중 간접비는 40%임)		
노무비 소비액	₩500,000 (이 중 간접비는 60%임)		
경　비 소비액	₩2,000,000 (외주가공비 ₩500,000 포함)		
판매수수료	₩80,000	마케팅 비용	₩90,000
대표이사 급료	₩70,000	관리비	₩95,000
영업부차량 감가상각비	₩5,000	본사건물재산세	₩90,000
판매이익은 총원가의 20%임.			

<table>
<tr><td rowspan="2"></td><td></td><td>판매이익
(₩　　　)</td><td rowspan="4">판매가격
(₩　　　)</td></tr>
<tr><td>판매관리비
(₩　　　)</td><td rowspan="3">총원가
(₩　　　)</td></tr>
<tr><td>간접원가
(₩　　　)</td><td rowspan="2">제조원가
(₩　　　)</td></tr>
<tr><td>직접원가
(₩　　　)</td></tr>
</table>

2.9 다음 자료를 이용하여 원가구성도를 완성하시오.

기초원가는 ₩250,000이다.	가공원가는 ₩500,000이다
판매이익은 판매가격의 40%이다.	제조간접비는 직접노무비의 150%이다.
총원가는 제조간접비의 350%이다.	

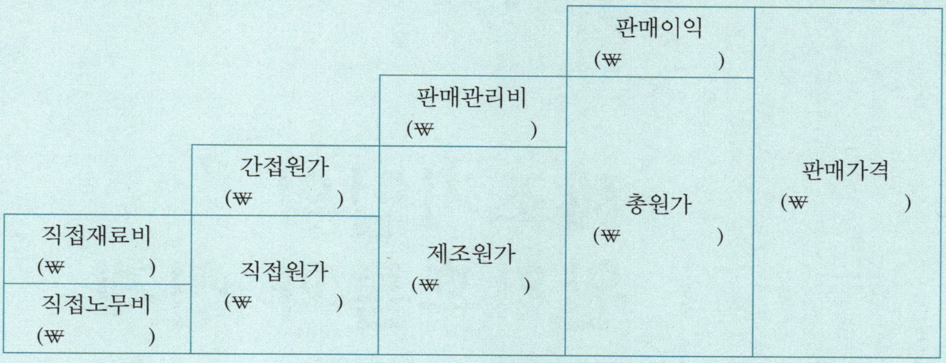

2.10 (주)세무는 실제원가계산을 사용하고 있으며, 20×1년 원가자료는 다음과 같다. 20×1년 직접재료매입액은 ₩21,000이었고, 매출원가는 ₩90,000이었다. 가공원가의 40%가 직접노무원가라면 기초원가(prime cost)는? (2013년 세무사)

	기초잔액	기말잔액
직접재료	₩3,000	₩4,000
재 공 품	50,000	45,000
제 품	70,000	60,000

제 3 장

제조기업의 원가흐름과 집계

학습목표

제조기업의 원가흐름을 이해하는 것은 제조기업의 구매, 제조, 판매 등의 경영활동을 통해 제조기업의 회계정보의 산출과정과 재무제표 작성과정에 대한 원가회계의 전반적인 관점을 제공해 준다.

본장에서는 원가의 흐름과 집계, 즉 직접재료비, 직접노무비, 제조간접비의 생산원가를 근거로 어떻게 제조원가명세서가 작성되는지를 설명한다. 또한 상기업의 재무제표와 제조기업의 재무제표를 비교하여 설명한 후, 제조기업의 원가흐름과 재무제표 작성에 대한 내용을 설명한다.

1. 제조기업의 경영활동은 어떻게 구성되어 있는가?
2. 원가의 흐름과 집계는 어떻게 산출되는가?
3. 상기업과 제조기업의 재무제표는 어떻게 다른가?
4. 제조기업의 재고자산 흐름과 원가계산 흐름은 어떻게 구성되어 있는가?
5. 제조기업의 회계순환과정은 어떻게 구성되어 있는가?

1 제조기업의 경영활동

상기업

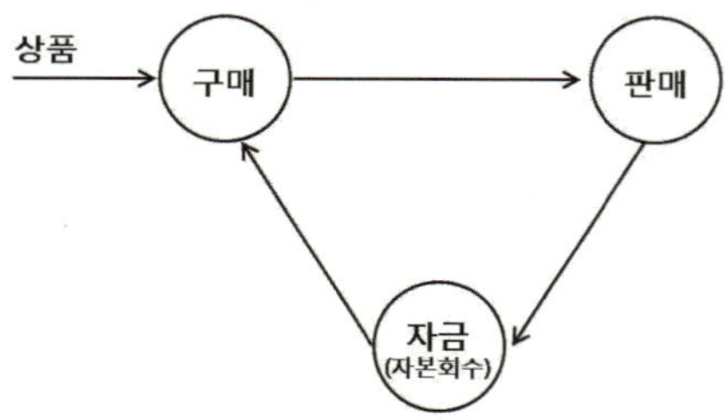

제조기업

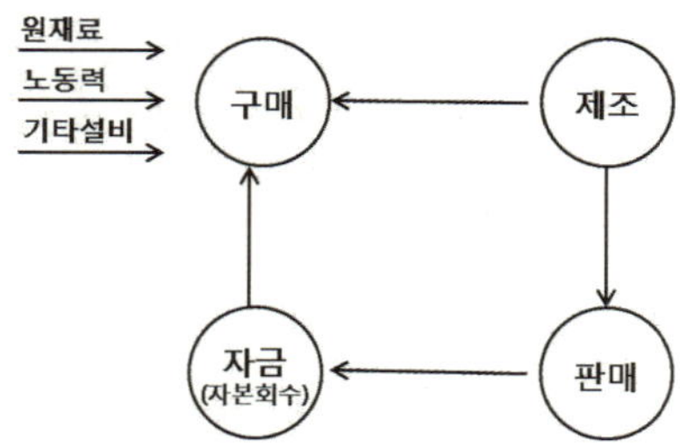

상기업(merchandising company)의 경영활동은 구매활동과 판매활동으로 구분하며, 제조기업(manufacturing company)의 경영활동은 구매활동, 제조활동, 판매활동으로 구분한다. 구매활동은 원재료, 노동력, 기타설비 등 제품생산에 필요한 생산요소를 기업 외부로부터 구입하는 활동이며, 제조(생산)활동은 기업 외부로부터 구입한 생산요소를 제품생산에 투입하는 활동이며, 판매활동은 제조활동을 통해 완성된 제품을 기업 외부에 판매하는 활동을 말한다. 이렇게 제조기업에서는 구매활동, 제조활동, 판매활동이 복합적으로 이루어지기 때문에 회계정보 산출과정과 재무제표가 상기업보다 복잡하다.

구매활동	제조활동	판매활동
원재료 노동력 설비 등 구입 (자본투자) →	재료비 노무비 경 비 → 재공품 → 제 품	→ 제품판매 (자본회수)

2 원가의 흐름과 집계

제조기업이 원재료를 투입하여 완제품을 생산하기까지 가공 정도에 따라 각기 다른 형태의 자산으로 기록되는 재고가능 원가항목이 존재한다.

즉 생산 공정에 아직 투입하지 않은 원재료(raw materials), 생산 공정에 투입하였지만 완성되지 않고 제조과정 중에 있는 재공품(work in process), 그리고 생산이 완료된 제품(finished goods)으로 구분된다. 제조기업의 원가회계시스템에는 재고자산별로 계정을 설정하며, 각 재고자산 계정에는 기초재고액, 당기증감액 및 기말재고액을 표시한다.

원재료를 제품으로 전환하는 과정에서 원가의 흐름은 먼저 원재료를 창고에서 출고하여 제조공정에 투입하게 된다. 이중 제품에 직접 추적이 가능한(traceable) 원가는 직접재료비(direct material costs)로 재공품계정으로 대체되고 추적이 불가능거나 어려운 원가는 간접재료비(indirect material costs)로 제조간접비 계정으로 대체된다.

투입된 원재료는 노동력을 투입하여 생산 작업을 수행하게 되는데, 이 중 제품에 추적이 가능한 원가는 직접노무비(direct labor costs)로 재공품계정으로 대체되고, 추적이 불가능하거나 어려운 원가는 간접노무비(indirect labor costs)로 제조간접비 계정으로 대체된다.

직접재료비와 직접노무비를 제외한 나머지 원가는 제조간접비 계정에 기록된다. 간접재료비, 간접노무비, 기타제조간접비 금액의 합은 제조간접비 계정으로 대체된다.

이렇게 생산활동에서 발생하는 제조원가는 일단 미완성된 제품의 원가를 나타내는 재공품계정에 기록하며, 제품을 완성하면 완제품의 원가를 재공품계정에서 제품계정으로 대체한다. 마지막 단계에서 고객에게 판매한 제품의 원가를 제품계정에서 매출원가계정으로 대체한다.

이를 도식화하면 다음과 같다.

원가의 흐름

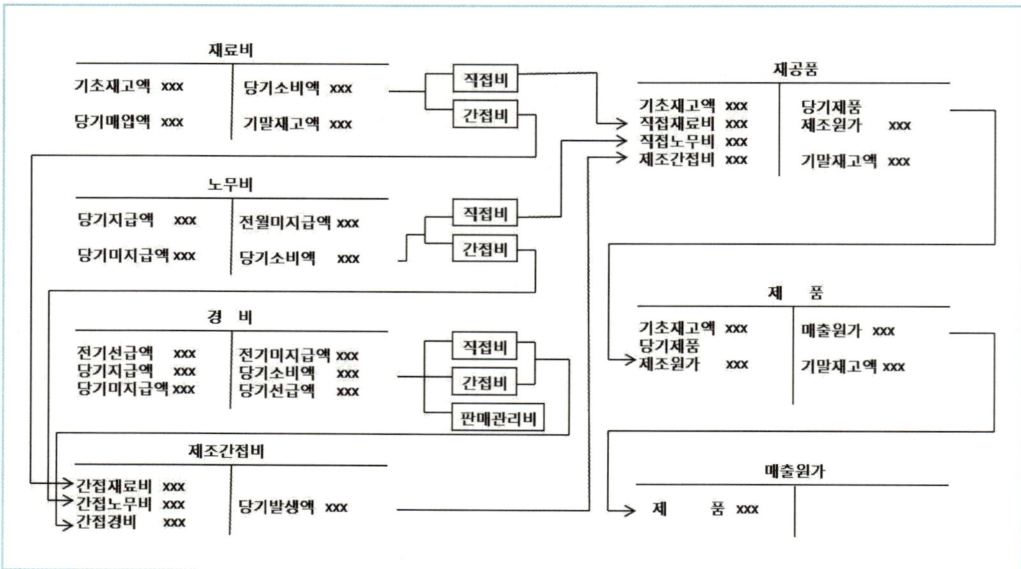

이러한 원가흐름을 재료비, 노무비, 제조간접비, 당기총제조원가, 당기제품제조원가, 매출원가와의 관계로 나타내면 다음과 같다.

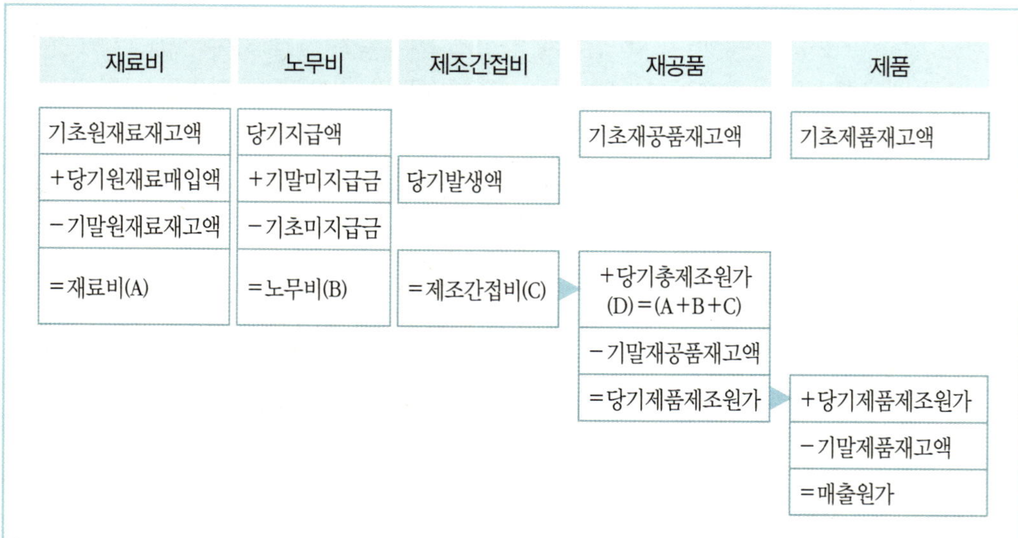

제조기업에서 포괄손익계산서를 작성하기 위해서 제조원가명세서를 작성해야 한다. 제조원가명세서는 특정기간 동안에 생산활동에서 발생한 원가의 변동사항을 요약한 표라고 할 수 있다. 즉, 제조원가명세서에는 재공품의 기초금액, 당기총제조원가, 제품으로 대체된 금액 및 재공품의 기말잔액 등을 기록한다. 이 중 포괄적으로 당기총제조원가의 구성항목인 당기의 직접재료비, 직접노무비 및 제조간접비 항목의 금액이 상세히 나타나 있으며, 당기제품제조원가는 당기에 재공품에서 제품으로 대체된 원가를 나타낸다.

제조원가명세서

200×년 1월 1일부터 200×년 12월 31일까지

과 목	금 액	
Ⅰ. 재 료 비		
1. 기초재료재고액	×××	
2. 당기재료매입액	×××	
계	×××	
3. 기말재료재고액	(×××)	×××
Ⅱ. 노 무 비		
1. 임 금	×××	
2. 급 여	×××	
3. 퇴직급여	×××	×××
Ⅲ. 경 비		
1. 전 기 료	×××	
2. 가 스 료	×××	
3. 세금과공과	×××	
4. 감가상각	×××	
5. 보 험 료	×××	×××
Ⅳ. 당기총제조원가		×××
Ⅴ. 기초재공품재고액		×××
Ⅵ. 합계		×××
Ⅶ. 기말재공품재고액		(×××)
Ⅷ. 당기제품제조원가		×××

다음은 제조기업의 포괄손익계산서를 보여주고 있다. 포괄손익계산서를 작성하기 위해서는 매출원가정보가 필요한데, 제조기업의 경우 위에서 산출한 제조원가명세서의 당기제품제조원가 정보를 이용하여 매출원가를 계산하게 된다. 다시 말해서, 고객에게 판매한 제품의 매출원가는 제품의 제조과정에서 발생한 직접재료비, 직접노무비, 제조간접비를 근거로 산출한다.

포괄손익계산서

200×년 1월 1일부터 200×년 12월 31일까지

매출액		×××
매출원가		
기초제품재고액	×××	
당기제품제조원가	×××	
판매가능액	×××	
기말제품재고액	(×××)	(×××)
매출총이익		×××
판매비와 관리비		(×××)
당기순이익		×××

3 상기업과 제조기업의 재무제표 비교

상기업의 매출원가는 포괄손익계산서에서 기초상품재고액에 당기상품매입액을 더하고 기말상품재고액을 차감하여 계산한다. 상기업의 매출원가는 판매된 상품의 취득가격을 뜻한다.

제조기업의 매출원가는 포괄손익계산서에서 기초제품재고액에 당기제품제조원가를 더하고 기말제품재고액을 차감하여 계산한다. 상기업의 매출원가는 판매된 상품의 취득원가인데 비하여 제조기업의 매출원가는 판매된 제품의 제조원가이다. 당기제품제조원가를 계산하기 위해서는 원재료, 재공품, 제품과 관련된 원가가 사전에 계산되어야 한다.

- 상 기 업: 매출액 → 매출원가(매입원가) → 매출총이익(포괄손익계산서에 반영)
- 제조기업: 매출액 → 매출원가(제조원가) → 매출총이익(포괄손익계산서에 반영)

1) 상기업의 재무제표

다음은 상기업인 (주)현대백화점의 재무상태표와 포괄손익계산서를 보여주고 있다. (주)현대백화점의 재무상태표의 재고자산은 상품계정으로 표시되며, 포괄손익계산서의 매출원가도 상품계정으로 표시된다.

재무상태표

(주)현대백화점 20×8년 12월 31일 현재 (단위 : 원)

과목	금액
자 산 :	
Ⅰ. 유동자산	
(1) 당좌자산	
(2) 재고자산	
1. 상 품	100,000,000
자산 총계	100,000,000
부 채 :	
단기차입금	20,000,000
부채 총계	20,000,000
자 본 :	
자 본 금	50,000,000
이익잉여금	30,000,000
자본 총계	80,000,000
부채와 자본 총계	100,000,000

포괄손익계산서

(주)현대백화점 20×8년 1월 1일~12월 31일 (단위 : 원)

매 출 액		150,000,000
매 출 원 가		(100,000,000)
1. 기초상품재고액	20,000,000	
2. 당기상품매입액	180,000,000	
3. 기말상품재고액	100,000,000	
매출총이익		50,000,000
판매비와관리비		20,000,000
당기순이익		30,000,000

2) 제조기업의 재무제표

다음은 제조기업인 (주)현대하이스코의 재무상태표와 포괄손익계산서를 보여주고 있다. (주)현대하이스코의 재고자산은 제품, 재공품, 원재료로 표시되며, 포괄손익계산서의 매출원가는 제품계정으로 표시된다.

재무상태표

(주)현대하이스코 20×8년 12월 31일 현재 (단위 : 원)

자 산 :	
Ⅰ. 유동자산	
(1) 당좌자산	
(2) 재고자산	
1. 제 품	10,000,000
2. 재공품	50,000,000
3. 원재료	40,000,000
자산 총계	100,000,000

부 채:		
	단기차입금	20,000,000
부채 총계		20,000,000
자 본:		
	자 본 금	50,000,000
	이익잉여금	30,000,000
자본 총계		80,000,000
부채와 자본 총계		100,000,000

포괄손익계산서

(주)현대하이스코 20×8년 1월 1일~12월 31일 (단위 : 원)

매 출 액		150,000,000
매 출 원 가		(100,000,000)
1. 기초제품재고액	10,000,000	
2. 당기제품제조원가	100,000,000	
3. 기말제품재고액	10,000,000	
매출총이익		50,000,000
판매비와관리비		20,000,000
당기순이익		30,000,000

위에서 살펴본 바와 같이 상기업인 (주)현대백화점과 제조기업인 (주)현대하이스코는 재무상태표의 재고자산 내용이 다르며, 포괄손익계산서의 매출원가도 다르게 계산된다.

상기업의 재무상태표에는 상품이 재고자산으로 보고되는 데 비하여, 제조기업의 재무상태표에는 원재료, 재공품, 제품 등이 재고자산으로 보고된다. 원재료 재고자산은 기업이 제품생산을 위하여 매입한 원재료 중에서 재무상태표일 현재 아직 사용하지 않은 원재료의 취득원가이다. 재공품 재고자산은 재무상태표일 현재 공정 중에 있는 재료의 취득원가에 그 재료를 가공하기 위하여 투입된 노무비와 제조경비를 합한 가액이다. 제품 재고자산은 제조가 완료된 제품 중에서 재무상태표일 현재 아직 판매되지 않은 제품의 제조원가이다.

4 제조기업의 재고자산 흐름

제품의 제조공정을 중심으로 하여 재무상태표, 포괄손익계산서 관계를 나타낸 것이 아래와 같다.

매출이 발생하면 앞서 상기업의 경우와 같이 포괄손익계산서에 매출액이 보고된다. 원재료를 매입하여 재고자산으로 보유하고 있다가 원재료를 생산공정에 투입하고 여기에 노무비와 제조경비를 투입하여 가공하게 되면서 제조원가가 발생되고 집계된다. 이렇게 기간별로 집계된 것이 당기총제조원가이다. 당기총제조원가에 기초재공품을 가산하고 기말재공품을 차감하여 당기제품제조원가를 산출한다. 제품을 고객에게 판매하게 되면 판매된 제품의 제조원가가 매출원가로 보고된다. 매출액과 매출원가의 차이가 매출총이익이다. 판매활동과 관리활동에 의하여 판매비와 관리비가 발생하는데 매출총이익에서 판매비와 관리비를 차감하면 당기순이익이 된다. 포괄손익계산서의 당기순이익은 재무상태표의 이익잉여금에 대체된다.

제조원가명세서

(주)현대하이스코 20×8년 1월 1일~12월 31일 (단위 : 원)

과목		금액
재료비		65,000,000
1. 기초재료재고액	10,000,000	
2. 당기재료매입액	95,000,000	
3. 기말재료재고액	40,000,000	
노무비		15,000,000
경　비		30,000,000
당기총제조원가		110,000,000
기초재공품원가		40,000,000
기말재공품원가		50,000,000
당기제품제조원가		100,000,000

포괄손익계산서

(주)현대하이스코 20×8년 1월 1일~12월 31일 (단위 : 원)

과목		금액
매　출　액		150,000,000
매 출 원 가		(95,000,000)
1. 기초제품재고액	5,000,000	
2. 당기제품제조원가	100,000,000	
3. 기말제품재고액	10,000,000	
매출총이익		55,000,000
판매비와관리비		25,000,000
당기순이익		30,000,000

재무상태표

(주)현대하이스코 20×7년 12월 31일 현재 (단위 : 원)

계정과목	금액
자　산 :	
Ⅰ. 유동자산	
(1) 당좌자산	
1. 현　금	5,000,000
(2) 재고자산	
1. 제　품	5,000,000
2. 재공품	40,000,000
3. 원재료	10,000,000
자산 총계	60,000,000
부　채 :	
단기차입금	7,000,000
부채 총계	7,000,000
자　본 :	
자 본 금	50,000,000
이익잉여금	3,000,000
자본 총계	53,000,000
부채와 자본 총계	60,000,000

재무상태표

(주)현대하이스코　　　20×8년 12월 31일 현재　　　(단위 : 원)

자 산 :	
Ⅰ. 유동자산	
(1) 당좌자산	
1. 현 금	10,000,000
(2) 재고자산	
1. 제 품	10,000,000
2. 재공품	50,000,000
3. 원재료	40,000,000
자산 총계	110,000,000
부 채 :	
단기차입금	30,000,000
부채 총계	30,000,000
자 본 :	
자 본 금	50,000,000
이익잉여금	30,000,000
자본 총계	80,000,000
부채와 자본 총계	110,000,000

5 제조기업의 원가계산흐름

1) 재료비의 회계처리

(1) 재료 매입시 분개

차변		대변	
원재료(재료비)	100,000	현금	100,000

(2) 재료 소비시 분개

차변		대변	
재공품	80,000	원재료(재료비)	100,000
제조간접비	20,000		

직접재료비는 개별 제품에 직접 부과(assignment)하고 간접재료비는 간접노무비 및 경비와 함께 제품에 배부(allocation)하기 위하여 제조간접비계정으로 대체한다.

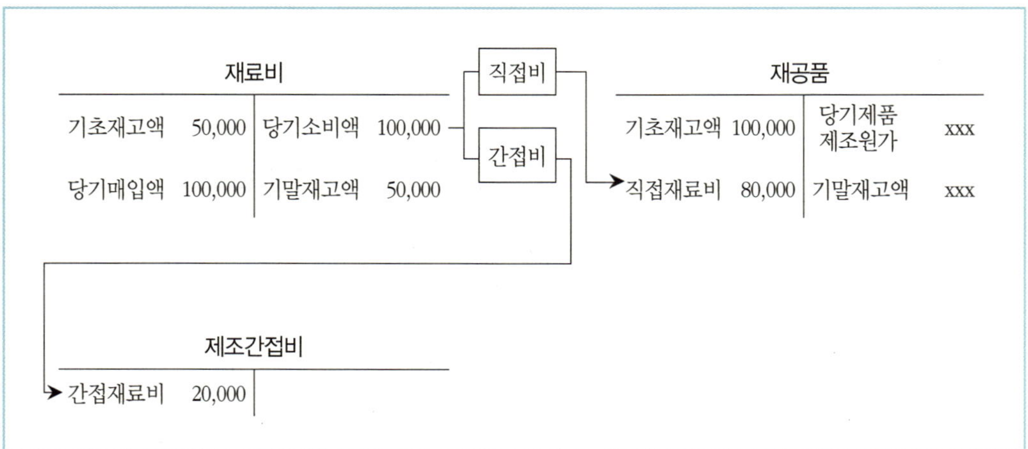

2) 노무비의 회계처리

(1) 노무비 소비시 분개

차변		대변	
재공품	100,000	노무비	150,000
제조간접비	50,000		

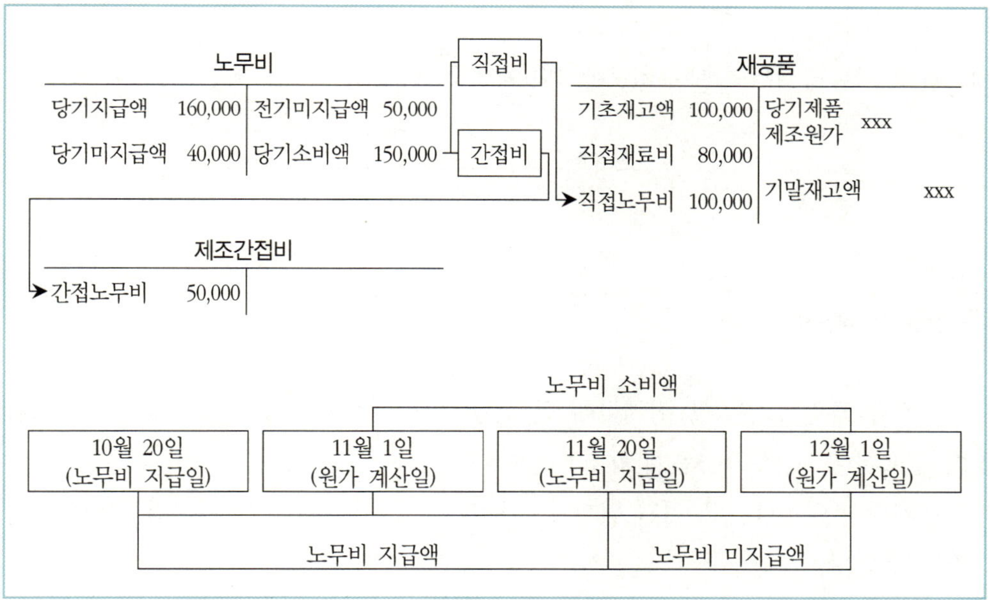

3) 경비의 회계처리

차변		대변	
경비	200,000	감가상각비	50,000
		복리후생비	30,000
		수선유지비	100,000
		통신비	20,000

4) 제조간접비의 회계처리

간접재료비와 간접노무비, 간접경비는 제조간접비이므로 기말에 일괄하여 제조간접비계정의 차변으로 대체한다.

차변		대변	
제조간접비	270,000	간접재료비	20,000
		간접노무비	50,000
		간접경비	200,000

제조간접비는 합리적인 배부기준에 의하여 생산공정인 재공품계정으로 대체한다.

차변		대변	
재공품	270,000	제조간접비	270,000

5) 재공품의 회계처리

생산공정에 투입된 원가를 집계하여 완성품원가와 기말재공품원가로 배분하기 위한 계정이 필요한데 이를 재공품계정이라 한다.

재공품계정의 차변에는 투입된 원가가 기록되고, 대변에는 완성품원가와 기말재공품원가가 기록된다.

재공품

기초재고액	100,000	당기제품제조원가	400,000
직접재료비	80,000	기말재고액	150,000
직접노무비	100,000		
제조간접비	270,000		

6) 제품의 회계처리

완성된 제품의 원가인 당기제품제조원가(당기완성품원가)는 재공품계정의 대변에서 제품계정의 차변으로 제품계정에 대체된다.

차변		대변	
제품	400,000	재공품	400,000

제품계정은 생산이 완료된 완성품의 제조원가를 기록하는 계정이다.

제 품

기초재고액	100,000	매출원가	450,000
당기제품제조원가	400,000	기말재고액	50,000

제품계정의 차변합계 즉, 기초제품원가와 당기제품제조원가는 당기 중에 판매가 가능한 제품의 원가이다. 따라서 제품이 판매되면 판매된 제품의 원가는 제품계정의 대변에서 매출원가계정의 차변으로 대체된다.

차변		대변	
매출원가	450,000	제품	450,000

7) 원가흐름

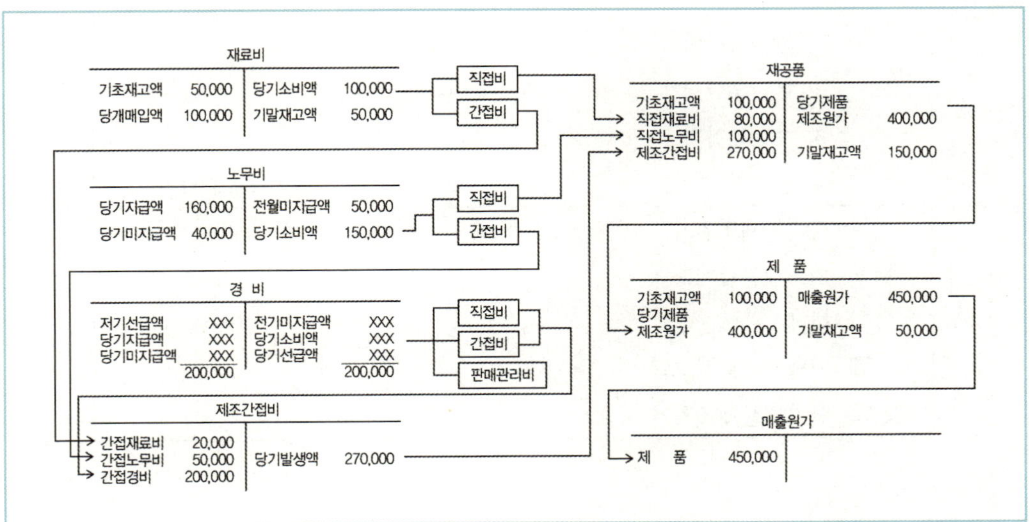

8) 제조원가명세서

제조기업에서 포괄손익계산서를 작성하려면 반드시 사전에 다음과 같은 제조원가명세서를 작성하여야 한다. 왜냐하면, 제조원가명세서에서 계산된 당기제품제조원가는 포괄손익계산서의 매출원가와 연결되기 때문이다.

제조원가명세서

200×년 1월 1일부터 200×년 12월 31일까지

과목	금액	
Ⅰ. 재 료 비		
1. 기초재료재고액	50,000	
2. 당기재료매입액	100,000	
계	150,000	
3. 기말재료재고액	(50,000)	100,000
Ⅱ. 노 무 비		
1. 임금	60,000	
2. 급여	50,000	
3. 퇴직급여	40,000	150,000
Ⅲ. 경 비		
1. 감가상각비	50,000	
2. 복리후생비	30,000	
3. 수선유지비	100,000	
4. 통신비	20,000	200,000
Ⅳ. 당기총제조원가		450,000
Ⅴ. 기초재공품재고액		100,000
Ⅵ. 합계		550,000
Ⅶ. 기말재공품재고액		(150,000)
Ⅷ. 당기제품제조원가		400,000

6 제조기업의 회계순환과정

(주)현대하이스코는 강관제품과 열연제품 두 가지의 제품만을 생산한다. 회사의 원가계산 기간은 2017년 12월 1일부터 31일까지이며, 결산은 매 월 말일에 이루어진다. 회사의 기초재무상태표는 다음과 같다.

재무상태표

(주)현대하이스코 2017년 11월 30일 현재 (단위 : 원)

자 산 :		
Ⅰ. 유동자산		
(1) 당좌자산		
1. 현 금		58,800,000 (⑪)
(2) 재고자산		
1. 제 품	제품(강관):100,000 (⑫) 제품(열연):200,000 (⑬)	300,000
2. 재공품	재공품(강관):150,000 (⑭) 재공품(열연):250,000 (⑮)	400,000
3. 원재료		500,000 (⑯)
자산 총계		60,000,000
부 채 :		
단기차입금		10,000,000
부채 총계		10,000,000
자 본 :		
자 본 금		50,000,000
이익잉여금		0 (⑰)
자본 총계		50,000,000
부채와 자본 총계		60,000,000

예제

(주)현대하이스코의 활동과 관련된 분개를 수행하고 재무제표를 작성하시오.
회계담당자는 거래가 발생하면 재무제표의 어느 항목에 얼마의 증감이 발생하였는가를 분석하여, 어느 계정에 그리고 그 계정의 차변과 대변 중 어느 쪽에 얼마를 기록하여야 하는지를 결정한다. 이러한 과정에서 중요한 점은 거래의 결과로 재무상태표의 왼쪽(차변)에 기록되는 금액과 오른쪽(대변)에 기록되는 금액이 일치하여야 한다는 것이다. 즉, 일정 거래에 의한 자산의 증감액은 부채 및 자본의 변화액과 동일하여야 한다.
회계담당자는 거래의 분석결과를 일목요연하게 볼 수 있도록 분개장(journal)이라고 불리는 장부에 일정한 형식을 갖추어 기록한다. 이렇게 분개장에 이러한 분개를 기록하는 것을 '분개한다'고 한다. 기업은 거래가 발생할 때마다 분개를 하므로 분개장에는 거래가 발생 순서대로 기록한다.

풀이

(1) 제조기업의 회계순환과정

① 12월 1일 (주)현대하이스코는 강관제품과 열연제품을 만들고 있다. 회사는 원재료를 ₩1,000,000(수량 1,000개, 단가 @₩1,000)에 현금으로 구입하다.

〈차변〉 원재료 1,000,000 (①-1) 〈대변〉 현금 1,000,000 (①-2)

② 12월 3일 (주)현대하이스코는 재료비 ₩500,000을 제품의 생산에 투입하다. 강관제품과 열연제품에 직접재료비가 각각 ₩150,000, ₩300,000이 투입되었고, 간접재료비로 ₩50,000이 투입되다.

〈차변〉 재공품(강관) 150,000 (②-1) 〈대변〉 원재료 500,000 (②-4)
재공품(열연) 300,000 (②-2)
제조간접비 50,000 (②-3)

③ 12월 5일 (주)현대하이스코는 노무비 ₩300,000과 경비 ₩150,000을 현금으로 지급하다.

〈차변〉 노무비 300,000 (③－1)　　〈대변〉 현금 450,000 (③－3)
경 비 150,000 (③－2)

④ 12월 7일 (주)현대하이스코는 노무비 ₩300,000을 제품의 생산에 투입하다. 강관제품과 열연제품에 직접노무비가 각각 ₩150,000, ₩100,000이 투입되었고, 간접노무비로 ₩50,000이 투입되다.

〈차변〉 재공품(강관) 150,000 (④－1)　　〈대변〉 노무비 300,000 (④－4)
재공품(열연) 100,000 (④－2)
제조간접비 50,000 (④－3)

⑤ 12월 9일 (주)현대하이스코는 경비 ₩150,000을 제품의 생산에 투입하다. 강관제품과 열연제품에 직접경비가 각각 ₩10,000, ₩20,000이 투입되었고, 간접경비로 ₩120,000이 투입되다.

〈차변〉 재공품(강관) 10,000 (⑤－1)　　〈대변〉 경비 150,000(⑤－4)
재공품(열연) 20,000 (⑤－2)
제조간접비 120,000 (⑤－3)

⑥ 12월 31일(주)현대하이스코는 제조간접비 ₩220,000에 대하여 재공품(강관)에 ₩120,000과 재공품(열연)에 ₩100,000을 배부하다.

〈차변〉 재공품(강관) 120,000 (⑥－1)　　〈대변〉 제조간접비 220,000 (⑥－3)
재공품(열연) 100,000 (⑥－2)

⑦ 12월 31일(주)현대하이스코는 강관제품에 ₩500,000, 열연제품에 ₩650,000의 제조가 완성되다.

〈차변〉 제품(강관) 500,000 (⑦－1)　　〈대변〉 재공품(강관) 500,000 (⑦－3)
제품(열연) 650,000 (⑦－2)　　재공품(열연) 650,000 (⑦－4)

⑧ 12월 31일(주)현대하이스코는 강관제품과 열연제품 모두를 현금 ₩1,550,000에 판매하다.

〈차변〉 현금 1,550,000 (⑧－1) 〈대변〉 매출 1,550,000 (⑧－2)

⑨ 12월 31일(주)현대하이스코는 재료의 재고를 조사한 결과 ₩1,000,000의 재료가 창고에 남아 있음을 확인하다. 한편, 강관제품과 열연제품의 재고를 조사한 결과 각각 ₩50,000, ₩150,000의 제품이 남아 있음을 확인하다.

〈차변〉 매출원가 1,250,000 (⑨－1) 〈대변〉 제품 1,250,000 (⑨－2)

⑩ 손익에 대한 대체분개

〈차변〉		〈대변〉	
	매출 1,550,000 (⑩－1)		손익 1,550,000 (⑩－4)
	손익 1,250,000 (⑩－2)		매출원가 1,250,000 (⑩－5)
	손익 300,000 (⑩－3)		이익잉여금 300,000 (⑩－6)

이상의 분개를 각 계정의 전기하면 아래와 같다. 회계담당자는 분개장에 분개된 내용을 총계정원장(general ledger)에 옮겨 적는다. 총계정원장이란 자산, 부채, 자본 또는 수익과 비용 그리고 현금흐름을 구성하는 모든 항목들을 모아 놓은 장부이다. 이렇게 분개의 내용을 총계정원장의 계정에 옮겨 적는 작업을 전기(posting)라고 한다. 이러한 전기를 하는 이유는 무엇일까? 분개장에 분개된 내용은 모든 거래를 발생 순서대로 분석하여 정리한 것이므로, 거래들이 기업 재무상태에 미치는 영향을 총체적으로 쉽게 파악할 수 없다. 그러나 그 분개의 내용을 총계정원장의 해당 계정별로 전기하게 되면 거래들이 각 계정의 잔액에 미치는 총체적 영향을 파악할 수 있게 된다.

회계기간에 발생한 모든 거래를 분개하고 해당 계정에 전기한 다음 각 계정의 잔액을 산출한다. 각 계정잔액은 해당 계정의 차변합계와 대변합계를 낸 다음 그 차액을 계산하여 산출한다.

원재료

차변	금액	대변	금액
기초재고 (⑯)	500,000	당기소비	
당기매입 (①－1)	1,000,000	직접재료비	
		재공품(강관) (②－4)	150,000
		재공품(열연) (②－4)	300,000
		제조간접비 (②－4)	50,000
		기말재고 (⑱)	1,000,000
합계	1,500,000	합계	1,500,000

노무비

차변	금액	대변	금액
당기지급 (③－1)	300,000	당기소비	
		직접노무비	
		재공품(강관) (④－4)	150,000
		재공품(열연) (④－4)	100,000
		제조간접비 (④－4)	50,000
합계	300,000	합계	300,000

경 비

차변	금액	대변	금액
당기지급 (③－2)	150,000	당기소비	
		직접노무비	
		재공품(강관) (⑤－4)	10,000
		재공품(열연) (⑤－4)	20,000
		제조간접비 (⑤－4)	120,000
합계	150,000	합계	150,000

제조간접비

차변	금액	대변	금액
간접재료비 (②－3)	50,000	당기배부	
간접노무비 (④－3)	50,000		
간접경비 (⑤－3)	120,000	재공품(강관) (⑥－3)	120,000
		재공품(열연) (⑥－3)	100,000
합계	220,000	합계	220,000

재공품(강관)

기초재고 (⑭)	150,000	당기완성 (⑦-3)	500,000
직접재료비 (②-1)	150,000		
직접노무비 (④-1)	150,000		
직접경비 (⑤-1)	10,000		
제조간접비 (⑥-1)	120,000	기말재고 (⑲)	80,000
합계	580,000	합계	580,000

재공품(열연)

기초재고 (⑮)	250,000	당기완성 (⑦-4)	650,000
직접재료비 (②-2)	300,000		
직접노무비 (④-2)	100,000		
직접경비 (⑤-2)	20,000		
제조간접비 (⑥-2)	100,000	기말재고 (⑳)	120,000
합계	770,000	합계	770,000

제품(강관)

기초재고 (⑫)	100,000	매출원가 (⑨-2)	550,000
당기완성 (⑦-1)	500,000	기말재고 (㉑)	50,000
합계	600,000	합계	600,000

제품(열연)

기초재고 (⑬)	200,000	매출원가 (⑨-2)	700,000
당기완성 (⑦-2)	650,000	기말재고 (㉒)	150,000
합계	850,000	합계	850,000

매출원가

제품(강관) (⑨-1)	550,000	손익 (⑩-5)	1,250,000
제품(열연) (⑨-1)	700,000		
합계	1,250,000	합계	1,250,000

현금

기초 (⑪)	58,800,000	원재료 (①－2)	1,000,000
매출 (⑧－1)	1,550,000	노무비 (③－3)	300,000
		경비 (③－3)	150,000
		기말 (㉓)	58,900,000
합계	60,350,000	합계	60,350,000

매출

손익 (⑩－1)	1,550,000	현금 (⑧－2)	1,550,000
합계	1,550,000	합계	1,550,000

손익

매출원가 (⑩－2)	1,250,000	매출 (⑩－4)	1,550,000
이익잉여금 (⑩－3)	300,000		
합계	1,550,000	합계	1,550,000

이익잉여금

		기초 (⑰)	0
기말	300,000	손익 (⑩－6)	300,000
합계	300,000	합계	300,000

다음은 이상의 자료를 이용하여 (주)현대하이스코의 2017년 12월 1일부터 12월 31일까지 제조활동으로 인한 원가를 계산한 제조원가명세서이다.

기초재료재고액은 2017년 11월 30일 현재 재무상태표상의 재료재고액 ₩500,000(⑯)이다. 당기재료매입액은 수량 1,000개, 단가 @₩1,000에 구입한 금액 ₩1,000,000(①－1)이다. 기말재료재고액은 재료의 재고를 조사한 결과 창고에 남아 있는 ₩1,000,000(⑱)이다. 재료비는 기초재료재고액 ₩500,000에 당기재료매입액 ₩1,000,000을 가산하고 기말재료재고액 ₩1,000,000을 차감한 ₩500,000이 된다.

노무비는 현금으로 지급한 ₩300,000(③－1)이며 경비는 현금으로 지급한 ₩150,000(③－2)이다.

당기총제조원가는 재료비 ₩500,000, 노무비 ₩300,000, 경비 ₩150,000의 합인 ₩950,000이다.

기초재공품은 2017년 11월 30일 현재 재무상태표상의 재공품(강관) ₩150,000(⑭)과 재공품(열연) ₩250,000(⑮)의 합인 ₩400,000이다. 기말재공품은 재공품(강관) 계정의 기말재고액 ₩80,000(⑲)과 재공품(열연) 계정의 기말재고액 ₩120,000(⑳)의 합인 ₩200,000이다.

당기제품제조원가는 당기총제조원가 ₩950,000에 기초재공품 ₩400,000을 가산하고 기말재공품 ₩200,000을 차감하면 ₩1,150,000이 된다.

제조원가명세서

(주)현대하이스코 2017년 12월 1일~12월 31일 (단위 : 원)

재료비 (1)=(2)+(3)−(4)		500,000
1. 기초재료재고액 (2)=(⑯)	500,000	
2. 당기재료매입액 (3)=(①−1)	1,000,000	
3. 기말재료재고액 (4)=(⑱)	1,000,000	
노무비 (5)=(③−1)		300,000
경비 (6)=(③−2)		150,000
당기총제조원가 (7)=(1)+(5)+(6)		950,000
기초재공품 (8)=(⑭+⑮)		400,000
기말재공품 (9)=(⑲+⑳)		200,000
당기제품제조원가 (10)=(7)+(8)−(9)		1,150,000

다음은 (주)현대하이스코의 2017년 12월 1일부터 12월 31일까지 경영성과를 나타내는 포괄손익계산서이다.

매출액은 강관제품과 열연제품을 판매하고 받은 ₩1,550,000이다. 매출원가는 기초제품재고액에 당기제품제조원가를 가산하고 기말제품재고액을 차감하여 산출한다.

기초제품재고액은 2017년 11월 30일 현재 재무상태표상의 제품(강관) ₩100,000(⑫)과 제품(열연) ₩200,000(⑬)의 합인 ₩300,000이다. 당기제품제조원가는 2017년 12월

제조원가명세서의 해당금액 ₩1,150,000이다. 기말제품재고액은 제품(강관) 계정의 기말잔액₩50,000(㉑)과 제품(열연) 계정의 기말잔액 ₩150,000(㉒)의 합인 ₩200,000이다. 따라서 매출원가는 ₩1,250,000이 된다.

매출총이익은 매출액 ₩1,550,000에서 매출원가 ₩1,250,000을 차감한 ₩300,000이다.

당기순이익은 매출총이익에서 판매비와 관리비를 차감하여 산출되는데 본 예제에서는 판매비와 관리비가 발생하지 않았으므로 매출총이익과 동일한 ₩300,000이다.

포괄손익계산서

(주)현대하이스코　　2017년 12월 1일~12월 31일까지　　(단위 : 원)

매출액 (1)＝(⑧－2)		1,550,000
매출원가 (2)＝(3)＋(4)－(5)		(1,250,000)
1. 기초제품재고액 (3)＝(⑫＋⑬)	300,000	
2. 당기제품제조원가 (4)	1,150,000	
3. 기말제품재고액 (5)	200,000	
매출총이익 (6)＝(1)－(2)		300,000
판매비와 관리비 (7)		0
당기순이익 (8)＝(6)－(7)		300,000

이익잉여금처분계산서는 포괄손익계산서의 당기순이익과 이익잉여금처분계산서 계정 잔액을 사용하여 작성하는데 다음과 같다.

처분전이익잉여금은 전기로부터 이월된 이익잉여금과 당기순이익으로 구성된다. (주)현대하이스코 경우에는 전기에 이익잉여금이 ₩0이므로 처분전이익잉여금은 당기순이익 ₩300,000으로 구성된다.

이익잉여금처분액은 현금배당 등으로 구성되는데 처분전이익잉여금5에서 이익잉여금처분액을 차감한 결과가 차기이월이익잉여금이다. 차기이월이익잉여금은 재무상태표에 이익잉여금 항목으로 보고된다.

이익잉여금처분계산서

(주)현대하이스코 2017년 12월 1일~12월 31일까지 (단위 : 원)

과목	금액	금액
미처분이익잉여금		300,000
1. 전기이월이익잉여금	0	
2. 당기순이익	300,000	
임의적립금 등의 이입액		0
이익잉여금처분액		0
1. 배당금 가. 현금배당		0
차기이월이익잉여금		300,000

다음은 2017년 12월 31일 현재 (주)현대하이스코의 재무상태표이다.

현금은 현금계정의 잔액인 ₩58,900,000(㉓)을 계상한다. 제품은 제품(강관) 계정의 기말잔액₩50,000(㉑)과 제품(열연) 계정의 기말잔액 ₩150,000(㉒)의 합인 ₩200,000을 계상한다. 재공품은 재공품(강관) 계정의 기말재고액 ₩80,000(⑲)과 재공품(열연) 계정의 기말재고액 ₩120,000(⑳)의 합인 ₩200,000이다. 기말재료재고액은 원재료 계정의 기말잔액 ₩1,000,000(⑱)이다.

단기차입금과 자본금은 12월 중에 변화가 없었으므로 2017년 11월 30일 현재 (주)현대하이스코의 재무상태표 금액과 동일하다.

이익잉여금은 2017년 12월 1일부터 12월 31일까지 이익잉여금처분계산서상의 차기이월이익잉여금 ₩300,000이다.

따라서 자산의 총계는 ₩60,300,000이며 부채와 자본 총계는 ₩60,300,000이 되어 대차평형의 원리가 성립된다.

재무상태표

(주)현대하이스코 2017년 12월 31일 현재 (단위 : 원)

자 산 :		
Ⅰ. 유동자산		
(1) 당좌자산		
1. 현 금 (㉓)		58,900,000
(2) 재고자산		
1. 제 품	제품(강관) (㉑):50,000 제품(열연) (㉒):150,000	200,000
2. 재공품	재공품(강관) (⑲):80,000 재공품(열연) (⑳):120,000	200,000
3. 원재료 (⑱)		1,000,000
자산 총계		60,300,000
부 채 :		
단기차입금		10,000,000
부채 총계		10,000,000
자 본 :		
자 본 금		50,000,000
이익잉여금		300,000
자본 총계		50,300,000
부채와 자본 총계		60,300,000

현금흐름표는 일정기간에 발생한 현금흐름을 활동별로 분류하여 현금유입과 유출로 보고하는 보고서이다.

현금흐름표에서는 기업의 활동을 제품을 제조 판매하는 영업활동(operating activities), 제조시설 등을 구입하는 투자활동(investing activities), 그리고 이러한 영업과 투자를 위한 자금을 장기간 이용목적으로 조달하는 재무활동(financing activities)으로 구분하여 현금흐름을 분류한다.

(주)현대하이스코의 현금계정을 영업활동, 투자활동, 재무활동에 의한 현금흐름으로

분류한 다음 각 활동별로 현금흐름을 현금유입과 유출로 분류하여 현금의 증감을 설명하면 다음과 같은 현금흐름표가 작성된다.

현금흐름표(간접법)

(주)현대하이스코　　2017년 12월 1일~12월 31일까지　　(단위 : 원)

영업활동으로 인한 현금흐름		100,000
1. 당기순이익	300,000	
2. 영업활동으로 인한 자산부채변동	(200,000)	
투자활동으로 인한 현금흐름		0
재무활동으로 인한 현금흐름		0
현금의 증가		
기초의 현금		58,800,000
기말의 현금		58,900,000

자본변동표는 자본의 크기와 한 회계기간동안 발생한 자본의 변동에 관한 정보를 제공하는 재무보고서이며, 재무상태표, 포괄손익계산서, 자본변동표, 현금흐름표 등의 4대 재무제표 중의 하나이다.

자본변동표는 자본의 구성항목인 자본금, 기타자본(자본잉여금, 자본조정, 기타포괄손익누계액), 이익잉여금 등의 변동에 대한 포괄적인 정보를 제공한다.

2017년 12월 1일의 기초자본금액은 2017년 11월 30일 현재 재무상태표상의 자본금액 ₩50,000,000이며 여기에 12월 당기순이익 ₩300,000을 합산하면 2017년 12월 31일 현재 자본금액은 ₩50,300,000이 된다.

자본변동표

(주)현대하이스코　　2017년 12월 1일~12월 31일까지　　(단위 : 원)

구 분	자본금	자본잉여금	자본조정	기타포괄 손익누계액	이익잉여금	합계
2017.12.1	50,000,000					50,000,000
당기순이익					300,000	300,000
2017.12.31	50,000,000				300,000	50,300,000

Ⅰ. 평가자체크리스트

※ 다음 서술이 옳으면 T, 옳지 않으면 F를 기재하시오.

3.1 제조원가의 구성요소는 직접재료비, 직접노무비, 그리고 제조간접비이다.

3.2 제품의 원가는 제품이 판매되었을 때 포괄손익계산서에 비용으로 계상된다.

3.3 재공품 중에서 완성된 것은 제품이 되며, 완성된 제품의 원가를 제품제조원가라 한다.

3.4 제품생산을 위해 투입된 모든 원가는 재공품 계정의 차변에 집계되며, 특정 제품이 완성되면서 완성품의 원가만큼 매출원가에 할당된다.

3.5 당기에 완성된 제품의 원가를 당기총제조원가라 한다.

3.6 당기완성품 가운데 판매가 이루어진 부분은 매출원가가 되며 아직 판매가 이루어지지 않은 것은 기말재고로 남게 된다.

3.7 기초제품재고액과 기말제품재고액이 동일한 경우에도 당기제품제조원가와 매출원가는 서로 상이하다.

3.8 제조원가명세서에는 기초재공품재고액과 기초제품재고액이 표시된다.

3.9 제조원가명세서에는 재료 소비액의 산출과정이 표시된다.

3.10 서비스기업과 달리 상기업과 재조기업은 재고자산이 존재하며 특히 제조기업은 통상 재고자산을 원재료, 재공품, 제품으로 구분한다.

Ⅱ. 객관식

3.1 원가의 흐름에 대한 설명으로 옳은 것은?

① 재료비 → 제 품 → 재 공 품 → 매출원가
② 재료비 → 제 품 → 매출원가 → 재공품
③ 노무비 → 재공품 → 매출원가 → 제품
④ 노무비 → 재공품 → 제 품 → 매출원가
⑤ 경 비 → 매출원가 → 제 품 → 재공품

3.2 제조원가명세서에 포함되지 않는 항목은?

① 직접재료비
② 직접노무비
③ 제조간접비
④ 기말제품재고액
⑤ 당기제품제조원가

3.3 원가흐름에 대한 설명으로 옳은 것은?

① 당기총제조원가는 제품계정 차변으로 대체
② 당기제품제조원가는 재공품계정 차변으로 대체
③ 당기매출원가는 상품매출원가계정 차변으로 대체
④ 당기재료비소비액은 재공품계정 차변으로 대체
⑤ 당기노무비소비액은 제품계정 차변으로 대체

3.4 당기총제조원가가 당기제품제조원가보다 큰 경우에 대한 설명으로 옳은 것은?

① 당기제품제조원가가 제품매출원가보다 크다.
② 기말제품재고액이 기초제품재고액보다 작다.
③ 기말제품재고액이 기초제품재고액보다 크다.
④ 기말재공품액이 기초재공품액보다 크다.
⑤ 기말재공품액이 기초재공품액보다 작다.

3.5 (주)태희의 원가자료이다. 4월의 원재료소비액을 계산하면 얼마인가?

월초 재고액	₩100,000	당월 매입액	₩500,000
월말 재고액	₩200,000		

① ₩330,000 ② ₩400,000 ③ ₩500,000 ④ ₩600,000 ⑤ ₩800,000

3.6 다음 자료를 이용하여 당기 직접재료매입액을 계산하면 얼마인가?

기초재공품재고액	₩10,000	기말재공품재공액	₩20,000
당기제품제조원가	₩80,000	당기총제조원가	₩90,000
직접노무비소비액	₩20,000	제조간접비소비액	₩30,000
기초직접재료재고액	₩20,000	기말직접재료재고액	₩10,000

① ₩10,000 ② ₩20,000 ③ ₩30,000 ④ ₩40,000 ⑤ ₩50,000

3.7 다음 자료를 이용하여 당월 노무비소비액을 계산하면 얼마인가?

> 당월에 발생한 노무비 ₩100,000을 현금으로 지급하다.
> 당월에 발생한 노무비 ₩50,000을 미지급하다.
> 전월에 노동하고 미지급한 노무비를 당월에 현금으로 ₩10,000을 지급하다.

① ₩50,000 ② ₩80,000 ③ ₩100,000 ④ ₩140,000 ⑤ ₩160,000

3.8 기말재공품은 기초재공품에 비하여 ₩100,000이 증가하였으며, 재공품 공정에 투입한 직접재료비와 직접노무비, 제조간접비의 비율이 3:2:5이다. 당기제품제조원가가 ₩400,000일 때 재공품에 투입한 직접노무비는 얼마인가?

① ₩100,000 ② ₩200,000 ③ ₩400,000 ④ ₩600,000 ⑤ ₩700,000

3.9 다음 자료에 의하여 4월의 제조간접비를 계산하면 얼마인가?

당년도의 공장재산세	₩72,000	당월의 공장사무용품비	₩11,000
상반기 기계수선비	₩24,000	2/4분기의 공장보험료	₩18,000
당월의 영업부 사무용품비	₩25,000	상반기 기계감가상각비	₩18,000

① ₩20,000 ② ₩23,000 ③ ₩25,000 ④ ₩28,000 ⑤ ₩30,000

3.10 다음 자료를 이용하여 당월의 전력비 소비액을 계산하면 얼마인가?

전월말 전력사용 검침량: 100Kwh	전월중 전력비 납부액: ₩12,000
당월말 전력사용 검침량: 300Kwh	당월중 전력비 납부액: ₩31,000
1Kwh당 전력비: ₩100	

① ₩10,000 ② ₩17,000 ③ ₩19,000 ④ ₩20,000 ⑤ ₩24,000

3.11 다음 자료를 이용하여 당기총제조원가를 계산하면 얼마인가?

직접재료비	₩10,000	직접노무비	₩30,000
제조간접비	₩50,000	기초재공품재고액	₩50,000
기말재공품재고액	₩70,000		

① ₩90,000 ② ₩100,000 ③ ₩140,000 ④ ₩170,000 ⑤ ₩210,000

3.12 다음 자료를 이용하여 기말재공품원가를 계산하면 얼마인가?

당기총제조원가	₩1,000,000	기초재공품재고액	₩100,000
기초제품재고액	₩500,000	기말제품 재고액	₩200,000
매출원가	₩1,500,000		

① ₩100,000 ② ₩250,000 ③ ₩300,000 ④ ₩350,000 ⑤ ₩500,000

3.13 다음 자료를 이용하여 기말재공품재고액을 계산하면 얼마인가?

기초재공품재고액	₩100,000	기말재공품재고액	₩ ?
당기총제조원가	₩550,000	기초제품재고액	₩50,000
기말제품재고액	₩200,000	매출원가	₩300,000

① ₩100,000 ② ₩150,000 ③ ₩200,000 ④ ₩250,000 ⑤ ₩300,000

3.14 다음 자료에 의하여 기초재공품재고액을 계산하면 얼마인가?

기초제품	₩2,000,000	기말제품	₩3,000,000
기말재공품	₩2,000,000	당기총제조원가	₩15,000,000
매출원가	₩17,000,000		

① ₩2,000,000 ② ₩5,000,000 ③ ₩7,000,000 ④ ₩8,000,000 ⑤ ₩10,000,000

3.15 다음 자료를 이용하여 당기제품제조원가를 계산하면 얼마인가?

> 당월원재료 매입액은 ₩10,000이며 기말원재료는 기초에 비해서 ₩5,000이 감소했다.
> 직접노무비는 직접재료비의 130%를 차지한다.
> 제조간접비는 ₩8,500이다.
> 기말재공품은 기초재공품에 비하여 ₩10,000이 증가하였다.

① ₩10,000 ② ₩15,000 ③ ₩18,000 ④ ₩20,000 ⑤ ₩22,500

3.16 다음 자료를 참고로 하여 20×1년도 당기제품제조원가와 매출원가를 계산하면?

[1993년 공인회계사]

구분	20×1.1.1 재고	20×1년중 매입(투입)액	20×1.12.31재고
원재료	₩90,000	₩720,000	₩120,000
재공품	120,000	–	140,000
직접노무비	–	400,000	–
제조간접비	–	510,000	–
제 품	150,000	–	180,000

	당기제품 제조원가	매출원가		당기제품 제조원가	매출원가
①	₩1,550,000	₩1,580,000	②	₩1,550,000	₩1,580,000
③	₩1,610,000	₩1,580,000	④	₩1,580,000	₩1,550,000
⑤	₩1,580,000	₩1,580,000			

3.17 다음 자료를 이용하여 매출원가를 계산하면 얼마인가?

당기총제조원가	₩1,500,000	기초재공품재고액	₩150,000
기말재공품재고액	₩250,000	기초제품재고액	₩300,000
기말제품재고액	₩700,000		

① ₩1,000,000 ② ₩1,200,000 ③ ₩1,500,000 ④ ₩1,850,000 ⑤ ₩2,000,000

3.18 다음 자료를 이용하여 제품계정의 판매가능액을 계산하면 얼마인가?

기초재공품재고액	₩200,000	당기총제조원가	₩1,300,000
기말재공품재고액	₩300,000	기초제품재고액	₩100,000
기말제품재고액	₩200,000	판매가능액	₩1,200,000

① ₩1,000,000 ② ₩1,100,000 ③ ₩1,300,000 ④ ₩1,500,000 ⑤ ₩1,700,000

3.19 (주)남송의 1월 중 발생한 비용과 월초 및 월말 재고자산 자료는 다음과 같다.

1월 중 발생비용		재고자산	1월초	1월말
직접노무원가	₩300	재공품재고	₩1,000	₩800
감가상각비－공장	50	직접재료재고	300	100
감가상각비－영업점포	50			
감가상각비－본부사옥	100			
공장감독자급여	100			
그 밖의 제조간접원가	200			

1월 중 직접재료의 매입은 발생하지 않았다. (주)남송의 1월달 당기제품제조원가는?

[2001년 공인회계사]

① ₩850 ② ₩900 ③ ₩1,050 ④ ₩1,100 ⑤ ₩1,200

3.20 다음은 제조원가명세서를 요약한 내용이다. 이와 관련된 설명으로 옳지 않은 것은?

Ⅰ.	직접재료비	₩1,000,000
	기초재료재고액	₩300,000
	당기재료매입액	₩800,000
	기말재료재고액	₩100,000
Ⅱ.	직접노무비	₩500,000
Ⅲ.	제조간접비	₩300,000
Ⅳ.	당기총제조원가	(㉡)
Ⅴ.	기초재공품원가	₩200,000
Ⅵ.	소 계	(㉢)
Ⅶ.	기말재공품원가	₩400,000
Ⅷ.	(㉠)	(㉣)

① ㉠의 과목은 당기제품제조원가이다.
② ㉡의 당기총제조원가는 ₩1,800,000이다.
③ ㉢의 금액은 ₩2,000,000이다.
④ ㉣의 금액은 ₩2,400,000이다.
⑤ 대차대조표에 반영될 기말재고자산은 ₩500,000이다.

Ⅲ. 주관식

3.1 다음 자료와 재공품계정을 이용하여 당월에 완성된 제품의 단위당 원가를 계산하면?

[2005년 공무원]

월초제품수량: 200개　　월말제품수량: 100개　　당월제품판매수량: 600개

재공품

월 초 재 공 품	150,000	(　　　　)	(　　)
당기총제조원가	(　　)	월 말 재 공 품	120,000
	470,000		

3.2 다음 자료를 이용하여 당기의 직접재료비를 계산하면 얼마인가?

당기총제조원가는 ₩2,000,000이다.　　제조간접비는 직접노무비의 80%이다.
제조간접비는 당기총제조원가의 20%이다.

3.3 다음 자료를 이용하여 직접노무비를 계산하면 얼마인가?

₩100,000의 직접재료를 구입하다.
제조간접비는 ₩45,000이다.
총제조원가는 ₩250,000이다.
직접재료의 월초 재고가 ₩10,000이고, 월말 재고가 ₩30,000이다.

3.4 다음 자료를 이용하여 기말재공품재고액을 계산하면 얼마인가?

직접재료비	₩1,000,000	직접노무비	₩2,000,000
제조간접비	₩1,500,000	외주가공비	₩500,000
기초재공품재고액	₩2,500,000	당기제품제조원가	₩8,000,000

3.5 다음의 자료를 이용하여 매출원가를 계산하면 얼마인가?

기초재공품재고액	₩250,000	기말재공품재고액	₩150,000
당기총제조원가	₩2,000,000	기초제품재고액	₩200,000
기말제품재고액	₩500,000		

3.6 다음의 자료를 이용하여 당기총제조원가를 계산하면 얼마인가?

기초재공품재고액	₩120,000	기말재공품재고액	₩170,000
기초제품재고액	₩100,000	기말제품재고액	₩150,000
매출원가	₩500,000		

3.7 다음 자료를 이용하여 당기제품제조원가를 계산하면 얼마인가?

구 분	기초재고	매입(투입)액	기말재고
원 재 료	₩100,000	₩800,000	₩300,000
재 공 품	150,000	–	650,000
직접노무비	–	400,000	–
제조간접비	–	500,000	–
제 품	150,000	–	250,000

3.8 안산회사의 20×1년도 기초와 기말재고에 관련된 자료는 다음과 같다.

	20×1.1.1	20×1.12.31
원재료	₩50,000	₩60,000
재공품	70,000	50,000
제 품	55,000	35,000

20×1년동안 원가와 비용은 다음과 같다.

원재료 구입액	₩500,000
직접노무비	250,000
공장간접노무비	100,000
공장건물감가상각비	70,000
영업부 사무원급료	50,000

위 자료를 이용하여 당기의 매출원가를 구하면 얼마인가? [1990년 감정평가사]

3.9 다음 자료를 이용하여 매출총이익을 계산하면 얼마인가?

매출액	₩1,000,000	당기매입액	₩500,000
기초상품재고	₩300,000	기말상품재고	₩200,000

3.10 다음 제조원가명세서의 빈칸을 채우시오.

	과목	금액(단위:원)
Ⅰ	재 료 비	250,000
	기초재료재고액	100,000
	당기재료매입액	250,000
	기말재료재고액	100,000
Ⅱ	노 무 비	300,000
Ⅲ	경 비	150,000
Ⅳ	당기총제조원가	(가)
Ⅴ	기초재공품원가	300,000
Ⅵ	기말재공품원가	500,000
Ⅶ	(나)	(다)

제 4 장

실제개별원가계산

학습목표

2장에서는 원가의 개념과 분류에 대하여 살펴보았다. 즉 제품의 생산 활동과 관련하여 원가의 흐름과 원가유형 간의 관계를 파악해 보았는데, 본 장에서는 제조원가가 어떻게 측정되며, 특정제품에 어떻게 배부되어 원가계산이 이루어지는 것인지를 학습한다. 이에 따라 학습목표는 다음과 같이 설정한다.

1. 개별원가계산이란 무엇이며, 그 절차는 어떻게 이루어지는가?
2. 개별원가계산을 위한 원가대상이란 무엇인가?
3. 작업원가표는 어떻게 구성되는가?
4. 직접제조원가와 기타 제조간접비는 어떻게 집계되는가?
5. 제조간접비는 어떻게 배부되는가?
6. 당기제품제조원가와 매출 및 매출원가, 판매비와 관리비는 어떻게 처리되는가?

제1절 개별원가계산의 개요

제품원가를 계산하는 방법은 여러 가지가 있지만 각 기업이 수행하는 생산 활동의 성격에 따라 크게 개별원가계산과 종합원가계산으로 나눌 수 있다.

작업별 원가계산이라고도 불리는 개별원가계산(job costing)은 제품의 종류나 규격이 다양한 개별 단위의 제품이나 서비스를 생산하는 기업에 적용되는 원가계산방법이다. 이 원가계산방법은 조선업, 건설업, 기계제조업, 항공기제조업 등 특별주문이나 수요에 따라 특정제품을 개별적으로 생산하는 기업의 원가계산에 적합하다.

반면에, 공정원가계산 또는 종합원가계산(process costing)은 동일 또는 유사한 성격을 가진 제품을 연속적으로 대량생산하는 업종에 사용되는 원가계산방법으로서 정유업, 화학공업, 식품가공업, 제지업, 금속제조업 등과 같이 대량생산이 가능한 산업분야에 적용된다.

제2절 개별원가계산의 의의 및 절차

개별원가계산이란 앞서 설명한 바와 같이 제품의 종류나 규격이 다양한 개별적인 생산형태의 기업에 적용되는 원가계산방법으로서 제품원가를 개별작업별로 구분, 집계하여 계산한다. 따라서 개별원가계산은 조선업, 건설업, 기계제조업 등과 같이 고객의 주문에 기초하여 고객의 요구에 따라 개별적으로 제품을 생산하는 업종에 적합하다.

개별원가계산을 사용하는 이러한 업종의 기업들은 제품마다 규격, 품질 등이 다르기 때문에 제품원가를 개별작업별로 구분, 집계하여 계산한다. 이때 직접제조원가와 제조간접비의 구분이 중요한데, 직접제조원가는 개별 작업과 관련하여 직접적으로 추적할 수 있기 때문에 발생된 원가를 개별 작업에 그대로 부과하면 되지만, 제조간접비는 특정 제품이나 작업과 관련하여 직접적으로 추적할 수 없기 때문에 이를 기말에 적정한 기준으로 배부하게 된다. 그 결과 기말에 완성된 개별 작업의 원가는 당기제품제조원가로, 재공품으로 남은 작업의 원가는 기말재공품원가로 분류된다.

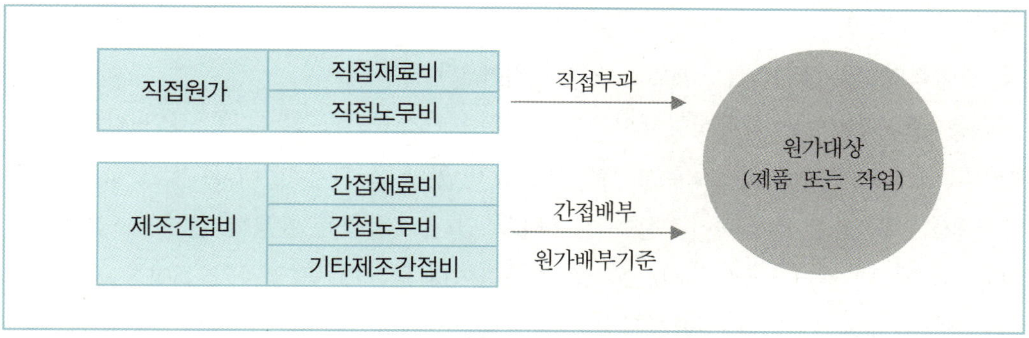

제3절 개별원가계산의 절차

개별원가계산에서는 각 작업별로 원가를 독립적으로 기록하여 원가대상의 원가를 예측하고 통제하게 된다. 개별원가계산을 통해 원가를 계산하기 위해서는 다음과 같은 단계를 거치게 된다.

1) 원가대상 작업의 설정
2) 직접제조원가의 집계
   2-1) 직접재료비의 집계
   2-2) 직접노무비의 집계
3) 제조간접비의 집계
4) 제조간접비 배부
   4-1) 제조간접비 배부기준 설정
   4-2) 제조간접비 배부율 산정
5) 총원가집계

비반복적인 개별 작업을 수행하는 기업의 경영자는 개별작업별로 원가를 분리하여 기록함으로서 원가를 통제하거나 추정하는 데 유용한 정보를 얻을 수 있다. 작업원가표 또는 작업별 원가기록표(job cost sheet 또는 job cost record)는 개별작업별로 원가를 분리하여 집계하는 데 사용되는 기본적인 증빙서류이다. 작업원가표에는 제조에 착수한 각 개별작업별로 투입되는 총원가를 기록하게 된다.

항공기를 제조하는 한국항공에서 1월 중 작성한 작업원가표는 다음 표와 같다. 제조간접비 배부기준으로 직접노무시간을 사용하고 있다. 원가계산방법은 실제제조간접비 배부율을 사용하는 실제원가계산을 사용하고 있다. 1월중에 발생한 실제제조간접비는 ₩350,000이며 실제직접노무시간은 총 35시간이다. 그리고 경영자가 설정한 제조간접비예산액은 ₩320,000이고 예산직접노무시간은 총 40시간이다. 기초원재료재고액, 기초재공품재고액, 기초제품재고액은 ₩0이다.

작업번호: AJ278	주문자: 아시아나항공
제조착수일: 2007.01.01	제조완료일: 2007.01.31

직접재료비

일자	사용량	단위원가	금액
2007.01.04	20	₩10,000	₩200,000
2007.01.15	10	10,000	100,000
소계(A)			₩300,000

직접노무비

일자	작업시간	시간당 임률	금액
2007.01.05	20	₩12,000	₩240,000
2007.01.18	15	12,000	180,000
소계(B)			₩420,000

제조간접비

일자	배부기준	배부기준사용량	배부율	금액
2007.01.31	직접노무시간	35	₩10,000	₩350,000
소계(C)				₩350,000
총계(D)=(A+B+C)				₩1,070,000

작업원가표에 기록하는 원가는 기본적으로 직접재료비, 직접노무비, 제조간접비로 분류한다. 개별 작업을 위해 직접재료를 창고에서 출고하면 그 개별 작업의 작업원가표에 이를 기록한다. 또한 직접노무비도 직접재료비와 유사하게 개별 작업을 수행하는 종업원들의 임금을 발생시점에 개별 작업의 작업원가표에 기록함으로써 개별 작업에 부과한다. 이에 반해 제조간접비는 배부율을 사용하여 작업원가표의 제조간접비계정에 기록한다. 개별 작업이 완료되면 작업의 단위당 원가를 결정하기 위해 직접재료비, 직접노무비, 제조간접비를 원가집합계정에 집계한다. 개별원가계산의 구체적인 절차를 설명하면 다음과 같다.

1 원가대상 작업의 설정

이것은 원가를 계산할 대상을 확정하는 단계로서 한국항공의 경우 생산제품인 항공기의 작업번호 AJ278이 된다.

2 직접제조원가의 집계

1) 직접재료비의 집계

(1) 원재료 매입

기업이 보유하고 있는 원재료는 재료별 카드에 기록한다. 이 카드에는 현재 보유하고 있는 재료의 수량과 원가 등을 기재한다. 재료원장 카드 전체는 하나의 보조원장을 구성하며, 이에 대한 통제계정은 재료계정이다.

예를 들어, 원재료를 신용거래를 통해 구입한 경우에 이 금액은 원재료계정의 차변과 매입채무의 대변에 기록되고 또한 재료카드와 현금의 보조원장에 기록된다. 한국항공의 1월중 원재료 ₩500,000을 신용거래를 통해 매입하였다 이에 대한 분개와 전기는 다음과 같다.

(차) 원재료 500,000 (대) 매입채무 500,000

원재료			
당기매입	500,000		

매입채무			
		원재료	500,000

(2) 원재료 사용

특정작업을 수행하기 위하여 작업자는 재료를 청구하게 된다. 이 때 사용하는 서류가 재료청구서인데, 재료청구서에 기재한 재료청구량을 재료계정에서 차감하여 제조부문으로 옮김으로써 재공품계정을 증가시키게 된다. 출고된 재료 가운데 개별 작업에 직접적으로 사용하지 않는 경우에는 간접재료원가로서 제조간접비계정에 기록한다.

한국항공에서 1월 중 사용된 원재료는 ₩350,000으로서 그 중 재공품 금액 ₩300,000은 작업번호 AJ278을 제조하는 데 사용된 직접재료비 ₩300,000으로서 작업원가표의 직접재료비의 소계 금액이다. 또한 제조간접비 금액₩50,000은 간접재료원가 금액이다. 한국항공의 재료 사용에 대한 분개와 전기는 다음과 같다.

(차) 재공품 300,000 (대) 원재료 350,000
제조간접비 50,000

원재료			
당기매입	500,000	당기사용	350,000

재공품			
원재료	300,000		

제조간접비			
원재료	50,000		

2) 직접노무비의 집계

특정작업을 직접적으로 수행하는 작업자들에게 지급하는 임금은 보통 작업시간을 기준으로 지급한다. 이러한 작업시간은 개별 작업의 시작시점과 종료시점에서 작성하는 작업시간표에 기록된 시간을 근거로 한다. 개별 작업에 부과되는 직접노무비는 작업시간에 시간당 임률을 곱하여 계산하게 된다. 원재료와 유사하게 개별 작업을 수행하는 데 직접적으로 소요된 직접노무비는 재공품 계정에, 또한 감독자 급여 및 유지비와 같은 간접노무원가는 제조간접비계정에 기록한다.

한국항공에서 1월 중 발생한 노무원가는 ₩540,000으로서 그 중 재공품금액 ₩420,000은 작업번호 AJ278을 제조하는 데 소요된 직접노무비로서 작업원가표의 직접노무비 소계 금액이다. 또한 제조간접비 금액 ₩120,000은 간접노무원가 금액이다. 한국항공의 노무원가에 대한 분개와 전기는 다음과 같다.

(차)	재공품	420,000	(대)	미지급급여	540,000
	제조간접비	120,000			

미지급급여

차변		대변	
		당기발생	540,000

재공품

차변		대변	
원재료	300,000		
미지급급여	420,000		

제조간접비

차변		대변	
원재료	50,000		
미지급급여	120,000		

노무원가에 대한 회계처리에서 주의를 기울여야 할 항목은 휴식이나 기계의 수선 등으로 인해 발생된 원가와 초과근무수당 항목이다.

만약 유휴시간이 작업을 수행하는 과정에서 필수불가결하게 발생한다면, 이에 관련된 노무원가를 제조간접비로 처리하는 것이 타당하나, 유휴시간이 비효율적인 작업관리나 비능률에 의해 발생한 것이라면, 기간비용으로 처리해야 한다. 만약, 이를 제조간접비로 처리한다면 제품원가가 증가하게 되고 따라서 재고자산을 과대계상하게 된다. 또한 제품원가에 비효율성을 포함시키기 때문에 제품원가 예측 및 성과평가시 회계정보의 유용성을 감소시키게 된다.

초과근무수당은 특정작업을 수행하기 위해 발생한 것이라 할지라도 일반적으로 제조간접비로 기록한다. 기업이 제품을 생산할 때 제품 생산순서가 무작위로 예정된 것에 기인하여, 특정 공정의 작업시간이 길어져 정상작업시간을 초과한 관계로 다른 공정이 뒤로 미루어져 있다가 초과작업시간에 수행되었다면, 이 제품에 대하여 초과근무수당을 부과하는 것은 논리적으로 타당하지 못하다. 그러나 주문자가 정상적인 인도기간보다 빨리 생산해 주기를 요청하여 이에 따라 초과근무를 했다면, 이때의 초과근무수당은 직접노무비로 처리하는 것이 타당하다.

3 기타제조간접비의 집계

제조간접비 통제계정은 일반적으로 각 부문별로 설정되는데, 이 계정에는 직접재료비와 직접재료비 이외의 간접재료원가와 간접노무원가를 비롯한 기타제조간접비 항목들을 집계한다. 한국항공은 1월중에 공장건물의 감가상각비 ₩100,000과 보험료 ₩80,000의 제조간접비가 발생하였다. 이에 대한 분개와 전기는 다음과 같다.

(차) 제조간접비	180,000	(대) 감가상각누계액(공장)	100,000
		미지급보험료	80,000

감가상각누계액

	감가상각비(공장) 100,000

제조간접비

원재료 50,000	
급 여 120,000	
감가상각누계액(공장) 100,000	
미지급보험료 80,000	

미지급보험료

	보험료(공장) 80,000

이처럼 모든 제조간접비를 발생시점에서 제조간접비계정의 차변에 기록한다. 직접재료비 및 직접노무비는 비용이 발생할 때 재공품 계정으로 대체함으로써 곧바로 재공품의 증가를 가져오지만, 제조간접비는 차변에 집계한 발생원가를 재공품 계정에 배부할 때 비로소 재공품의 증가를 가져온다. 따라서 제조간접비에서는 제조간접비를 재공품계정에 배부하는 방법이 중요한데, 다음에서는 이에 대해서 자세히 살펴본다.

4 제조간접비의 배부

직접재료의 물리적 흐름은 완제품에서 직접적으로 추적가능하고, 특정작업을 수행하는 종업원들의 근무시간도 각 작업별로 직접적으로 관찰가능하다. 그러나 감독자의 급여, 재산세, 감가상각비 등의 제조간접비는 각 작업별로 추적이 매우 어렵기 때문에 배부절차를 통해 간접적으로 관련시켜야 한다.

여기서 주의할 점은 배부대상 제조간접비는 보조부문의 원가를 포함하고 있다는 것이다. 제조활동이 제조부문과 보조부문으로 구성되어 있는 경우, 보조부문의 원가는 용역수수관계를 고려하여 직접배부법, 단계배부법, 또는 상호배부법에 의해 제조부문에 우선적으로 배부한다. 이렇게 배부된 보조부문원가와 제조부문 자체의 제조원가를 합한 금액이 배부대상 제조간접비가 된다.

제조간접비를 제품원가에 배부하기 위해서는 제조공정을 거쳐 가는 작업을 공통적으로 측정할 수 있는 배부기준을 선택해야 한다. 일반적으로 널리 사용하는 원가배부기준은 직접노동시간, 기계시간, 직접노무비 등이 있다.

일단 배부기준을 선택하면 각 공정을 통과하는 모든 개별작업에 제조간접비를 배부하기 위해서 제조간접비배부율을 구해야 한다. 제조간접비배부율은 실제제조간접비배부율과 예정제조간접비배부율로 구분된다.

이후에서 살펴보겠지만, 제조간접비배부율로 실제제조간접비배부율을 사용하는 원가계산방법을 실제원가계산(actual costing)이라 하고 예정제조간접비배부율을 제조간접비배부율로 사용하는 원가계산방법을 정상원가계산(normal costing)이라고 한다.

실제제조간접비배부율은 실제제조간접비를 원가배부기준의 실제총수량으로 나누어 산출된다. 이를 식으로 나타내면 다음과 같다.

$$\text{실제제조간접비배부율} = \frac{\text{실제제조간접비}}{\text{원가배부기준의 실제총수량}} \quad (1)$$

앞에서 언급한 바와 같이 한국항공에서는 제조간접비 배부기준으로 직접노무시간을 사용하고 있으며 간접원가배부율은 실제제조간접비배부율을 이용하고 있다. 1월중에 발생한 실제제조간접비는 ₩350,000이며 실제직접노무시간은 총 35시간이다. 따라서 이를 이용하여 제조간접비배부율을 계산하면 다음과 같다.

$$\text{실제제조간접비배부율} = \frac{₩350,000}{35\text{직접노무시간}} = \text{직접노무시간당 } ₩10,000$$

작업에 배부될 간접원가는 작업에 관련된 각 배부기준의 실제수량에 각 배부기준의 간접원가배부율을 곱하여 계산된다.

한국항공은 작업 AJ278을 수행하기 위해 직접노무시간은 35시간이 투입되었고, 실제제조간접비 배부율을 기초로 작업 AJ278에 배부되어야 할 제조간접비는 다음과 같이 계산된다.

$$\text{직접노무시간당 } ₩10,000 \times 35\text{직접노무시간} = ₩350,000$$

제조간접비배부액 ₩350,000은 AJ278의 작업원가표의 제조간접비항목에 나타나 있다. 이에 대한 분개와 전기는 다음과 같다.

(차) 재공품	350,000	(대) 제조간접비	350,000

제조간접비

원재료	50,000	재공품	350,000
급 여	120,000		
감가상각누계액(공장)	100,000		
미지급보험료	80,000		

재공품

원재료	300,000	
급 여	420,000	
제조간접비	350,000	

5 당기제품제조원가

1월중 한국항공의 개별작업들이 완성되어 제품계정으로 대체된 금액은 ₩900,000이다. 기말까지 작업을 완료하지 못한 재공품에 대한 원가는 재공품계정에 계속 남게 되며 다음 기간으로 이월된다. 이에 대한 분개와 전기는 다음과 같다.

(차) 제품	900,000	(대) 재공품	900,000

재공품

기 초	0	당기제품제조원가	900,000
원재료	300,000	기말	170,000
급 여	420,000		
제조간접비	350,000		

제품

당기제품제조원가	900,000	

특정기간 또는 특정제품의 제조원가의 명세를 나타내는 보고서를 제조원가명세서(schedule of cost of goods manufactured)라고 한다. 지금까지 한국항공의 생산 활동에 투입된 원가를 정리한 제조원가명세서는 다음과 같다.

Ⅰ. 직접재료비			₩300,000
Ⅱ. 직접노무비			420,000
Ⅲ. 제조간접비			
	간접재료비	₩50,000	
	간접노무비	120,000	
	감가상각비	100,000	
	보험료	80,000	350,000
Ⅳ. 당기총제조원가(Ⅰ+Ⅱ+Ⅲ)			1,070,000
Ⅴ. 기초재공품원가			0
Ⅵ. 합계(Ⅳ+Ⅴ)			1,070,000
Ⅶ. 기말재공품원가			170,000
Ⅷ. 당기제품제조원가(Ⅵ−Ⅶ)			₩900,000

6 매출 및 매출원가

한국항공은 1월중에 ₩1,000,000의 외상매출이 발생하였으며 이에 대한 매출원가는 ₩600,000이었다. 이에 대한 분개와 전기는 다음과 같다.

(차) 매출채권	1,000,000	(대) 매출	1,000,000
(차) 매출원가	600,000	(대) 제품	600,000

매출원가

차변		대변	
제품	600,000		

제품

차변		대변	
기초	0	매출원가	600,000
당기제품 제조원가	900,000	기말	300,000

매출채권

차변		대변	
매 출	1,000,000		

매출

차변		대변	
		매출채권	1,000,000

7 판매비와 관리비

제조기업의 본사에서도 급여, 소모품비, 보험료, 감가상각비 등의 비용이 발생한다. 이처럼 제조활동과 관계없는 부문에서 발생하는 비용은 판매비와 관리비로 분류되는데, 이 항목은 발생하는 시점에서 기간비용으로 인식하여 포괄손익계산서에 보고된다.

1월에 발생된 한국항공의 판매비와 관리비는 다음과 같다.

항목	금액
본사 직원의 급여	₩15,000
영업용 차량의 보험료	3,000
홍보부서의 광고선전비	10,000
판매후 서비스 부서의 외주용역비	7,000
본사 건물의 감가상각비	₩25,000

이에 대한 분개와 전기는 다음과 같다.

(차)	급여	15,000	(대) 미지급급여	15,000
	보험료	3,000	미지급보험료	3,000
	광고선전비	10,000	미지급금	10,000
	외주용역비	7,000	현금	7,000
	감가상각비	25,000	감가상각누계액	25,000

미지급급여

	급여(공장)	540,000
	급여(본사)	15,000

미지급보험료

	보험료(공장)	80,000
	보험료(본사)	3,000

미지급금

	광고선전비	10,000

현금

	외주용역비	10,000

감가상각누계액	
	감가상각비(공장) 100,000
	감가상각비(본사) 25,000

한국항공의 1월 중 거래를 요약한 포괄손익계산서는 다음과 같다.

Ⅰ. 매출액		₩1,000,000
Ⅱ. 매출원가		600,000
Ⅲ. 매출총이익(Ⅰ−Ⅱ)		400,000
Ⅳ. 판매비와 일반관리비		
급여	₩15,000	
보험료	3,000	
광고선전비	10,000	
외주용역비	7,000	
감가상각비	25,000	60,000
Ⅴ. 영업이익(Ⅲ−Ⅳ)		₩340,000

이상에서 설명한 개별원가계산의 흐름을 종합하면 다음 그림과 같다.

개별원가계산의 흐름

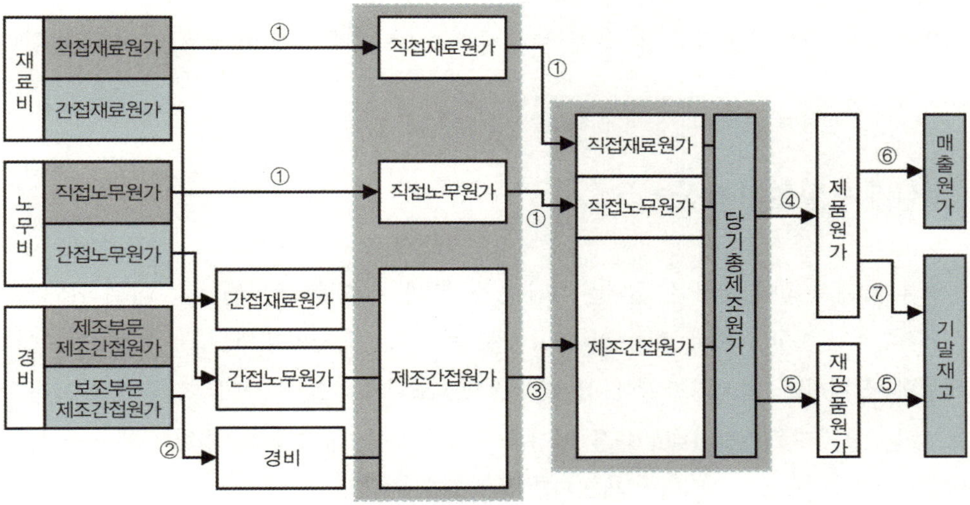

① 원가를 직접 추적
② 보조부문의 원가를 용역수수관계를 고려하여 제조부문으로 배부
③ 제조간접비를 예정배부율을 고려하여 제품에 배부
④ 당기총제조원가 중 완성된 부분의 원가
⑤ 당기총제조원가 중 미완성된 부분의 원가
⑥ 완성된 부분의 원가 중 판매된 부분
⑦ 완성된 부분의 원가 중 미판매된 부분

제4절 개별원가계산의 구분

개별원가계산은 제조간접비배부율을 산출하는 방법에 따라 실제개별원가계산과 정상개별원가계산으로 구분된다. 다음에서는 실제개별원가계산에 대해 설명하기로 한다.

1 실제개별원가계산

3절의 예에서 한국항공은 실제원가계산을 통해 개별작업의 원가를 집계하였다.

실제개별원가계산(actual job costing)에서는 실제직접재료비와 실제직접노무비를 개별작업에 집계하고 회계기간말에 집계된 실제제조간접비를 원가배부기준의 실제총수량으로 나눈 실제제조간접비배부율을 사용하여 재공품에 배부한다. 따라서 제조간접비 실제발생액이 각 작업에 배부한 제조간접비총액과 서로 동일하게 된다.

실제개별원가계산을 이용한 한국항공의 회계처리는 다음과 같다.

한국항공의 1월중에 발생한 실제제조간접비는 ₩350,000이며 실제직접노무시간은 총 35시간이다. 따라서 제조간접비배부율과 제조간접비 배부액을 계산하면 다음과 같다.

$$\text{실제제조간접비배부율} = \frac{₩350{,}000}{35\ \text{직접노무시간}} = \text{직접노무시간당 } ₩10{,}000$$

$$\text{직접노무시간당 } ₩10{,}000 \times 35\ \text{직접노무시간} = ₩350{,}000$$

(차) 재공품	350,000	(대) 제조간접비	350,000

제조간접비

원재료	50,000	재공품	350,000
급 여	120,000		
감가상각누계액	100,000		
보험료	80,000		

재공품

원재료	300,000	
급 여	420,000	
제조간접비	350,000	

이러한 실제개별원가계산은 다음과 같은 한계점이 있다.

첫째, 동일한 작업에 배부되는 제조간접비가 기간별로 차이가 발생하여 기간별 단위당 제품원가가 변동할 수 있다. 이렇게 제조간접비 배부액의 차이가 발생하는 이유는 실제원가계산을 이용하는 기업에서는 일반적으로 보통 월별로 제조간접비를 배부하는데 제조간접비발생액과 원가배부기준의 총수량이 주기성(seasonality)을 띄기 때문이다. 이는 기업이 속한 산업이나 생산하는 제품의 특성에 따라 특정기간에 수요가 집중(예: 장난감회사의 크리스마스기간)되기 때문에 이러한 수요에 맞추기 위해 원가배부기준의 총수량이 변동하게 되면 제조간접비배부율이 변동하게 된다. 또한 특정 제조간접비발생액(예: 여름철의 휴가비)이 집중적으로 발생하는 주기성으로 인해 제조간접비배부율이 변동하게 된다.

둘째, 제조간접비의 배부의 지연성이다. 제조간접비를 배부하기 위하여 실제제조간접비배부율을 계산해야 하는데 이를 위해 필요한 정보인 실제제조간접비발생액과 원가배부기준의 총수량 정보는 월말 또는 연말까지 미루어야 한다. 이는 회계정보의 질적 특성 중 하나인 적시성(timeliness)을 충족시키지 못하게 되어 회계정보의 유용성을 저해하게 된다. 경영자는 제품가격, 판매정책 등을 결정하기 위해서는 사전적인 정보가 필수적임에도 불구하고 실제원가계산을 사용하는 경우에는 사후적인 정보를 제공하게 된다.

이러한 한계점을 보완하기 위하여 대부분 기업에서는 제조간접비 예산액, 원가배부기준의 총예산수량을 이용한 예정제조간접비배부율을 사용하는데, 이에 대한 구체적 내용은 다음 정상개별원가계산에서 살펴본다.

Ⅰ. 평가자체크리스트

※ 다음 서술이 옳으면 T, 옳지 않으면 F를 기재하시오.

4.1 실제원가계산은 직접재료비, 직접노무비, 제조간접비를 실제원가로 측정하는 방법이다.

4.2 원가의 집계방식에 따라 제품원가를 개별 작업별로 구분하여 집계하는 원가계산방법은 종합원가계산이다.

4.3 기말재료 재고액이 기초재료 재고액보다 많은 것은 당기소비액이 당기매입액보다 많은 것을 의미한다.

4.4 제조원가명세서를 통해 당기원재료매입액을 파악할 수 있다.

4.5 제조원가명세서를 통해 당기매출원가를 파악할 수 있다.

4.6 고객이 주문한 특정 제품의 제조를 제조부서에 지시하는 제조지시서는 개별원가계산에 적합하다.

4.7 제품생산의 형태에 따라 개별원가계산과 실제원가계산으로 구분된다.

4.8 간접재료비는 재공품계정에 직접 기입한다.

4.9 당기 완성품의 제조원가는 재공품 계정에서 매출원가 계정으로 대체한다.

4.10 개별 원가계산표는 생산에 투입되는 각 작업에서 작성되고, 그 작업에 부담되는 원가를 집계하는데 이용된다.

Ⅱ. 객관식

4.1 개별원가계산제도가 가장 적합한 업종은? [AICPA 수정]

① 조선업 ② 정유산업 ③ 제지업
④ 방직업 ⑤ 제과업

4.2 개별원가 계산제도에 있어서 개별 작업에 직접재료비, 직접노무비, 제조간접비를 집계하는 기본적인 서류로 적합한 것은?

① 총계정원장 ② 원재료청구서 ③ 매입주문서
④ 작업원가표 ⑤ 송장

4.3 재공품계정에서 제품계정으로 대체되는 되는 것은?

① 매출원가 ② 원재료비 ③ 기간원가
④ 제품제조원가 ⑤ 기초제품재고액

4.4 제품 제조원가에 포함되지 않은 것은?

① 제품 보관을 위해 투입된 원가
② 제품 생산을 위해 소비한 근로자 임금
③ 제품 생산을 위해 소비한 수도광열비
④ 제품 생산을 위해 소비한 원재료
⑤ 제품 생산을 위해 소비한 일용직 근로자 임금

4.5 개별원가계산에 대한 설명으로 가장 옳지 않은 것은?

① 작업원가표에 기초하여 원가계산이 이루어지며, 미래작업평가가 가능하다.
② 제품을 비반복적으로 생산하는 업종에 적합한 원가계산제도이다.
③ 종합원가계산에 비하여 제품별로 정확한 원가계산이 가능하다.
④ 실제원가나 예정원가를 사용하여 원가계산이 가능하다.
⑤ 부문별 제조간접비 배부율보다 공장전체 제조간접비배부율이 더 정확한 원가배분방법이다.

4.6 개별원가계산과 종합원가계산에 대한 설명으로 가장 옳지 않은 것은?

① 개별원가계산은 주문생산형태에 적합하고, 종합원가계산은 대량생산형태에 적합하다.
② 개별원가계산은 제조간접비배부에, 종합원가계산은 완성품환산량계산이 핵심이다.
③ 개별원가계산은 제품별 수익성분석이 가능하나 종합원가계산은 불가능하다.
④ 개별원가계산은 종합원가계산에 비하여 비용이 적게 소요된다.
⑤ 개별원가계산은 건물 및 선박 등에 적합하며, 종합원가계산은 식료품업, 화학산업 등에 적합하다.

4.7 실제 원가계산제도의 특징 및 한계가 아닌 것은?

① 생산형태에 따라 개별원가계산과 종합원가계산 등으로 분류된다.
② 제조간접원가 배부가 실제발생원가와 실제조업도를 기초로 이루어지므로, 제품원가 계산이 기말까지 지연되지 않고 이뤄질 수 있다.
③ 조업도의 변동, 특정원가의 계절적 특성으로 인하여 동일한 제품에 배부되는 제조간접원가가 상이하게 된다.
④ 실제원가계산은 실제 발생한 직접재료원가, 직접노무원가, 제조간접원가를 제품에 배부하는 원가계산제도이다.
⑤ 외부보고용으로 적합한 원가계산방법이다.

4.8 가람에어(주)의 작업내용이다. 항공기 제작과 관련하여 9월 중에 발생한 원가자료와 생산량은 다음과 같다. B항공기의 제품 단위당원가는 얼마인가? [기업회계1급 수정]

	A항공기	B항공기	C항공기	합 계
직접재료비	₩30,000	₩30,000	₩40,000	₩100,000
직접노무비	₩60,000	₩40,000	₩100,000	₩200,000
제품생산량	5대	4대	8대	17대

※ 9월 중에 제조간접비 발생액은 ₩160,000이다. 회사는 직접노무비를 기준으로 제조간접비를 배부한다.

① ₩20,000　② ₩23,500　③ ₩25,000
④ ₩25,500　⑤ ₩30,000

4.9 꿈나무 방송국은 TV와 라디오 부문이 있다. TV와 라디오 부문은 ABN뉴스를 통하여 세계뉴스를 전송받는데 연간 ₩75,000의 비용이 소요된다. 두 부문에 대한 다음 자료를 이용하여 ABN뉴스 이용시간을 배부기준으로 하여 공통원가를 TV와 라디오 부문에 배부하면 각각 얼마인가? [기업회계1급 수정]

부 문	ABN뉴스 이용시간	방송시간
TV	540	180
라디오	360	420

	TV	라디오
①	₩45,000	₩30,000
②	₩30,000	₩45,000
③	₩22,500	₩52,500
④	₩52,500	₩22,500
⑤	₩55,000	₩52,500

4.10 책상과 의자를 생산하는 낙원가구(주)의 다음 자료를 이용하여 책상의 제조간접비 배부액을 계산하면 얼마인가? 다만, 각 책상에 대한 제조간접비는 실제 발생액을 직접재료비법으로 배부한다. [기업회계1급 수정]

[자료]

(1) 3월의 제조간접비 실제 발생액 ₩72,000

(2) 3월 제조활동에 관한 자료는 다음과 같다.

제품별	완성일	직접재료비	직접노무비
책상	3월 13일	₩60,000	₩60,000
의자	3월 30일	₩20,000	₩120,000

① ₩25,000 ② ₩35,500

③ ₩54,000 ④ ₩75,500

⑤ ₩90,000

4.11 (주)한영의 3월 중에 실제 발생한 총원가 및 작업지시서 #333의 내용은 다음과 같다.

	총원가	#333
직접재료원가	₩550,000	₩320,000
직접노무원가	₩1,000,000	₩460,000
제조간접원가	₩750,000	₩ ?

당월 중 실제직접노동시간은 300시간이었으며, 이 중 #333의 제조에 투입된 시간은 210시간이었다. 회사가 제조간접원가를 직접노무원가에 비례하여 실제배부하는 경우, #333에 배부되는 제조간접원가는 얼마인가? [기업회계1급 수정]

① ₩345,000 ② ₩355,000 ③ ₩400,000
④ ₩425,000 ⑤ ₩450,000

4.12 (주)나눔은 개별원가계산제도를 채택하고 있으며, 직접노무원가를 기준으로 제조간접원가를 배부한다. 제조간접원가배부율은 A부문에 대해서는 150%, B부문에 대해서는 50%이다. 제조지시서 #01은 20×7년중에 시작되어 완성되었으며, 원가 발생액은 다음과 같다.

	A부문	B부문
직접재료원가	₩50,000	₩10,000
직접노무원가	?	40,000
제조간접원가	60,000	?

제조지시서 #04와 관련된 총제조원가는 얼마인가?

① ₩170,000 ② ₩190,000 ③ ₩220,000
④ ₩270,000 ⑤ ₩300,000

4.13 한라(주)는 개별원가계산제도를 채택하고 있다. 제품 제조와 관련한 다음의 자료에 의한 당기말 재무제표에 반영될 재고자산은 총 얼마인가? [전산세무1급 수정]

① 당기총제조원가: ₩6,000,000
② 당기제품제조원가: ₩4,900,000
③ 제조간접원가는 직접재료비의 60%가 배부되었는데 이는 당기총제조원가의 25%에 해당한다.
④ 당기 원재료 매입액과 매출원가는 각각 ₩3,000,000과 ₩4,000,000이다.
⑤ 모두 기초재고자산은 없다.

① ₩500,000 ② ₩900,000 ③ ₩1,000,000
④ ₩1,100,000 ⑤ ₩2,500,000

4.14 작업#1의 제조원가는 얼마인가? (단, 제조간접비는 직접노무비를 기준으로 배부한다)

[2004년 공무원 수정]

	직접재료비	직접노무비	제조간접비
작업#1	₩4,000	₩8,000	
작업#2	₩2,000	₩6,000	
계	₩6,000	₩14,000	₩8,400

① ₩16,800 ② ₩15,800 ③ ₩15,600
④ ₩20,400 ⑤ ₩28,400

4.15 〈보기〉의 자료에 의하여 제조간접비를 직접노무시간 기준으로 배분할 경우, 제조지시서 #2의 제조원가는 얼마인가?

[2006년 주택관리사 수정]

[보기]
- 당해 원가 계산기간의 제조간접비 총액: ₩600,000
- 당해 원가 계산기간의 직접노무시간: 200시간
- 제조지시서 #2
  - 직접재료비: ₩1,200,000
  - 직접노무비: ₩1,800,000
  - 직접노무시간: 150시간

① ₩3,000,000 ② ₩3,100,000 ③ ₩3,200,000
④ ₩3,450,000 ⑤ ₩3,600,000

4.16 영산강(주)는 개별원가계산을 실시하고 있다. 제조간접원가는 직접노무원가의 120%이다. 작업 201에서 발생한 직접재료원가는₩1,764,000이며, 제조간접원가는 ₩1,058,400이다. 또한 작업 301에서 발생한 직접재료원가는 ₩294,000이며, 직접노무원가는 ₩735,000이다. 작업 201에서 발생한 직접노무원가 및 작업 301의 총원가는 얼마인가?

[2000년 세무사]

	#201 직접노무원가	#301 총원가
①	₩1,270,000	₩2,263,800
②	₩1,058,400	₩1,234,800
③	₩2,116,800	₩2,263,800
④	₩1,045,800	₩2,123,400
⑤	₩882,000	₩1,911,000

4.17 다음 원가계산 자료에서 제조지시서 #1은 완성되었으나 제조지시서 #2와 #3은 미완성이다. 재공품계정의 월말재고액은? (단, 제조간접비는 직접재료비에 근거하여 배부한다.)

[2008년 9급 공채 수정]

비 목	지시서 #1	지시서 #2	지시서 #3	합 계
직접재료비	₩2,000	₩2,000	₩1,000	₩5,000
직접노무비	5,000	6,000	2,500	13,500
제조간접비	( )	( )	( )	9,000

① ₩5,300 ② ₩10,600 ③ ₩11,600
④ ₩16,900 ⑤ ₩18,300

4.18 5월의 생산 및 원가자료는 다음과 같다. [2007년 9급 공채 수정]

과 목	제조지시서 #1	제조지시서 #2
월초재공품	₩180,000	–
직접재료비	950,000	₩380,000
직접노무비	650,000	200,000
제조간접비	220,000	100,000
합 계	₩2,000,000	₩680,000

월초제품재고액은 ₩300,000이고, 월말제품재고액은 ₩500,000이다. 그리고 제조지시서 #1은 완성되었으나, 제조지시서 #2는 완성되지 못하였다. 손익계산서에 계상될 매출원가는 얼마인가?

① ₩1,800,000 ② ₩1,900,000 ③ ₩2,000,000 ④ ₩2,100,000 ⑤ ₩2,300,000

4.19 (주)남송의 1월 중 발생한 비용과 월초 및 월말 재고자산 자료는 다음과 같다.

1월 중 발생비용		재고자산	1월초	1월말
직접노무원가	₩300	재공품재고	₩1,000	₩800
감가상각비－공장	50	직접재료재고	300	100
감가상각비－영업점포	50			
감가상각비－본부사옥	100			
공장감독자급여	100			
그 밖의 제조간접원가	200			

1월 중 직접재료의 매입은 발생하지 않았다. (주)남송의 1월달 당기제품제조원가는?

[2002년 세무사]

① ₩850 ② ₩900 ③ ₩1,050 ④ ₩1,100 ⑤ ₩1,200

4.20 다음의 자료를 이용하여 매출원가를 계산하면 얼마인가?

항목	기초재고자산	기말재고자산
원재료	₩20,000	₩50,000
재공품	₩50,000	₩150,000
제　품	₩40,000	₩140,000

당기 원가 발생은 원재료 매입액 ₩480,000, 직접임금 지급액 ₩250,000, 제조간접비 발생액 ₩300,000이다.

① ₩650,000　② ₩700,000　③ ₩800,000　④ ₩900,000　⑤ ₩950,000

Ⅲ. 주관식

4.1 (주)태희의 원가자료이다. 원재료소비액을 계산하면 얼마인가?

월초재고액	₩200,000	당월매입액	₩900,000
월말재고액	₩100,000		

4.2 (주)태희의 원가자료이다. 노무비소비액을 계산하면 얼마인가?

당월지급액	₩1,000,000	전월미지급액	₩50,000
당월미지급액	₩150,000		

4.3 (주)세무는 직접원가를 기준으로 제조간접비를 배부한다. 다음 자료에 의해 작업지시서 No.1의 제조간접비 배부액은 얼마인가? [전산회계 54회]

	공장전체발생원가	작업지시서 No.1
직접재료비	₩1,000,000	₩300,000
직접노무비	₩1,500,000	₩400,000
기계시간	150시간	15시간
제조간접비	₩7,500,000	(　　　)

4.4 (주)상록의 20×7년도 기초와 기말재고는 다음과 같다.

항 목	20×7. 1. 1.	20×7. 12. 31.
원 재 료	₩50,000	₩60,000
재 공 품	70,000	80,000
제 품	90,000	100,000

당기원재료 매입액은 ₩300,000, 직접임금 지급액 ₩250,000, 제조간접비 발생액 ₩320,000이다. (주)상록의 20×7년도 매출원가는 얼마인가?

4.5 마포(주)는 개별원가계산을 실시하고 있다. 제조간접비는 직접노무비의 125%이다. 작업 No.101에서 발생한 직접재료비는 ₩1,500,000이며, 제조간접비는 ₩1,100,000이다. 또한 작업 No.201에서 발생한 직접재료비는 ₩500,000이며, 직접노무비는 ₩300,000이다. [2000년 세무사 수정]

물음 1) 작업 No.101에서 발생한 직접노무비는 얼마인가?
2) 작업 No.201의 총원가는 얼마인가?

※ 다음의 자료를 참고로 하여 4.6~4.7번에 [답]하시오.

(주)경기는 제품을 제조하여 판매하는 회사이다. 5월 동안의 자료는 다음과 같으며 제조간접비는 직접노무비를 기준으로 배부한다.

(1) 기초재공품원가는 ₩20,000이다.
(2) 당월 재료비소비액 ₩100,000(이중 간접소비액은 ₩20,000)
당월 노무비소비액 ₩200,000(이중 간접소비액은 ₩50,000)
당월 경비소비액: (모두 간접소비액임)
① 당월 지급액 ₩30,000 ② 전월 선급액 ₩50,000
③ 당월 미지급액 ₩15,000 ④ 당월 선급액 ₩25,000
⑤ 전월 미지급액 ₩20,000
(3) 당월에 제조에 착수하여 당월에 완성된 갑제품의 직접재료비는 ₩30,000이고, 직접노무비는 ₩25,000이다.
(4) 당월에 제조에 착수하여 당월에 미완성된 을제품의 직접재료비는 ₩20,000이고, 직접노무비는 ₩10,000이다.

4.6 당월말의 재공품재고액을 계산하면 얼마인가?

4.7 갑제품의 제조원가를 계산하면 얼마인가?

4.8 기타 제품의 제조원가를 계산하면 얼마인가?

4.9 다음 원가정보를 이용하여 매출원가를 계산하면 얼마인가?

기초 및 기말재공품은 없음.

원재료 기말재고의 감소액	₩20,000	제품 기말재고의 증가액	₩50,000
원재료 당월매입액	500,000	직접노무비	220,000
제조간접비	400,000	매출운임	45,000

4.10 E세무법인은 계약건별로 추적이 가능한 원가는 직접원가로 파악하고, 간접원가에 대해서는 복수의 간접원가집합으로 분류한 다음 각각의 간접원가 배부율을 적용하여 원가계산을 한다. 다음 자료를 토대로 G회사의 세무조정계약건에 대한 원가를 산출하시오.

[2002년 세무사]

(1) 직접노무원가: G회사의 계약건과 관련하여 책임세무사 200시간, 담당세무사 400시간이 투입되었으며, 관련자료는 다음과 같다.

구 분	인원수	연간총투입시간(조업도)	연간급여
책임세무사	10명	1,600시간×10명 = 16,000시간	₩800,000,000
담당세무사	40명	1,600시간×40명 = 64,000시간	1,600,000,000
계		80,000시간	₩2,400,000,000

(2) G회사의 세무조정계약건에서 발생된 직접노무원가 이외의 직접원가: ₩2,600,000

(3) 간접원가는 연간 총 ₩496,000,000이며, 관련 자료는 다음과 같다.

[가] 일반관리비(세무사 총투입시간에 비례하여 배분):	₩240,000,000
[나] 보험료(세무사 직접노무원가에 비례하여 배분):	96,000,000
[다] 비서실운영비(책임세무사 투입시간에 비례하여 배분):	160,000,000
계	₩496,000,000

제 5 장

정상개별원가계산

학습목표

3장에서는 원가의 흐름에 대하여 살펴보았다. 즉 제품의 생산 활동과 관련하여 원가의 흐름과 원가유형 간의 관계를 파악해 보았는데, 본 장에서는 제조원가가 어떻게 측정되며, 특정제품에 어떻게 배부되어 원가계산이 이루어지는 것인지를 학습한다. 이에 따라 학습목표는 다음과 같이 설정한다.

1. 정상개별원가계산이란 무엇이며, 그 절차는 어떻게 이루어지는가?
2. 제조간접원가는 어떻게 배부되는가?
3. 제조간접원가의 과대(소) 배부액의 회계처리에는 어떠한 것이 있는가?

제1절 정상개별원가계산의 개요

개별원가계산은 제조간접원가배부율을 산출하는 방법에 따라 실제개별원가계산과 정상개별원가계산으로 구분된다. 작업별 원가계산이라고도 불리는 개별원가계산(job costing)은 제품의 종류나 규격이 다양한 개별 단위의 제품이나 서비스를 생산하는 기업에 적용되는 원가계산방법이다. 이중 정상원가계산은 배부율을 미리 정해놓고 정해진 기간 동안(1년 단위) 같은 배부율을 모든 작업에 적용하는 방법이다.

제2절 정상개별원가계산의 의의

정상개별원가계산(normal job costing)이란 각 제조지시서별로 원가를 계산하되 실제개별원가계산과는 달리 예정제조간접원가배부율을 사용하여 제조간접원가를 배부하는 원가계산방법이다.

정상원가계산은 예정제조간접원가배부율을 사용한다는 점이 실제원가계산과 다를 뿐이고, 직접원가인 직접재료원가와 직접노무원가를 집계하는 방법은 동일하다. 실제원가계산과 정상원가계산을 비교하면 다음 표와 같다.

원가항목	실제원가계산방법	정상원가계산방법
직접재료원가	실제원가	실제원가
직접노무원가	실제원가	실제원가
제조간접원가	실제제조간접원가배부율× 원가배부기준의 실제총수량	예정제조간접원가배부율× 원가배부기준의 실제총수량

제3절 실제개별원가계산의 한계점

실제개별원가계산은 다음과 같은 한계점이 있다.

첫째, 동일한 작업에 배부되는 제조간접원가가 기간별로 차이가 발생하여 기간별 단위당 제품원가가 변동할 수 있다. 이렇게 제조간접원가 배부액의 차이가 발생하는 이유는 실제원가계산을 이용하는 기업에서는 일반적으로 보통 월별로 제조간접원가를 배부하는데 제조간접원가발생액과 원가배부기준의 총수량이 주기성(seasonality)을 띄기 때문이다. 이는 기업이 속한 산업이나 생산하는 제품의 특성에 따라 특정기간에 수요가 집중(예: 장난감회사의 크리스마스기간)되기 때문에 이러한 수요에 맞추기 위해 원가배부기준의 총수량이 변동하게 되면 제조간접원가배부율이 변동하게 된다. 또한 특정 제조간접원가발생액(예: 여름철의 휴가비)이 집중적으로 발생하는 주기성으로 인해 제조간접원가배부율이 변동하게 된다.

둘째, 제조간접원가의 배부의 지연성이다. 제조간접원가를 배부하기 위하여 실제제조간접원가배부율을 계산해야 하는데 이를 위해 필요한 정보인 실제제조간접원가발생액과 원가배부기준의 총수량 정보는 월말 또는 연말까지 미루어야 한다. 이는 회계정보의 질적 특성 중 하나인 적시성(timeliness)을 충족시키지 못하게 되어 회계정보의 유용성을 저해하게 된다. 경영자는 제품가격, 판매정책 등을 결정하기 위해서는 사전적인 정보가 필수적임에도 불구하고 실제원가계산을 사용하는 경우에는 사후적인 정보를 제공하게 된다.

이러한 한계점을 보완하기 위하여 대부분 기업에서는 제조간접원가 예산액, 원가배부기준의 총예산수량을 이용한 예정제조간접원가배부율을 사용하는데, 이에 대한 구체적 내용은 다음 정상개별원가계산에서 살펴본다.

제4절 정상개별원가계산 절차

1 제조간접원가의 예정배부 필요성

정상원가계산제도는 다음과 같은 장점을 가지고 있다.

첫째, 정상원가계산에서는 예정제조간접원가배부율을 계산하여 이를 정해진 기간 동안(보통 회계기간) 계속 적용하므로 제품에 배부하는 제조간접원가가 정해진 기간 동안에는 변동하지 않는다. 즉, 재공품계정이나 제품계정에 배부되는 제조간접원가는 제조간접원가 실제발생액 또는 원가동인수준의 주기성에 따른 영향을 재고자산계정으로부터 제거할 수 있다.

둘째, 정상원가계산제도하에서는 예정제조간접원가배부율을 이용하여 제조간접원가를 배부하기 때문에 제품이 완성되는 즉시 원가를 계산할 수 있으므로 원가정보의 적시성이 향상된다. 그리고 경영자에게 과대 또는 과소배부액에 관한 정보를 제공함으로써 의사결정, 통제활동에 도움을 줄 수 있다. 예를 들어, 제조간접원가 실제발생액이 예정배부액보다 많은 경우 이는 불리한 영업성과를 나타내 준다. 따라서 이러한 제조간접원가과소배부에 대한 원인을 조사하고 적절한 조치를 취할 수 있다. 이렇게 과소배부액이 발생하는 원인이 생산설비의 비효율적인 이용 때문이라면 경영자는 이러한 원인을 제거하기 위한 조치를 취해야 할 것이다.

2 제조간접원가의 예정배부기준

원가배부기준은 원가집합을 원가대상에 배부하기 위해 사용되는 기준이다. 이미 설명한 원가동인과 유사한 개념으로서 원가집합의 원가변화와 관련이 있는 측정치라고 할 수 있다. 예를 들어 기계 감가상각비의 원가배부기준은 제품별 기계사용시간, 운송활동에 소요된 원가는 유통경로별 운송횟수가 될 수 있다.

다수의 제품을 생산하고 있는 기업의 예를 들어보자. 이 기업에는 컴퓨터, 휴대전화,

반도체를 생산하고 있다. 이 기업에서는 제품별로 비용을 추적하여 예산과 비교하여 차이를 계산해 내고 차이의 원인을 분석하여 원가관리와 성과평가에 이용하고 있다.

이 기업 전체 전기요금이 7월 한 달에 300만원이 나왔다고 하자. 그런데 제품별로 전기요금 사용량을 추적하는 계량기는 부착되어 있지 않다. 따라서 전기요금은 제품별로 직접 추적이 불가능한 간접비로 분류되고, 그 요금은 배부기준을 이용하여 배부해야 한다. 그런데 배부를 하기 위해서는 배부기준을 선택하여야 한다.

배부기준을 무엇으로 선택하느냐는 각 제품에 얼마의 전기요금이 배부되느냐를 결정하기 때문에 중요한 문제이다. 배부기준의 선택에는 여러 기준이 있을 수 있지만 일반적으로 인과관계에 입각하여 선택하는 경우가 가장 대표적이다. 위의 기업 예에서 만약 각 제품을 생산하는데 소요되는 기계시간에 의해서 전기요금이 변화한다면, 기계시간과 전기요금간에 인과관계가 있다고 할 수 있다.

일반적으로 사용되는 제조간접원가의 예정배부기준은 크게 금액법, 시간법, 수량법으로 구분할 수 있다. 금액법은 원가대상에 포함되어 있는 원가항목의 금액에 의하여 원가를 배부하는 방법이며 세부적으로 직접재료비, 직접노무비, 직접재료비와 직접노무비의 합인 직접원가 금액을 기준으로 하는 방법이 있다. 시간법은 원가대상이 생산요소를 소비한 시간에 의하여 원가를 배부하는 방법이며 세부적으로 직접노동(작업), 기계작업에 소요된 시간을 기준으로 하는 방법이 있다. 수량법은 원가대상의 물리적으로 세거나 잴 수 있는 수효와 분량에 원가를 배부하는 방법이며 세부적으로 생산, 판매 수량을 기준으로 하는 방법이 있다.

- 금액법: 직접재료비법, 직접노무비법, 직접원가법
- 시간법: 직접노동시간법(직접작업시간법), 기계작업시간법 등
- 수량법: 생산량 판매량 등

3 제조간접원가의 예정배부율과 예정배부액

예정제조간접원가배부율은 간접원가집합의 예산총액을 원가배부기준의 총예산수량으로 나누어 산출된다. 이를 식으로 나타내면 다음과 같다.

$$\text{예정제조간접원가배부율} = \frac{\text{제조간접원가 예산액}}{\text{원가배부기준의 총예산수량}} \quad (1)$$

$$\text{제조간접원가예산액} = \text{고정제조간접원가예산액} + \text{예정변동제조간접원가배부율} \times \text{원가배부기준의 총예산수량} \quad (2)$$

식(1)에 식(2)를 대입하면 식(1)은 다음과 같이 다시 쓸 수 있다.

$$\begin{aligned}&\text{예정제조간접원가배부율}\\&= \frac{\text{고정제조간접원가 예산액} + \text{예정변동제조간접원가배부율} \times \text{원가배부기준의 총예산수량}}{\text{원가배부기준의 총예산수량}}\\&= \frac{\text{고정제조간접원가 예산액}}{\text{원가배부기준의 총예산수량}} + \text{예정변동제조간접원가배부율}\end{aligned}$$

앞에서 언급한 바와 같이 한국항공에서는 제조간접원가 배부기준으로 직접노무시간을 사용하고 있다. 그리고 경영자가 설정한 제조간접원가예산액은 ₩320,000이고 예산직접노무시간은 총 40시간이다. 1월중에 발생한 실제제조간접원가는 ₩350,000이며 실제직접노무시간은 총 35시간이다. 또한 정상개별원가계산을 이용하여 원가를 집계하고 있다고 가정하자. 한국항공의 자료를 이용하여 예정제조간접원가 배부율을 계산하면 다음과 같다.

$$\text{예정제조간접원가배부율} = \frac{₩320{,}000}{40\ \text{직접노무시간}} = \text{직접노무시간당 ₩8,000}$$

작업에 배부될 간접원가는 작업에 관련된 각 배부기준의 실제수량에 각 배부기준의 간접원가배부율을 곱함으로써 계산된다.

한국항공은 작업 AJ278을 수행하기 위해 직접노무시간을 35시간을 투입하였으며 예정제조간접원가배부율을 사용하면 작업 AJ278에 배부되어야 할 제조간접원가는 다음과 같이 계산된다.

직접노무시간당 ₩8,000×35 직접노무시간=₩280,000

제조간접원가를 예정 배부하는 경우에는 제조간접원가 계정의 차변에는 제조간접원가 실제발생액을 기록하고, 대변에는 예정제조간접원가 배부액을 기록한다. 따라서 제조간접원가 계정의 차변과 대변금액이 일치하지 않는 경우가 일반적이다. 제조간접원가의 실제발생액과 예정배부액간에 차이가 나는 이유는 예정제조간접원가 배부율 계산시 당기에 발생할 것으로 예측되는 총제조간접원가를 당기에 발생할 것으로 예측되는 원가배부기준의 총수량으로 나누어서 계산하므로 이 두 예측치가 실제치와 다르면 제조간접원가 배부차이가 발생한다.

제조간접원가 배부액이 제조간접원가 실제발생액보다 큰 경우에는 차액을 제조간접원가 과대배부액(over-allocated indirect costs)이라 하고 제조간접원가배부액이 제조간접원가 실제발생액보다 작은 경우에는 차액을 제조간접원가 과소배부액(under-allocated indirect costs)이라 한다.

제조간접원가 과대배부액=(제조간접원가 실제발생액−제조간접원가 배부액)<0

제조간접원가 과소배부액=(제조간접원가 실제발생액−제조간접원가 배부액)>0

배부차이	과 대	과 소	균 등
방향성	실제<예정	실제>예정	동일
정상원가	과대계상	과소계상	동일
제조간접비	원가부담 줄인다(−) 유리	원가부담 늘인다(+) 불리	동일
분 개	(차)제조간접비 ××× (대)제조간접비배부차이 ×××	(차)제조간접비배부차이 ××× (대)제조간접비 ×××	분개없음

이와 같은 제조간접원가의 실제발생액과 예정배부액의 차이는 제조간접원가배부차이 계정에 기록한다. 제조간접원가과소배부액은 제조간접원가배부차이 계정의 차변에 기록하고 제조간접원가과대배부액은 제조간접원가배부차이계정의 대변에 기록한다.

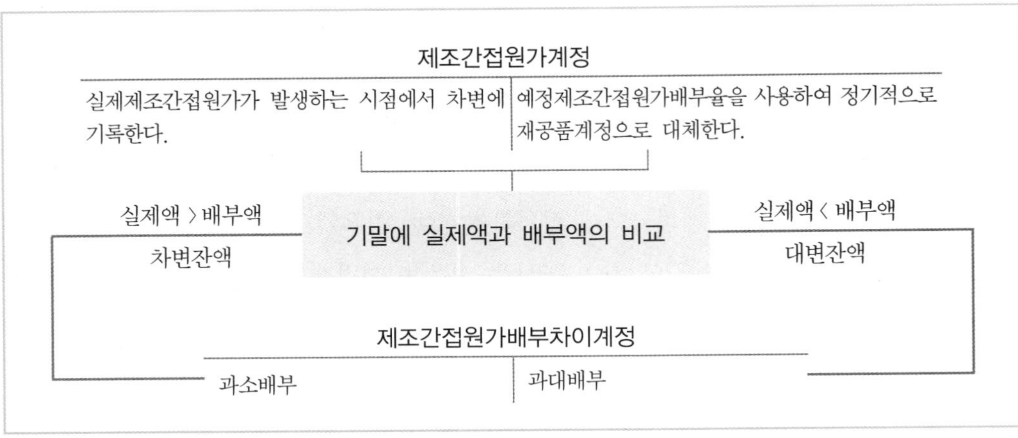

한국항공의 제조간접원가 실제발생액이 ₩350,000이고 제조간접원가배부액이 ₩280,000이다. 제조간접원가배부액이 제조간접원가실제발생액보다 작으므로 제조간접원가과소배부액 ₩70,000이고 이 금액은 제조간접원가배부차이 계정의 차변에 기록한다. 제조간접원가 배부액 ₩280,000은 AJ278의 작업원가표의 제조간접원가항목에 나타나 있다. 이에 대한 분개와 전기는 다음과 같다.

(차)	재공품	280,000	(대) 제조간접원가	350,000
	제조간접원가배부차이	70,000		

제조간접원가

원재료	50,000	재공품	280,000
급　여	120,000	배부차이	70,000
감가상각비	100,000		
보험료	80,000		

재공품

원재료	300,000		
급　여	420,000		
제조간접원가	280,000		

제조간접원가배부차이

제조간접원가	70,000		

1월중 한국항공의 개별작업들이 완성되어 제품계정으로 대체된 금액은 ₩900,000이다. 기말까지 작업을 완료하지 못한 재공품에 대한 원가는 재공품계정에 계속 남게 되며 다음 기간으로 이월된다. 이에 대한 분개와 전기는 다음과 같다.

(차) 제품	900,000	(대) 재공품	900,000

재공품

기 초	0	당기제품 제조원가	900,000
원재료	300,000	기 말	100,000
급 여	420,000		
제조간접원가	280,000		

제품

당기제품 제조원가	900,000		

한국항공은 1월중에 ₩1,000,000의 외상매출이 발생하였으며 이에 대한 매출원가는 ₩600,000이었다. 이에 대한 분개와 전기는 다음과 같다.

(차) 매출채권	1,000,000	(대) 매출	1,000,000
(차) 매출원가	600,000	(대) 제품	600,000

매출원가

제품	600,000		

제품

기초	0	매출원가	600,000
당기제품 제조원가	900,000	기말	300,000

매출채권

매출	1,000,000		

매출

		매출채권	1,000,000

4 제조간접원가 과대(소)배부액의 회계처리

정상개별원가계산에서는 예정제조간접원가배부율을 이용하여 제조간접원가를 배부하게 되므로 일반적으로 실제제조간접원가발생액과 예정제조간접원가배부액 간에 차이가 발생하게 된다.

그런데 일반적으로 인정된 회계원칙(GAAP)에서는 실제원가계산방법으로 계산된 제품원가를 공시하도록 요구하고 있기 때문에, 정상원가계산방법을 이용하여 제품원가를 계산함으로써 발생한 과대 또는 과소배부액을 수정하여 실제원가계산방법으로 계산된 제품원가와 일치시켜야 한다.

제조간접원가 과대(또는 과소)배부액과 관련된 각 계정들에 대한 수정방법은 1) 수정배부율법 2) 비례배부법 3) 매출원가조정법이 있다.

1) 수정배부율법

수정배부율법(adjusted allocation rate method)은 예정제조간접원가 배부율이 아닌 실제제조간접원가배부율을 사용하여 총계정원장과 보조원장을 기록된 금액을 재수정하는 방법이다. 이 방법을 사용하게 되면 기말재고자산계정과 매출원가계정 모두 정확하게 실제제조간접원가를 반영하게 된다.

한국항공의 경우 실제제조간접원가는 ₩350,000인데 이는 정상원가계산하에서 배부된 제조간접원가는 ₩280,000(직접노무시간당 배부율 ₩8,000×35직접노무시간)보다 25% 초과한다. 따라서 배부된 제조간접원가에 25%를 추가하여 총계정원장과 보조원장을 수정하여 재기록한다.

2) 비례배부법

비례배부법(proration method)은 제조간접원가 과대(소)배부액을 재공품, 제품, 매출원가항목에 배부하는 것이다.

비례배부법을 배부기준에 따라 2가지로 구분할 수 있는데 1) 총원가기준법, 2) 제조간접원가기준법이다.

(1) 총원가기준법

총원가기준법은 과소 또는 과대배부액을 재공품과 제품의 기말잔액 및 매출원가에 비례하여 각 계정에 배부하는 방법이다.

한국항공이 총원가기준법을 이용하여 과소배부된 제조간접원가를 배부하면 다음과 같다.

제조간접비

차변		대변	
실 제	350,000	예 정	280,000
		제조간접비 배부차이	70,000

재공품

차변		대변	
		기 말	100,000

제품

차변		대변	
		기 말	300,000

매출원가

차변		대변	
제 품	600,000		

한국항공의 제조간접원가 과소배부액 ₩70,000을 1월말 재공품 기말잔액, 제품의 기말잔액 및 매출원가의 비율로 배부하면 기말재공품에 ₩7,000, 기말제품에 ₩21,000, 매출원가에 ₩42,000이 배부되어 각 계정의 금액은 증가하게 된다. 이에 대한 분개는 다음과 같다.

(차)	제조간접비 배부차이	70,000	(대)	제조간접비	70,000
(차)	재 공 품	7,000	(대)	제조간접비 배부차이	70,000
	제 품	21,000			
	매출원가	42,000			

* 재 공 품(₩100,000) $= ₩70,000 \times \frac{₩100,000}{₩1,000,000} = ₩7,000$

제 품(₩300,000) $= ₩70,000 \times \frac{₩300,000}{₩1,000,000} = ₩21,000$

매출원가(₩600,000) $= ₩70,000 \times \frac{₩600,000}{₩1,000,000} = ₩42,000$

재공품

	기 말 107,000

제품

	기 말 321,000

매출원가

제 품 642,000	

한국항공의 사례와는 달리 제조간접원가 과대배부액이 발생하는 경우에는 다음과 같이 제조간접원가배부차이가 차변에 기재되고 재공품, 제품, 매출원가계정은 대변에 기록되어 각 계정 금액은 감소하게 될 것이다.

(차) 제조간접원가배부차이	×××	(대) 재공품	×××
		제품	×××
		매출원가	×××

총원가기준법은 각 작업에 부과된 직접제조원가, 제조간접원가의 비율이 동일한 경우에만 수정배부율법과 같은 배부결과를 보이게 된다. 만약 각 작업에 부과된 직접제조원가, 제조간접원가의 비율이 상이한 경우에는 정확한 과대(소)제조간접원가 배부가 이루어지지 않게 된다. 이러한 단점을 보완하는 방법이 다음에 설명할 제조간접원가기준법이다.

(2) 제조간접원가기준법

제조간접원가기준법은 기말재공품, 기말제품 및 매출원가에 포함되어 있는 제조간접원가배부액을 기준으로 하여 과소(대)배부액을 재공품, 제품, 매출원가계정에 배부하는 방법이다.

한국항공의 재공품 기말잔액, 제품 기말잔액 및 매출원가에 포함되어 있는 제조간접원가배부액을 다음 표와 같다고 가정하고 과소배부액을 제조간접원가기준법에 의해 배부한 결과는 다음과 같다.

제조간접비

차변		대변	
실 제	350,000	예 정	280,000
		제조간접비 배부차이	70,000

재공품

차변	대변
	기말 100,000 (제조간접비 18,000)

제품

차변	대변
	기말 300,000 (제조간접비 78,000)

매출원가

차변	대변
제품 600,000 (제조간접비 184,000)	

한국항공의 제조간접원가 과소배부액 ₩70,000을 1월말 재공품 기말잔액, 제품의 기말잔액, 매출원가에 포함되어있는 제조간접원가의 비중으로 배부하면 재공품계정에 ₩4,500, 기말제품에 ₩19,500, 매출원가에 ₩46,000이 배부되어 각 계정의 금액은 증가하게 된다. 이에 대한 분개는 다음과 같다.

(차)	제조간접비 배부차이	70,000	(대)	제조간접비	70,000
(차)	재 공 품	4,500	(대)	제조간접비 배부차이	70,000
	제 품	19,500			
	매출원가	46,000			

* 재 공 품(₩18,000) $= \text{₩}70,000 \times \frac{\text{₩}18,000}{\text{₩}280,000} = \text{₩}4,500$

제 품(₩78,000) $= \text{₩}70,000 \times \frac{\text{₩}78,000}{\text{₩}280,000} = \text{₩}19,500$

매출원가(₩184,000) $= \text{₩}70,000 \times \frac{\text{₩}184,000}{\text{₩}280,000} = \text{₩}46,000$

재공품		제품		매출원가	
				제품 646,000	
	기말 104,500		기말 319,500		

각 작업에 부과된 직접제조원가, 제조간접원가의 상대적 비중이 동일하지 않을 때, 제조간접원가기준법을 통해 과소(대) 배부제조간접원가를 배부하게 되면 수정배부율법과 같은 배부결과를 보이게 된다. 그러나 이 방법을 적용하기 위해서는 각 계정에 포함되어 있는 제조간접원가배부액에 관한 정보를 알아야 한다. 반면, 총원가기준법에서는 각 계정의 총원가정보만 필요하므로 제조간접원가기준법보다는 간편한 방법이다.

3) 매출원가조정법

매출원가조정법(cost of good sold method)은 제조간접원가 과소(대)배부액 전부를 매출원가계정에서 가감하는 방법이다. 이상에서 설명한 방법들 중 가장 간단한 방법으로 제품이나 재고자산의 종류가 다양한 회사에서 선호되는 방법이다.

한국항공의 경우 제조간접원가 과소배부액 ₩70,000을 매출원가계정에 모두 가산하게 된다. 이에 대한 분개는 다음과 같다.

제조간접비			
실 제	350,000	예 정	280,000
		제조간접비 배부차이	70,000

재공품		제품		매출원가	
				제품 600,000	
	기말 100,000		기말 300,000		

(차)	제조간접비 배부차이	70,000	(대) 제조간접비	70,000
(차)	매출원가	70,000	(대) 제조간접비 배부차이	70,000

재공품

차변	대변
	기말 100,000

제품

차변	대변
	기말 300,000

매출원가

차변	대변
제품 670,000	

Ⅰ. 평가자체크리스트

※ 다음 서술이 옳으면 T, 옳지 않으면 F를 기재하시오.

5.1 제조간접비 예정배부율은 회계연도초에 제조간접비 예산과 예측배부기준에 의하여 계산된다.

5.2 제조간접비 예정배부율은 계절적인 요인을 배제하고 원가를 균등하게 배분하기 위하여 일반적으로 월별기준보다는 연간기준에 의하여 계산된다.

5.3 제조간접비계정 차변금액이 대변금액보다 많은 경우 그 차액을 과대배부라 한다.

5.4 제조간접비가 과대배부되었을 때 매출원가를 하향조정하여야 한다.

5.5 제조간접비가 예정배부율이 실제배부율보다 크면 제조간접원가가 과대배부된다.

5.6 예상 총제조간접비가 실제 총제조간접비보다 크면 제조간접비가 과대배부된다.

5.7 제조간접비 과소배부액을 안분할 때 재공품 재고액은 하향조정한다.

5.8 제조간접비 과소배부액을 매출원가법과 원가요소비례법으로 정리하는 경우 원가요소비례법을 적용하는 경우가 재무상태표상의 자산이 더 크게 계상된다.

5.9 제조간접비 과소배부액을 매출원가법과 원가요소비례법으로 정리하는 경우 당기순이익은 원가요소비례법이 매출원가법에 비하여 더 크게 계상된다.

5.10 제조간접비 과소배부액을 매출원가법과 원가요소비례법으로 정리하는 경우 원가요소비례법이 매출원가법보다 매출원가가 더 크게 계상된다.

Ⅱ. 객관식

5.1 제조간접비에 대한 설명으로 옳지 않은 것은?

① 배부방법에는 실제배부법과 예정배부법이 있다.
② 실제배부법은 계절별 생산량이 큰 차이가 있는 경우에 적합한 배부법이다.
③ 여러 제품에 공통으로 발생하는 원가이기에 각 제품별로 집계하기 어렵다.
④ 일반적으로 제조부문의 임차료, 보험료, 감가상각비 등이 이에 해당된다.
⑤ 제조간접비 예정 배부율은 계절적인 요인을 배제하고, 원가를 균등하게 배분하기 위하여 일반적으로 월별 기준보다는 연간기준에 의하여 계산된다.

5.2 원가계산 방법에 대한 설명으로 옳지 않은 것은?

① 실제개별원가계산은 직접재료비, 직접노무비, 제조간접비를 실제원가로 측정하는 방법이다.
② 정상개별원가계산은 직접재료비는 실제원가로 측정하고, 직접노무비와 제조간접비를 합한 가공원가는 예정배부율에 의해 결정된 금액으로 측정하는 방법이다.
③ 표준원가계산은 직접재료비, 직접노무비, 제조간접비를 표준원가로 측정하는 방법이다.
④ 원가의 집계방식에 따라 제품원가를 개별 작업별로 구분하여 집계하는 개별원가계산과 제조공정별로 집계하는 종합원가계산으로 구분할 수 있다.
⑤ 개별원가계산은 각 기간마다 서로 다른 제품을 생산하는 경우, 고객의 주문에 의하여 제품을 생산하는 경우, 서로 다른 서비스를 제공하는 경우 등에서 이용하는 방법이다.

5.3 예정제조간접비 배부차이에 대한 처리 순서로 옳은 것은?

① 실제발생액 → 예정배부액 → 배부차이계산 → 차이액 조정
② 예정배부액 → 실제발생액 → 배부차이계산 → 차이액 조정
③ 배부차이계산 → 차이액 조정 → 실제발생액 → 예정배부액
④ 차이액 조정 → 배부차이계산 → 실제발생액 → 예정배부액
⑤ 예정배부액 → 실제발생액 → 차이액 조정 → 배부차이계산

5.4 정상개별원가 계산시 예정제조간접비 배부계산식으로 옳은 것은?

① 실제배부기준×실제배부율 ② 실제배부기준×예정배부율
③ 예정배부기준×예정배부율 ④ 예정배부기준×실제배부율
⑤ 예정배부기준×실제발생액

5.5 제조간접비예정배부율은 직접노동시간당 ₩100이고, 직접노동시간이 10,000시간 발생했을 때 제조간접비 배부차이가 ₩100,000 과소배부되었을 경우 제조간접비 실제발생액은 얼마인가?

① ₩1,000,000 ② ₩1,100,000 ③ ₩1,300,000
④ ₩1,500,000 ⑤ ₩1,700,000

5.6 (주)상록은 예정제조간접비로 개별원가계산을 하고 있다. 다음 자료를 이용하여 기계작업시간을 기준으로 5월의 제조간접비 예정배부액을 계산하면 얼마인가?

제조간접비예산액	₩5,000,000		
예상기계작업시간	10,000시간	실제기계작업시간	1,000시간

① ₩100,000 ② ₩300,000 ③ ₩500,000
④ ₩700,000 ⑤ ₩1,000,000

5.7 정상개별원가계산에서 제조간접비의 배부차이를 조정하는 일반적인 방법이 아닌 것은?

① 매출원가조정법 ② 비례배분법
③ 순실현가치법 ④ 영업외손익법

5.8 다음의 자료는 제조간접원가의 예정배부와 관련된 분개들이다. 이 분개들을 처리하였던 순서대로 가장 바르게 나열한 것은? [ERP 회계1급 수정]

	차변		대변	
㉠	(차) 재공품A	×××	(대) 제조간접비	×××
	재공품B	×××		
㉡	(차) 제조간접비배부차이	×××	(대) 제조간접비	×××
㉢	(차) 매출원가	×××	(대) 제조간접비배부차이	××
㉣	(차) 제조간접비	×××	(대) 간접재료비	×××
			간접노무비	×××
			간접경비	×××

① ㉠-㉣-㉢-㉡ ② ㉠-㉣-㉡-㉢
③ ㉠-㉡-㉣-㉢ ④ ㉣-㉠-㉢-㉡
⑤ ㉣-㉠-㉡-㉢

5.9 다음은 제조간접원가 예정배부를 실시하는 기업에서의 분개내용 중 일부이다. 이에 대한 설명으로 가장 옳은 것은? [ERP 회계1급 수정]

	차변	금액	대변	금액
㉠	(차) 제품	4,000	(대) 재공품	4,000
㉡	(차) 재공품	2,000	(대) 제조간접비	2,000
㉢	(차) 제조간접비배부차이	300	(대) 제조간접비	300
㉣	(차) 제조간접비	7,000	(대) 간접경비	7,000

① ㉠은 매출된 제품의 제품원가가 ₩4,000임을 표시한다.
② ㉡은 제조간접비의 기말재공품재고액이 ₩2,000이라는 것을 표시한다.
③ ㉢은 제조간접비를 예정배부할 때 ₩300 과대하게 배부되었다는 것을 표시한다.
④ ㉢은 제조간접비를 예정배부할 때 ₩300 과소하게 배부되었다는 것을 표시한다.
⑤ ㉣은 간접경비에 해당되는 예정제조간접비가 ₩7,000이라는 것을 표시한다.

5.10 다음 분개를 바르게 추정한 것은? [기업회계2급 수정]

차변	금액	대변	금액
(차) 매출원가	50,000	(대) 제조간접비배부차액	50,000

① 예정한 제조간접비보다 실제 제조간접비가 ₩50,000 만큼 많이 소비되었다.
② 제조간접비예정배부가 ₩50,000 초과배부되었다.
③ 매출원가 계정에서 ₩50,000을, 제조간접비배부차액 계정에서 ₩50,000을 모두 감액하였다.
④ 현실적으로 발생할 수 없는 분개이다.
⑤ 전단계 분개는 (차) 제조간접비 50,000 (대)제조간접비배부차액 50,000이었다.

5.11 회사는 예정제조간접비 ₩100,000, 실제제조간접비 ₩120,000, 배부 제조간접비 ₩125,000이다. 제조간접비의 배부차액은 얼마인가?

① ₩20,000(과소배부) ② ₩5,000(과소배부)
③ ₩5,000(과대배부) ④ ₩20,000(과대배부)
⑤ ₩25,000(과대배부)

5.12 12월 31일 통일회사의 제조간접비 과소 배부액은 ₩50,000이다. 회계연도말 계정 잔액은 다음과 같다.

원재료	₩150,000	재공품	₩100,000
제 품	₩500,000	매출원가	₩400,000

제조간접원가기분법으로 제조간접비 과소배부액을 배부한 경우 재공품에 추가로 배부하여야할 금액은 얼마인가?

① ₩2,000
② ₩3,000
③ ₩4,000
④ ₩5,000
⑤ ₩6,000

5.13 (주)설울의 제조간접비 예정배부율은 "1,000원/직접노동시간"이며, 실제발생한 제조간접비는 ₩3,100,000이다. 당기의 제품제조와 관련한 자료가 다음과 같을 때 제조간접비 배부차이를 구하면? [전산세무2급 수정]

구분	작업1	작업2	계
직접재료비	₩2,500,000	₩2,000,000	₩4,500,000
직접노무비	₩1,000,000	₩500,000	₩1,500,000
직접노동시간	2,000시간	1,000시간	3,000시간

① ₩100,000(과소배부)
② ₩100,000(과대배부)
③ ₩150,000(과소배부)
④ ₩150,000(과대배부)
⑤ ₩200,000(과소배부)

5.14 대조(주)는 제조간접비를 직접노무비기준으로 배부하고 있다. 추정제조간접비 총액은 ₩1,000,000이고, 추정직접노무시간은 400시간이고 시간당 임률은 ₩5,000이다. 기말의 제조간접비 총액은 ₩1,100,000이고, 실제 발생한 직접노무시간은 410시간이고 시간당 임률은 ₩5,000이다. 기말의 제조간접비의 과소(대) 배부액은? [전산세무1급 수정]

① ₩150,000(과대배부)
② ₩150,000(과소배부)
③ ₩75,000(과대배부)
④ ₩75,000(과소배부)
⑤ ₩50,000(과대배부)

5.15 JP회사는 정상원가 시스템하에서 개별원가계산을 사용한다. 2001년 4월 동안 이 회사의 재공품 계정의 내역은 다음과 같다.

기초잔액:	₩4,000	직접재료비:	₩24,000
직접노무비:	₩16,000	제조간접비:	₩12,800
제품계정으로의 대체액:	₩48,000		

JP회사는 제조간접비를 제품에 배부할 때 예정 제조간접비율을 사용하며 당기의 제조간접비 예정배부율은 직접노무비의 80%이다. 당기에 새로 시작한 작업 #5가 4월 말 현재 유일하게 완성되지 않은 작업이며 작업 #5를 완성하는데 예정된 직접노무비는 ₩3,000이지만 당기에 투입된 실제 직접노무비는 ₩2,000이다. 작업 #5에 지금까지 투입된 직접재료비는 얼마인가? [2002년 세무사]

① ₩3,300　② ₩5,200　③ ₩8,000
④ ₩8,800　⑤ ₩16,000

5.16 강압사는 제조간접비를 직접노무비 기준으로 배부하고 있다. 기간추정 제조간접비총액은 ₩255,000, 추정직접노무시간 100,000시간이다. 지난 기말의 제조간접비잔액은 ₩270,000이고 실제사용 직접 노무시간은 105,000시간이다. 이 기간동안 제조간접비 과소(대) 배부는 ? [1994년 공인회계사]

① ₩2,250 과대배부　② ₩2,250 과소배부　③ ₩15,000 과대배부
④ ₩15,000 과소배부　⑤ ₩13,500 과소배부

5.17 (주)세무의 제조간접비 예정배부율은 작업시간당 ₩10,000이다. 작업시간이 800시간이고, 제조간접비 배부차이가 ₩1,000,000 과소배부라면, 실제 제조간접비 발생액으로 옳은 것은?

① ₩6,000,000　② ₩7,000,000　③ ₩8,000,000
④ ₩9,000,000　⑤ ₩9,500,000

5.18 제조간접비와 관련한 자료가 다음과 같을 경우 제조간접비 실제발생액은 얼마인가?

제조간접비예정배부율 기계작업시간당 ₩200	
제조지시서의 기계작업시간 60,000시간	제조간접비과대배부 ₩300,000

① ₩12,000,000　② ₩11,700,000　③ ₩12,300,000
④ ₩20,000,000　⑤ ₩23,000,000

5.19 대한전자는 제조간접비를 직접노무시간을 기준으로 예정배부하고 있다. 당해 연도 초의 예상직접노무시간은 70,000시간이다. 당기 말 현재 실제제조간접비 발생액이 ₩2,150,000이고 실제 직접노무시간이 75,000시간일 때 제조간접비 배부차이가 ₩250,000 과대배부된 경우 당해 연도초의 제조간접비 예상액은 얼마인가?

① ₩1,900,000 ② ₩2,240,000
③ ₩2,350,000 ④ ₩2,400,000
⑤ ₩2,700,000

5.20 정상원가계산제도하에서 제조간접비의 배부차이를 총원가기준법(비례배분법)으로 조정하고 있으나 만약 배부차이 전액을 매출원가계정에서 조정한다면 영업이익의 변화에 대한 설명으로 옳은 것은? [전산세무1급 수정]

과소배부액	₩1,000,000	기말재공품	₩1,000,000
기말제품	₩1,000,000	매출원가	₩3,000,000

① ₩400,000 감소 ② ₩1,000,000 감소
③ ₩600,000 감소 ④ ₩400,000 증가
⑤ ₩600,000 증가

Ⅲ. 주관식

5.1 영광회사의 기초재공품재고액은 ₩20,000, 원재료 매입 ₩100,000, 원재료 소비액은 ₩80,000이다. 노무비 ₩150,000 중에 ₩100,000은 직접노무비이다. 제조간접비 예정배부율은 직접노무비의 150%이고, 실제제조간접비는 ₩152,000이다. 당기에 완성된 제품원가는 ₩200,000이다. 기말 재공품원가는 얼마인가?

5.2 명달회사는 개별원가계산시스템을 이용하고 있다. 회계연도 초의 예정원가와 원가정보는 제조간접비 ₩150,000, 직접노동 1,000시간이다. 회계연도 말의 실제제조간접비는 ₩155,000이고 직접노동시간은 1,050시간이다.

물음 1) 예정제조간접비 배부율은 얼마인가?
2) 재공품에 배부하여야 할 제조간접비는 얼마인가?
3) 제조간접비 과대(소)배부액은 얼마인가?

5.3 (주)안산은 정상개별원가계산제도를 채택하고 있으며, 직접노동시간을 기준으로 제조간접비를 배부하고 있다. 회계연도 초의 제조간접비 예산액은 ₩1,000,000, 직접노동시간은 50,000시간이다. 회계연도 말의 제조간접비 실제 발생액은 ₩1,200,000이며, 제조간접비 배부차이 ₩100,000이 초과배부 되었다면 당해연도의 실제직접노동시간은?

5.4 (주)경기는 개별원가계산제도를 채택하고 있다. 5월의 제조활동 자료는 다음과 같다.

제조지시서	No.1	No.2	No.3
직접재료비	₩10,000	₩20,000	₩30,000
직접노무비	₩30,000	₩50,000	₩50,000
직접노동시간	1,000시간	2,000시간	4,000시간
생산량	10,000단위	15,000단위	20,000단위

5월의 실제제조간접비는 ₩20,000이고, 제조간접비 예정배부율은 직접노동시간당 ₩10이다. 작업 No.1과 No.2는 완성되었고, No.3은 미완성이다.

물음 1) 작업 No.1과 No.2의 단위당 제조원가는 얼마인가?
2) 완성제품에 대한 분개를 하시오.
3) 미완성제품에 대한 재공품재고액은 얼마인가?

5.5 (주)동해는 개별원가계산제도를 채택하고 있다. 다음은 5월의 (주)동해의 재공품계정이다.

재공품(No.1~3)

기초재고액	100,000	No.1~2	900,000
직접재료비	200,000	No.3	
직접노무비	500,000		
제조간접비	300,000		

(주)동해는 직접노무비의 60%를 제조간접비로 예정배부하고 있다. 제조지시서 No.3(미완성품)의 직접노무비가 ₩100,000일 때 직접재료비는 얼마인가?

5.6 개별원가계산제도를 채택하고 있는 기업에서 직접노무비의 80%를 제조간접비로 예정배부하고 있다. 6월말에 가공중인 제조지시서 #500에는 직접노무비 ₩400이 부과되었다. 제조지시서 #500에 부과될 직접재료비는 얼마인가?

6월 1일 재공품계정 총액	₩1,000	6월의 직접재료비	₩6,000
6월의 직접노무비	₩4,000	6월의 제조간접비	₩3,200
6월 30일 제품계정으로 대체	₩12,000		

5.7 (주)서해는 개별원가계산제도를 채택하고 있다. 제조간접비 예정배부율은 직접노무비의 150%이다. 제조간접비 배부차액은 매월 말 매출원가계정에서 조정한다. (주)서해의 20×8년 추가정보를 이용하여 4월 중에 생산된 제품의 원가를 계산하면 얼마인가?

[기업회계1급 수정]

1) 3월 31일 현재 작업중인 작업지시서는 #101이며, 원가 정보는 다음과 같다.

직 접 재 료 비	₩6,000
직 접 노 무 비	₩4,000
제조간접비 배부액	₩5,000
	₩15,000

2) 4월에 시작된 작업지시서는 #102, #103이다.
3) 4월 중에 소비된 직접재료비는 ₩34,000이다.
4) 4월 중에 발생된 직접노무비는 ₩30,000이다.
5) 4월 중 제조간접비 실제발생액은 ₩42,000이다.
6) 4월 말 현재 작업 중인 작업지시서는 #103뿐이며 직접재료비 ₩4,000, 직접노무비 ₩3,000이다.

5.8 다음은 정상원가계산을 사용하는 (주)대한의 20×9년 1년 동안의 제조간접비계정으로서 배부차이를 조정하기 직전 기록이다.

[세무사 수정]

제조간접비	
₩100,000	₩70,000

물음 1) 20×9년의 제조간접비 실제발생액은 얼마인가?
2) 20×9년의 제조간접비 배부액은 얼마인가?
3) 회사는 제조간접비 배부차이를 매출원가에서 조정하고 있다. 배부차이를 조정하기 위해 필요한 분개는?

5.9 (주)강릉은 개별원가계산제도를 이용하고 있다. 원가관련 자료는 다음과 같다.

	예정	실제
제조간접비	₩10,000,000	₩12,000,000
직접노동시간	20,000시간	21,000시간

물음 1) 예정제조간접비 배부율은 얼마인가?
2) 재공품에 배부되는 제조간접비는 얼마인가?
3) 제조간접비 과부족액을 계산하고 분개하시오.
4) 제조간접비 배부차이를 매출원가조정법으로 회계처리하시오.

5.10 (주)안산은 총원가기준법, 제조간접원가기준법, 매출원가조정법으로 제조간접비 배부차이를 조정하고 있다. 5월말 제조간접비 과소배부액 ₩100,000이 발생한 경우의 회계처리는?

	재공품	제품	매출원가
기말잔액	₩100,000	₩150,000	₩250,000
제조간접비	₩50,000	₩100,000	₩150,000

제 6 장

부문별 원가계산

학습목표

기업과 단체의 규모가 커지면서 각 조직에서는 업무를 분담하기 위하여 여러 부문을 두고 있다. 이렇게 제조활동과 직접 관련이 없는 부서에서 발생시키는 원가는 제조간접비를 구성하며, 이를 측정·통제하는 것은 아직도 어려운 과제 중 하나이다. 여기에서는 영리위주의 기업 활동에 초점을 두어, 간접원가의 배부와 수익의 배부에 대하여 학습하며, 그 목표는 다음과 같다.

1. 원가배부의 목적과 배부기준 결정시 지침은 무엇인가?
2. 보조부문원가를 배부하는 방법에는 어떠한 것이 있는가?
3. 단일배부율법과 이중배부율법의 차이는 무엇인가?
4. 부문별 제조간접비 배부가 공장전체 제조간접비 배부보다 더 적절한가?

제1절 원가배부의 목적

원가는 원가대상(cost object)에의 추적가능성(traceability)에 따라 직접원가(direct costs)와 간접원가(indirect costs)로 구분된다. 경영자는 경영의사결정을 위하여 원가를 부담하는 '무엇'에 대한 원가정보를 필요로 한다. 이 '무엇'을 원가대상이라고 한다. 이러한 원가대상의 예로는 제품, 서비스, 고객, 브랜드, 부문 등을 들 수 있다.

직접원가는 특정 원가대상 예컨대, 특정제품 또는 특정부문에 직접 관련시킬 수 있는 원가이다. 반면 어떤 원가가 원가대상과 관련성은 있지만 그 원가대상에 직접적으로 추적할 수 없는 경우에 이를 간접원가라 한다.

원가를 추적가능성에 따라 분류하는 경우, 직접원가는 각 원가대상에 부과하게 되는데 이를 원가추적이라고 하고 간접원가는 별도의 배부방법을 사용하여 원가대상에 할당하는 것을 원가배부라고 한다.

일반적으로 기업이 원가배부를 실시하는 목적을 살펴보면 다음과 같다.

먼저 재무회계적 관점에서 외부보고 목적의 재무제표를 작성할 때, 재고자산의 평가 및 이익측정을 위해서 원가를 배부한다. 이렇게 제품원가계산 목적으로 원가를 배부할 때에는 회계기준에 규정되어 있는 배부기준을 따르는 경우가 많다.

관리회계적 관점에서는 제품계열을 추가 및 폐지 여부 등과 같이 계획이나 통제와 관련된 의사결정의 결과를 예측하거나 향상시키기 위해서 정확한 원가정보를 이용하는 것이 필수적이므로 원가배부를 수행하게 된다. 또한 경영자에게 동기를 부여하고 성과평가를 위해서도 원가를 배부한다. 예를 들어, 부서의 경영자가 일정기간 동안 원가를 얼마나 효율적으로 통제하였는가를 판단하기 위해서 원가를 배부할 필요가 있다.

제2절 원가배부기준 결정시의 지침

원가배부기준(cost allocation base)이란 집적한 원가를 각 원가대상에 대응시키는 기준을 말한다. 일단 배부기준을 설정하면 원가배부는 비교적 간단한 과정으로 이행된다. 배부기준은 논리적으로 타당한 것이어야 하며 경제적으로도 이용가능하고 합리적인 것이어야 한다. 이러한 기준을 찾기 위해서는 원가와 원가대상과의 관계를 명확히 파악해야 한다. 원가배부기준을 선택함에 있어 지침이 될 수 있는 사항은 다음과 같다.

첫째, 인과관계기준(cause and effect criterion)이다. 이는 특정 활동의 수행이 원인이 되어 특정원가가 발생하게 된다는 가정 하에 원가를 원가대상에 할당하는 것을 의미한다. 이 기준은 원가배부기준으로 측정되는 특정 활동수준이 변동함에 따라 특정 원가수준이 변동한다는 것을 전제로 한다. 일반적으로 직접원가의 경우 인과관계를 쉽게 파악할 수 있으나, 이때 인과관계를 경제적으로 실현시키기가 매우 어렵다. 따라서 현실적으로 이에 대한 대안으로 부담능력기준, 수혜기준 공정성 혹은 공평성기준이 있다.

둘째, 부담능력기준(ability to bear)은 원가대상이 원가를 부담하는 능력에 비례하여 원가를 배부하는 방법이다. 예를 들어, 배부 대상원가를 본사원가로, 원가대상을 사업부로, 부담능력을 평가하는 지표로는 매출액을 사용한다고 하면, 매출액 수준이 높은 부서가 본사의 원가를 부담할 능력이 많다고 가정하고 원가배부를 수행하는 것이다. 그런데 A사업부에서는 매출액을 증대시키려는 노력수준이 낮고, B사업부에서는 매출액을 증대시키려는 노력수준이 높은 경우 부담능력기준으로 공통원가를 배부하게 되면 노력수준이 높은 B 사업부에 보다 많은 원가가 배부되므로 사업부 경영자의 노력을 좌절시킬 수도 있다. 따라서 매출액과 원가의 발생 간에 밀접한 관계가 존재할 경우에만 매출액을 배부기준으로 사용해야 할 것이다.

셋째, 수혜기준(benefits received)이란 각 원가대상이 제공받는 효익의 정도에 비례하여 간접원가를 배부하는 방법을 말한다. 특정제품에 대한 광고선전비가 아닌 기업의 이미지 제고를 위한 광고선전비의 예에서는 효익을 측정할 수 있는 지표를 매출액으로 설정할 수 있다. 이는 매출액이 높은 사업부일수록 그렇지 않은 사업부보다 광고로부터 얻는 효익이 높다고 간주하는 것이다.

마지막으로, 공정성 및 공평성 기준(fairness or equity)은 원가를 여러 원가대상에 배부할 때, 그 원가배부는 공정하고 공평하게 이루어져야 한다는 것이다. 그러나 이 기준은 포괄적인 개념이기 때문에 구체적으로 적용가능한 원가배부방법이라기 보다는 원가배부를 통해 달성하고자 하는 목표를 나타내는 것이다.

제3절 부문별 원가계산 절차

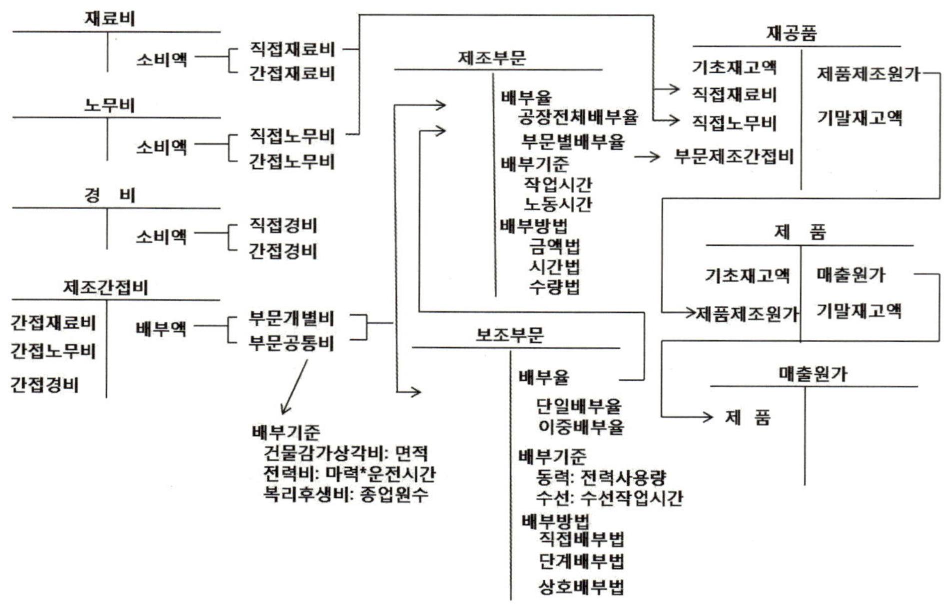

부문별 원가계산 절차는 다음의 4단계를 통해 계산된다.

- 1단계: 부문개별비를 발생된 제조부문과 보조부문에 집계
- 2단계: 부문공통비를 발생된 제조부문과 보조부문에 배부
- 3단계: 보조부문비를 제조부문에 배부(직접배부법, 단계배부법, 상호배부법)
- 4단계: 제조부문비를 각 제품에 배부(금액법, 시간법, 수량법)

제4절 보조부문원가의 배부

대부분의 제조기업들은 제조부문(production department)과 보조부문(support department)으로 구성되어 있다. 제조부문은 제조기업의 핵심목적인 제품의 제조활동을 수행하는 부문이며, 보조부문은 제조활동을 촉진시키고자 제조부문이나 다른 보조부문에 서비스 제공활동을 수행하는 부문이다. 제조부문에서 발생하는 원가는 제품과 직접적인 관련성을 찾기 쉬운 반면, 보조부문원가는 제품과의 직접적인 관련성을 확인하기 용이하지 않다. 이 때문에 보조부문원가는 제조간접비로 간주되어, 이를 제품에 배부한다. 즉 보조부문원가가 제조간접비의 일부를 구성하여 각 제조부문의 제조간접비 계정에 배부하는 것이다. 이처럼 보조부문원가를 제조부문에 배부한 후, 배부된 보조부문원가를 제조부문 자체의 제조간접비에 가산하고 예정배부율을 적용하여 최종 제품에 배부한다. 제조간접비의 배부방법을 요약하면 다음 그림과 같다.

보조부문원가를 최종제품에 배부하는 과정

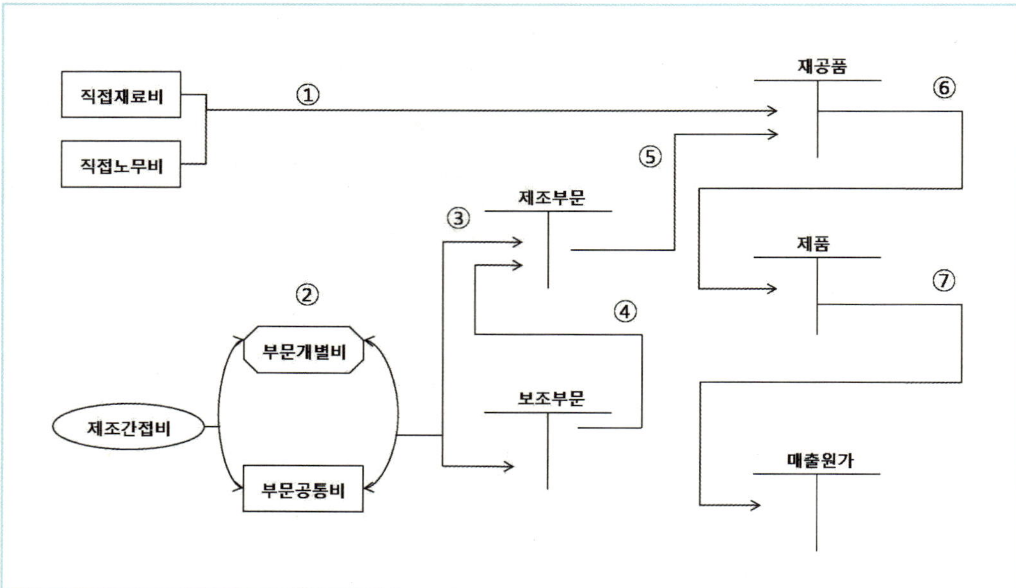

보조부문원가를 다른 부문에 배부할 때에는 먼저 그 보조부문의 용역제공활동을 가장 잘 반영하는 기준을 선택해야 한다. 이를 위해서는, 배부기준이 원가와 인과관계가 있어야 한다. 또한 사용하기가 간편해야 한다. 즉, 복잡한 계산과정으로 인해 발생하는 원가가 배부를 통해 얻을 수 있는 효익보다 큰 원가배부기준은 선택하지 않아야 한다. 또한 배부기준의 타당성을 정기적으로 검토하고, 그 결과가 불공정하다고 판단되는 경우에는 즉시 수정해야 한다.

일반적으로 많이 사용되는 보조부문원가의 배부기준을 살펴보면 다음 표와 같다.

보조부문원가의 배부기준

보조부문명	배부기준
동력부문	전력량
수선유지부문	수선유지횟수
식당부문	종업원수
창고부문	재료사용량, 주문횟수
인사관리부문	종업원수

보조부문명	배부기준
공장관리부문	면적
구매부문	주문횟수나 주문비용
종업원후생부문	종업원수

1 보조부문원가의 배부방법

어떤 보조부문은 제조부문만이 아니라 다른 보조부문에도 용역을 제공한다. 이렇게 상호간에 보조 용역을 주고받을 경우에 보조부문원가의 배부절차는 매우 복잡해진다. 즉 보조부문 상호 간에는 물론이고 보조부문과 제조부문간에도 복잡한 상호작용이 존재하기 때문에 배부절차가 용이하지 않다. 이러한 경우에 보조부문원가를 정확하게 배부하려면 그 배부방법이 매우 정교해야 한다.

보조부문원가를 배부하는 방법은 크게 두 가지 기준으로 구분할 수 있다. 첫 번째 기준은 부문간 용역수수관계를 고려하는 방식이다. 이 기준에 의하면 직접배부법, 단계배부법, 상호배부법이 있다. 두 번째 기준은 원가행태를 고려하는 방식이다. 여기에는 단일배부율법과 이중배부율법이 있다. 이러한 두 가지 분류기준은 아래 표에서와 같이 결합하여 사용할 수 있다.

보조부문원가의 배부방법

원가행태를 고려하는 방식에 따른 분류	부문간 용역수수 관계를 고려하는 방식에 따른 분류		
	직접배부법	단계배부법	상호배부법
단일배부율법	직접배부－단일배부율	단계배부－단일배부율	상호배부－단일배부율
이중배부율법	직접배부－이중배부율	단계배부－이중배부율	상호배부－이중배부율

1) 직접배부법

직접배부법(direct method)은 보조부문 간의 용역수수에 대한 관련성을 무시하고, 각 제조부문이 사용한 용역의 상대적 비율에 따라 보조부문원가를 제조부문에 배부하는 방법이다. 즉, 보조부문원가를 보조부문에는 전혀 배부하지 않고 제조부문에 모두 배부하는 방법이다. 직접배부법의 장점은 절차가 간단하다는 것이다. 특히, 보조부문에서 제조부문에만 용역을 제공하거나 보조부문 상호간의 용역수수 관계가 별로 중요하지 않을 경우에 적절한 배부방법이다. 그러나 보조부문이 다른 보조부문에도 상당한 용역을 제공하는 경우에는 제조부문의 제조간접비 예정배부율을 왜곡시켜, 결국 제품원가나 가격결정을 왜곡시키게 된다.

직접배부법은 보조부문 간의 용역수수가 없다고 간주하고 보조부문원가를 보조부문에는 전혀 배부하지 않고 제조부문에 모두 배부하는 방법이므로 먼저 동력부문원가 ₩200,000을 각 제조부문의 예산전력공급량의 비율대로 배부하면 된다.

예제

LS전선은 동력부문, 공장관리부문 두 개의 보조부문과 기계가공부문, 조립부문 두 개의 제조부문으로 이루어져 있다. 각 보조부문은 다른 보조부문에 용역을 제공한다. 각 부문의 용역수수 관계와 발생 제조간접비는 다음과 같다.

제공부문 \ 사용부문		보조부문		제조부문		합계 (E)=(A+B+C+D)
		동력부문 (A)	공장관리부문(B)	기계가공부문(C)	조립부문 (D)	
동력부문	예산전력공급량(kw)	–	600	600	400	1,600
공장관리부문	예산면적(m^2)	200	–	600	200	1,000
발생원가		₩200,000	₩100,000	₩400,000	₩300,000	₩1,000,000

풀이

기계가공부문과 조립부문에 배부된 동력부문원가는 다음과 같이 계산된다.

사용부문	동력부문 배부전원가 (A)	기계가공부문 예산전력 공급량(B)	조립부문 예산전력 공급량(C)	(기계가공+조립)부문 예산전력공급량 합계 (D)=(B+C)	배부액
기계가공부문	₩200,000	600kw		1,000kw	₩120,000 (=A×B/D)
조립부문	₩200,000		400kw	1,000kw	₩80,000 (=A×C/D)

공장관리부문원가도 동력부문원가와 동일하게 원가배부기준인 각 제조부문의 면적비율대로 배부하면 된다.

사용부문	공장관리부문 배부전원가 (A)	기계가공부문 예산면적 (B)	조립부문 예산면적 (C)	(기계가공+조립)부문 예산면적합계 (D)=(B+C)	배부액
기계가공부문	₩100,000	600m²		800m²	₩75,000 (=A×B/D)
조립부문	₩100,000		200m²	800m²	₩25,000 (=A×C/D)

LS전선의 보조부문의 제조간접비를 직접배부법을 이용하여 배부한 결과는 다음과 같다.

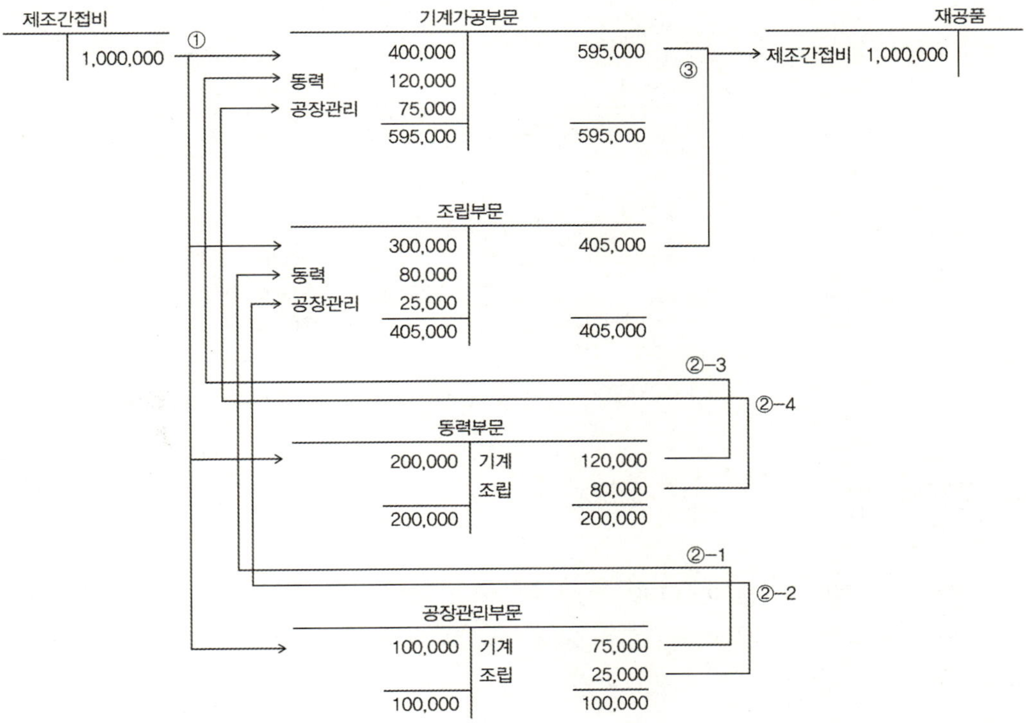

* 동력부문 : ₩200,000

기계가공부문 $=₩200,000 \times \frac{₩600kw}{₩1,000kw} = ₩120,000$

조립부문 $= ₩200,000 \times \frac{₩400kw}{₩1,000kw} = ₩80,000$

* 공장관리부문 : ₩100,000

기계가공부문 $= ₩100,000 \times \frac{₩600m^2}{₩800m^2} = ₩75,000$

조립부문 $= ₩100,000 \times \frac{₩200m^2}{₩800m^2} = ₩25,000$

LS전선의 보조부문원가를 직접배부법에 의해 배부한 결과를 그림으로 나타내면 다음과 같다.

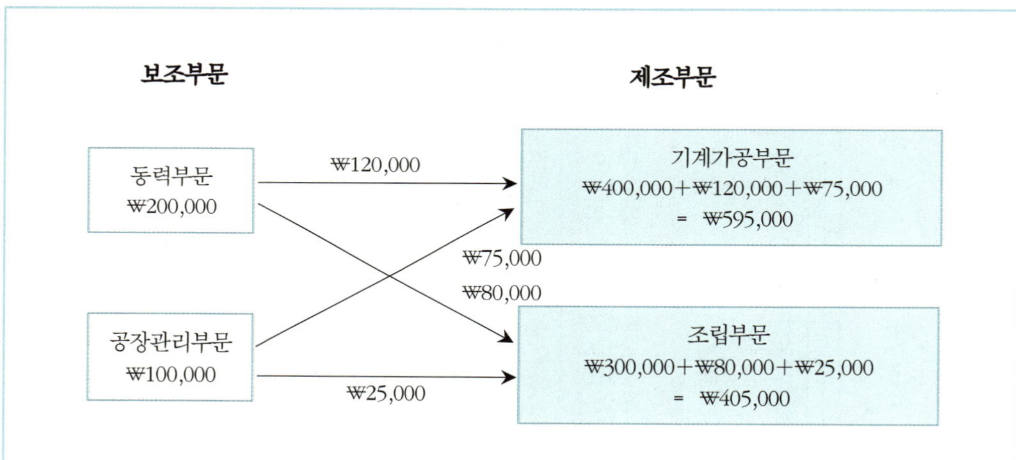

2) 단계배부법

단계배부법(step-down method)은 보조부문들 간에 일정한 배부순위를 정한 다음, 그 순위에 따라 보조부문의 원가를 단계적으로 타 보조부문과 제조부문에 배부하는 방법이다.

단계배부법 하에서는 보조부문의 원가를 제조부문뿐만 아니라 다른 보조부문에도 배부한다. 그러나 일단 특정 보조부문의 원가가 다른 보조부문에 배부된 다음에는 타 보조부문에서 재배부되지 않는다.

즉 단계배부법에서는 보조부문간의 용역수수 관계를 일방적 흐름관계로 인식하고 다른 방향에서의 흐름은 인식하지 않는다. 따라서 보조부문 간의 상호용역수수 관계를 완전하게 인식하는 방법은 아니다.

단계배부법에서는 어떤 순서로 보조부문원가를 배부하느냐에 따라 제조부문에 배부될 원가가 달라지기 때문에 보조부문 간의 배부순위를 어떻게 결정할 것인가 하는 점이 단계배부법의 핵심이 된다. 용역을 제공하는 상대 보조부문의 수가 많은 보조부문을 우선으로 하며, 보조부문원가의 금액이 가장 큰 보조부문의 원가부터 우선적으로 배부한다.

동력부문의 원가를 먼저 배부하는 단계배부법을 적용하여 원가를 배부할 경우 동력부문의 원가는 보조부문인 공장관리부문과 제조부문인 기계가공부문, 조립부문에 배부하되, 공장관리부문원가는 동력부문에 재배부하지 않고 제조부문인 기계가공부문, 조립부문에만 배부한다.

예제

LS전선은 동력부문, 공장관리부문 두 개의 보조부문과 기계가공부문, 조립부문 두 개의 제조부문으로 이루어져 있다. 각 보조부문은 다른 보조부문에 용역을 제공한다. 각 부문의 용역수수 관계와 발생 제조간접비는 다음과 같다.

제공부문 \ 사용부문		보조부문		제조부문		합계 (E)=(A+B+C+D)
		동력부문 (A)	공장관리부문(B)	기계가공부문(C)	조립부문 (D)	
동력부문	예산전력공급량(kw)	–	600	600	400	1,600
공장관리부문	예산면적(m^2)	200	–	600	200	1,000
발생원가		₩200,000	₩100,000	₩400,000	₩300,000	₩1,000,000

풀이

구체적인 절차를 살펴보면 먼저 동력부문원가 ₩200,000을 공장관리부문, 기계가공부문, 조립부문의 예산 전력공급량의 비율대로 배부하면 된다.

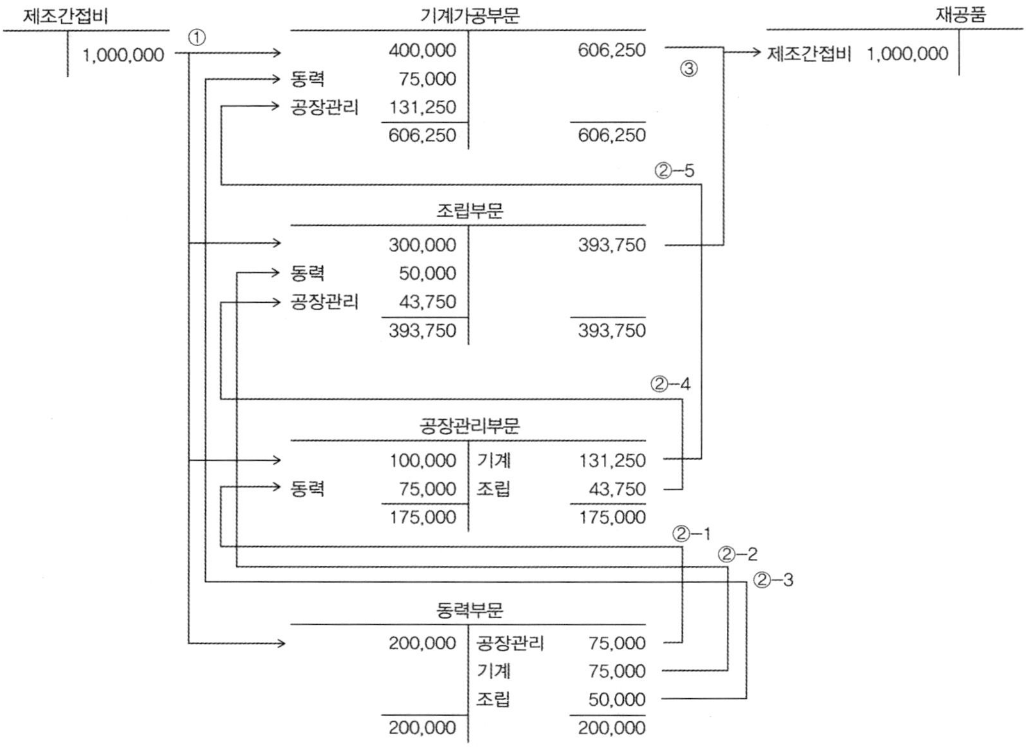

* 동력부문 : ₩200,000

$$공장관리부문 = ₩200,000 \times \frac{₩600kw}{₩1,600kw} = ₩75,000$$

$$기계가공부문 = ₩200,000 \times \frac{₩600kw}{₩1,600kw} = ₩75,000$$

$$조립부문 = ₩200,000 \times \frac{₩400kw}{₩1,600kw} = ₩50,000$$

그 다음 단계로 배부전 공장관리부문원가 ₩100,000과 공장관리부문에 배부된 동력부문원가 ₩75,000의 합계인 ₩175,000을 기계가공부문, 조립부문의 면적비율대로 배부하면 된다.

* 공장관리부문 : ₩175,000

$$기계가공부문 = ₩175,000 \times \frac{₩600m^2}{₩800m^2} = ₩131,250$$

조립부문 $= ₩175,000 \times \frac{₩200m^2}{₩800m^2} = ₩43,750$

LS전선의 보조부문의 제조간접비 중 동력부문의 원가를 먼저 배부하는 단계배부법을 이용하여 배부한 결과는 다음과 같다.

사용부문 / 제공부문	보조부문		제조부문		합계
	동력부문 (A)	공장관리 부문(B)	기계가공 부문(C)	조립부문 (D)	(E)=(A+B +C+D)
배부전원가①	₩200,000	₩100,000	₩400,000	₩300,000	₩1,000,000
동력부문②	(200,000)	75,000	75,000	50,000	0
공장관리부문③	–	(175,000)	131,250	43,750	0
배부후원가④=①+②+③	₩0	₩0	₩606,250	₩393,750	₩1,000,000

LS전선의 보조부문 제조간접비에 대하여 단계배부법으로 배부한 결과를 그림으로 나타내면 다음과 같다(동력부문원가 우선 배부).

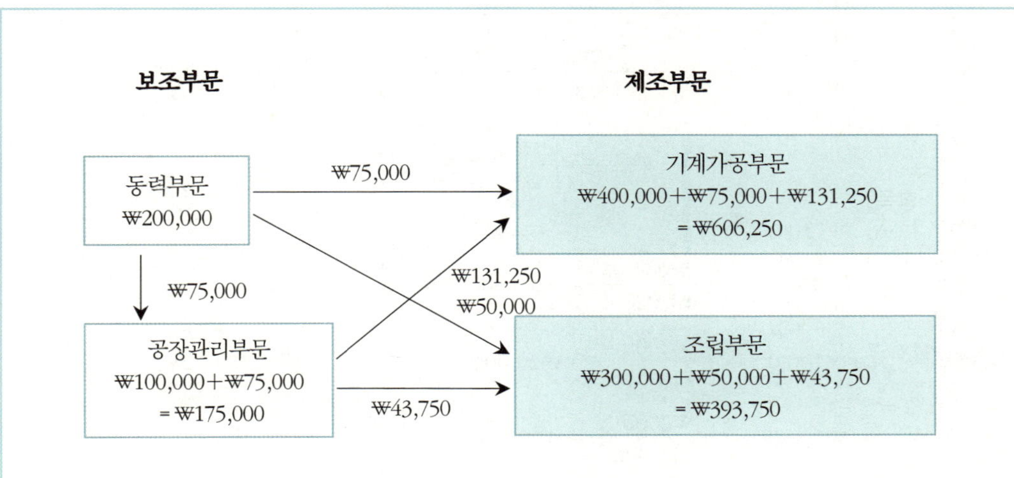

공장관리부문의 원가를 먼저 배부하는 단계배부법을 적용하여 원가를 배부할 경우 공장관리부문의 원가는 보조부문인 동력부문과 제조부문인 기계가공부문, 조립부문에 배

부하되 동력부문원가는 공장관리부문에 재배부하지 않고 제조부문인 기계가공부문, 조립부문에만 배부한다.

구체적인 절차를 살펴보면, 먼저 공장관리부문원가 ₩100,000을 동력부문, 기계가공부문, 조립부문의 면적비율대로 배부하면 된다.

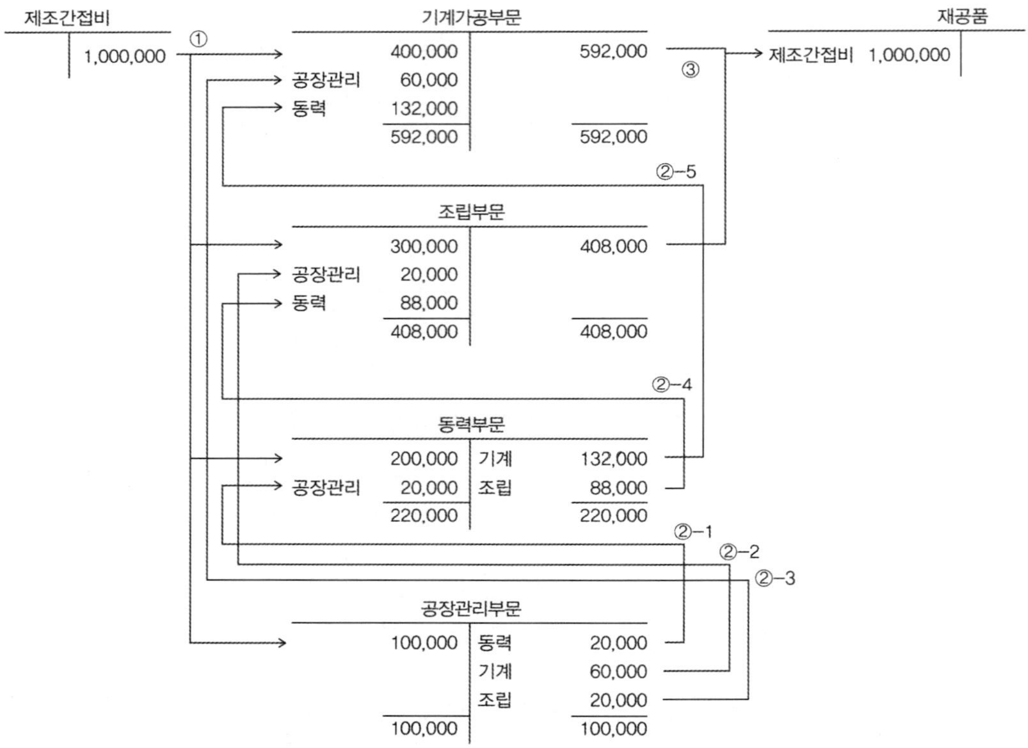

* 공장관리부문 : ₩100,000

$$기계가공부문 = ₩100,000 \times \frac{₩600m^2}{₩1,000m^2} = ₩60,000$$

$$조립부문 = ₩100,000 \times \frac{₩200m^2}{₩1,000m^2} = ₩20,000$$

$$동력부문 = ₩100,000 \times \frac{₩200m^2}{₩1,000m^2} = ₩20,000$$

그 다음 단계로 배부전 동력부문원가 ₩200,000과 공장관리부문에 배부된 동력부문원가 ₩20,000의 합계인 ₩220,000을 기계가공부문, 조립부문의 예산전력공급량의 비율대로 배부하면 된다.

* 동력부문 : ₩220,000

$$\text{기계가공부문} = ₩220,000 \times \frac{₩600kw}{₩1,000kw} = ₩132,000$$

$$\text{조립부문} = ₩220,000 \times \frac{₩400kw}{₩1,000kw} = ₩88,000$$

LS전선의 보조부문의 제조간접비 중 공장관리부문의 원가를 먼저 배부하는 단계배부법을 이용하여 배부한 결과는 다음과 같다.

사용부문 / 제공부문	보조부문		제조부문		합계 (E)=(A+B+C+D)
	공장관리 부문(B)	동력부문 (A)	기계가공 부문(C)	조립부문 (D)	
배부전원가①	₩100,000	₩200,000	₩400,000	₩300,000	₩1,000,000
공장관리부문③	(100,000)	20,000	60,000	20,000	0
동력부문②		(220,000)	132,000	88,000	0
배부후원가④=①+②+③	₩0	₩0	₩592,000	₩408,000	₩1,000,000

LS전선의 보조부문의 제조간접비에 대하여 단계배부법으로 배부한 결과는 다음과 같다(공장관리부문원가 우선 배부).

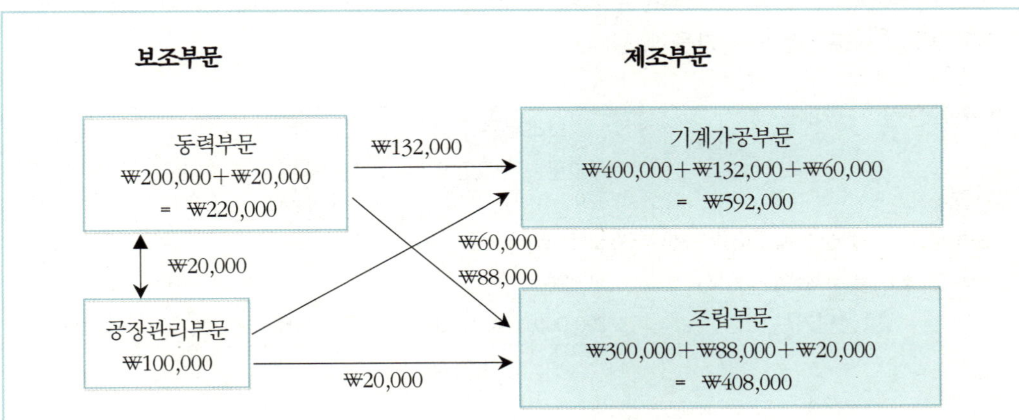

3) 상호배부법

상호배부법(reciprocal method)은 보조부문 간의 상호 용역수수 관계를 완전히 파악하여 원가를 배부하는 방법이다. 즉 각 보조부문 사이에 용역수수 관계가 존재할 때 각 보조부문의 원가는 다른 보조부문의 원가에 의해 영향을 받는데, 이 경우 보조부문과 제조부문의 용역수수 관계를 방정식을 이용하여 계산하게 된다.

상호배부법의 문제점은 계산과정이 복잡하다는 것인데, 최근에는 컴퓨터 기술의 발달로 인하여 이러한 문제점은 많이 해소되었다. 상호배부법이 이론적으로는 가장 타당한 방법이지만, 보조부문간의 상호관계가 그다지 중요하지 않을 때는 보다 간단한 직접배부법이나 단계배부법을 사용해도 상호배부법을 사용하는 것과 유사한 결과를 얻을 수 있다.

상호배부법을 사용하기 위해서는 보조부문의 상호용역수수 관계를 연립방정식으로 표시한 후, 이 방정식의 해인 보조부문원가를 각 보조부문과 제조부문에 배부한다.

특정 보조부문의 총원가를 방정식형태로 표시하면 다음과 같다.

총원가＝자기 부문의 발생원가＋타보조부문으로부터의 배부된 원가

예제

LS전선은 동력부문, 공장관리부문 두 개의 보조부문과 기계가공부문, 조립부문 두 개의 제조부문으로 이루어져 있다. 각 보조부문은 다른 보조부문에 용역을 제공한다. 각 부문의 용역수수 관계와 발생 제조간접비는 다음과 같다.

제공부문 \ 사용부문		보조부문		제조부문		합계
		동력부문(A)	공장관리부문(B)	기계가공부문(C)	조립부문(D)	(E)=(A+B+C+D)
동력부문	예산전력공급량(kw)	–	600	600	400	1,600
공장관리부문	예산면적(m²)	200	–	600	200	1,000
발생원가		₩200,000	₩100,000	₩400,000	₩300,000	₩1,000,000

풀이

LS전선의 보조부문 용역상호 수수관계를 연립방정식으로 표시하면 다음과 같다.

$$\text{동력부문원가} = ₩200,000 + \frac{200m^2}{1,000m^2} \times \text{공장관리부문원가} \qquad (1)$$

$$\text{공장관리부문원가} = ₩100,000 + \frac{600kw}{1,600kw} \times \text{동력부문원가} \qquad (2)$$

식(2)를 식(1)에 대입하여 풀면

$$\text{동력부문원가} = ₩200,000 + \frac{200m^2}{1,000m^2} \times (₩100,000 + \frac{600kw}{1,600kw} \times \text{동력부문원가})$$

∴ 동력부문원가 = ₩237,838

식(1)을 식(2)에 대입하여 풀면

$$\text{공장관리부문원가} = ₩100,000 + \frac{600kw}{1,600kw} \times (₩200,000 + \frac{200m^2}{1,000m^2} \times \text{공장관리부문원가})$$

∴ 공장관리부문원가 = ₩189,189

동력부문원가 ₩237,838을 공장관리부분, 기계가공부문, 조립부문의 예산전력공급량의 비율대로 배부하면 된다.

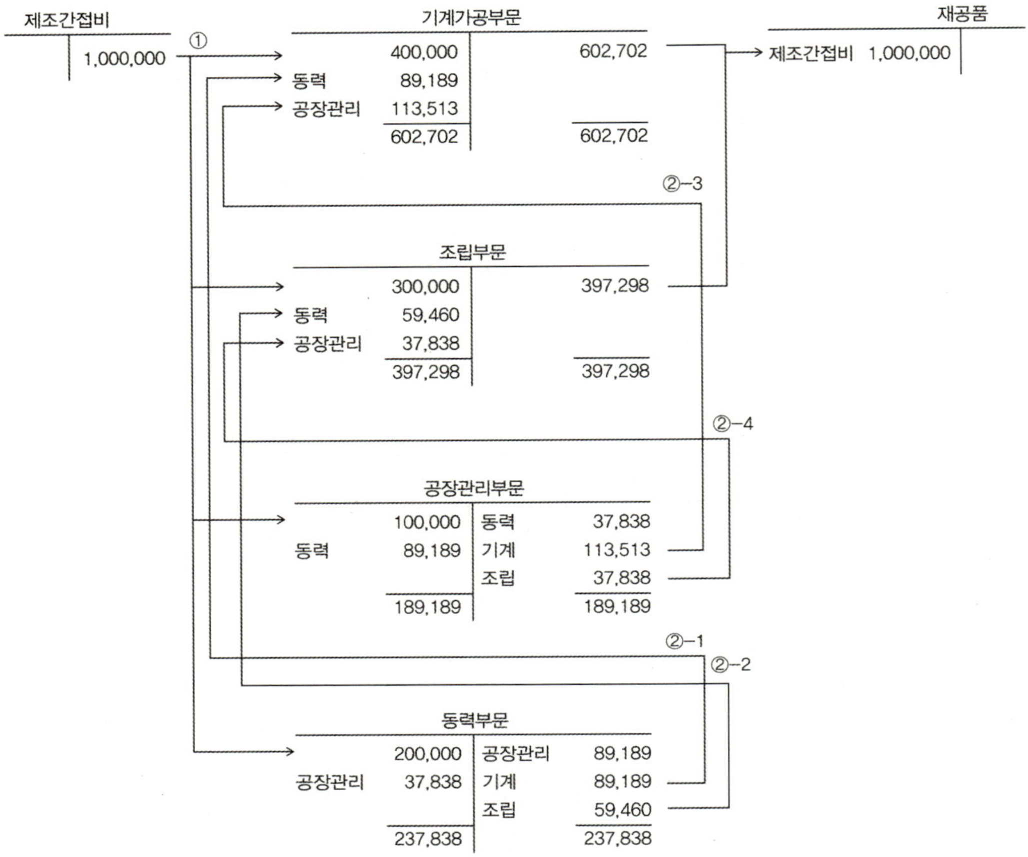

공장관리부문원가 ₩189,189을 동력부문, 기계가공부문, 조립부문의 예산면적비율대로 배부하면 된다.

사용부문	공장관리부문 배부전원가 (A)	동력부문 예산면적 (B)	기계가공부문 예산면적 (C)	조립부문 예산면적 (D)	(동력+기계가공+조립) 부문예산면적합계 (E)=(B+C+D)	배부액
동력부문	₩189,189	200m²			1,000m²	₩37,838 (=A×B/E)
기계가공 부문	189,189		600m²		1,000m²	113,514 (=A×C/E)
조립부문	₩189,189			200m²	1,000m²	₩37,838 (=A×D/E)

1) 소수 첫째자리에서 반올림함

이렇게 도출된 동력부문원가와 공장관리부문원가 정보를 이용하여 상호배부법을 통해 보조부문원가를 배부한 결과는 다음과 같다.

제공부문 \ 사용부문	보조부문		제조부문		합계 (E)=(A+B+C+D)
	동력부문 (A)	공장관리 부문(B)	기계가공 부문(C)	조립부문 (D)	
배부전원가①	₩200,000	₩100,000	₩400,000	₩300,000	₩1,000,000
동력부문②	(237,838)	89,189	89,189	59,460	0
공장관리부문③	37,838	(189,189)	113,513	37,838	0
배부후원가④=①+②+③	₩0	₩0	₩602,702	₩397,298	₩1,000,000

LS전선의 보조부문의 제조간접비를 상호배부법을 이용하여 배부한 결과를 그림으로 나타내면 다음과 같다.

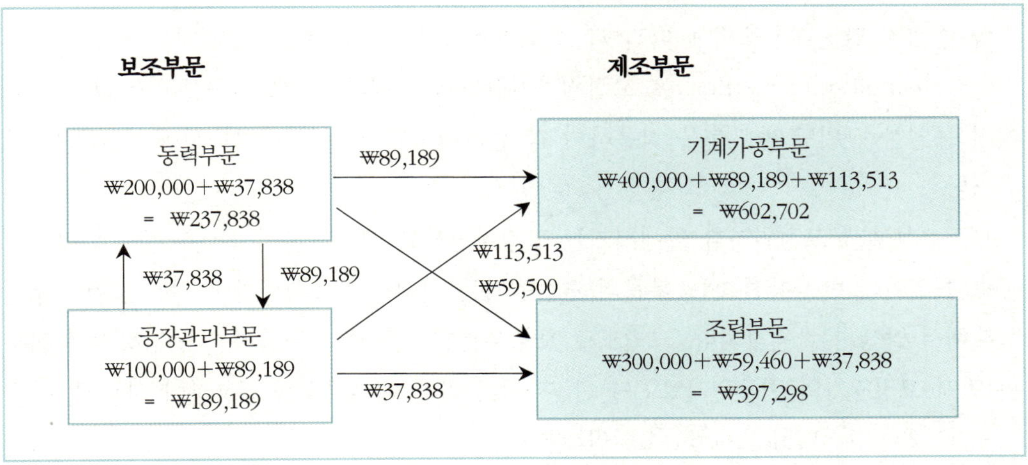

보조부문비의 배부방법을 요약하면 다음과 같다.

구분	직접배부법	단계배부법	상호배부법
의의	보조부문간의 용역수수관계를 전혀 고려하지 않고 원가를 제조부문에만 배분하는 방법	보조부문간의 용역수수관계를 일부 인정하고 원가를 배분순서에 따라 보조부문과 제조부문에 배분하는 방법	보조부문간의 용역수수관계를 전부 고려하여 보조부문과 제조부문에 배분하는 방법
보조부문간 용역수수관계 고려여부	전혀 고려하지 않음	일부만 고려	전부 고려
장점	계산이 용이함	보조부문간 용역수수관계 일부인정	정확한 원가배분(이론적으로 가장 타당한 방법)
단점	제품원가계산과 원가관리 및 통제 어려움	용역수수관계 완전 무시	많은 시간과 비용 소요

4) 단일배부율법과 이중배부율법

앞 절까지 단일배부율법에 따라 각 보조부문에서 발생하는 원가를 배부하였다. 단일배부율법(single-rate method)은 고정원가집합과 변동원가집합으로 구분하지 않은 상태에서 동일한 단위당 배부율을 적용하여 각 원가집합의 원가를 원가대상에 배부하는 방법이다.

보조부문에서 고정원가를 발생시키는 고정자산들은 제조부문의 최대조업도에 맞추어 구축된 것이 일반적이며, 보조부문의 변동원가는 실제로 제조부문에서 사용한 용역량에 비례해서 발생하는 원가이다. 그러므로 보조부문원가를 보다 정확하게 배부하기 위해서는 먼저 고정원가와 변동원가로 구분한 후 각각 다른 배부기준을 적용해야 하는데, 이를 이중배부율법(dual-rate method)이라 한다.

이중배부율법에서 고정원가는 제조부문에서 사용할 수 있는 최대 사용가능량 또는 예산사용량을 기준으로 배부하고, 변동원가는 실제사용량을 기준으로 배부하는 것이 합리적이다. 그러나 주의해야 할 점은 이중배부율법은 직접배부법, 단계배부법, 상호배부법과 배타적으로 사용하는 것이 아니라 이들 방법과 병행한다는 점이다. 요컨대, 보조부문원가를 제조부문에 배부하는 방법은 각각의 조합인 6가지가 된다. 이론적으로는 이중배부율법을 사용하여 보조부문원가를 제조부문에 배부하는 것이 타당하지만, 최대 사용가능량의 측정과 보조부문원가를 변동원가와 고정원가로 구분하는 것에 많은 노력이 소요되므로 실무에서는 많이 사용되지 않는다.

예제

LS전선은 동력부문, 공장관리부문 두 개의 보조부문과 기계가공부문, 조립부문 두 개의 제조부문으로 이루어져 있다. 각 보조부문은 다른 보조부문에 용역을 제공한다. LS전선의 기초자료에 보조부문의 실제사용량 정보를 추가적으로 제공하고, 부문간의 원가를 배부하기 전의 부문별 자체발생원가를 변동원가와 고정원가로 다음과 같이 구분하였다.

제공부문 \ 사용부문		보조부문		제조부문		합계
		동력부문 (A)	공장관리 부문(B)	기계가공 부문(C)	조립부문 (D)	(E)=(A+B+C+D)
동력부문	실제전력공급량(kw)	−	600	500	500	1,600
	예산전력공급량(kw)	−	600	600	400	1,600
공장관리부문	실제면적(m^2)	400	−	300	300	1,000
	예산면적(m^2)	200	−	600	200	1,000
발생원가	변동원가	₩80,000	₩50,000	₩40,000	₩180,000	₩350,000
	고정원가	120,000	50,000	₩360,000	120,000	650,000
	합계	₩200,000	₩100,000	₩400,000	₩300,000	₩1,000,000

물음

보조부문원가를 직접배부법과 이중배부율법을 이용하여 제조부문에 배부하는 절차를 구하시오. 단, 이중배부율법을 이용한 보조부문에 대한 제조간접비의 배부는 변동원가 부분은 실제사용량을 기준으로, 고정원가 부분은 예산사용량을 기준으로 수행한다.

풀이

동력부문 변동원가 ₩80,000은 기계가공부문과 조립부문의 실제 전력공급량 비율로 배부한다.

* 변동제조간접비 : ₩80,000

기계가공부문 $= ₩80,000 \times \frac{500kw}{1,000kw} = ₩40,000$

조립부문 $= ₩80,000 \times \frac{500kw}{1,000kw} = ₩40,000$

동력부문 고정원가 ₩120,000은 기계가공부문과 조립부문의 예산 전력공급량 비율로 배부한다.

* 고정제조간접비 : ₩120,000

기계가공부문 $= ₩120,000 \times \frac{600kw}{1,000kw} = ₩72,000$

조립부문 $= ₩120,000 \times \frac{400kw}{1,000kw} = ₩48,000$

공장관리부문 변동원가 ₩50,000은 기계가공부문과 조립부문의 실제 면적비율로 배부한다.

* 변동제조간접비 : ₩50,000

기계가공부문 $= ₩50,000 \times \frac{300m^2}{600m^2} = ₩25,000$

조립부문 $= ₩50,000 \times \frac{300m^2}{600m^2} = ₩25,000$

공장관리부문 고정원가 ₩50,000은 기계가공부문과 조립부문의 예산면적 비율로 배부한다.

* 고정제조간접비 : ₩50,000

기계가공부문 $= ₩50,000 \times \frac{600m^2}{800m^2} = ₩37,500$

조립부문 $= ₩50,000 \times \frac{200m^2}{800m^2} = ₩12,500$

보조부문원가를 직접배부법과 이중배부율법을 이용하여 제조부문에 배부한 결과를 다음과 같다.

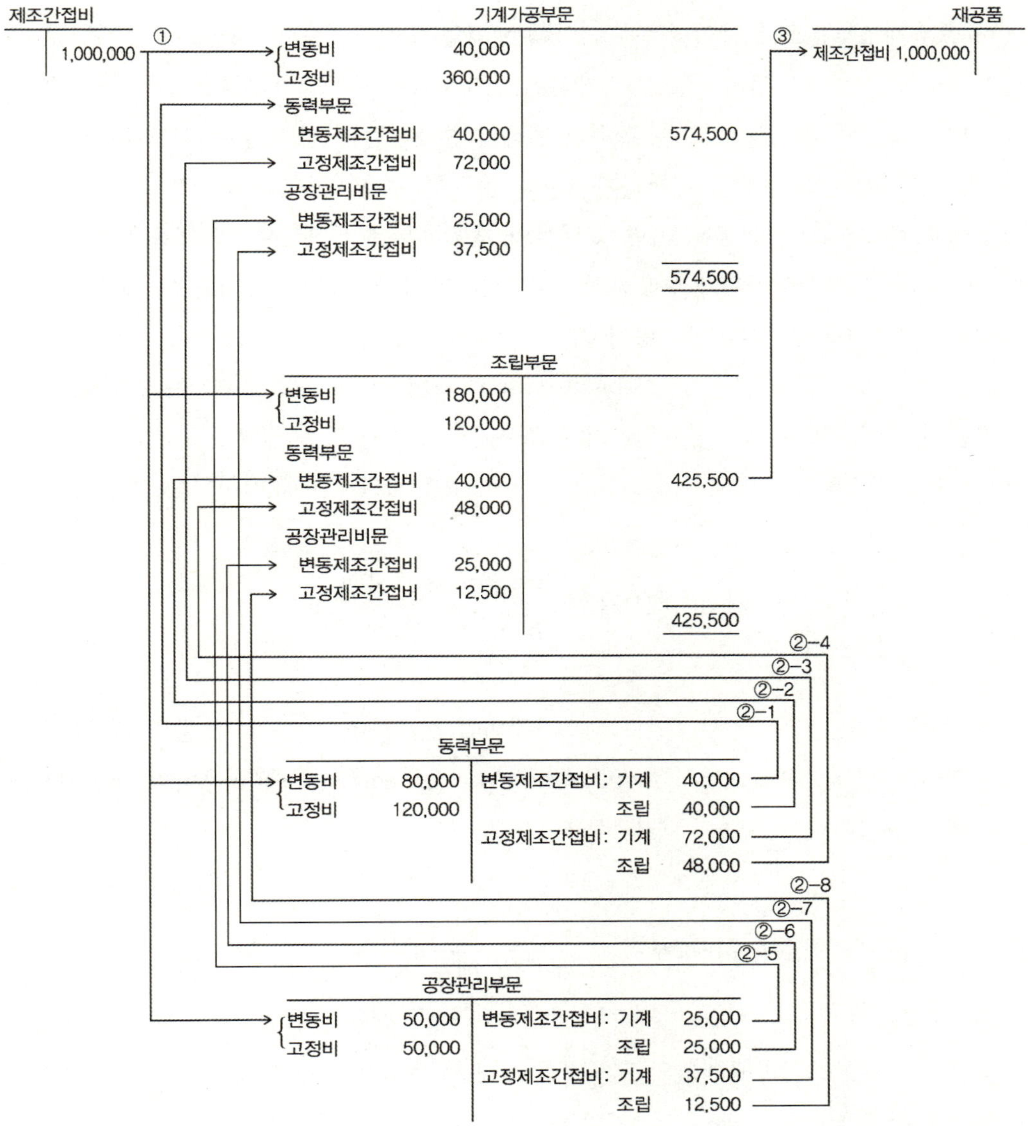

제5절 제조부문 제조간접비의 배부

단일의 제조부문으로 단일제품을 생산하는 기업은 직접재료비, 직접노무비, 보조부문에서 배부받은 제조간접비를 그대로 제품에 귀속시키면 제품원가계산을 수행할 수 있다.

그러나 복수의 제조부문 또는 복수의 제품이 존재하는 기업의 경우 제조부문의 간접원가를 제품에 배부해야만 제품원가계산을 완료할 수 있다.

실제로 대부분의 기업들은 이렇게 복수의 제조부문을 통해 복수의 제품을 생산하기 때문에 제조간접비를 개별제품에 배부해야 하는 문제에 봉착하게 된다. 이 경우 제조간접비를 개별 제품에 배부하는 방법에는 두 가지가 있다.

먼저 공장전체 제조간접비배부율(plant-wide overhead rate)을 사용하는 방법이다. 이 방법은 공장내의 모든 보조부문원가와 제조부문의 원가를 합한 금액을 단일의 배부기준으로 나눈 공정전체 제조간접비배부율을 이용하여 개별제품에 배부하는 방법이다.

$$\text{공장전체 제조간접비배부율} = \frac{\text{공장전체 제조간접비}}{\text{공장전체 배부기준}}$$

두 번째 방법은 각 제조부문별로 제조간접비를 집계하고, 이를 각 부문별 배부기준으로 나눈 부문별 제조간접비배부율(departmental overhead rate)을 이용하여 개별제품에 배부하는 방법이다.

$$\text{부문별 제조간접비배부율} = \frac{\text{부문별 제조간접비}}{\text{부문별 배부기준}}$$

공장전체 제조간접비배부율은 공장내의 부문을 구분하지 않고 공장전체 제조간접비 금액을 공장전체에서 사용하는 단일의 배부기준을 근거로 개별제품에 적용하여 제품원가를 계산하게 된다. 즉, 공장전체 제조간접비배부율을 사용할 경우 이미 배운 원가배부 방법 중 어떤 것을 이용하더라도 공장전체 제조간접비 총액은 변하지 않기 때문에(LS전선의 경우 ₩1,000,000) 모든 보조부문의 제조간접비를 제조부문에 배부할 필요가 없게 된다. 따라서 부문별제조간접비배부율을 사용할 경우에만 보조부문원가를 제조부문에 배부하는 것이다.

공장전체 제조간접비배부율과 부문별 제조간접비배부율

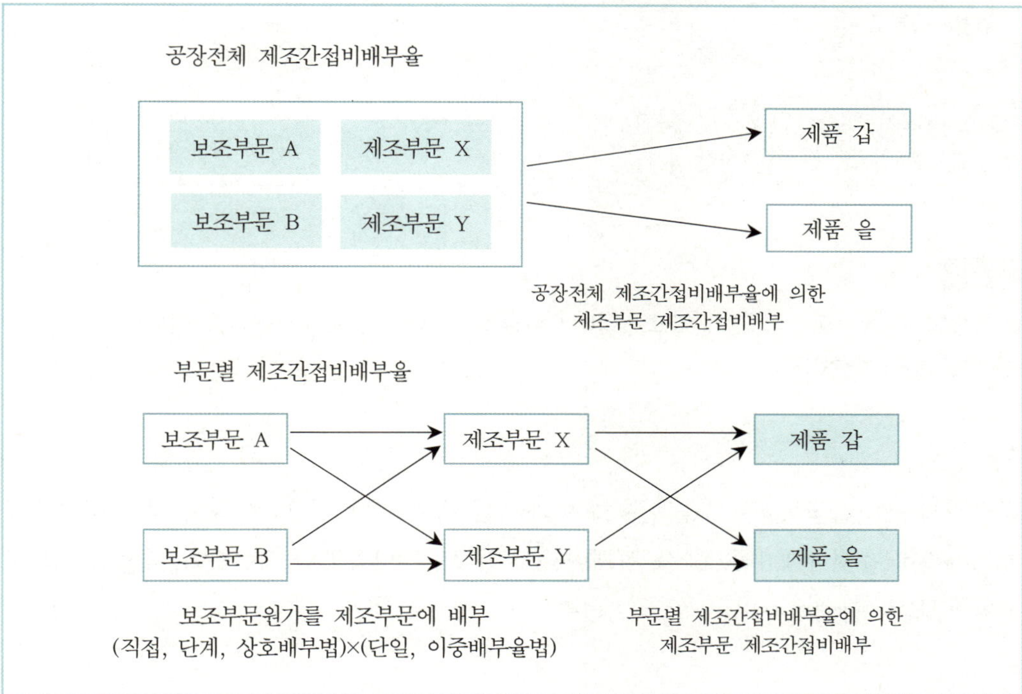

예제

LS전선은 광케이블과 LAN케이블을 생산하고 있는데, 모두 기초재공품과 기말재공품이 없다. 공장전체 제조간접비배부율을 사용하여 제조간접비를 배부할 경우 직접노무비를 기준으로 배부한다. 부문별 제조간접비배부율을 사용할 경우 기계가공부문은 기계시간을, 조립부문은 직접노동시간을 기준으로 배부한다. 이와 관련된 자료는 다음과 같다.

항목		광케이블	LAN케이블	합계
직접재료비		₩340,000	₩450,000	₩790,000
직접노무비		₩900,000	₩300,000	₩1,200,000
기계가공부문	직접노동시간	200	800	1,000
	기계시간	1,200	800	2,000
조립부문	직접노동시간	400	600	1,000
	기계시간	600	1,400	2,000

물음 1

LS전선이 각 제품에 공장전체 제조간접비배부율을 사용할 경우 제조원가를 배부한 다음 산출된 제품원가는 얼마인가?

풀이

공장전체 제조간접비배부율을 이용하여 배부한 제조간접비는 다음 표와 같이 공장전체 제조간접비 총액 ₩1,000,000을 광케이블의 직접노무비와 LAN케이블의 직접노무비 비율로 배부한 금액이다.

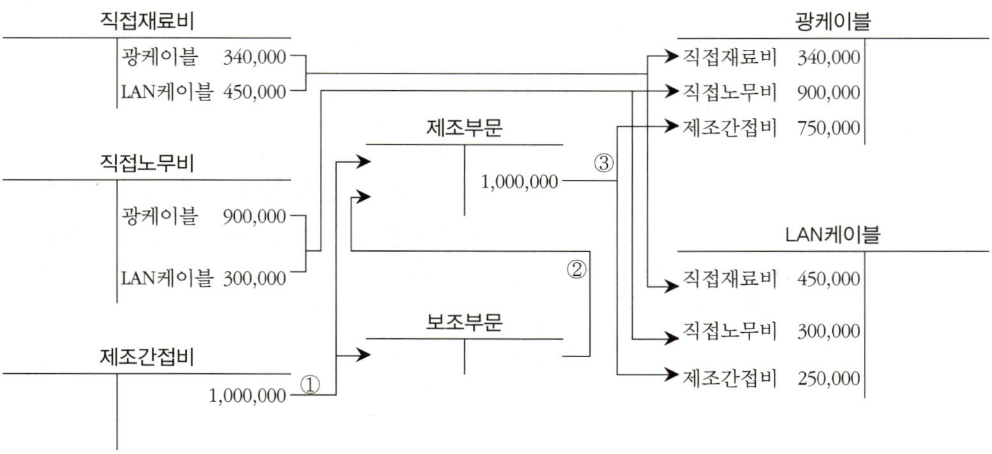

* 제조간접비 배부 : ₩1,000,000

$$광케이블 = ₩1,000,000 \times \frac{₩900,000}{₩1,200,000} = ₩750,000$$

$$LAN케이블 = ₩1,000,000 \times \frac{₩300,000}{₩1,200,000} = ₩250,000$$

각 제품에 추적가능한 직접재료비와 직접노무비에 배부된 제조간접비를 합산하여 광케이블과 LAN케이블의 원가가 산출된다.

항목	광케이블	LAN케이블	합계
직접재료비	₩340,000	₩450,000	₩790,000
직접노무비	900,000	300,000	1,200,000
제조간접비	750,000	250,000	1,000,000
합계	₩1,990,000	₩1,000,000	₩2,990,000

물음 2

LS전선이 각 제품에 부문별 제조간접비배부율을 사용할 경우 제조원가를 배부한 다음 산출된 제품원가는 얼마인가?

풀이

보조부문원가를 직접배부법과 이중배부율을 이용하여 배부한 제조간접비는 다음 표와 같이 기계가공부문 제조간접비 ₩574,500을 광케이블의 기계시간과 LAN케이블의 기계시간 비율로 배부하고, 조립부문 제조간접비₩425,500을 광케이블의 직접노무시간과 LAN케이블의 직접노무시간 비율로 배부한 것이다.

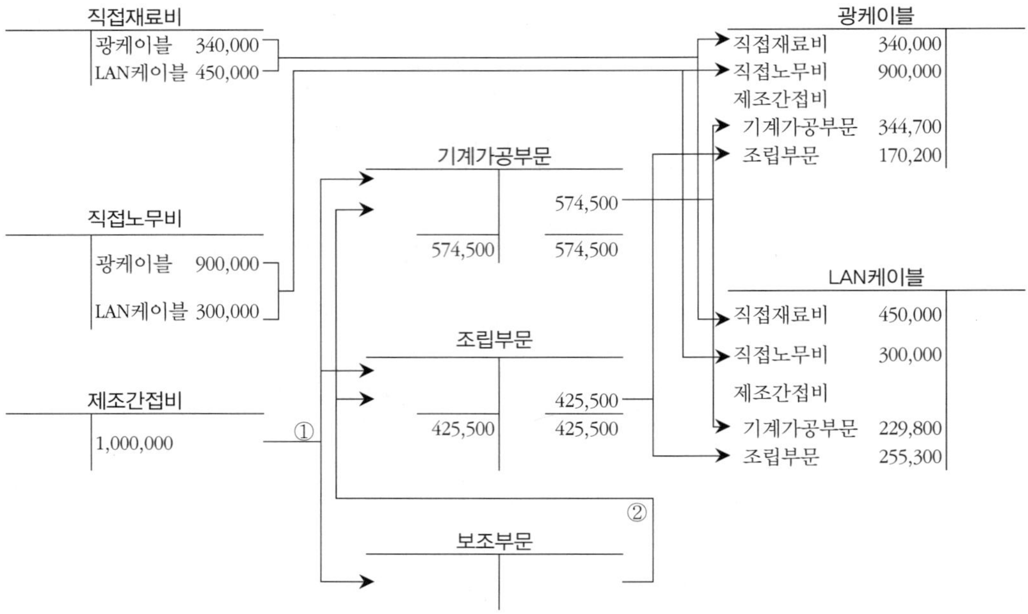

* 기계가공부문 : ₩574,500

$$\text{광케이블} = ₩574{,}500 \times \frac{₩1{,}200}{₩2{,}000} = ₩344{,}700$$

$$\text{LAN케이블} = ₩574{,}500 \times \frac{₩800}{₩2{,}000} = ₩229{,}800$$

* 조립부문 : ₩425,500

$$\text{광케이블} = ₩425{,}500 \times \frac{₩400}{₩1{,}000} = ₩170{,}200$$

$$\text{LAN케이블} = ₩425{,}500 \times \frac{₩600}{₩1{,}000} = ₩255{,}300$$

보조부문원가를 직접배부법과 이중배부율법을 이용하여 제조부문에 배부하고, 각 제품에 부문별 제조원가를 배부한 결과는 다음과 같다.

항목	광케이블	LAN케이블	합계
직접재료비	₩340,000	₩450,000	₩790,000
직접노무비	900,000	300,000	1,200,000
기계가공부문 제조간접비	344,700	229,800	574,500
조립부문 제조간접비	170,200	255,300	425,500
합계	₩1,754,900	₩1,235,100	₩2,990,000

각 제품에 추적가능한 직접재료비와 직접노무비에 배부된 제조간접비를 합산하여 광케이블과 LAN케이블의 원가가 산출된다.

Ⅰ. 평가자체크리스트

※ 다음 서술이 옳으면 T, 옳지 않으면 F를 기재하시오.

6.1 보조부문은 직접 생산활동을 수행하지 아니하고 제조부문을 지원·보조하는 부문으로써 그 수행하는 내용에 따라 세분할 수 있다.

6.2 제조부문은 직접 제조작업을 수행하는 부문을 말하며 제조활동 등에 따라 세분할 수 있다.

6.3 원가배부기준은 인과관계기준에 의해서만 설정해야 한다.

6.4 제조간접비가 전체 제조원가에서 차지하는 비중이 증가할수록 단순한 원가배분기준을 설정해야 보다 정확한 원가계산을 할 수 있는 가능성이 커진다.

6.5 제조간접비의 원가배부기준으로 선택된 원가동인이 원가발생의 인과관계를 잘 반영하지 못하는 경우 제품원가계산이 왜곡될 가능성이 있다.

6.6 보조부문비의 배부기준은 적어도 1년에 한 번씩 변경하여야 한다.

6.7 단계배분법은 보조부문간에 일정한 배부순서를 정하여 그에 따라 제조부문과 보조부문에 배부하는 방법이다.

6.8 보조부문비의 배분방법에 따라 회사의 총이익이 달라진다.

6.9 어떠한 배부방법을 적용하는 경우에도 보조부문비 총액이 모두 제조부문에 배분된다.

6.10 보조부문비를 제조부문에 배부하는 배분방법 중 가장 정확한 계산방법은 보조부문간의 용역수수관계를 모두 고려하는 상호배분법이다.

Ⅱ. 객관식

6.1 부문비 배부계산의 대상으로 옳은 것은? [2001년 공무원수정]

① 제품원가 ② 재공품 ③ 제조간접비
④ 직접원가 ⑤ 기간원가

6.2 원가의 부문별 계산 절차순서로 올바른 것은? [2004년 공무원 수정]

㉠ 부문공통비 각 부문에 배부	㉡ 보조부문비 제조부문에 배부
㉢ 부문직접비 각 부문에 부과	㉣ 제조부문비 각 제품에 배부

① ㉠-㉡-㉢-㉣ ② ㉡-㉢-㉣-㉠ ③ ㉢-㉠-㉡-㉣
④ ㉢-㉡-㉣-㉠ ⑤ ㉣-㉡-㉢-㉠

6.3 재고가 없다는 가정하에서 보조부문의 원가배분에 관한 설명 중 옳은 것은? [전산세무1급 수정]

① 보조부문 원가배분의 유일한 목적은 회사의 자원배분과 관련된 합리적인 의사결정을 위한 것이다.
② 보조부문원가를 배분할 때 부담능력기준이 우선 고려되어야 한다.
③ 보조부문원가를 제조부문에 배부하지 않아도 제품원가에 영향을 미치지 않는다.
④ 보조부문의 원가를 어떻게 배분한다 하더라도 회사의 궁극적인 총이익은 변하지 않는다.
⑤ 보조부문원가는 제조부문을 거치지 않고 제품계정에 바로 배부할 수도 있다.

6.4 원가배부에 대한 설명으로 옳지 않은 것은?

① 외부보고목적의 재고자산 평가
② 내부보고목적의 변동원가계산을 용이하게 하기 위하여
③ 경영자에 대한 동기부여 및 성과평가
④ 외부보고목적의 이익 측정
⑤ 제품계열의 추가 및 폐지 여부에 대한 의사결정

6.5 다음 중 원가배부에 대한 설명으로 옳지 않은 것은?

① 제조간접비의 비중이 높을수록 여러 가지의 배부기준을 설정하여야 정확한 원가계산을 할 수 있다.
② 원가배분기준은 인과관계기준, 수혜기준, 부담능력기준, 공정성과 공평성기준 등에 의한다.
③ 경제적 의사결정과 동기부여를 위해서는 단일배부율 보다는 이중배부율을 적용하는 것이 바람직하다.
④ 공정성과 공평성기준은 구체적으로 적용가능한 원가배부기준이다.
⑤ 부담능력기준은 원가대상이 원가를 부담하는 능력에 비례하여 원가를 배부하는 방법이다.

6.6 보조부문 상호간의 용역수수관계가 중요하지 않아 보조부문간의 용역수수관계를 전혀 고려하지 않고 제조부문에 배부하는 방법은?

① 직접배부법 ② 단계배부법
③ 상호배부법 ④ 간접배부법
⑤ 단일배부법

6.7 부문비 배부법의 설명으로 옳지 않은 것은?

① 직접배부법은 보조부문 상호간의 용역수수관계를 전혀 고려하지 않는 방법이다.
② 단계배부법은 보조부문간의 용역수수관계를 일부만 고려하는 방법이다.
③ 단계배부법은 보조부문의 우선순위가 결정되어야 한다.
④ 상호배부법은 직접배부법과 단계배부법의 중간형태의 원가배부 방식이다.
⑤ 직접배부법은 상호배부법 보다 시간과 비용이 절감되는 원가배부 방식이다.

6.8 공장에서 사용하는 기계장치 감가상각비를 각 부문에 배부하는 기준으로 가장 타당한 것은?

① 점유면적 ② 종업원수
③ 작업시간 ④ 직접재료비
⑤ 기계장치가액

6.9 (주)KC는 핸드폰과 MP3를 생산하여 판매한다. 제품원가를 계산하기 위해 두 개의 제조부문(절삭부문, 조립부문)의 제조간접비를 핸드폰과 MP3에 배부하려고 한다. 제조부문의 자료가 다음과 같은 경우 부문별 제조간접비 배부율을 이용하여 핸드폰에 배부되는 제조간접비를 구하면? 단, 제조간접비는 작업시간을 기준으로 배부한다. [기업회계2급 수정]

부문별 제조간접비 및 작업시간

제조부문	제조간접비	핸드폰	MP3	합계
절삭부문	₩400,000	500시간	500시간	1,000시간
조립부문	₩100,000	600시간	400시간	1,000시간
계	₩500,000	1,100시간	900시간	2,000시간

① ₩250,000 ② ₩260,000 ③ ₩275,000
④ ₩300,000 ⑤ ₩320,000

6.10 다음 자료에 의하여 동력부 발생액의 제조부문에 대체액으로 맞는 것은? 배부액기준은 운전시간이다. [기업회계2급 수정]

	제1제조부문	제2제조부문	동력부
금 액	–	–	₩1,800,000
마 력 수	100	20	
운전시간	1,000	5,000	
면 적	2,800㎡	1,200㎡	

	제1제조	제2제조		제1제조	제2제조
①	₩1,260,000	₩540,000	②	₩1,630,000	₩170,000
③	₩690,000	₩1,110,000	④	₩300,000	₩1,500,000
⑤	₩110,000	₩1,750,000			

6.11 보조부분원가를 직접배부법에 의해 제조부문에 배부할 경우 절단부분에 배부되는 보조부분원가의 합계는? [2005년 공무원 수정]

	제조부문		보조부문		
	A(절단)	B(조립)	동력부분	수선부문	계
배분전 원가	₩80,000	₩50,000	₩30,000	₩40,000	₩200,000
동력사용량	40	20	–	40	100
수선횟수	5	3	2	–	10

① ₩32,000 ② ₩37,000 ③ ₩40,000
④ ₩45,000 ⑤ ₩50,000

6.12 직접배부법에 의하여 보조부문비를 배부하면, 조립부문에 배부된 보조부문비의 합계는?

	제조부분		보조부문		계
	기계	조립	품질관리	수선	
예정제조간접비	₩200,000	₩100,000	₩600,000	₩200,000	₩1,100,000
예산기계작업시간	50,000	-	-	-	50,000
예산직접노동시간	-	25,000	-	-	25,000
예산상 용역제공비율					
품질관리	10,000	5,000	-	5,000	20,000
수선	30,000	20,000	10,000	-	60,000

① ₩200,000 ② ₩250,000 ③ ₩280,000
④ ₩320,000 ⑤ ₩350,000

6.13 (주)갑은 제조간접비를 보조부문(동력부문, 수선부문)에서 제조부문(절단부문, 조립부문)으로 배부함에 있어서 단계배부법을 적용하고 있다. 동력부문의 원가를 먼저 배부하는 경우에 다음 자료에 의하여 수선부문에서 절단부문으로 배부되는 원가를 계산하면 얼마인가? [2007년 전산회계1급 수정]

보조부문	부문원가	용역제공비율			
		절단부문	조립부문	동력부문	수선부문
동력부문	₩760,000	0.5	0.4	-	0.1
수선부문	₩236,500	0.4	0.4	0.2	-

① ₩76,000 ② ₩94,600 ③ ₩132,000
④ ₩156,250 ⑤ ₩312,500

6.14 (주)한우물은 단계배부법을 이용하여 보조부문 제조간접비를 제조부문에 배부하고자 한다. 각 부문별 원가발생액과 보조부문의 용역공급이 다음과 같을 경우 수선부문에서 절단부문으로 배부될 제조간접비는 얼마인가?(단, 전력부문부터 배부한다고 가정함) [전산회계1급 수정]

구 분	제조부문		보조부문	
	조립부문	절단부문	전력부문	수선부문
자기부문 제조간접비	₩200,000	₩400,000	₩200,000	₩360,000
전력부문 동력공급(kw)	300	100	-	100
수선부문 수선공급(시간)	10	40	50	-

① ₩160,000 ② ₩200,000 ③ ₩244,000
④ ₩288,000 ⑤ ₩320,000

6.15 (주)세무는 제조부문(P1, P2)과 보조부문(S1, S2)으로 나누어 있다. 각 부문에서 당기 중에 발생한 제조간접비의 부문별 원가와 보조부문이 제공한 용역수수관계는 다음과 같다. 단계배분법에 의하여 보조부문원가를 배분할 경우 제조부문별 제조간접비는 각각 얼마인가? 단, S1을 먼저 배분한다. [기업회계1급 수정]

사용부문 / 제공부문	보조부문		제조부문		합계
	S1	S2	P1	P2	
용역제공비율					
S1부문	–	30%	20%	50%	100%
S2부문	10%	–	50%	40%	100%
발생원가	₩500,000	₩300,000	₩1,500,000	₩1,200,000	₩3,500,000

	P1	P2
①	₩1,750,000	₩1,750,000
②	₩1,850,000	₩1,650,000
③	₩1,950,000	₩1,550,000
④	₩2,000,000	₩1,500,000
⑤	₩2,200,000	₩1,450,000

6.16 (주)병의 공장에는 두개의 보조부문 A, B와 두개의 제조부문 X, Y가 있다. 각 부문의 용역수수관계와 발생원가(제조간접비)는 다음과 같다. 단계배분법을 사용하여 보조부문A의 원가를 먼저 배부후 제조부문의 원가를 구하시오? [전산세무1급 수정]

사용 / 제공	보 조 부 문		제 조 부 문		합계
	A	B	X	Y	
A	–	20%	50%	30%	100%
B	50%	–	10%	40%	100%
발생원가	₩200,000	₩100,000	₩300,000	₩400,000	₩1,000,000

	X제조부문	Y제조부문
①	₩408,000	₩542,000
②	₩418,000	₩552,000
③	₩428,000	₩562,000
④	₩428,000	₩572,000
⑤	₩450,000	₩585,000

6.17 (주)상록은 보조부문 A, B와 제조부문 X. Y를 가지고 계산기를 생산하고 있다. 다음의 자료를 이용하여 상호배부법에 의한 보조부문 A의 원가방정식을 계산하면?

	보조부문	
	A	B
제조간접비	₩100,000	₩200,000
용역수수:		
A	−	20%
B	30%	−
X	20%	40%
Y	50%	40%

① A＝₩200,000＋0.2B
② A＝₩100,000＋0.3B
③ A＝₩100,000＋0.2B
④ A＝₩200,000＋0.3B
⑤ A＝₩300,000＋0.5B

6.18 (주)강릉은 보조부문 A, B와 제조부문 X, Y를 가지고 레코드를 생산하고 있다. 상호배부법을 이용하여 보조부문 A의 원가배분 금액을 계산하면?

	보조부문		제조부문	
	A	B	X	Y
용역제공비율(%)				
A	−	25	40	35
B	20	−	30	50
발생원가	₩15,000	₩20,000		

① ₩10,000
② ₩15,000
③ ₩20,000
④ ₩25,000
⑤ ₩35,000

6.19 (주)세무공업사는 두 개의 제조부문 A, B와 두 개의 보조부문 X, Y를 두고 있다. 각 부문에서 당기 중에 발생한 원가와 보조부문에서 제공된 용역비율은 다음과 같다.

제공부문 \ 사용부문	제조부문		보조부문	
	A	B	X	Y
X	0.2	0.4	0	0.4
Y	0.4	0.3	0.3	0

X부문의 변동원가는 ₩23,000, Y부문의 변동원가는 ₩26,000이다. 상호배부법에 의하여 보조부문의 변동원가를 배분할 경우 제조부문 B에 배분될 보조부문의 변동원가는 얼마인가? [기업회계1급 수정]

① ₩23,000
② ₩26,000
③ ₩35,000
④ ₩40,000
⑤ ₩42,000

6.20 (주)상일은 제조부문 A, B와 보조부문의 서비스 용역수수관계는 다음과 같다.

용역제공부문	용역사용부문				
	X	Y	A	B	합계
X		40단위	20단위	40단위	100단위
Y	45		60단위	45단위	150단위

X, Y부문의 변동원가는 각각 ₩160,000, ₩200,000이며, 고정원가는 고려하지 않다. 상호배분법에 의해 보조부문원가를 배분하는 경우, A제조부문에 배분되는 총보조부원가는 얼마인가? [세무사 수정]

① ₩112,000
② ₩152,000
③ ₩167,273
④ ₩170,000
⑤ ₩200,000

Ⅲ. 주관식

6.1 다음은 (주)고려의 부문별 제조간접비 자료이다. 보조부문의 제조간접비를 다른 보조부문에 배부하지 않고 제조부문에 직접배부할 경우 관리부 부문원가 중 조립부로 배부될 제조간접비는 얼마인가? [ERP회계 수정]

	생산부문		보조부문	
	절단부	조립부	수선부	관리부
배분전 원가	₩200,000	₩300,000	₩80,000	₩99,000
부문별배부율(%)				
수선부	40%	40%		20%
관리부	50%	40%	10%	

6.2 (주)창조는 두 개의 생산부문과 두 개의 보조부문을 가지고 있으며 각 부문의 배부전 부문원가와 부문간의 용역제공관계는 다음과 같다. 수선시간은 수선부가 각 부문에 제공한 수선용역의 시간이며, 동력사용량은 동력부가 각 부문에 제공한 동력용역량이다. 보조부문의 부문원가를 단계배부법(배부 우선순위는 용역을 여러 부문에 제공한 부문부터 먼저 배부)에 의해 배분한 경우 배부 후 생산부문 A의 부문원가는 얼마인가? [ERP회계 수정]

	생산부문		보조부문	
	A	B	동력부	수선부
배부전 부문원가(₩)	20,000	30,000	20,000	40,000
수선시간(시)	400	100		
동력사용량(kW)	500	200		300

6.3 글로벌자동차(주)는 3개의 보조부문과 2개의 제조부문으로 구성되어 있다. 각 부문에서 발생한 원가와 부문간의 용역수수 관계 자료는 다음과 같다. 단, 회사는 보조부문비를 변동비와 고정비로 구분하지 않고 있다.

① 용역수수관계:

	보조부문			제조부문	
	동력부	수선부	관리부	엔진부	조립부
발생원가	₩100,000	₩150,000	₩50,000	₩200,000	₩300,000
마력×운전시간	1,000	4,000	2,000	4,000	6,000
수선작업시간	700	400	500	800	1,200
종업원수	10	5	10	20	80

② 배부기준: 동력부(마력×운전시간), 수선부(수선작업시간), 관리부(종업원수)

물음 1) 직접배부법에 의하여 보조부문비를 제조부문에 배부하시오.
2) 직접배부법에 의하여 보조부문비를 제조부문에 대체시의 분개를 하시오.

6.4 위 3번을 이용하여 다음 물음에 답하라. (용역제공 순서: 동력부 → 수선부 → 관리부)

물음 1) 단계배부법에 의하여 보조부문비를 제조부문에 배부하시오.
2) 단계배부법에 의하여 보조부문비를 제조부문에 대체시의 분개를 하시오.

6.5 (주)경기는 2 개의 제조부문(갑, 을)과 2개의 보조부문(A, B)으로 구성되어 있다. 각 부문에서 발생한 원가와 용역수수관계는 다음과 같다.

① 용역수수관계:

	보조부문		제조부문	
	A	B	갑	을
부문개별비	₩100,000	₩300,000	₩300,000	₩400,000
부문공통비	₩100,000	₩150,000	₩200,000	₩250,000
A 보조	-	20%	50%	30%
B 보조	10%	-	60%	30%

물음 1) 상호배부법에 의하여 보조부문비를 제조부문에 배부하시오.
2) 보조부문비를 제조부문에 대체시의 분개를 하시오.

※ 다음을 이용하여 6번에서 8번을 풀이하시오.

(주)경기는 두 개의 제조부문(P1, P2)과 두 개의 보조부문(S1, S2)을 운영하고 있다.

[1989년 세무사 수정]

(1) 용역제공 관계

	수선부문(S1)	동력부문(S2)	제조부문(P1)	제조부문(P2)
수선부문(S1)	-	4,000시간	5,000시간	1,000시간
동력부문(S2)	3,000kwh	-	2,000kwh	5,000kwh
부문원가	₩48,000	₩60,000	₩62,000	₩100,000

보조부문의 원가는 각 부문에서 발생한 고유의 원가이며, 고정원가는 없는 것으로 간주하여 의사결정을 하고자 한다.

(2) 보조부문 원가배분기준

	배분기준	총용역제공량		배분기준	총용역제공량
수선부문	수선시간	10,000시간	동력부문	전력사용량(kwh)	10,000kwh

(3) 의사결정자료

(주)경기는 구조조정 차원에서 동력부문에 대한 외부구입(아웃소싱)을 추진하고 있다.

6.6 직접배부법을 이용하여 보조부문의 원가를 제조부문에 배분하라(단, 소숫점 첫째 자리에서 반올림할 것).

6.7 단계배부법(수선, 동력부문 순으로 배분)을 이용하여 보조부문의 원가를 제조부문에 배분하라(단, 소숫점 첫째 자리에서 반올림할 것).

6.8 상호배부법에 따라 보조부문의 원가를 제조부문에 배분하라.

6.9 (주)경기는 자동차튜닝을 하는 제조업체로서 2개의 제조부문(가공, 도색)과 3개의 보조부문(동력, 운반, 관리)으로 구성되어 있다. 각 부문의 예산자료와 제조간접비 배부기준인 직접노동시간의 예측자료 및 부문간의 용역수수 관계는 다음과 같다.

① 예산자료 및 용역수수관계:

	보조부문			제조부문	
	동력부	운반부	관리부	가공부	도색부
변동비	₩20,000	₩20,000	₩30,000	₩100,000	₩200,000
고정비	₩40,000	₩60,000	₩10,000	₩100,000	₩300,000
직접노동시간	0	0	0	2,000	6,000
마력×운전시간	–	300	200	600	900
운반횟수	50	–	40	100	300
종업원수	10	20	–	30	20

② 배부기준: 동력부(마력×운전시간), 운반부(운반횟수), 관리부(종업원수)

물음 1) 직접배부법에 의한 공장전체 예정배부율을 계산하시오.
2) 직접배부법에 의한 부문별 예정배부율을 계산하시오.

6.10 서울회사는 상호배부법에 의하여 보조부문비를 제조부문에 배부하고 있다. 다음 자료에 의하여 1제조부문, 2제조부문에 배부된 보조부문비의 배부액을 계산하라.

	보조부문		제조부문	
	T	V	1	2
배부전 제조간접비 예산	₩60,000	₩80,000	₩30,000	₩25,000
T부문의 용역제공	–	30%	50%	20%
V부문의 용역제공	10%	–	60%	30%

제 7 장

종합원가계산

학습목표

4장과 5장에서는 제품을 주문이나 배치형태로 생산하는 경우에 사용되는 개별원가계산에 대하여 파악하였다. 본 장에서는 제품을 연속적인 흐름과정에 의하여 생산하는 기업들이 사용하는 원가계산 방법인 종합원가계산에 대하여 학습한다. 따라서 학습목표는 다음과 같다.

1. 개별원가계산과 종합원가계산의 차이점은 무엇인가?
2. 종합원가계산의 개념은 무엇이며, 절차는 어떻게 구성되는가?
3. 가공비란 무엇인가?
4. 완성도와 완성품환산량의 관계는 어떻게 되는가?
5. 선입선출법과 가중평균법으로 어떻게 원가를 계산하며, 그 차이는 무엇인가?

제1절 개별원가계산과 종합원가계산의 비교

제품원가계산방법은 여러 가지가 있지만 각 기업이 수행하는 생산활동의 성격에 따라 크게 개별원가계산과 종합원가계산으로 나눌 수 있다. 개별원가계산(job costing)은 제품이나 서비스가 개별적으로 식별가능한 생산형태의 기업에 적용되는 원가계산방법이다. 이 방법은 조선업, 건설업, 기계제조업 등 주문에 의해 제품을 개별적으로 생산하는 기업의 원가계산에 적합하다. 반면에 공정별 원가계산이라고도 불리는 종합원가계산(process costing)은 단일 또는 유사한 종류의 제품을 연속적으로 대량생산하는 업종에 적합한 것으로 정유, 제지, 화학, 식품가공, 금속제조업 등과 같이 제품의 표준화 정도가 높은 산업분야에서 사용하고 있는 원가계산 방법이다.

개별원가계산과 종합원가계산은 기초재공품원가와 당기총제조원가(＝직접재료비＋직접노무비＋제조간접비)를 당기제품제조원가(완성품원가)와 기말재공품원가로 배분한다는 점에 있어서는 동일하다.

두 원가계산방법의 차이점은 원가대상인 제품의 단위당 원가를 계산함에 있어서의 평준화 정도에 있다. 개별원가계산이란 앞서 설명한 바와 같이 제품의 종류나 규격이 다양한 개별적인 생산형태의 기업에 적용되는 것으로서 제품원가를 작업별로 구분, 집계하여 계산한다. 따라서 각 제품의 단위당 원가의 평준화정도는 낮다고 할 수 있다. 종합원가계산은 단일 또는 유사한 종류의 제품을 연속적으로 대량생산하는 업종에 사용되는 원가계산제도로서 하나 또는 이상의 제조공정을 이용하여 생산되는 제품에 원가를 배분하는 방법이다. 따라서 각제품의 단위당 원가의 평준화 정도는 높다고 할 수 있다. 개별원가계산과 종합원가계산의 흐름을 비교하면 다음 그림과 같다.

개별원가계산

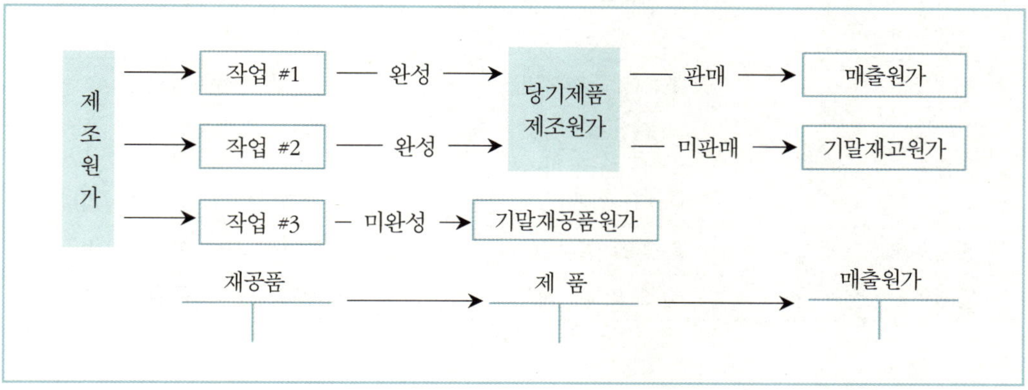

종합원가계산

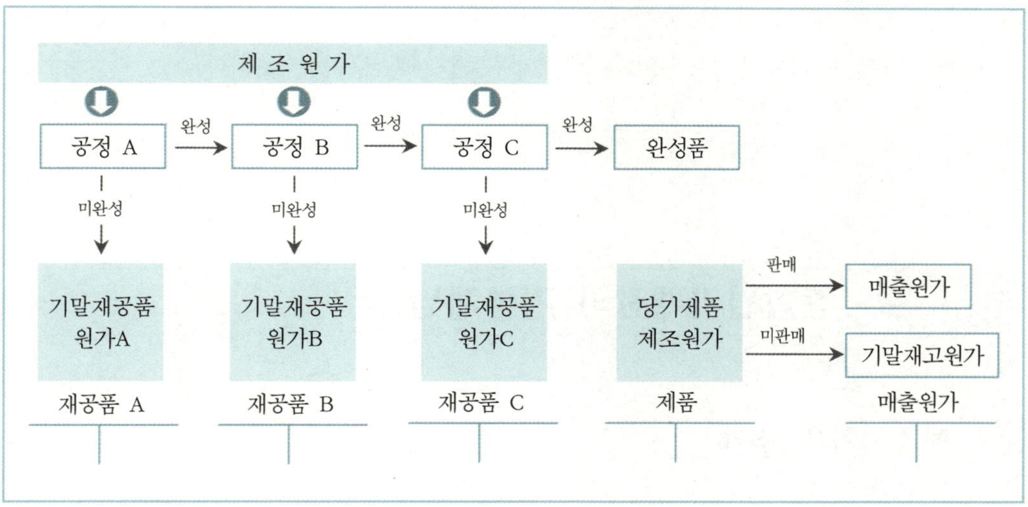

개별원가계산에서는 주문을 받은 개별작업별로 소요된 원가를 집계하고 각 작업의 완성 여부를 파악하여 완성된 작업의 원가는 당기제품제조원가로, 아직 완료되지 않은 작업에 소요된 원가는 기말재공품원가로 배분하지만, 종합원가계산에서는 각 제조공정별로 제조원가를 집계하고 일정기간 동안 그 공정에서 생산된 완성품과 미완성된 기말재공품에 제조원가를 배분하여 당기제품제조원가와 기말재공품원가를 구하는 것이다.

구분	개별원가계산	종합원가계산
생산형태	다품종소량생산(조선업)	소품종대량생산(식료품업)
원가집계	부문(제조지시별)	공정(제조기간별)
원가구분	직접재료비 직접노무비 제조간접비	직접재료비 가공비 (직접노무비, 제조간접비)
원가흐름가정	불필요(안분계산)	필요(평균법, 선입선출법)
원가계산초점	제조간접비 배부	기말재공품(완성품환산량)평가

종합원가계산은 작업별로 원가계산이 이루어지는 개별원가계산과는 달리 각 공정별로 원가계산이 행해진다는 점에 유의할 필요가 있다. 즉 각 제조공정별로 제조원가를 집계하고, 일정기간 동안 그 공정에서 생산된 완성품과 미완성된 기말재공품에 제조원가를 배부하여 당기제품제조원가와 기말재공품원가를 구하는 것이다.

제2절 종합원가계산의 기본개념

1 제조원가의 집계

원가를 집계함에 있어 직접제조원가와 제조간접비의 구분이 중요한데, 직접제조원가는 개별 작업과 관련하여 직접적으로 추적할 수 있는 원가이기 때문에 발생된 원가를 원가대상에 그대로 부과시키지만, 제조간접비는 특정제품이나 작업과 관련하여 직접 추적할 수 없는 원가이기 때문에 이를 회계기간말에 적정한 기준으로 배부하게 된다. 그 결과 기말에 완성된 개별작업의 원가는 당기제품제조원가로, 기말에 재공품으로 남은 미완성 제품의 원가는 기말재공품원가로 분류된다.

2 완성품환산량

완성품환산량(equivalent unit)은 종합원가계산에서 기본적인 개념이다. 각 공정별로 제조원가가 집계되면 일정기간 동안에 발생한 총원가를 완성품과 기말재공품에 적절히 배부해야 한다. 이를 위해서는 먼저 각 공정이나 부문에서 수행한 총작업량을 공통척도로 환산해야 한다. 여기서 완성품수량으로 환산한 공통척도를 완성품환산량이라고 한다. 다시 말하면 산출물의 완성정도를 측정하는 개념 즉, 당기의 작업량을 제품 수로 나타낸 것이라 할 수 있다. 완성품환산량을 공통척도로 사용하면 일정기간동안에 수행된 모든 작업을 그 기간 중에 제조를 시작하여 완성한 제품의 수량으로 나타낼 수 있다.

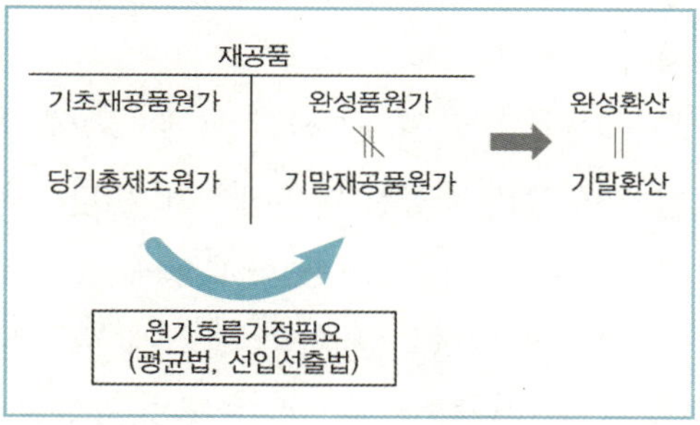

완성품환산량은 제조에 착수한 수량에 완성도를 곱하여 계산된다. 따라서 완성품환산량을 계산하기 위해서는 기초 및 기말재공품의 완성도에 대한 정보가 있어야 한다. 완성도란 공정에 투입되어 현재까지 공정에 남아 있는 생산물의 공정진척도를 나타낸 것이다.

일반적으로 완성도는 직접재료비, 가공비(직접노무비+제조간접비)별로 따로 계산된다. 왜냐하면 직접재료비와 가공비의 투입시점이 상이하기 때문이다. 직접재료비는 일반적으로 공정의 착수시점이나 중간시점 또는 종료시점 등과 같이 특정시점에서 전액 발생하는 반면, 직접노무비나 제조간접비의 합인 가공비는 공정 전체를 통하여 일정한 비율로 연속적으로 발생하는 것이 일반적이기 때문이다.

예를 들어, 어떤 부문에서 원재료를 공정초에 투입한다고 가정하면 이 시점을 통과한 재공품은 직접재료비의 완성도가 100%로 추정된다. 그리고 가공비는 가공정도에 비례하는 것으로 가정하여 기말재공품이 평균 60% 가공되었다면, 이 직접노무비와 제조간접비는 이 재공품에 대해서 60%가 발생한 것으로 추정된다. 따라서 기초에 제품을 4단위 생산하고자 제조에 착수하였다면 직접재료비의 완성품 환산량은 4단위(=4단위×100%)이고, 가공비의 완성품 환산량은 2.4단위(=4단위×60%)로 계산된다.

제3절 종합원가계산의 절차

종합원가계산제도하에서는 특정 원가계산기간에 특정 공정을 통과하는 각 제품단위에 대해 동일한 내용의 작업을 수행한다고 보고 각 부문에서 발생한 총제조원가를 생산된 완성품의 수량으로 나누어서 각 제품에 동일한 원가를 배부한다.

당기에 투입된 원가는 기초재공품을 완성하기 위해 지출한 원가와 당기에 생산을 시작한 작업을 위해 지출한 원가로 구성된다. 따라서 당기 완성품원가는 전기에 착수되어 당기에 완성된 제품에 소요된 원가와 당기에 착수되어 당기에 완성된 제품에 소요된 원가의 합이 된다.

공정이 특정 원가계산기간(예: 월)에 종료되는 것은 아니므로, 기말시점에는 아직 완성되지 않은 재공품이 존재하게 된다. 당기의 기말재공품 원가는 다음기의 기초재공품 원가가 된다. 만약 제품의 제조에 여러 원가계산기간이 소요되는 경우에는 기말재공품에 전기에 발생한 원가와 당기에 발생한 원가가 혼재하게 된다.

작업의 흐름과 원가의 흐름을 요약하면 다음과 같다.

재공품 계정

차변	대변
1. 기초재공품의 원가	1. 완성품 원가
전기에 부분적으로 완성된 단위에 투입된 원가(A)	(1) 전기에 착수되어 당기에 완성된 단위의 원가(A+B)
2. 당기총제조원가	
(1) 기초재공품을 완성하기 위해 투입된 원가(B)	
(2) 당기에 착수된 작업을 위해 투입된 원가	
a. 당기에 착수되고 당기에 완성된 단위의 원가(C)	(2) 당기에 착수되어 당기에 완성된 단위의 원가(C)
b. 당기에 착수되었으나 미완성된 단위의 원가(D)	
	2. 기말재공품의 원가(D)
차변 합계 (A)+(B)+(C)+(D)	대변 합계 (A)+(B)+(C)+(D)

종합원가계산에서 완성품원가와 기말재공품원가는 다음의 다섯 단계를 거쳐 계산한다.

- 1단계: 물량의 흐름을 파악한다.
- 2단계: 직접재료비와 가공비의 완성품환산량을 계산한다.
- 3단계: 직접재료비와 가공비의 기초재공품원가와 당기총제조원가를 집계한다.
- 4단계: 직접재료비와 가공비의 완성품환산량 단위당 원가를 구한다.
- 5단계: 완성품과 기말재공품원가를 계산한다.

1 물량흐름의 파악

종합원가계산을 수행하기위한 첫 번째 단계는 완성품과 재공품의 물량흐름을 파악하는 것이다. 공손이 발생하지 않았다고 가정할 경우 다음과 같은 등식이 성립한다.

기초재공품 수량+당기착수량=완성품수량+기말재공품수량

태광산업의 조립부문은 2017년 4월초에 생산을 시작하였다. 2017년 4월 중에 400단위가 생산에 착수되었다. 4월 30일 현재 200단위는 작업이 완료되어 포장공정으로 대체되었다.

재공품

기초재공품	0개	당기완성량	200개
당기착수량(당기투입량)	400개	기말재공품	200개
	400개		400개

태광산업의 조립부문의 물량흐름을 파악하면 당기착수량(투입량)이 400단위이고, 완성품수량이 200단위이므로 기말재공품은 200단위이다.

2 완성품환산량 계산

태광산업의 경우 조립공정에서 원재료는 공정의 초기에 모두 투입되고 가공비는 공정 전반에 걸쳐 균등하게 발생하고 있으며, 기말재공품에 가공비는 60% 투입되었다. 즉 조립공정의 원가는 다음과 같이 발생한다.

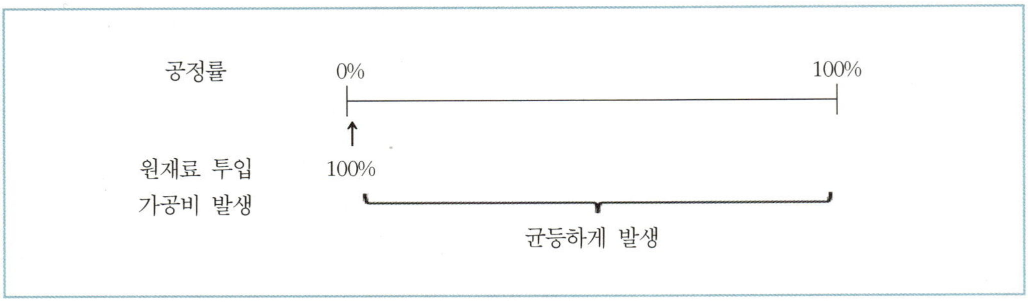

이에 따라, 완성품환산량을 계산하면 다음과 같다.

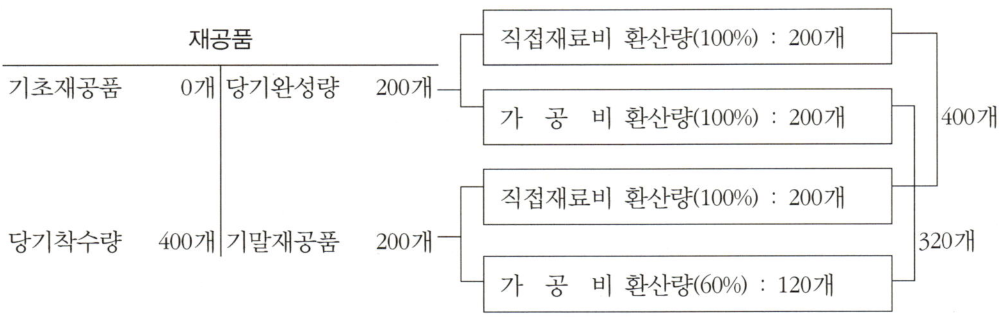

3 원가요소별 총원가 집계

태광산업의 4월 중에 투입된 원가를 집계한 결과 직접재료비는 ₩18,000, 직접노무비 ₩30,000, 제조간접비는 ₩21,200이었다. 이를 직접재료비와 가공비로 구분하여 나타내면 다음과 같다.

재공품

차변		대변	
기초재공품	0개	당기완성량	200개
직접재료비	₩0		
가 공 비	₩0		
당기착수량	400개	기말재공품	200개(60%)
직접재료비	₩18,000		
가 공 비	₩51,200		
400개,	₩69,200	400개,	₩69,200

- 당기완성량 200개
  - 직접재료비 환산량(100%) : 200개
  - 가 공 비 환산량(100%) : 200개
- 기말재공품 200개(60%)
  - 직접재료비 환산량(100%) : 200개
  - 가 공 비 환산량(60%) : 120개
- 직접재료비 환산량 합계: 400개
- 가공비 환산량 합계: 320개

4 원가요소별 완성품환산량 단위당 원가

태광산업의 4월의 원가요소별 완성품환산량 단위당원가를 계산하면 다음과 같다.

재공품

차변		대변	
기초재공품	0개	당기완성량	200개
직접재료비	₩0		
가 공 비	₩0		
당기착수량	400개	기말재공품	200개(60%)
직접재료비	₩18,000		
가 공 비	₩51,200		
400개,	₩69,200	400개,	₩69,200

- 당기완성량 200개
  - 직접재료비 환산량(100%) : 200개
  - 가 공 비 환산량(100%) : 200개
- 기말재공품 200개(60%)
  - 직접재료비 환산량(100%) : 200개
  - 가 공 비 환산량(60%) : 120개
- 직접재료비 환산량 합계: 400개
- 가공비 환산량 합계: 320개

$$\text{* 완성품 환산량 단위당 원가} = \frac{\text{원가계산기간의 총 원가}}{\text{원가계산기간의 완성품환산량}}$$

$$\text{직접재료비 완성품 환산량 단위당 원가} = \frac{₩18,000}{400\text{개}} = @₩45$$

$$\text{가공비 완성품 환산량 단위당 원가} = \frac{₩51,200}{320\text{개}} = @₩160$$

직접재료비 ₩18,000을 직접재료비 완성품환산량 400단위로 나누어 단위당 ₩45이 산출되고, 가공비 ₩51,200을 가공비 완성품환산량 320단위로 나누어 단위당 ₩160이 산출된다.

5 완성품과 기말재공품 원가계산

위에서 구한 완성품환산량 단위당 원가정보를 이용하여 완성품원가와 기말재공품 원가를 계산하면 다음과 같다.

완성품 원가는 직접재료비의 완성품환산량 단위(200단위)에 직접재료비의 완성품환산량 단위당 원가(₩45)를 곱하여 직접재료비(₩9,000)를 산출하고 가공비의 완성품환산량 단위(200단위)에 가공비의 완성품 환산량 단위당 원가(₩160)를 곱하여 가공비(₩32,000)를 산출한 다음 이를 합산하여 총원가 ₩41,000(=₩9,000+₩32,000)가 산출된다. 기말재공품 원가도 완성품원가와 동일한 방법을 통해 ₩28,200이 산출된다.

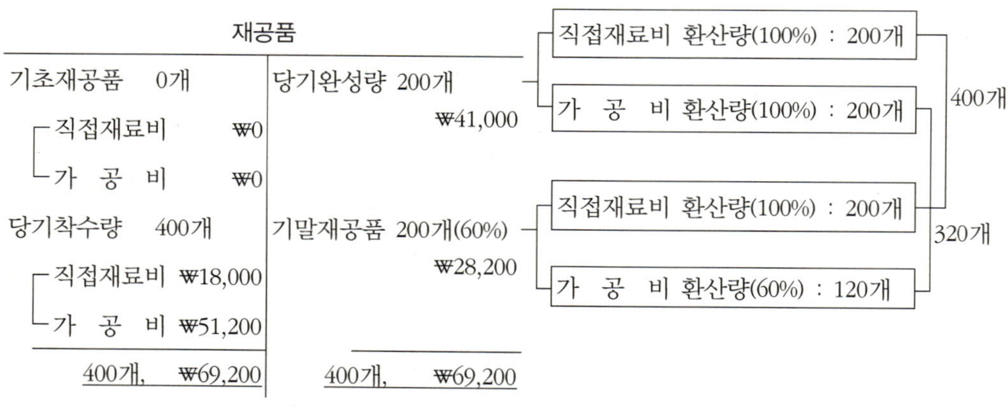

* 완성품 환산량 단위당 원가
직접재료비=@₩45, 가공비=@₩160
* 완성품과 기말재공품 원가계산
완성품 원가배부=200개×@₩45+200개×@₩160
=₩41,000

기말재공품 원가배부＝200개×@₩45＋200개×@₩160
＝₩28,200

이러한 원가흐름을 재공품계정을 통해 살펴보면 물량흐름과 동일하게 다음과 같은 등식이 성립된다.

기초재공품 원가＋당기투입원가＝완성품원가＋기말재공품 원가

재공품

기초재공품	0	완성품	41,000
당기투입	69,200	기말재공품	28,200
합계	69,200	합계	69,200

제4절 종합원가계산의 물량 흐름 가정

위의 태광산업의 경우와 같이 기초재공품이 없는 경우에는 당기에 완성된 제품은 모두 당기에 착수되어 당기에 완성된 것이다. 그러나 일반적인 경우 기초재공품이 존재하는데, 이때 당기에 완성된 제품은 1) 기초재공품이 당기에 추가가공되어 완성된 부분과(전기착수 당기완성분) 2) 당기에 착수되어 당기에 완성된 부분(당기착수 당기완성분)으로 이루어진다.

따라서 기초재공품이 있는 경우 원가흐름에 대한 가정이 필요하게 되는데 완성품환산량을 기준으로 하여 일정기간 동안 발생한 총원가를 완성품과 기말재공품에 배분하는 방법에는 선입선출법, 평균법, 후입선출법의 세 가지가 있다. 이 중 후입선출법은 실제 물량흐름과 반대인 방법이므로 생략하고, 본서에서는 선입선출법과 평균법에 대해 태광산업의 예로써 살펴본다.

1 선입선출법

선입선출법(FIFO: first-in first-out method)은 기초재공품이 당기에 추가가공되어 완성된 제품(전기투입 당기완성분)의 원가는 전기에 수행된 작업에 당기의 작업이 추가되므로 전기의 원가와 당기의 원가가 혼합되어 있는 반면, 당기에 투입되어 당기에 완성된 제품(당기투입 당기완성분)의 원가는 당기의 원가만으로 구성되어 있다고 보는 것이다.

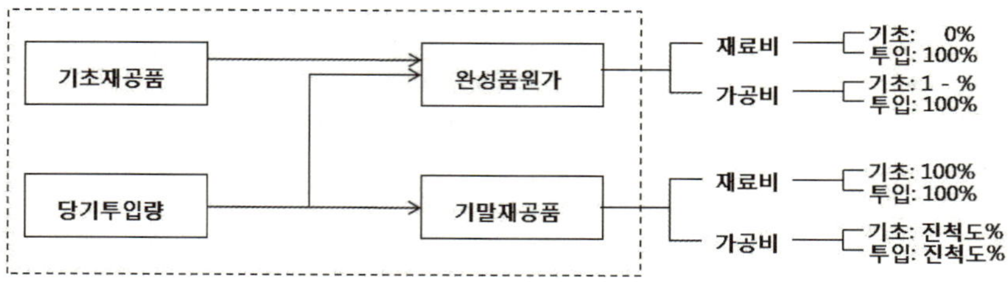

선입선출법에 의한 원가계산의 5단계를 요약하면 다음과 같다.

1단계: 물량의 흐름을 파악한다.

1) 기초재공품

2) 당기에 착수하여 당기에 완성된 제품

3) 기말재공품

2단계: 직접재료비와 가공비의 완성품환산량을 계산한다.

3단계: 직접재료비와 가공비의 기초재공품원가와 당기총제조원가를 집계한다.

4단계: 직접재료비와 가공비의 완성품환산량 단위당 원가를 구한다.

$$완성품환산량\ 단위당\ 원가=\frac{당기발생원가}{완성품환산량}$$

5단계: 완성품과 기말재공품원가를 계산한다.

1) 완성품원가=기초재공품의 원가+완성품환산량×완성품환산량 단위당원가

2) 기말재공품 원가=완성품환산량×완성품환산량 단위당원가

태광산업의 조립부문은 2017년 5월초에 부분적으로 조립된 스피커 200단위를 보유하고 있다. 2017년 5월 중에 500단위가 생산에 투입되었다. 5월말에 완성되어 다음 포장공정으로 대체된 완성품은 300단위이고 완성되지 않아 기말재공품 상태로 남은 수량은 400단위이다.

1) 물량흐름의 파악

태광산업의 조립부문의 물량흐름을 파악하면, 4월말 기말재공품 200단위가 5월의 기초재공품 200단위가 되고, 5월중에 투입된 수량이 500단위이고, 완성품수량이 300단위이므로 기말재공품은 400단위이다. 기초재공품이 없을 때와의 차이점은 당기완성량(300단위)을 기초재공품완성량(200단위)과 당기투입완성량(100단위)으로 구분한다는 점이다.

재공품

기초재공품	200개	당기완성량	300개
당기투입량	500개	기말재공품	400개
	700개		700개

2) 완성품환산량 계산

태광산업의 경우 원재료는 공정 초기에 모두 투입되고 가공비는 공정전반에 걸쳐 균등하게 발생하는데 기말재공품에 가공비는 50% 투입되었다. 즉 5월에 조립공정의 원가는 다음과 같이 발생한다.

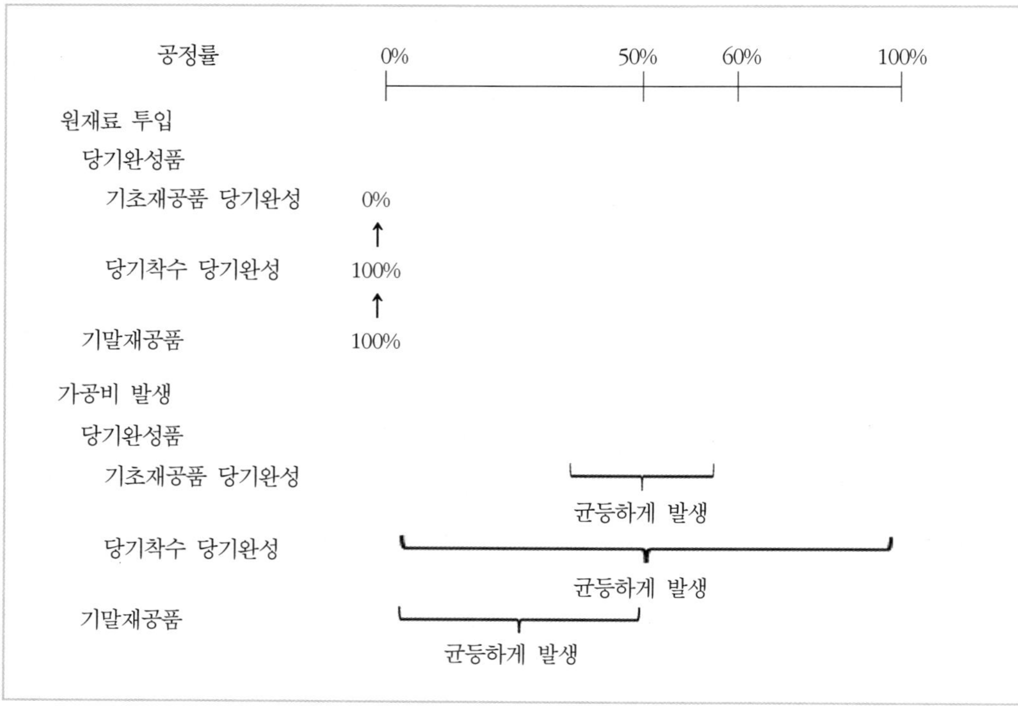

이에 따라, 완성품환산량을 계산하면 다음과 같다.

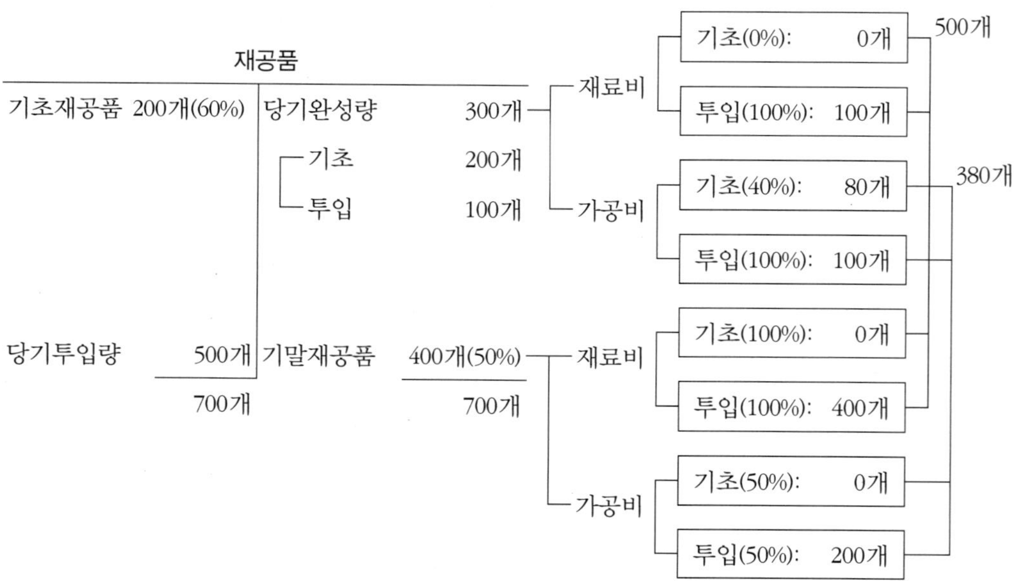

선입선출법에서는 당기에 투입한 노력을 3가지로 구분해서 완성도를 나타나게 되는데 1) 기초재공품을 완성시키기 위해 투입한 노력, 2) 당기에 착수되어 당기에 완성된 제품에 투입한 노력, 3) 기말재공품에 투입한 노력이다.

5월중의 기초재공품 200단위는 4월의 기말재공품이므로, 당기에 기초재공품을 완성시키기 위해 투입한 노력인 완성도는 100%에서 기말재공품의 완성도를 뺀 값이 된다. 즉 원재료는 공정초에 투입되므로 기초재공품에 투입된 원재료를 공정이 시작된 4월에 모두 투입되었으므로 완성도는 0%(=100%−100%)가 되고, 가공비는 기말재공품의 완성도가 60%이었으므로 당기에 제품을 완성하기 위해 투입된 가공비는 40%(=100%−60%)가 된다.

당기착수 당기완성량의 완성도는 직접재료비, 가공비 모두 100%가 되고, 기말재공품의 완성도는 각각 100%와 50%가 된다.

이렇게 산출된 완성도에 각각의 물량흐름을 곱하여 합산하게 되면 각 원가요소별 완성품환산량이 산출된다.

3) 원가요소별 총원가 집계

태광산업의 5월 기초재공품의 직접재료비는 ₩8,000, 가공비는 ₩19,000이었으며, 5월중에 투입된 원가를 집계한 결과 직접재료비는 ₩20,000, 직접노무비 ₩31,000, 제조간접비는 ₩26,000이었다. 이를 직접재료비와 가공비로 구분하여 나타내면 다음과 같다.

* 원가요소별 총원가
직접재료비 총원가=₩20,000
가 공 비 총원가=₩57,000

4) 원가요소별 완성품환산량 단위당 원가

앞에서 언급한 바와 같이 선입선출법에서 완성품환산량 단위당 원가는 다음과 같이 계산한다.

$$\text{선입선출법하의 완성품환산량 단위당 원가} = \frac{\text{당기발생원가}}{\text{완성품환산량}}$$

재공품

기초재공품 200개(60%)		당기완성량 300개	
직접재료비	₩8,000		
가 공 비	₩19,000		
당기투입량 500개		기말재공품 400개(50%)	
직접재료비	₩20,000		
가 공 비	₩57,000		
700개,	₩104,000	700개,	₩104,000

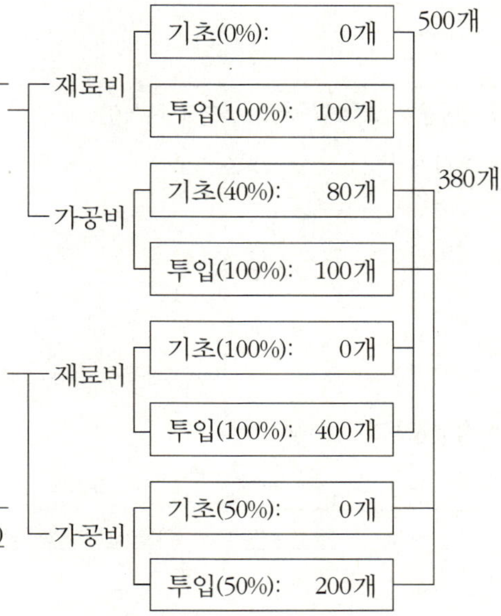

* 완성품 환산량 단위당 원가

직접재료비 환산량 단위당 원가 $= \frac{₩20,000}{500개} = @₩40$

가 공 비 환산량 단위당 원가 $= \frac{₩57,000}{380개} = @₩150$

태광산업의 5월의 원가요소별 완성품환산량 단위당 원가를 계산하면 다음과 같다.

당기투입 직접재료비 ₩20,000을 직접재료비 완성품환산량 500단위로 나누어 단위당 ₩40이 산출되고, 가공비 ₩57,000을 가공비 완성품환산량 380단위로 나누어 단위당 ₩150이 산출되었다. 여기서 주의해야 할 점은 분자인 원가항목이 기초재공품원가를 포함한 합계금액이 아니라 당기투입원가라는 것이다.

5) 완성품과 기말재공품 원가계산

위에서 구한 완성품환산량 단위당 원가정보를 이용하여 완성품원가와 기말재공품 원가를 계산하면 다음과 같다.

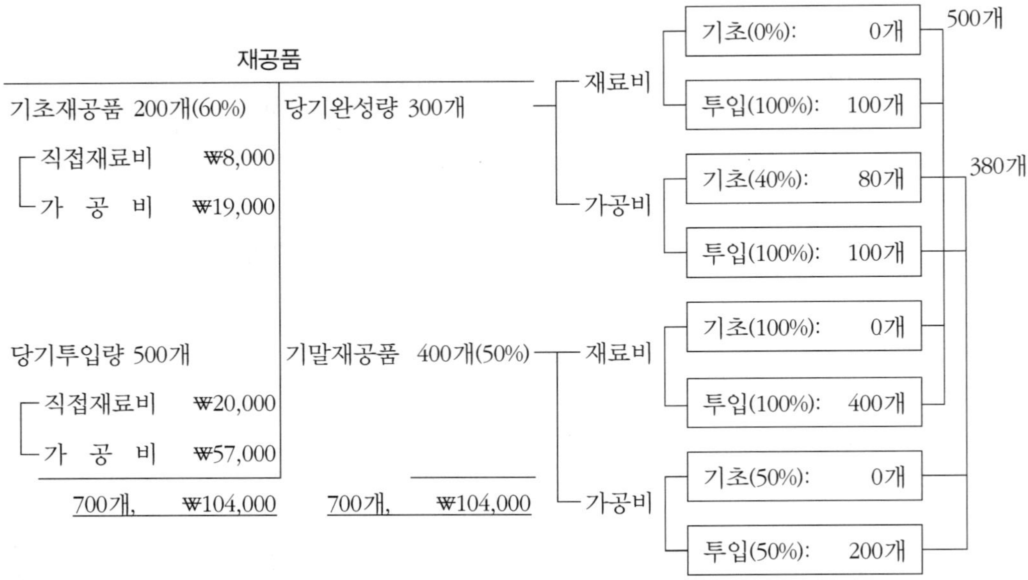

* 완성품 환산량 단위당 원가
  직접재료비＝@₩40, 가공비＝@₩150
* 완성품과 기말재공품 원가계산
  완성품 원가배부＝100개×@₩40＋180개×@₩150＋₩27,000
  ＝₩58,000
  기말재공품 원가배부＝400개×@₩40＋200개×@₩150
  ＝₩46,000

직접재료비의 완성품환산량 단위(100단위)에 직접재료비의 완성품환산량 단위당원가(₩40)를 곱한 후 기초재공품 직접재료비(₩8,000)를 합산하여 완성품 직접재료비 ₩12,000(＝100단위×₩40＋₩8,000)이 산출된다.

완성품 직접재료비＝직접재료비 완성품환산량 단위
×직접재료비 완성품환산량 단위당원가
＋기초재공품 직접재료비

가공비의 완성품환산량 단위(180단위)에 가공비의 완성품환산량 단위당원가(₩150)를 곱한 후 기초재공품 가공비(₩19,000)를 합산하여 완성품 가공비 ₩46,000(＝180단위×₩150＋₩19,000)이 산출된다.

완성품 가공비＝가공비 완성품환산량 단위×가공비 완성품환산량 단위당원가
＋기초재공품 가공비

직접재료비와 가공비를 합산하여 완성품 원가 ₩58,000이 계산된다.

기말재공품 원가는 각 원가요소별 완성품환산량에 완성품환산량 단위당원가를 곱하여 산출된다.

기말재공품 직접재료비＝직접재료비 완성품환산량 단위
×직접재료비 완성품환산량 단위당원가
＝400단위×₩40＝₩16,000

기말재공품 가공비＝가공비 완성품환산량 단위×가공비 완성품환산량 단위당원가
＝200단위×₩150＝₩30,000

직접재료비와 가공비를 합산하여 완성품 원가 ₩46,000이 계산된다.

2 평균법

가중평균법(weighted average method)은 선입선출법과 달리 완성품을 기초재공품이 당기에 추가가공되어 완성된 제품과(전기투입 당기완성분) 당기에 투입되어 당기에 완성된 제품(당기투입 당기완성분)으로 구분하지 않는다는 것이다.

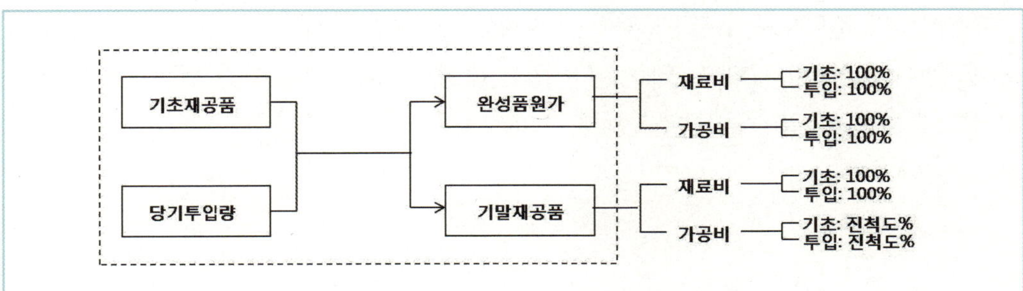

가중평균법에 의한 원가계산의 5단계를 요약하면 다음과 같다.

1단계: 물량의 흐름을 파악한다.

1) 기초재공품

2) 당기에 착수하여 당기에 완성된 제품

3) 기말재공품

2단계: 재료비와 가공비의 완성품환산량을 계산한다. 이때 기초재공품의 완성도를 0%로 가정한다는 점에 유의해야 한다.

3단계: 재료비와 가공비의 기초재공품원가와 당기총제조원가를 집계한다.

4단계: 재료비와 가공비의 완성품환산량 단위당 원가를 구한다. 완성품환산량 단위당 원가계산시 분자에 선입선출법과는 달리 기초재공품의 원가를 합산한다는 점에 유의해야 한다.

$$\text{완성품환산량 단위당 원가} = \frac{(\text{당기발생원가} + \text{기초재공품원가})}{\text{완성품환산량}}$$

5단계: 완성품과 기말재공품원가를 계산한다.

1) 완성품원가 = 완성품환산량×완성품환산량 단위당원가

2) 기말재공품원가 = 완성품환산량×완성품환산량 단위당원가

태광산업의 사례를 이용하여 가중평균법으로 원가를 계산하면 다음과 같다.

1) 물량흐름의 파악

태광산업의 조립부문의 물량흐름을 파악하면 4월말 기말재공품 200단위가 5월의 기초재공품이 200단위가 되고, 5월중에 투입된 수량이 500단위이고 완성품수량이 300단위이므로 기말재공품은 400단위이다.

재공품

기초재공품	200개	당기완성량	300개
당기투입량	500개	기말재공품	400개
	700개		700개

2) 완성품환산량 계산

태광산업의 경우 원재료는 공정의 초기에 모두 투입되고 가공비는 공정전반에 걸쳐 균등하게 발생하는데 기말재공품에 가공비는 50% 투입되었다. 즉 5월에 조립공정의 원가는 다음과 같이 발생한다.

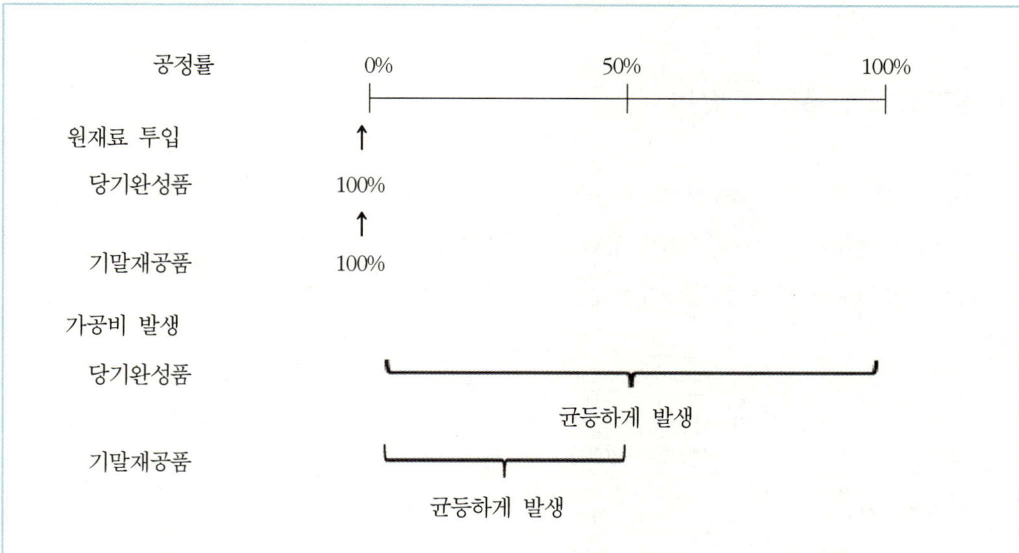

이에 따라, 완성품환산량을 계산하면 다음과 같다.

재공품

기초재공품	200개	당기완성량	300개
당기투입량	500개	기말재공품	400개(50%)
	700개		700개

직접재료비 환산량(100%): 300개
가 공 비 환산량(100%): 300개
직접재료비 환산량(100%): 400개
가 공 비 환산량(50%): 200개
700개
500개

가중평균법에서는 기초재공품이 당기 이전에 이미 제조에 투입되었음에도 불구하고 마치 당기에 투입되어 완성된 것처럼 가정한다. 따라서 당기에 완성된 제품이면 그것이 기초재공품이 추가가공된 것이든 당기에 투입하여 완성된 것이든 구분하지 않는다.

기초재공품 완성량(200단위), 당기투입 당기완성량(100단위)의 완성도는 모두 100%가 되고 기말재공품의 완성도는 각각 100%와 50%가 된다. 이렇게 산출된 완성도에 각각의 물량흐름을 곱하여 합산하게 되면 각 원가요소별 완성품환산량이 산출된다.

3) 원가요소별 총원가 집계

태광산업의 5월 기초재공품의 직접재료비는 ₩8,000, 가공비는 ₩19,000이었으며, 5월 중에 투입된 원가를 집계한 결과 직접재료비는 ₩20,000, 직접노무비 ₩31,000, 제조간접비는 ₩26,000이었다. 이를 직접재료비와 가공비로 구분하여 나타내면 다음과 같다.

재공품

기초재공품 200개		당기완성량 300개
직접재료비	₩8,000	
가 공 비	₩19,000	
당기투입량 500개		기말재공품 400개(50%)
직접재료비	₩20,000	
가 공 비	₩57,000	
700개,	₩104,000	700개, ₩104,000

직접재료비 환산량(100%): 300개
가 공 비 환산량(100%): 300개
직접재료비 환산량(100%): 400개
가 공 비 환산량(50%): 200개
700개
500개

* 원가요소별 총원가

직접재료비 총원가=₩8,000+₩20,000=₩28,000

가 공 비 총원가=₩19,000+₩57,000=₩76,000

4) 원가요소별 완성품환산량 단위당 원가

앞에서 언급한 바와 같이 가중평균법에서 완성품환산량 단위당 원가는 다음과 같이 계산한다.

$$\text{가중평균법하의 완성품환산량 단위당 원가} = \frac{(\text{기초재공품원가} + \text{당기투입원가})}{\text{완성품환산량}}$$

태광산업의 5월의 원가요소별 완성품환산량 단위당 원가를 계산하면 다음과 같다.

기초재공품 직접재료비 ₩8,000과 당기투입 직접재료비 ₩20,000의 합인 ₩28,000을 직접재료비 완성품환산량 700단위로 나누어 단위당 ₩40이 산출되고, 기초재공품 가공비 ₩19,000과 당기투입 가공비 ₩57,000의 합인 ₩76,000을 가공비 완성품환산량 500 단위로 나누어 단위당 ₩152이 산출된다.

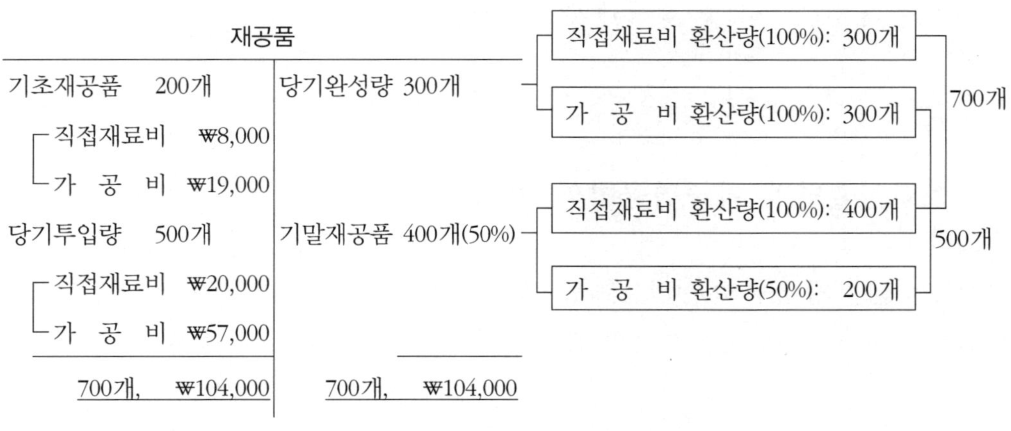

* 완성품 환산량 단위당 원가

$$\text{직접재료비 환산량 단위당 원가} = \frac{₩8,000+₩20,000}{700\text{개}} = @₩40$$

$$\text{가 공 비 환산량 단위당 원가} = \frac{₩19,000+₩57,000}{500\text{개}} = @₩152$$

5) 완성품과 기말재공품 원가계산

위에서 구한 완성품환산량 단위당 원가정보를 이용하여 완성품원가와 기말재공품 원가를 계산하면 다음과 같다.

재공품			
기초재공품	200개	당기완성량	300개
직접재료비	₩8,000		
가 공 비	₩19,000		
당기투입량	500개	기말재공품	400개(50%)
직접재료비	₩20,000		
가 공 비	₩57,000		
700개,	₩104,000	700개,	₩104,000

- 당기완성량 300개 → 직접재료비 환산량(100%): 300개 / 가 공 비 환산량(100%): 300개
- 기말재공품 400개(50%) → 직접재료비 환산량(100%): 400개 / 가 공 비 환산량(50%): 200개
- 직접재료비 환산량 합계: 700개, 가공비 환산량 합계: 500개

* 완성품 환산량 단위당 원가
  직접재료비＝@₩40, 가공비＝@₩152

* 완성품과 기말재공품 원가계산
  완성품 원가배부＝300개 × @₩40＋300개 × @₩152
  ＝ ₩57,600
  기말재공품 원가배부＝400개 × @₩40＋200개 × @₩152
  ＝₩46,400

3 선입선출법과 가중평균법의 비교

태광산업의 가중평균 및 선입선출 종합원가계산방법으로 각각 완성품과 기말재공품에 배부된 원가를 요약하면 다음과 같다.

항목	선입선출법(A)	가중평균법(B)	차이(C＝A–B)
완성품원가	₩58,000	₩57,600	₩400
기말재공품원가	46,000	46,400	(₩400)
합계	₩104,000	₩104,000	0

선입선출법의 경우 단위당 원가가 높은 기초재공품이 완성품에 포함되고 기말재공품은 단위당 원가가 낮은 당기투입량을 포함한다고 가정한다. 그러나 가중평균법은 선입선출법보다 원가가 낮은 수량이 더 많이 완성되어 다음 공정으로 대체되고, 원가가 높은 수량이 더 적게 기말재공품에 남아있다고 가정한다. 따라서 태광산업의 경우 가중평균법에서는 선입선출법보다 완성품원가는 더 낮고 기말재공품의 원가는 더 높다.

위와 같이 선입선출법, 가중평균법에 의해 계산된 원가는 차이가 발생한다. 이러한 차이는 (1) 단위당 직접재료비나 가공비가 원가계산 기간별로 크게 차이가 나는 경우와 (2) 재공품의 실물재고량이 완성품대체량에 비해 큰 경우 나타날 수 있다.

가중평균법은 전기 발생원가와 당기 발생원가를 구분하지 않으므로 원가계산시 선입선출법보다 계산이 쉽고 투입자원의 가격의 변동이 심할 때 평균원가를 보고한다는 장점이 있는 반면 두 원가를 합산하여 평균원가를 보고함으로써 기간간 비교를 어렵게 한다는 단점이 있다.

선입선출법은 전기 발생원가와 당기 발생원가를 구분하기 때문에 기간간 투입원가의 변동에 관한 정보를 제공하지만 계산에 노력이 많이 소요되는 단점이 있다.

Ⅰ. 평가자체크리스트

※ 다음 서술이 옳으면 T, 옳지 않으면 F를 기재하시오.

7.1 종합원가계산은 소품종대량생산에 적합한 원가계산방법이다.

7.2 종합원가계산에서 물량은 환산량보다 항상 작거나 같다.

7.3 기말재공품이 300단위이고, 완성도가 70%라면 환산량은 90단위이다.

7.4 선입선출법에 따른 종합원가계산은 먼저 제조착수된 것이 먼저 완성된다고 가정한다.

7.5 평균법에 의한 종합원가계산에서는 기초재공품이 그 기간에 착수되어 생산된 것처럼 취급한다.

7.6 선입선출법이 적용되는 종합원가계산의 경우 기초재공품의 원가는 당기에 전부 완성품원가에 포함된다.

7.7 평균법이 적용되는 종합원가계산에서 기초재공품의 원가는 당기에 전부 완성품원가에 포함된다.

7.8 기초재공품이 없는 경우 종합원가계산에서의 제조원가는 평균법과 선입선출법이 동일하게 계산된다.

7.9 선입선출법이 적용되는 종합원가계산의 경우 완성품환산량은 당기 작업량을 의미한다.

7.10 선입선출법이 적용되는 종합원가계산의 경우 전기의 성과를 고려하지 않으므로 통제 및 성과평가목적에는 부합하지 않는다.

Ⅱ. 객관식

7.1 소금제조업, 얼음제조업과 같이 단일의 공정을 통해서 대량의 동질적인 제품을 생산하는 방식에 적합한 원가계산방법은? [2004년 공무원 수정]

① 등급별종합원가계산
② 공정별종합원가계산
③ 단일종합원가계산
④ 개별원가계산
⑤ 조별종합원가계산

7.2 종합원가계산에 관한 설명으로 옳지 않은 것은?

① 평균법에 의한 완성품환산량은 선입선출법에 의한 완성품환산량보다 항상 크거나 같다.
② 평균법과 선입선출법의 완성품환산량이 동일한 경우는 기초재공품이 없는 경우이다.
③ 평균법에 의한 완성품 환산량 단위당 원가는 당기총제조원가에 기초재공품원가를 가산한 합계액을 당기착수완성품환산량과 기말재공품환산량의 합계수량으로 나누어 계산한다.
④ 평균법에 비해 선입선출법이 실제 물량흐름에 가깝게 계산된다.
⑤ 선입선출법에 의한 기말재공품, 완성품환산량, 단위당원가는 당기투입원가로 계산된다.

7.3 종합원가계산에서 평균법을 적용하여 완성품환산량의 원가를 계산할 때 고려해야 할 원가는?

① 당기총제조원가와 기초재공품재고액의 차액
② 기초재공품재고액과 기말재공품재고액의 합계
③ 당기총제조원가와 기말재공품재고액의 합계
④ 당기총제조원가와 기말재공품재고액의 차액
⑤ 당기총제조원가와 기초재공품재고액의 합계

7.4 종합원가계산에서 기말재공품의 완성도를 높게 적용하는 경우 예상되는 결과는?

[전산세무1급 수정]

① 제품제조원가가 과대평가된다.
② 재공품계정이 과대평가된다.
③ 제품매출원가가 과대평가된다.
④ 재고자산이 줄어든다.
⑤ 제품제조원가 및 제품매출원가에 미치는 영향이 없다.

7.5 (주)상록은 3월에 의류제조업으로 창업하였다. 재료비는 공정초에 전량 투입되었으며, 가공비는 공정전반에 걸쳐 발생한다. 이 경우 3월말 가공비의 재공품 완성도가 40%일 때 가공비의 완성품 환산량은?

① 당기의 완성품 환산량과 동일하다.
② 당기의 재료비 재공품 환산량과 동일하다.
③ 당기의 투입량보다 작다.
④ 당기의 투입량보다 크다.
⑤ 당기의 완성품 환산량보다 크다.

7.6 다음은 종합원가계산에 적용되는 완성품환산량에 대한 설명이다. 옳지 않은 것은?

[전산세무2급 수정]

① 완성품환산량은 항상 투입된 재료의 양과 일치한다.
② 완성품환산량이란 각 공정이나 부문에서 수행한 총작업량을 완성품 기준으로 변형하는 경우에 환산되는 완성품의 수량이다.
③ 재료를 생산공정의 초기에 투입하는 경우에 재공품 재료의 완성품환산량은 투입량과 동일한 값으로 나타난다.
④ 완성품환산량의 산식은 「완성품환산량=물량(수량)×완성도(진척도)」로 계산된다.
⑤ 기초재공품이 없는 경우에는 평균법과 선입선출법의 완성품환산량이 동일하다.

7.7 평균법을 이용하여 종합원가계산을 수행하는 회사에서 기말재공품의 완성도를 실제보다 높게 평가할 경우 미치는 영향으로 적합한 것은? [기업회계1급 수정]

① 완성품원가는 과소평가되고 기말재공품원가는 과대평가된다.
② 완성품원가는 과대평가되고 기말재공품원가는 과소평가된다.
③ 완성품원가와 기말재공품원가 모두 과대평가된다.

④ 완성품원가와 기말재공품원가 모두 과소평가된다.
⑤ 완성품환산량 단위당 원가는 과대평가된다.

7.8 종합원가계산을 하고 있는 성실산업의 원가자료이다.

	재료비	가공비
기초 재공품: 2,000단위(40%완성)	₩8,000	₩4,500
당기 착수량: 10,000단위	₩46,000	₩52,000
기말 재공품: 3,000단위(60%완성)		

원재료는 공정착수단계에서 투입되고 가공비는 전공정에서 균등하게 투입된다. 다음 설명으로 옳지 않은 것은? [기업회계2급 수정]

① 평균법에 의한 재료비의 완성품환산량은 12,000단위이다.
② 선입선출법에 의한 재료비와 가공비의 완성품환산량은 동일하다.
③ 평균법에 의한 재료비의 단위원가는 ₩4.5이다.
④ 선입선출법에 의한 가공비의 완성품환산량은 10,800단위이다.
⑤ 선입선출법에 의한 재료비의 단위원가는 ₩5.2이다.

7.9 (주)화평은 평균법에 의한 종합원가계산을 하고 있다. 재료비는 공정초에서 전량 투입되며, 가공원가는 공정 전반에 걸쳐 고르게 투입된다. 다음 자료를 통하여 완성품환산량으로 바르게 짝지어진 것은?

기초재공품: 0개	착수수량: 500개
완성수량: 400개	기말재공품: 100개(완성도 50%)

	재료비환산량	가공비환산량
①	400개	450개
②	450개	500개
③	500개	450개
④	400개	500개
⑤	500개	500개

7.10 (주)서울은 선입선출법에 의하여 종합원가계산을 하고 있다. 재료비는 공정 초기에 전량 투입되고, 가공비는 공정전반에 걸쳐 균등하게 투입된다. 재료비 및 가공비의 완성품환산량을 계산하면 얼마인가?

기초재공품 수량 1,000개(완성도 50%)	당기완성품 수량 5,000개
당기 착수수량 6,000개	기말재공품 수량 2,000개(완성도 50%)

① 재료비: 5,000개, 가공비: 6,000개
② 재료비: 5,000개, 가공비: 5,500개
③ 재료비: 5,500개, 가공비: 6,000개
④ 재료비: 6,000개, 가공비: 5,000개
⑤ 재료비: 6,000개, 가공비: 5,500개

7.11 다음 자료에 따르면 월말재공품의 재료비와 가공비 합계는 얼마인가? 단, 재료비와 가공비 모두 제조공정에 균일하게 투입된다. [1999년 공무원 수정]

월초재공품: 재료비 ₩400,000, 가공비 ₩600,000, 수량 500개(완성도60%)
당월제조비용: 재료비₩5,000,000, 가공비₩2,500,000
완성품수량: 2,600개
월말재공품: 수량 400개(완성도 50%)
월말재공품의 평가는 선입선출법으로 한다.

① ₩400,000
② ₩500,000
③ ₩600,000
④ ₩700,000
⑤ ₩800,000

7.12 (주)회계의 3월 중 원가자료를 살펴보면 제1공정의 기초재공품이 5,000개이고, 재료비와 가공비의 완성도는 각각 100%와 20%이다. 제1공정의 제조착수량은 40,000개이며, 30,000개가 완성되어 제2공정으로 대체되었다. 기말재공품의 재료비와 가공비 완성도는 각각 100%와 40%이다. 평균법과 선입선출법에 의한 가공비의 완성품환산량은 각각 얼마인가? [기업회계1급 수정]

	평균법	선입선출법		평균법	선입선출법
①	36,000개	35,000개	②	35,000개	36,000개
③	46,000개	45,000개	④	45,000개	46,000개
⑤	35,000개	46,000개			

7.13 (주)공아는 다음과 같이 평균법으로 완성품환산량을 계산하였다. 이를 선입선출법으로 계산하였을 경우 완성품환산량 차이는 몇 단위인가?

기초재공품수량	600개	(가공비 완성도 50%)
완성품수량	2,000개	
기말재공품수량	500개	(가공비 완성도 40%)

재료는 공정초에 전량투입, 가공비는 공정 전반에 걸쳐 발생.

	직접재료비 환산량	가공비 환산량		직접재료비 환산량	가공비 환산량
①	500개	200개	②	500개	300개
③	600개	200개	④	600개	300개
⑤	500개	600개			

7.14 다음 자료에 의해 선입선출법에서의 완성품환산량을 계산하면 얼마인가?

[전산세무1급 수정]

기초재공품 10,000단위 (재료비 완성도: 80%, 가공비 완성도: 60%)
기말재공품 20,000단위 (재료비 완성도: 80%, 가공비 완성도: 50%)
착 수 량 90,000단위 * 완성품수량 80,000단위

① 재료비 완성품환산량: 88,000 가공비 완성품환산량: 84,000
② 재료비 완성품환산량: 98,000 가공비 완성품환산량: 96,000
③ 재료비 완성품환산량: 80,000 가공비 완성품환산량: 60,000
④ 재료비 완성품환산량: 80,000 가공비 완성품환산량: 86,000
⑤ 재료비 완성품환산량: 98,000 가공비 완성품환산량: 86,000

7.15 선입선출법을 사용하여 종합원가계산하는 제품의 직접재료비에 대한 자료이다. 직접재료비의 완성품환산량은 얼마인가?

[전산세무1급 수정]

직접재료비는 모두 균등하게 발생한다.
기초재공품의 직접재료비는 ₩500,000이며 완성도는 50%이다.
단위당 직접재료비 완성품원가는 ₩500이다.
완성품원가에 포함된 직접재료비는 ₩4,000,000이다.
기말재공품의 직접재료비는 ₩1,000,000이며 완성도는 30%이다.

① 7,000개 ② 8,000개 ③ 9,000개
④ 10,000개 ⑤ 12,000개

7.16 다음 자료에 의하여 평균법에서의 완성품환산량을 계산하면 얼마인가? [전산세무1급 수정]

> 재료비는 공정초에 전량투입되며, 가공비는 공정전반에 걸쳐 투입됨.
> 기초재공품 10,000개 (재료비 완성도: 60%, 가공비 완성도: 50%)
> 착 수 량 90,000개
> 완성품수량 80,000개
> 기말재공품 20,000개 (재료비 완성도: 80%, 가공비 완성도: 60%)

	재료비 완성품환산량	가공비 완성품환산량
①	90,000개	92,000개
②	95,000개	90,000개
③	95,000개	92,000개
④	100,000개	90,000개
⑤	100,000개	92,000개

7.17 종합원가계산제도를 채택하는 회사의 다음 자료에 의하여 당기제품 제조원가는 얼마인가? 재공품의 평가는 선입선출법에 의하며 재료는 공정 초기에 투입된다.

[2006년 공무원 수정]

> 1) 기초재공품: 100개(50%) 재료비 ₩10,000 가공비 ₩50,000
> 2) 당기 제조비용: 재료비 ₩200,000 가공비 ₩300,000
> 3) 기말재공품: 100개(50%)
> 4) 당기 완성품: 200개

① ₩370,000 ② ₩375,000 ③ ₩385,000
④ ₩400,000 ⑤ ₩450,000

7.18 평균법에 의한 월말재공품원가를 계산하면?(재료는 제조착수시 투입, 가공비는 공정 진행에 따라 균등)

[2006년 공무원 수정]

> 월초재공품: 12,000개(80%) 직접재료비 ₩120,000 가공비 ₩100,000
> 당월제조착수: 48,000개 직접재료비 ₩300,000 가공비 ₩170,000
> 당월완성수량: 50,000개 월말재공품 10,000개(40%)

① ₩20,000 ② ₩50,000 ③ ₩70,000
④ ₩90,000 ⑤ ₩95,000

7.19 선입선출법에 의한 완성품환산량은?(재료는 제조착수시 소비되고, 가공비는 공정 진행에 따라 소비) [2006년 공무원 수정]

월초재공품수량: 3,000개(20%)	당월제조착수량: 9,000개
당월완성수량: 10,000개	월말재공품수량: 2,000개(40%)

	직접재료비	가공비		직접재료비	가공비
①	9,000개	10,200개	②	9,000개	10,800개
③	12,000개	10,200개	④	12,000개	10,800개
⑤	12,000개	9,000개			

7.20 다음 〈보기〉를 보고 완성품원가를 계산하면 얼마인가? [전산세무1급 수정]

〈보 기〉

단일제품을 대량생산하고 있다. 원재료는 공정의 초기에 전량투입되고, 가공비는 공정전반에 걸쳐 균등하게 발생된다.(평균법을 사용한다)

	물량의 흐름	완성품환산량 재료비	완성품환산량 가공비	합 계
• 기초재공품	200개(40%)			
• 당기착수	1,200개			
	1,400개			
• 당기완성	1,300개	1,300개	1,300개	
• 기말재공품	100개(60%)	100개	60개	
	1,400개	1,400개	1,360개	
• 기초재공품원가		₩124,000	₩40,000	₩164,000
• 당기발생원가		₩324,000	₩164,000	₩488,000
• 합 계		₩448,000	₩204,000	

① ₩511,000　② ₩611,000　③ ₩711,000
④ ₩811,000　⑤ ₩911,000

Ⅲ. 주관식

7.1 종합원가계산을 이용하는 기업의 가공비 완성품환산량을 계산하면 얼마인가?

> 기초재공품: 2,000개(완성도 30%)　　당기착수량: 8,000개
> 당기완성품: 7,000개　　기말재공품: 3,000개(완성도 30%)
> 재료는 공정초에 전량 투입되고, 가공비는 공정전반에 걸쳐 균등하게 투입된다.
> 원가흐름에 대한 가정으로 선입선출법을 사용하고 있다.

7.2 평균법에 의한 가공비의 완성품환산량을 계산하면 얼마인가?

> 기초재공품: 10,000단위(완성도 60%)　　기말재공품: 20,000단위 (완성도: 50%)
> 착 수 량: 30,000단위　　완성품수량: 20,000단위
> 원재료는 공정초에 전량 투입되고, 가공비는 공정전반에 걸쳐 균등하게 발생한다.

7.3 (주)안산은 종합원가계산제도를 채택하고 있다. 5월 중 80,000단위를 제조과정에 투입하여 83,000단위를 완성시켰으며, 기초재공품과 기말재공품은 각각 5,000단위, 2,000단위이다. 재료비 완성도는 기초재공품 60%, 기말재공품 80%, 가공비 완성도는 기초재공품 80%, 기말재공품 50%이다. 재료비와 가공비는 공정 전반에 걸쳐 균일하게 소비된다.

물음 1) 평균법을 이용하여 물량흐름과 완성품 환산량을 계산하면 얼마인가?
　　2) 선입선출법을 이용하여 물량흐름과 완성품 환산량을 계산하면 얼마인가?

7.4 (주)경기는 종합원가계산제도를 채택하고 있다. 재료는 제조착수시에 80%가 투입되며, 나머지는 공정 전반에 걸쳐 균일하게 투입된다. 5월 한 달 동안의 물량흐름과 가공비의 완성도는 다음과 같다.

> 5월 1일 재공품 : 5,000 단위(70% 완성)
> 5월 중 완성량 : 80,000 단위(100% 완성)
> 5월 31일 재공품: 10,000 단위(60% 완성)

물음 1) 평균법을 이용하여 직접재료비와 가공비의 환산량을 계산하면 얼마인가?
　　2) 선입선출법을 이용하여 직접재료비와 가공비의 환산량을 계산하면 얼마인가?

7.5 현대(주)는 선입선출법을 이용하여 공정별 종합원가계산을 실시한다. 원재료는 1공정 개시시점에서 전량 투입된다. 다음 자료를 이용하여 1공정의 재료비와 가공비의 완성품환산량을 계산하면?

[1995년 공인회계사]

기초재공품수량	300개 (30%)
착 수 량	2,500개
2공정 대체량	2,300개
기말재공품수량	500개 (40%)

7.6 (주)태희는 실제종합원가계산제도를 채택하고 있다. 원재료는 공정초에 전량투입되고 가공비는 공정 전반에 걸쳐 균등하게 발생한다.

	물량흐름	재료비	가공비
기초재공품	1,000개(40%)	₩10,000	₩12,000
당기투입량	9,000개	₩70,000	₩78,000
기말재공품	2,000(50%)		

물음 1) 평균법을 이용하여 완성품 제조원가와 기말재공품 원가를 계산하시오.
2) 선입선출법을 이용하여 완성품 제조원가와 기말재공품 원가를 계산하시오.

7.7 (주)순종은 복합기를 제조해 판매하는 회사로서 종합원가계산 시스템을 채택하고 있으며, 원가계산과 관련된 자료는 다음과 같다. 재료는 제조 착수시에 투입되고 가공비는 공정 전반에 걸쳐 투입된다.

기초재공품 수량	: 1,000단위 (가공비 50%)
기초재공품 원가	: 직접재료비 ₩18,000 가공비 ₩12,000
당기 투입원가	: 직접재료비 ₩150,000 가공비 ₩200,000
당기 완성품 수량	: 50,000단위
기말재공품 수량	: 6,000단위 (가공비 50%)

물음 1) 평균법을 이용하여 완성품 제조원가와 기말재공품 원가를 계산하시오.
2) 선입선출법을 이용하여 완성품 제조원가와 기말재공품 원가를 계산하시오.

7.8 (주)태희는 종합원가계산제도를 채택하고 있다. 재료는 제조 착수시 투입되며, 가공비는 공정 전반에 걸쳐 균일하게 투입된다. 5월의 원가계산 관련 자료는 다음과 같다.

> 기초재공품 수량 : 5,000단위 (직접재료비 100%, 가공비 60%)
> 기초재공품 원가 : 직접재료비 ₩50,000 가공비 ₩30,000
> 당기 투입 수량 : 95,000단위
> 당기 투입원가 : 직접재료비 ₩1,045,000 가공비 ₩1,248,000
> 기말재공품 수량 : 2,000단위 (직접재료비 100%, 가공비 50%)

물음 1) 선입선출법을 이용하여 기말재공품 원가를 구하시오.
2) 선입선출법을 평균법으로 전환한 후의 환산량을 구하시오.

7.9 (주)우주는 화학약품을 생산하고 있으며, 재공품의 평가방법으로 평균법을 적용하고 있다. 5월의 생산과 관련된 자료는 다음과 같다.

> 기초재공품 수량: 500단위 (가공비 60%) 기초재공품 원가 : 가공비 ₩30,000
> 당기 투입원가 : 가공비 ₩220,000 당기 완성 수량 : 2,000단위
> 기말재공품 수량: 1,000단위 (가공비 ?%) 기말재공품 원가 : 가공비 ₩50,000

물음 1) 기말재공품의 가공비 완성도는 몇%인가?

7.10 다음은 (주)서울의 제1공정에 관한 자료이다. 원재료는 공정초에 모두 투입되며, 가공비는 전체공정에 걸쳐 균등하게 발생한다. 제1공정에서는 선입선출법을 적용하여 제품원가를 계산하고 있다. [1997년 공인회계사]

(1) 생산자료

	물량단위	가공비 완성도
기초 재공품	10,000	80%
기말 재공품	20,000	40%
당기투입	100,000	
완성품	90,000	

(2) 원가자료

	직접재료원가	가공비	합계
기초 재공품	₩315,000	₩138,800	₩453,800
당기투입	₩1,500,000	₩900,000	₩2,400,000

물음 1) 제1공정의 완성품환산량과 환산량 단위당 원가를 계산하시오.
2) 제1공정의 완성품원가와 기말 재공품원가를 계산하시오.

제 8 장

결합원가계산

학습목표

흔히 하나의 제조프로세스에서 한 가지 제품만을 생산하는 것으로 알고 있으나, 동일한 생산 공정에서 동일한 원재료를 투입하여 2종류 이상의 제품을 생산하는 경우도 허다하다. 이를테면, 정유업이나 정육업이 이에 속한다. 본 장에서는 이와 같은 제품들에 대한 원가계산 문제에 대한 내용을 다룬다. 이에 따라 학습목표는 다음과 같이 설정한다.

1. 결합 생산프로세스의 본질은 무엇인가?
2. 결합제품, 주산품, 부산물, 작업폐물이란 무엇인가?
3. 다양한 결합제품의 원가계산은 어떠한 방법으로 할 수 있는가?
4. 결합제품과 관련된 의사결정은 어떻게 해야 하는가?

제1절 기본개념

동일한 종류의 원재료를 투입하여 동일한 공정에서 2종류 이상의 제품을 생산하는 경우에 이들 제품을 총칭하여 연산품(joint products) 또는 결합제품이라 한다. 예를 들면, 정유회사에서는 동일한 원료인 원유로부터 휘발유, 등유, 경유, 나프타 등을 생산한다. 이러한 제품들은 일정한 생산단계에 도달할 때까지는 각 제품별로 구분할 수 없으며, 특정단계 이후에야 비로소 개별제품으로 식별된다. 따라서 각 제품이 개별적으로 식별 가능한 시점에 이를 때까지 발생한 제조원가를 개별제품에 합리적으로 배부해야 한다.

산 업	원 료	연산품
석유산업	원유	휘발유, 등유, 경유
정육업	돼지	고기, 베이컨, 햄, 기름, 소세지
낙농업	우유	치즈, 버터, 생크림
화학공업	나프타	에틸렌, 부틸렌, 프로필렌

동일공정으로부터 산출되는 결합제품은 각 제품의 판매가치에 따라, 이를 크게 주산품(main products), 부산물(by-products), 작업폐물(scrap)로 나눈다.

주산품이란 결합제품 중 판매가치가 상대적으로 중요한 제품을 말한다. 반면에, 부산물이란 주산품의 제조과정에서 부수적으로 생산되는 제품으로 판매가치가 상대적으로 낮은 제품이다. 작업폐물은 생산에 투입된 원재료의 찌꺼기나 조각을 의미하는 것으로 판매가치가 거의 없거나 판매비용이 판매가치보다 커서 일반적으로 순실현가능액이 음(−)인 경우의 제품이다.

결합제품이 일정한 생산단계에 도달하여 개별제품으로 식별될 수 있는 시점을 분리점(split-off point)이라고 한다. 결합원가(joint cost)란 분리점에 도달하기까지 결합제품을 생산하는 과정에서 발생한 제조원가를 말한다. 분리점에서 분리된 각 개별제품은 그 단계에서 중간제품으로 판매할 수도 있고, 추가가공을 거친 후에 완제품으로 판매할 수도 있다. 이렇게 분리점 이후에 발생하는 원가를 분리가능원가(separable costs) 또는 추가가공원가(additional processing costs)라고 한다.

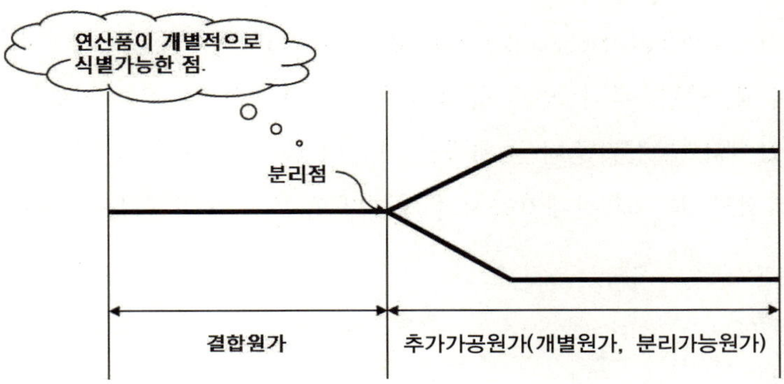

정유회사의 경우 원유를 처리하는데 소요되는 원가가 결합원가이고, 원유가 휘발유, 등유, 경유, 나프타 등으로 식별되는 시점이 분리점이다. 분리점에서 경유, 등유는 즉시 판매될 수 있으나, 휘발유는 추가가공을 해야만 판매할 수 있다면, 이때 휘발유의 추가가공에 소요되는 원가가 분리가능원가 또는 추가가공원가이다.

제2절 결합원가의 배부

결합원가를 결합제품에 배부하는 방법에는 순실현가치법, 판매가치법, 물량 기준법, 균등매출총이익률법이 있다.

1 분리점에서 판매가능

1) 물량기준법

물리적 측정치법(physical measure method)이라고도 불리는 물량기준법은 분리점에서 개별제품의 수량, 중량, 부피, 면적 등과 같은 물리적 단위를 기준으로 하여 결합원가를 배부하는 방법이다. 물량기준법은 제품의 가격이 매우 유동적이거나 알려져 있지 않을 때, 또는 분리점과 최초의 판매가능시점 사이에 많은 공정이 있을 때 주로 사용된다.

예제

GS칼텍스는 10,000l의 원유를 가공하여 등유와 경유를 생산하는데 2017년 3월에 발생한 생산수량, 판매가격, 제조원가 자료는 다음과 같다.

패널 A

제품명	생산량	l당 판매가격
등유	6,000l	₩50
경유	4,000l	550
합계	10,000l	₩600

패널 B

항목	금액
직접재료원가	₩300,000
직접노무원가	200,000
제조간접원가	150,000
합계	₩650,000

물음

GS칼텍스는 제품의 생산량을 기준으로 결합원가를 배부할 경우 등유와 경유제품에 배부될 결합원가 배부액은 얼마인가?

풀이

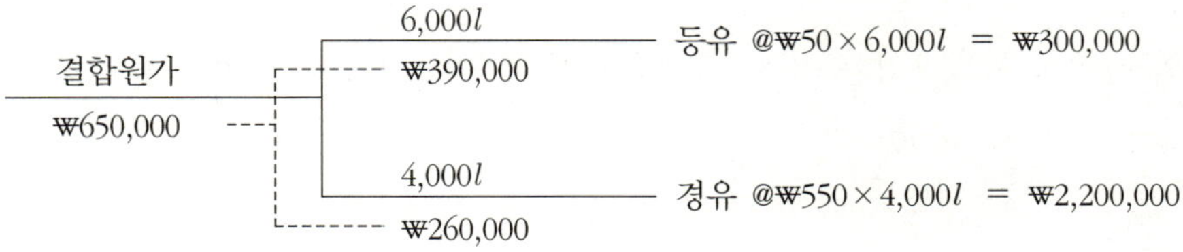

* 결합원가 배부액

$$등유 = ₩650,000 \times \frac{6,000l}{10,000l} = ₩390,000$$

$$경유 = ₩650,000 \times \frac{4,000l}{10,000l} = ₩260,000$$

물량기준법은 다음과 같은 문제점을 지닌다. 첫째, 개별제품들의 물리적 기준과 판매가치 사이에 밀접한 관계가 존재하지 않는 경우에 물량기준법을 사용하게 되면, 다음 표와 같이 개별제품의 수익에 대해 잘못된 정보를 제공한다. 따라서 물량기준법은 물량과 판매가치 간에 양(+)의 상관관계가 확인되었을 때 이용해야 한다.

GS칼텍스는 3월에 생산된 제품을 모두 판매하였다고 가정하고 물량기준법을 이용하여 결합원가를 배부한 후 부분포괄손익계산서는 다음과 같다.

등유의 가격은 l당 ₩50, 경유의 가격은 l당 ₩550으로 11배의 차이가 나지만 원가는 l당 ₩65으로 동일하게 배부함으로써 등유의 수익성이 너무 낮게 계산되는 결과를 보이고 있다.

항목	등유	경유	합계
매출액①	₩300,000	₩2,200,000	₩2,500,000
매출원가②	390,000	260,000	650,000
매출총이익③=①-②	(₩90,000)	₩1,940,000	₩1,850,000
매출총이익률④=③/①	(30.00%)	88.18%	74.00%

둘째, 단일의 측정기준이 없는 경우에는 물량기준법을 적용하기가 곤란하다. 즉, 결합제품의 물리적 형태가 상이한 경우(예: 고체, 액체, 기체) 물리적 측정단위(예: kg, l, m^3)도 각기 상이하므로 공통 척도인 원가배부기준을 결정할 수 없게 된다.

2) 분리점에서의 상대적 판매가치법

분리점에서의 상대적 판매가치를 기준으로 하여 결합원가를 배부하는 방법을 상대적 판매가치법(relative sales value method)이라 한다.

예제

GS칼텍스는 10,000l의 원유를 가공하여 등유와 경유를 생산하는데 2017년 3월에 발생한 생산수량, 판매가격, 제조원가 자료는 다음과 같다.

패널 A

제품명	생산량	l당 판매가격
등유	6,000l	₩50
경유	4,000l	550
합계	10,000l	₩600

패널 B

항목	금액
직접재료원가	₩300,000
직접노무원가	200,000
제조간접원가	150,000
합계	₩650,000

물음

GS칼텍스는 분리점에서의 상대적 판매가치를 기준으로 결합원가를 배부할 경우 등유와 경유 제품에 배부될 결합원가 배부액은 얼마인가?

풀이

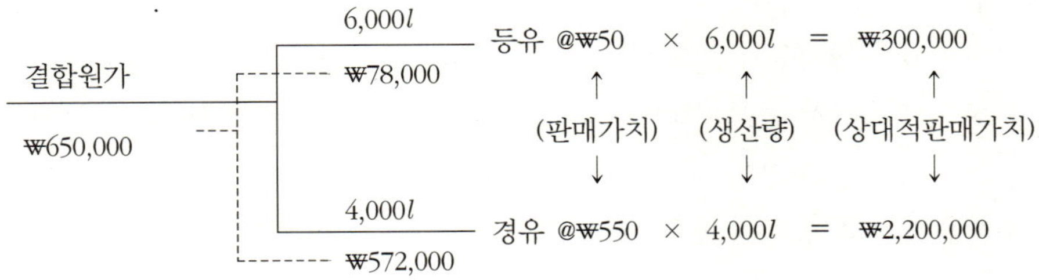

* 상대적 판매가치
등유의 상대적 판매가치＝@₩50 × 6,000l ＝₩300,000
경유의 상대적 판매가치＝@₩550 × 4,000l ＝₩2,200,000

* 결합원가 배부액

$$등유 = ₩650,000 \times \frac{₩300,000}{₩2,500,000} = ₩78,000$$

$$경유 = ₩650,000 \times \frac{₩2,200,000}{₩2,500,000} = ₩572,000$$

상대적 판매가치법은 판매가치가 높은 제품에는 많은 원가를 배부하고 판매가치가 낮은 제품에는 적은 원가를 배부하여 수익과 비용이 적절히 대응될 수 있도록 하는 논리로 원가를 배부하는 방법이다.

상대적 판매가치법을 사용하기 위해서는 분리점에서 개별제품의 판매가치를 신뢰성 있게 측정할 수 있어야 하는데, 분리점에서 개별제품을 판매할 수 있다면 판매가치의 측정이 용이하기 때문에 상대적 판매가치법을 이용하여 결합원가를 배부하기 쉽게 된다.

GS칼텍스는 3월에 생산된 제품을 모두 판매하였다고 가정하고 상대적 판매가치법을 이용하여 결합원가를 배부한 후, 부분포괄손익계산서를 작성하면 다음과 같다.

항목	등유	경유	합계
매출액①	₩300,000	₩2,200,000	₩2,500,000
매출원가②	78,000	572,000	650,000
매출총이익③＝①－②	₩222,000	₩1,628,000	₩1,850,000
매출총이익률④＝③/①	74.00%	74.00%	74.00%

물량기준법과 달리 두 제품 모두가 이익을 보이고 있어 각 제품의 수익성에 대한 잘못된 추정을 피할 수 있게 해준다.

상대적 판매가치법은 결합원가배부액과 분리점에서의 판매가치비율이 개별제품들에 대하여 동일하다는 것으로서, 이 방법에 따라 결합원가를 배부하면 개별제품의 원가가 수익을 창출하는데 동일한 공헌을 하는 것으로 나타나게 된다. 그러나 상대적 판매가치법은 판매가치비율에 의해 원가를 배부하는 것이므로 가격결정을 위한 원가계산에는 부적합한 방법이라 할 수 있다.

2 분리점에서 추가가공후 판매가능

1) 순실현가치법

순실현가치법(net realizable value method)는 추정순실현가치의 상대적인 비율을 기준으로 결합원가를 배부하는 방법이다. 순실현가치는 개별제품의 예측된 최종판매가치에서 생산과 판매에 관련하여 예측된 분리원가를 차감한 금액을 말한다.

순실현가치 = 예상판매가격 − (예상분리원가 + 예상판매비용)

분리점에서 개별제품의 판매가치를 알 수 있는 경우에는 상대적 판매가치법을 적용하여 결합원가를 배부할 수 있지만, 분리점에서의 판매가치를 알 수 없는 경우에는 개별제품의 예측된 최종판매가치에서 생산과 판매에 관련하여 예측된 분리원가를 차감한 순실현가치를 배부기준으로 사용한다.

예제

GS칼텍스는 등유의 경우 분리점에서 l당 ₩50에 판매될 수 있지만 경유는 판매시장이 존재하지 않는다. 따라서 경유는 추가가공하여 단위당 ₩600에 판매하려고 한다. 중간재 경유 4,000l를 추가가공하는데 직접노무원가 ₩200,000과 제조간접원가 ₩100,000이 소요된다.

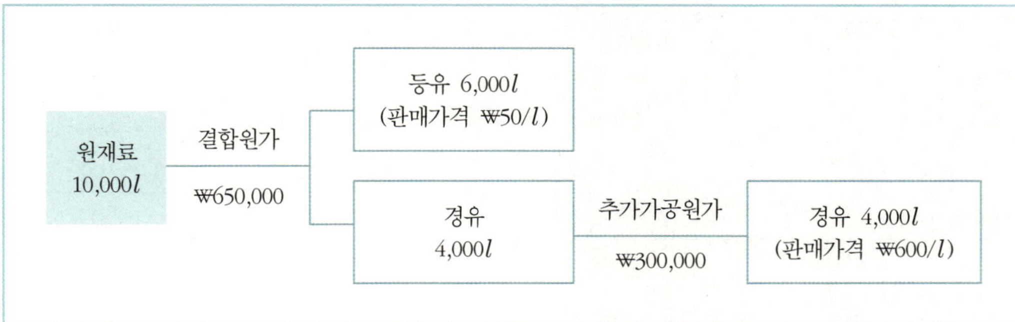

물음

GS칼텍스는 순실현가치를 기준으로 결합원가를 배부할 경우 등유와 경유제품에 배부될 결합원가 배부액은 얼마인가?

풀이

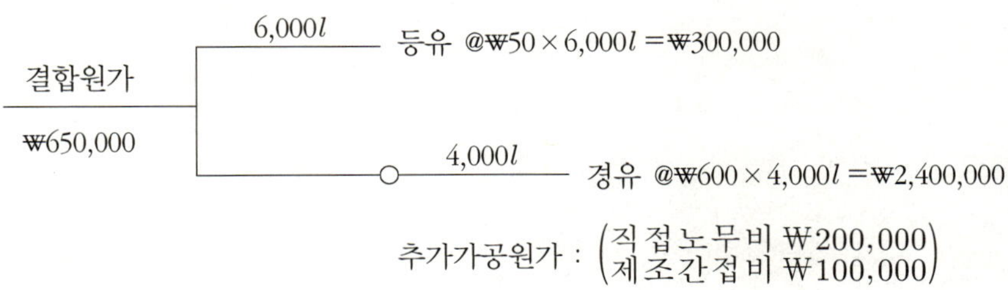

* 순실현가치
등유의 순실현가치 = ₩300,000 − ₩0 = ₩300,000
경유의 순실현가치 = ₩2,400,000 − ₩300,000 = ₩2,100,000

* 결합원가 배부액

$$등유 = ₩650,000 \times \frac{₩300,000}{₩2,400,000} = ₩81,250$$

$$경유 = ₩650,000 \times \frac{₩2,100,000}{₩2,400,000} = ₩568,750$$

GS칼텍스는 3월에 생산된 제품을 모두 판매하였다고 가정하고 순실현가치법을 이용하여 결합원가를 배부한 후, 다음의 부분포괄손익계산서를 작성하였다.

항목	등유	경유	합계
매출액①	300,000	2,400,000	2,700,000
매출원가②	81,250	868,750	950,000
매출총이익③=①-②	218,750	1,531,250	1,750,000
매출총이익률④=③/①	72.92%	63.80%	64.81%

분리점 이전에 상대적 판매가치법을 이용하여 결합원가를 배부하면 매출총이익률이 동일하지만, 분리점 이후에 순실현가치법을 이용하여 결합원가를 배부하면 각 재품의 매출액총이익률이 상이하게 된다.

Ⅰ. 평가자체크리스트

※ 다음 서술이 옳으면 T, 옳지 않으면 F를 기재하시오.

8.1 연산품이란 동일한 종류의 원재료를 투입하여 동일한 공정에서 2종류 이상의 제품을 생산하는 경우를 말한다.

8.2 분리점이란 결합제품이 일정한 생산단계에 도달하여 개별제품으로 식별될 수 있는 시점을 말한다.

8.3 상대적판매가치법에서 분리점의 판매가치를 계산할 때에는 생산량이 아닌 판매량을 이용한다.

8.4 물량기준법은 제품의 판매가격을 알 수 없을 때 유용하게 사용될 수 있다.

8.5 분리점에서의 판매가치를 알 수 없는 경우에는 상대적판매가치법을 사용할 수 있다.

8.6 결합제품은 각 제품의 판매가치에 따라 주산품, 부산물, 작업폐물로 나눈다.

8.7 분리점 이후에 발생하는 원가를 분리가능원가 또는 추가가능원가라고 한다.

8.8 분리점은 미완성이라도 개별 제품을 인식할 수 있는 제조공정에 있는 점이다.

8.9 연산품원가계산시 결합원가를 개별제품에 배분하는 방법으로 물량기준법, 상대적판매가치법, 순실현가치법, 균등이익률법을 일반적으로 적용한다. 기초 및 기말재고자산이 없다고 가정할 경우 각 방법 적용시 결합원가 총액이 모두 매출원가로 비용처리되므로 회사의 당기순이익은 4가지 방법 모두 같다.

8.10 결합원가의 배분은 경영자에게 연산품 또는 주산품을 분리점에서 판매할 것인지 아니면 추가 가공할 것인지를 결정하는 데 도움을 준다.

Ⅱ. 객관식

8.1 결합원가는 무엇으로 구성되는가?

① 직접재료비 ② 기본원가 ③ 제조원가
④ 전환원가 ⑤ 판매관리비

8.2 연산품 A와 B는 분리시점에서 순실현가치에 의해 결합원가가 배분된다. 이때 연산품 B의 판매가격이 하락하였을 때 나타나는 영향으로 옳은 것은? [전산세무1급 수정]

① A품목의 판매수량이 증가한다.
② B품목의 판매수량이 증가한다.
③ A품목의 결합원가 배분액이 증가한다.
④ B품목의 결합원가 배분액이 증가한다.
⑤ 정답없음

8.3 상대적판매가치법에 의한 결합원가 배분시 연산품 A, B의 단위당 원가는 얼마인가? 단, 연산품의 결합원가는 ₩200,000이다. [2002년 공무원 수정]

제품	생산량	판매단가
A	200개	₩1,000
B	400	500

	A	B		A	B
①	₩300	₩450	②	₩350	₩350
③	₩400	₩300	④	₩500	₩250
⑤	₩500	₩450			

8.4 (주)알피는 나노바이오 원재료를 가공하여 컵과 쟁반을 생산한다. 컵과 쟁반은 추가 가공되며 결합원가는 ₩93,000이다. 결합원가는 순실현가능가치를 기준으로 배분할 때 컵과 쟁반의 제품원가는 얼마인가? (단, 10원 미만은 반올림 하시오.) [기업회계2급 수정]

제품	생산량	단위당 추가가공원가	단위당 최종판매가격
컵	10,000단위	₩2	₩4
쟁반	5,000단위	₩2	₩10

	컵	쟁반		컵	쟁반
①	₩31,000	₩62,000	②	₩31,000	₩72,000
③	₩51,000	₩62,000	④	₩51,000	₩72,000
⑤	₩51,000	₩75,000			

8.5 (주)세무는 X제품과 Y제품을 생산하여 판매하고 있다. 이 제품들은 결합생산되며 6월 중에 판매가 이루어진다. 다음의 6월 생산 및 판매자료를 이용하여 기말재고액을 계산하면 얼마인가? X제품과 Y제품은 모두 분리점 이후 추가가공을 거친 후에 판매가 이루어지며 결합원가는 ₩250,000이다. 단, 기초재고자산은 없으며 결합원가는 순실현가치법에 의하여 배분한다. [기업회계1급 수정]

	X제품	Y제품	합계
단위당 판매가격	₩1,200	₩2,000	
단위당 판매비	₩200	₩300	
추가가공원가	₩120,000	₩220,000	₩340,000
생 산 량	300개	200개	500개
판 매 량	210개	150개	360개

① ₩81,000 ② ₩161,000 ③ ₩180,000
④ ₩270,000 ⑤ ₩300,000

8.6 순실현가능가치에 의한 다음 '갑'과 '을' 제품의 결합원가 배부액은? [기업회계2급 수정]

'갑'제품의 단위당 판매가격 ₩1,000
'갑'제품의 판매를 위한 단위당 추가가공비 ₩200
'갑'제품의 생산량 100단위
'을'제품의 단위당 판매가격 ₩800
'을'제품의 판매를 위한 단위당 추가가공비 ₩100
'을'제품의 생산량 80단위
결합원가 ₩4,080,000

	갑	을		갑	을
①	₩2,200,000	₩1,880,000	②	₩2,400,000	₩1,680,000
③	₩2,600,000	₩1,480,000	④	₩2,800,000	₩1,280,000
⑤	₩2,800,000	₩1,880,000			

8.7 (주)세무는 X제품과 Y제품으로 구성된 두 개의 연산품을 생산하고 있다. 5월의 결합원가는 ₩500,000이다. 분리점 이후 제품을 판매가능한 형태로 전환하는데 필요한 가공비는 X제품이 월생산량 200개에 대하여 ₩200,000이고, Y제품은 240개에 대하여 ₩360,000이다. X제품과 Y제품의 단위당 판매가격은 각각 ₩3,000과 ₩4,000이다. 순실현가능가치를 기준으로 결합원가를 배분할 경우 Y제품에 배분될 금액은 얼마인가?

[기업회계1급 수정]

① ₩200,000　② ₩300,000　③ ₩400,000
④ ₩500,000　⑤ ₩600,000

8.8 다음 자료에 의하여 순실현가능가액에 의한 연산품의 제품별 결합원가배분액을 구하시오. [기업회계2급 수정]

- 결합원가: ₩23,000,000
- 생산량: '갑' 제품 7,000개, '을' 제품 3,000개
- 추가가공전 단위당 매출가격: '갑' 제품 ₩1,300, '을' 제품 ₩700
- '을' 제품의 추가가공에 의한 단위당 매출가격: ₩900
- '을' 제품의 추가가공판매를 위한 단위당 추가가공비: ₩100

	갑	을		갑	을
①	₩17,968,644	₩5,331,356	②	₩16,100,000	₩6,900,000
③	₩18,200,000	₩4,800,000	④	₩17,737,288	₩5,262,712
⑤	₩17,737,288	₩6,900,000			

8.9 (주)청솔은 동일공정에서 3가지 제품 A, B, C를 생산하고 있다. 결합원가는 분리점에서의 상대적 판매가치를 기준으로 배분하고 있다. 이와 관련된 자료는 다음과 같다.

	A	B	C	합 계
생 산 량	?		50	250개
결합원가	₩24,000			₩60,000
분리점의 판매가치	?	₩42,000		₩120,000

분리점 이후 C제품 50개에 대하여 총 ₩8,000을 추가로 투입하여 최종 제품으로 완성한 다음 단위당 ₩700에 판매하는 경우 C제품의 매출총이익은 얼마인가? [기업회계1급 수정]

① ₩12,000　② ₩13,000　③ ₩14,000
④ ₩15,000　⑤ ₩20,000

8.10 다음 자료에 의하여 순실현가능가액에 의한 결합원가의 제품별 배분비율은?

[기업회계2급 수정]

	'갑' 제품	'을' 제품
생산량	200개	50개
단위당판매가격	@₩750	@₩250
단위당 추가가공비	@₩500	@₩50

① 4 : 1
② 5 : 1
③ 6 : 1
④ 7 : 1
⑤ 8 : 1

8.11 (주)우리는 결합공정을 통하여 갑제품과 을제품을 제조하고 있다. 분리시점에서의 판매가치는 갑제품 10,000개에 대하여 ₩1,400,000이고, 을제품 15,000개에 대하여 ₩600,000이다. 분리시점에 판매가치에 의해서 결합원가를 배분한다면 갑제품에 대한 배부액은 ₩280,000이 될 것이다. 총 결합원가는 얼마인가? [기업회계1급 수정]

① ₩700,000
② ₩600,000
③ ₩400,000
④ ₩200,000
⑤ ₩100,000

8.12 크린정유(주)의 정유공정 A에서는 휘발유를 생산하고 있다. 이 휘발유가 추가공정 B를 거치면 유연휘발유로 판매되고 추가공정 C를 거치면 무연휘발유로 생산 판매된다. 2월중 정유공정 A의 제조원가는 ₩1,000,000이다. 추가공정 B의 제조원가는 ₩40,000이고, 추가공정 C의 제조원가는 ₩160,000이다. 2월중에 유연휘발유는 8,000리터를 생산하여 리터당 ₩95으로 판매되었다. 무연휘발유는 12,000리터를 생산하여 리터당 ₩120으로 판매되었다. 순실현가치법(net realizable value method)에 의한 유연휘발유의 제조원가는 얼마인가? [1999년 공인회계사]

① ₩400,000
② ₩333,333
③ ₩360,000
④ ₩640,000
⑤ ₩800,000

8.13 다음 자료를 이용하여 물음에 답하시오. 결합원가는 순실현가치법에 의해 배분한다. 그리고 A와 B 모두 추가가공하여 판매하기로 하였다. B 제품을 추가 가공하여 판매시 계상해야 할 이익은? [1995년 공인회계사]

	A	B	합 계
단위	10,000개	8,000개	18,000개
결합원가	?	?	₩70,000
분리점에서의 판매가격	×	₩60,000	
추가가공비	₩40,000	₩30,000	
추가가공 후 판매가격	₩60,000	₩90,000	

① ₩0 ② ₩7,500 ③ ₩10,000
④ ₩11,000 ⑤ ₩28,889

8.14 제주초콜렛회사는 코코아를 가공하여 두 종류의 중간제품인 분말초코렛원액과 밀크초콜렛원액을 생산한다. 20×8년1월 중에 1000리터의 코코아를 가공하여 분말초코렛원액 400리터와 밀크초콜렛원액 500리터를 얻었다. 결합원가는 ₩3,600,000이다. 분말초콜렛원액 400리터는 추가가공되어 분말 초콜렛 400kg이 생산되어 판매되었고, 밀크초콜렛원액 500리터가 추가가공되어 밀크초롤렛 600kg이 생산되어 판매되었다. 분말초콜렛의 추가가공원가는 ₩400,000, 밀크초콜렛의 추가가공원가는 ₩600,000이다. 제품의 판매가격은 다음과 같다.

분말초콜렛원액: ₩2,500/리터	분말초콜렛: ₩3,000/kg
밀크초콜렛원액: ₩4,000/리터	밀크초콜렛: ₩5,000/kg

분리점에서의 상대적 판매가치법을 사용할 때 분말초콜렛원액에 배분는 결합원가는 얼마인가? [1994년 세무사]

① ₩1,080,000 ② ₩1,200,000 ③ ₩2,400,000
④ ₩2,520,000 ⑤ ₩3,200,00

8.15 (주)제주는 원재료 A 100kg을 가공하여 P 20kg과 K 80kg을 생산하고 있다. P와 K는 시장가치가 존재하지 않아 추가로 가공하여 각각 PP 20kg과 KK 80kg을 생산하여 판매하고 있다. 원재료 A의 가공과 관련하여 재료비 ₩10,000과 가공비 ₩20,000이 발생하였으며, 중간제품 P와 K의 가공에는 각각 ₩40,000, ₩60,000의 원가가 발생하였다. 최종제품 PP와 KK의 판매가격은 단위당 각각 ₩10,000, ₩5,000이다. 원재료 A의 가공과 관련된 총원가 ₩30,000 은 P와 K에 어떻게 배분되어야 하는가? [1995년 세무사]

	P	K
①	₩6,000	₩24,000
②	₩9,600	₩20,400
③	₩10,000	₩20,000
④	₩12,000	₩18,000
⑤	₩18,000	₩12,000

8.16 은평(주)는 결합제조공정에서 A와 B제품을 생산하고 있다. 은평(주)는 A제품 5,000개와 B제품 4,000개를 생산하였으며, 분리시점에서 단위당 판매가치는 A제품은 @₩1,600 B제품은 @₩1,000이다. 순실현가치법에 따라 A제품에 배부되는 결합원가가 ₩2,400,000이었다면 총 결합원가는 얼마인가? [1998년 세무사]

① ₩3,600,000 ② ₩6,000,000
③ ₩4,000,000 ④ ₩3,200,000
⑤ ₩4,200,000

8.17 (주)한강은 동일 공정에서 3가지 제품 A, B, C를 생산하고 있다. 결합원가는 분리점에서의 상대적 판매가치를 기준으로 배분하고 있다. 이와 관련된 자료는 다음과 같다.

	A	B	C	합계
생산량	?	?	400	2,000개
결합원가	180,000	?	?	₩360,000
분리점의 판매가치	?	280,000	?	₩800,000

분리점 이후에 C제품 400개에 대하여 총 ₩14,000을 추가로 투입하여 최종제품으로 완성한 다음 단위당 ₩500에 판매하는 경우 C제품의 매출총이익은? [2002년 공인회계사]

① ₩118,000 ② ₩132,000
③ ₩146,000 ④ ₩160,000
⑤ ₩174,000

8.18 (주)백두산화학은 동일한 원재료를 가공하여 두 개의 결합제품 A와 B를 생산한다. 7월중 A와 B의 생산과정에서 발생한 직접재료원가는 ₩140,000, 가공원가는 ₩180,000이었다. 분리점에서 A의 판매가치는 ₩280,000인 반면, B는 추가가공을 거쳐 C라는 제품으로 전환되어 ₩500,000에 판매된다. 추가공정에서는 ₩80,000의 가공원가가 발생한다. 최종판매시점에서 A제품과 C제품의 매출총이익률은 각각 얼마인가? [2005년 공인회계사]

① 25.71%와 38.40% ② 25.71%와 61.60%
③ 45.71%와 61.60% ④ 45.71%와 38.40%
⑤ 54.29%와 45.60%

8.19 (주)일산은 당기의 결합원가를 ₩10,000,000 투입하여 연산품 A, B와 부산물 X를 생산하였다. 기초제품은 없으며 결합원가를 연산품에 배분할 때 순실현가치를 이용하고 있으며 다음 자료를 이용하여 생산기준법 및 판매기준법에 의하여 부산물의 회계처리를 한다고 가정할 경우 연산품에 배부해야할 결합원가는 각각 얼마인가? [전산세무1급 수정]

제품	생산량	판매량	추가가공원가	판매가격
A	5,000개	4,500개	₩1,000,000	₩10,000
B	3,000개	2,700개	₩1,500,000	₩5,000
X	1,000개	500개	₩500,000	₩1,000

	생산기준법	판매기준법		생산기준법	판매기준법
①	₩10,000,000	₩10,000,000	②	₩9,500,000	₩10,000,000
③	₩10,000,000	₩9,500,000	④	₩9,500,000	₩9,500,000
⑤	₩10,000,000	₩3,000,000			

8.20 (주)쌈지는 부문 1에서 원재료 A를 가공하여 2개의 결합제품 B와 C를 생산하는데, 5월중에 원재료A 50,000개에 대하여 ₩200,000을 투입하여 B제품 20,000개와 C제품 30,000개를 생산하였다. B제품을 완성하는 데는 추가로 ₩40,000의 분리원가가 발생하였으며 B제품의 단위당 판매가격은 ₩3이었다. 회사는 5월중에 C제품을 그대로 판매할 수도 있으며, 부문 2에서 C제품 30,000개에 추가로 ₩27,000을 투입하여 D제품 15,000개, E제품 5,000개, F제품 10,000개를 생산할 수도 있다. 한편, 제품 D, E, F를 완성하는데 추가로 소요되는 분리원가와 각 제품의 단위당 판매가격은 다음과 같다.

제품	분리원가	단위당판매가격
D	₩5,000	₩8
E	1,000	2
F	2,000	6
C	–	4

이 경우 회사가 제품 C를 그대로 판매하는 것과 제품 D, E, F의 형태로 판매하는 것 중에서 올바른 의사결정은? [2002년 세무사]

① 제품 D, E, F의 형태로 판매가 ₩35,000 유리하다.
② 제품 D, E, F의 형태로 판매가 ₩35,000 불리하다.
③ 제품 D, E, F의 형태로 판매가 ₩62,000 유리하다.
④ 제품 D, E, F의 형태로 판매가 ₩62,000 불리하다.
⑤ 제품 D, E, F의 형태로 판매가 ₩25,000 불리하다.

Ⅲ. 주관식

※ 다음을 읽고 (문제 1번)에서 (문제 3번)을 답하시오.

(주)부천은 ₩40,000의 결합원가로 결합제품을 생산하여 판매하고 있다. 회사는 세 종류의 연산품 A, B, C를 추가가공하면 제품 A는 ₩120,000, 제품 B는 ₩130,000, 제품 C는 ₩150,000에 판매할 수 있을 것으로 추정하였다. 개별제품별 추가가공비는 제품 A는 ₩10,000, 제품 B는 ₩15,000, 제품 C는 ₩20,000이다. 5월 동안 회사는 10,000단위의 연산품을 개별제품의 생산 비율 2:3:5로 생산하였다.

8.1 물량기준법을 이용하여 5월의 각 제품에 배분될 결합원가를 계산하시오.

8.2 상대적 판매가치법을 이용하여 5월의 각 제품에 배분될 결합원가를 계산하시오.

8.3 물량기준법과 상대적 판매가치법을 이용하여 각 제품의 매출총이익을 계산하시오.

8.4 유일회사는 단일공정에서 두 가지 연산품 A와 B를 생산하고 있다. 5월 단일공정으로부터 결합원가는 ₩80,000이었다. 추가가공비는 A제품 ₩70,000, B제품 ₩20,000이었다. 판매가격은 A제품 ₩100, B제품 ₩80이다. 유일회사는 A제품 1,000단위, B제품 500단위를 생산·판매하였다. 기초재고는 없으며 순실현가치법을 이용하여 결합원가를 제품 A와 B에 배분하시오.

8.5 (주)경기는 분리점에서 연산품 A, B, C 세 제품을 분리한 후 추가 가공하여 제품을 생산하고 있다. 세 제품 생산에 투입된 결합원가는 ₩500,000이고, 그 이외의 자료는 다음과 같다.

제품	분리점 후 추가가공비	판매 가격
A	₩100,000	₩500,000
B	300,000	400,000
C	100,000	600,000

순실현가치법에 의한 결합원가를 배분하고 개별제품의 제조원가를 계산하시오.

8.6 (주)서해는 우유를 가공하여 분리점에서 A, B, C, D의 제품을 생산하고 있다. C는 분리점에서 완제품으로 판매되고, A, B, D는 추가가공하여 판매된다. 우유 가공의 결합원가는 ₩100,000이며, 제품 C는 ₩100,000에 판매되었다. 제품 A, B, D는 추가가공하여 판매하였다.

	추가가공원가	매출액
A	₩20,000	₩100,000
B	15,000	135,000
D	30,000	230,000

순실현가치법에 의한 결합원가를 배분하고 각 제품의 매출총이익을 계산하시오.

※ 다음을 읽고 (문제 7번)에서 (문제 8번)을 답하시오.

※ (주)문무는 결합공정을 통해서 갑, 을, 병의 세 가지 제품을 생산하고 있으며, 결합공정에서의 발생원가는 ₩100,000이다. 모든 제품은 분리점에서 즉시 판매가 가능하나, 갑제품은 추가가공하여 수퍼갑으로 판매되고 있다. 제품별 정보는 다음과 같다. [2001년 공인회계사 수정]

제품명	생산량	단위당 판매가격	추가가공원가
(수퍼)갑	200개	₩1,000	₩100,000
을	300	3,000	–
병	500	2,000	

8.7 결합원가를 제품별 순실현가치에 비례하여 배분한다고 할 때, 각 제품의 단위당 원가를 구하시오.

8.8 생산된 제품은 당기에 전부 판매된다고 한다. 각 제품별 매출총이익률을 구하시오. 단, 기초재고는 존재하지 않는다.

8.9 (주)안산석유는 원유를 이용하여 휘발유, 등유, 경유를 생산하고 있다. 판매가격은 휘발유 ₩100, 등유 ₩50, 경유 ₩20이다. 6월에는 완제품인 휘발유 3,000L와 중간제품X를 추가가공하여 등유 1,000L와 경유 1,500L를 생산하였다. 휘발유와 중간제품 X를 생산하는데 ₩20,000이 소요되었으며, 중간제품 X를 추가가공 하는데 ₩12,000이 투입되었다. 또한 등유와 경유를 추가가공 하는데 각각 ₩10,000과 ₩8,000이 소요되었다.

물음 1) 순실현가치법을 이용하여 개별제품의 결합원가 배분액을 계산하시오.

8.10 (주)상록은 연산품 A와 연산품 B를 생산·판매하고 있다. 다음의 생산자료를 이용하여 연산품 A의 제조원가를 계산하면 얼마인가? A제품과 B제품은 모두 분리점 이후 추가가공을 거친 후에 판매가 이루어지며 결합원가는 ₩200,000이다. 단, 결합원가는 순실현가치법에 의하여 배분한다.

	A제품	B제품	합계
단위당 판매가격	₩1,000	₩2,000	
단위당 판매비용	₩500	₩1,000	
추가가공원가	₩50,000	₩100,000	₩150,000
생 산 량	500개	300개	800개

제 9 장

원가행태의 결정

학습목표

경영자는 미래에 원가가 어떻게 변화할 것인지를 잘 예측할 수 있어야 한다. 이는 경영자가 생산, 마케팅, 유통 등에 대한 경영계획을 세워서 경영활동을 수행하고 이를 통제함에 있어 미래원가가 갖는 중요성 때문이다. 이에 따라 본 장에서는 다음과 같은 학습목표를 설정한다.

1. 원가함수란 무엇이고 어떻게 세분되며, 중요한 이유는 무엇인가?
2. 원가함수 추정방법에는 무엇이 있는가?
3. 원가추정에서 인과관계와 상관관계는 어떻게 다르고, 왜 중요한가?
4. 학습곡선의 의의는 무엇이며, 어떻게 산출하고, 어떠한 경우에 적용하는가?

제1절 원가함수

조직은 원가정보를 제품개발이나 제품배합 등의 중요 의사결정 및 경쟁전략 개발에 이용하고 있다. 또한 운영개선활동(operation improvement activities)의 지표로서도 원가정보를 이용하고 있다. 경영자가 높은 원가를 발생시키는 활동을 발견하면, 이에 대한 반응으로 이를 없애거나 재설계하는 리엔지니어링(reengineering)을 수행한다. 즉 경영자는 조직의 높은 원가에 대한 해결책의 하나로 리엔지니어링을 활용함으로써 보다 더 효율적인 경영활동을 구사하는 동시에 낮은 원가를 발생시키게 만드는 지속적 개선활동(continuous improvement)을 펼치게 될 것이다. 조직은 또한 성과평가목적으로 원가정보를 이용한다. 원가정보를 성과관리에 이용하는 것은 두 가지 목적 때문이다. 첫 번째로 높은 원가를 발생시키는 활동을 분석함으로써 개선활동에 대한 동기를 부여하며, 두 번째로 이러한 원가 개선활동의 결과와 보상을 연계함으로써 경영자가 조직원들에게 조직개선을 추구할 수 있는 동기를 제공하기 위함이다.

원가추정과 원가예측을 상호 연결 짓는 개념이 곧 원가행태의 파악이다. 즉, 예측력이 높은 원가추정은 원가행태가 제대로 식별·분석될 경우에만 가능하다. 원가행태에 따라 원가를 분류하는 것이 중요시되는 이유는 기업이 경영계획과 통제목적에 유용한 정보를 제공할 수 있기 때문이다.

앞에서 언급한 바와 같이, 원가행태(cost behavior)란 조업도나 활동수준이 변화함에 따라 총원가 발생액이 일정한 양상으로 변화된 정도를 의미한다. 즉 원가행태를 파악한다는 것은 산출량과 같은 원가동인의 변화에 따라 원가가 어떻게 변화하는지를 이해하는 것을 말한다.

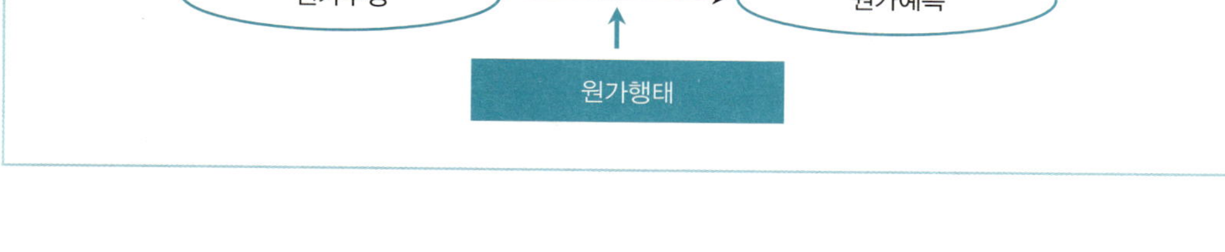

이러한 원가행태를 일반적인 수식이나 수학적으로 표현한 것을 원가함수(cost function)라고 한다. 일반적으로 원가함수는 원가동인(예: 제품의 산출량수준의 대용치인 조업도)과 총원가사이의 관계를 보여준다.

이와 같이, 원가행태를 올바르게 이해함으로써 원가추정과 원가예측의 정확도를 향상시킬 수 있다. 원가추정과 예측으로 원하는 산출물 수준을 달성하기위해 필요한 자원량에 대한 정보를 경영자에게 제공함으로써 경영계획과 통제목적을 달성할 수 있다. 이러한 측면에서 원가동인 또는 활동수준의 변화에 따라 원가가 어떻게 변화하는가를 파악하는 일은 회계전문가의 중요한 임무이다.

원가행태에 의거하여 변동원가와 고정원가를 구분함에 있어 영향을 미치는 요인은 다음과 같다.

첫 번째로 원가대상이다. 원가대상을 어떻게 정의하느냐에 따라 특정원가 항목을 고정원가, 변동원가로 구분할 수 있다. 원가대상의 범위를 크게 설정하게 되면, 원가항목이 변동원가로 구분될 가능성이 높아지게 되고, 원가대상의 범위를 작게 설정하게 되면, 고정원가로 구분될 가능성이 높아지게 된다.

예를 들어, 공장전체감독자에 대한 임금에 대해 원가대상을 개별제품으로 정의하게 되면 고정원가인 반면, 원가대상을 공장전체로 정의하게 되면 변동원가로 구분될 수 있다.

두 번째로 기간에 대한 정의이다. 조직의 경영활동에서 원가가 발생하는 기간을 충분히 길게 정의할 경우에는 특정원가가 변동원가로 구분될 가능성이 높아지게 된다.

이와 같은 요인에 따라 분류된 변동원가와 고정원가는 다시 순수변동원가, 준변동원가, 순수고정원가, 준고정원가로 세분화 할 수 있다.

1 변동원가

변동원가(strictly variable costs)란 조업도의 변화에 따라 총원가가 비례적으로 증감하는 원가로서 활동수준 또는 원가동인수준이 0일 경우에는 전혀 발생하지 않는 원가를 말한다. 그리고 단위당 변동원가는 조업도에 관계없이 일정하다. 예를 들어, 출판사에서 종이 원가항목은 도서의 발행부수에 따라 비례하여 발생하므로, 도서의 발행이 없을 경우에는 전혀 발생하지 않기 때문에 순수변동원가이다. 즉, 직접재료원가나 직접노무원가는 대표적인 순수변동원가로서 조업도의 변화에 따라 원가총액이 변동한다.

변동원가

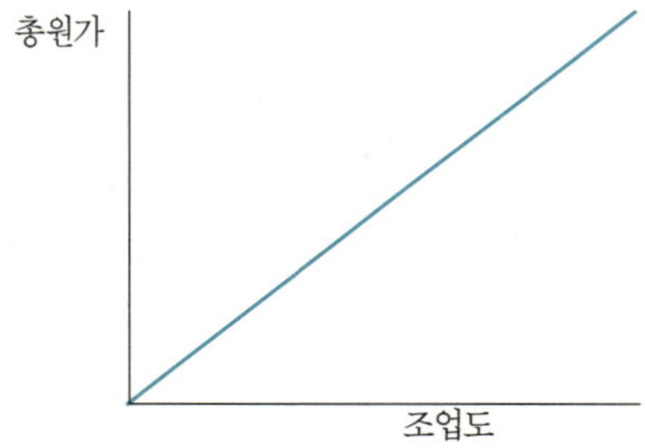

(변동원가)

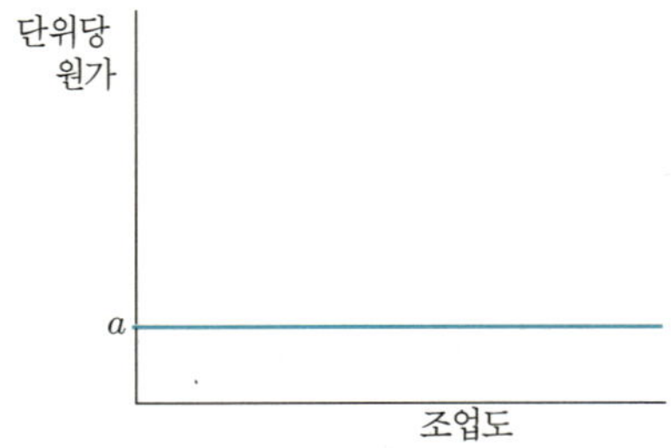

(단위당 변동원가)

2 준변동원가

준변동원가(semi-variable costs)란 조업도의 변화와 관계없는 고정원가와 조업도의 변화에 따라 비례적으로 증감하는 변동원가로 구성된 원가를 말한다. 이렇게 고정요소와 변동요소를 모두 포함하고 있으므로 혼합원가(mixed costs)라고도 한다. 공장에서 사용하는 전기료, 전화요금 등을 그 예로 들 수 있는데, 전혀 사용하지 않는 경우에도 기본요금이 부과되고 사용량에 따라 추가적으로 요금을 지불해야 하는 원가행태가 그 대표이다.

준변동원가

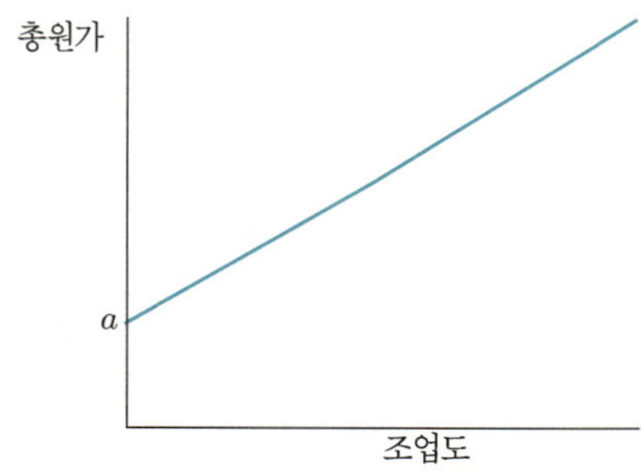

3 고정원가

고정원가(strictly fixed costs)는 관련범위 내에서 조업도에 관계없이 일정하게 발생하는 원가를 말한다. 즉, 다른 조건이 일정하다면 활동수준 또는 원가동인수준에 영향을 받지 않고 총액이 일정하게 발생하는 원가를 의미한다. 그리고 단위당 고정원가는 조업도가 증가할수록 점점 작아지게 된다. 순수고정원가의 예로는 공장건물의 임차료나 정액법에 의한 감가상각비 등과 같은 고정제조간접원가가 있다.

고정원가

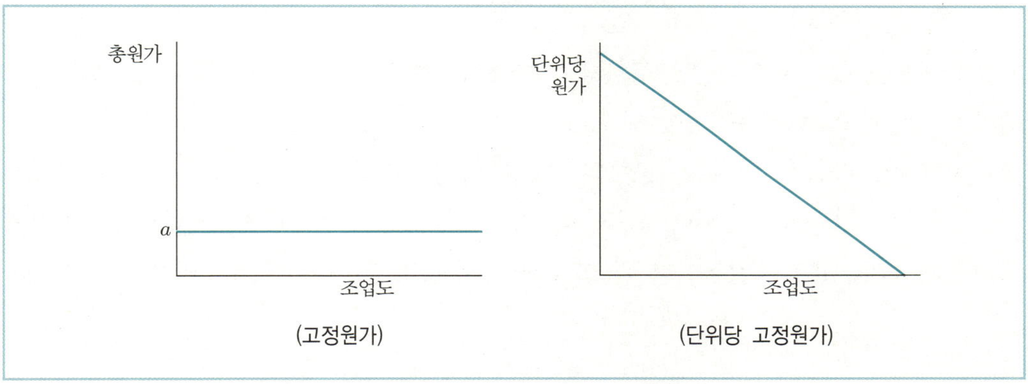

4 준고정원가

준고정원가(semi-fixed costs)는 특정 관련범위에서는 총원가가 일정하다가 다른 관련범위로 옮겨감에 따라 총원가수준이 변동하여 새로운 관련범위에서 총원가가 일정한 원가를 말한다.

일반적으로 고정원가와 변동원가는 일정범위의 조업도 및 특정기간이 주어졌다는 전제하에서 정의된다. 이러한 준고정원가를 그림으로 나타내면 다음과 같다.

준고정원가

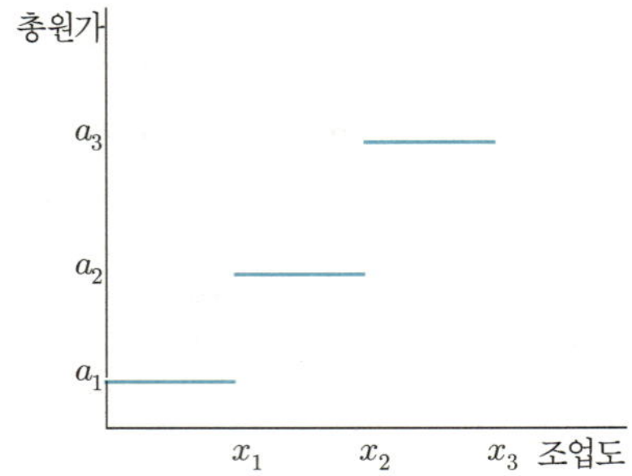

그림에서와 같이 총원가의 변동행태가 단계적으로 증감하는 모양을 가지고 있으므로 계단원가(step costs)라고도 한다.

이러한 준고정원가의 예로는 공장의 감독자 급여 항목을 들 수 있다. 만약 공장감독자의 관리의 범위(span of control)를 작업자 100명으로 설정한다면, 작업자가 100명을 초과하게 되면, 1명의 감독자를 더 고용하게 되므로, 원가는 계단 모양으로 증가하게 된다.

제2절 원가함수 추정방법

회계학에서 원가함수는 일반적인 원가함수 형태라고 할 수 있는 $y = a + bx$로서 절편(intercept)인 a와 기울기 계수(slope coefficient)인 b를 추정하는 것이다. 이를 위해서는 먼저 추정하고자 하는 원가요소(y)를 선택하고 두 번째로 추정하고자 하는 원가요소와 인과관계(cause-and-effect relationship)가 가장 높다고 판단되는 원가동인을 선택해야 한다. 다음으로 추정하고자 하는 원가함수가 타당성을 지닐 수 있는 관련범위를 선택하고, 마지막으로 원가함수를 추정하는 방법을 선택해야 한다. 원가함수를 추정하는 방법에는 여러 가지가 있는데 산업공학법, 계정분석법, 고저점법, 회귀분석 등이 대표적이다.

1. 산업공학법

산업공학법(industrial engineering method)은 생산방법, 재료, 노동력, 설비, 생산효율, 동작 등에 대한 공학자의 평가를 근거로 원가행태를 계량적으로 분석하여 원가방정식을 추정하는 방법이다. 일반적으로 정밀한 작업측정에 기초하여 원가를 추정하기 때문에 작업측정법(work-measurement method)이라 불리기도 한다. 일반적으로 직접재료와 직접노동에 관련된 원가를 추정하는 데에 산업공학법을 사용하며 과거자료를 이용할 수 없는 경우에 많이 사용된다.

산업공학법에 의해 직접노무원가를 추정하는 절차를 살펴보면 다음과 같다. 각 제조공정에 포함된 동작이나 작업 등을 토대로 제조공정을 단계별로 분석하고, 각 단계의 작업을 수행하는 데 소요되는 시간을 추정한 후, 단계별 노동시간 추정치를 합계한다. 여기에 여유시간을 고려하여 제조공정 전체에 대한 노동시간 추정치를 산출한 후, 이를 이용하여 직접노무원가를 추정한다. 한편, 직접재료원가는 제조지시서나 설계도면 등을 이용하여 추정할 수 있다.

일반적으로 원가추정방법이 과거의 원가행태에 근거하여 미래 원가를 추정하는데 비해, 산업공학법은 투입과 산출물 간의 물리적 관계를 통해 어느 정도의 원가가 발생해야 하는가 하는 당위성을 바탕으로 원가를 추정한다는 장점이 있다. 또한 원가를 추정하기 위해 각 생산단계를 면밀히 조사, 분석하게 되므로 비슷한 작업이 행해지는 공정 간의 비교를 통해 각 공정의 생산성과 강, 약점을 파악할 수 있다. 그리고 과거자료를 필요로 하지 않으므로 새로운 작업에 대한 원가도 추정할 수 있다.

산업공학법의 단점은 제품생산에 필요한 개별 작업을 수행하는데 소요되는 시간을 측정해야 하므로, 상당한 시간과 비용이 소요된다는 점이다. 또한 산업공학법에 의한 원가 추정치는 최적의 상황을 가정하여 산출된 것이므로, 실제 작업환경이 최적 상황이 아닐 경우에는 추정치에 오차가 발생하게 된다. 따라서 투입물과 산출물 간의 물리적 관계를 정의하기 힘든 연구개발비, 광고선전비의 경우는 이 방법을 적용하기 힘들다.

2 계정분석법

계정분석법(account analysis method)은 계정분류법(account classification method)이라고도 하는데, 원가추정방법 중 가장 전통적인 방법 중의 하나이다. 이 방법은 먼저 회계담당자가 각 계정에 기록되어 있는 원가를 전문가적인 판단에 따라 고정원가, 변동원가 및 준변동원가로 나눈 다음 준변동원가를 다시 고정원가부분과 변동원가부분으로 분류하여 모든 원가요소를 고정원가와 변동원가로 구분한다. 이렇게 계산된 총고정원가는 그대로 고정원가의 추정치로 이용하고, 총변동원가는 총생산량으로 나누어 단위당 변동원가의 추정치로 사용한다.

계정분석법의 장점은 단순하며, 시간 및 비용이 적게 소요된다는 점이다. 또한 추정원가의 수정이 용이하다. 계정분석법의 단점은 원가계정을 고정원가와 변동원가로 구분함에 있어 회계담당자의 주관적 판단에 의존한다는 점이다. 그러므로 이 분석방법은 객관적인 원가추정방법을 함께 사용하는 것이 원가추정치의 정확도를 높일 수 있다. 또한 원가를 추정하는데 기준이 되는 조업도나 기간이 변동되면 원가요소의 성격이 바뀔 수 있다는 가능성을 고려하지 못하고 있다. 따라서 계정분석법은 성과를 측정하기 위한 표준원가를 결정하는 데에는 적절하지 못하며, 근사치만을 구하고자 하는 경우에 적용할 수 있는 방법이다.

예제

모나미주식회사는 11월에 3,000단위의 볼펜을 생산하였는데, 이와 관련된 원가자료는 다음과 같다.

직접재료원가			₩1,000,000
직접노무원가			800,000
제조간접원가	공장장급여	₩300,000	
	감가상각비	600,000	
	수도광열비	200,000	
	기타제조간접원가	₩100,000	1,200,000
총제조원가			₩3,000,000

수도광열비는 준변동원가로 40%가 고정원가의 성격을 지니고 있으며 60%는 변동원가 성격을 지니고 있다고 판단된다.

물음

모나미주식회사는 12월에 5,000단위의 볼펜을 생산할 계획이며, 이에 따른 원가를 추정하고자 한다. 계정분류법을 이용하여 제조원가를 변동원가와 고정원가로 구분하여 원가를 추정하시오.

풀이

계정	금액	변동원가	고정원가
직접재료원가	₩1,000,000	₩1,000,000	
직접노무원가	800,000	800,000	
제조간접원가:			
공장장급여	300,000		300,000
감가상각비	600,000		600,000
수도광열비	200,000	120,0001)	80,000
기타제조간접원가	100,000		100,000
총제조원가	₩3,000,000	₩1,920,000	₩1,080,000

1) ₩200,000×60%=₩120,000

위와 같은 원가구분에 의하여 12월의 제조원가를 예측하는 원가함수를 추정 하면 고정원가 ₩1,080,000과 단위당 변동원가 ₩640(=변동원가/생산량=₩1,920,000 /3,000단위)로서 원가함수는 총원가=₩1,080,000+₩640×생산량이다. 이 원가함수를 이용하여 12월의 원가를 추정하면 추정생산량인 5,000단위를 대입하면 ₩1,080,000+₩640×5,000단위=₩4,280,000이 된다.

3 고저점법

계량적 원가추정방법 중 가장 간단한 방법이 고저점법(high-low points method)이다. 이 방법은 원가동인의 가장 낮은 관찰치의 원가자료와 원가동인의 가장 높은 관찰치의 원가자료를 연결하여 직선의 방정식을 도출하는 것이다. 고저점법에 의해 원가를 추정하는 경우, 그 식은 다음과 같이 나타낼 수 있다.

1) 단위당 변동원가의 추정

$$\text{단위당 변동원가} = \frac{\text{원가동인 최고관찰치의 총원가} - \text{원가동인 최저관찰치의 총원가}}{\text{원가동인 최고관찰치} - \text{원가동인 최저관찰치}}$$

2) 총고정원가의 추정

총고정원가＝원가동인 최고(최저)관찰치의 총원가
　　　　　　－원가동인의 최고(최저)관찰치의 추정변동원가
　　　　　＝원가동인 최고(최저)관찰치의 총원가
　　　　　　－단위당변동원가×원가동인의 최고(최저)관찰치

위 모나미주식회사의 자료를 사용하여 고저점법으로 추정한 원가함수를 계산하면 다음과 같다. 원가동인 최고관찰치는 119시간에 원가가 ₩21,782원이고, 원가동인 최저관찰치는 70시간에 원가가 ₩10,291이다. 따라서 원가함수의 기울기 즉, 단위당 변동원가는 (₩21,782－₩10,291)/(119시간－70시간)＝노무시간당 ₩234.51이다.

상수를 계산하기 위해서 원가동인의 최고치나 최저치 중 하나의 값을 이용하면 되는데, 최고치를 이용하면 ₩21,782－₩234.51×119시간＝(－)₩6,124.69이다.

따라서 고저점법에 의해 추정한 원가함수는 다음과 같다.

$y = a + bx$

간접노무원가⇒(－)₩6,124.69＋₩234.51×노무시간

다음 그림의 실선은 고저점법을 이용하여 추정한 원가함수를 보여주고 있다.

노무시간과 간접노무원가에 대한 고저점법

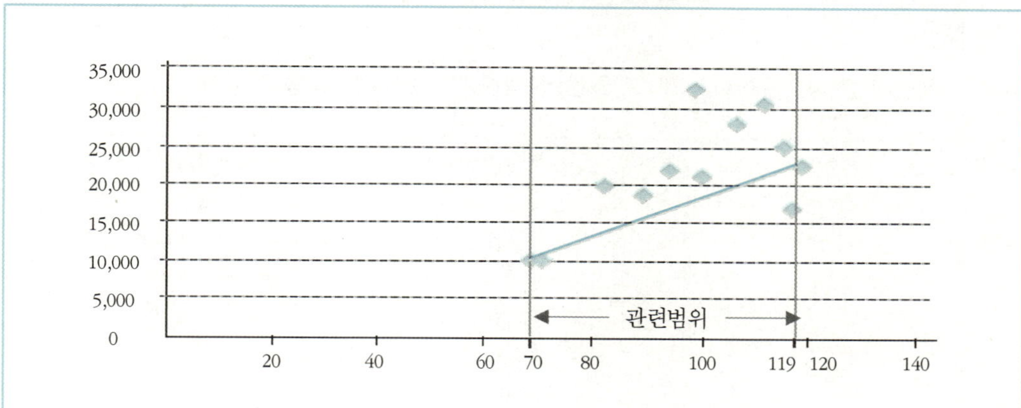

고저점법을 이용하여 모나미주식회사의 원가함수를 추정하는 경우 원가함수의 절편은(−)₩6,124.69으로서 음의 값을 보이고 있는데, 이는 본래의 원가함수가 비선형임에도 불구하고, 원가방정식을 선형으로 측정했거나, 노무시간이 0인 경우가 관련범위 밖에 있기 때문이다. 따라서 음의 절편은 관련범위 내의 원가자료를 이용하여 원가함수를 계산한 결과로 나타나는 수치일 뿐, 그 이상 아무런 의미를 갖지 못한다. 설령 절편이 양(+)의 값이라고 하더라도 노무시간이 0인 경우 모나미주식회사의 고정원가에 대한 추정치는 아니라는 뜻이다. 따라서 고저점법을 이용하여 구한 원가함수는 관련범위 내에서만 그 유용성이 있다고 할 수 있다.

지금까지 설명한 고저점법은 원가동인의 최고치와 최저치 정보를 이용하기 때문에 이 방법을 통해서 구한 원가함수가 이상치에 영향을 받을 수 있다는 단점이 있다. 만일 원가동인의 최고치나 최저치가 비정상적인 상황이라면, 이를 이용하여 구한 원가함수는 정상적인 상황을 대표하지 못하므로, 미래원가를 추정하는 수단으로 사용하는데 주의해야 한다. 물론 이러한 문제점을 해결하기 위해 두 번째 또는 세 번째로 높은 원가동인의 최고치와 최저치를 이용하여 원가함수를 추정할 수도 있으나,[2] 여전히 비정상적 사건의 영향을 완전히 제거하지 못한다는 단점을 갖고 있다. 고저점법의 단점을 보완하는 원가함수 추정방법이 회귀분석이다.

2) 두 번째 또는 세 번째로 높은 원가동인의 최고치와 최저치를 이용하여 원가함수를 추정하는 방법은 대표고저점법이고, 앞서 설명한 원가동인의 최고치와 최저치 정보를 이용하여 원가함수를 추정하는 방법은 순수고저점법이다.

예제

나사를 생산하는 풍산주식회사의 6개월간의 생산량과 원가는 다음과 같다.

	생산량	총원가
1월	3,000개	₩8,200
2	1,800	4,900
3	1,000	4,200
4	4,000	10,200
5	3,200	8,300
6	3,800	8,800

고저점법을 이용하여 원가함수를 추정하라.

풀이

단위당 변동원가＝(₩10,200－₩4,200)/(4,000개－1,000개)＝₩2

월별 고정원가 ＝₩4,200－(1,000개×₩2)＝₩2,200

또는

월별 고정원가＝₩10,200－(4,000개×₩2)＝₩2,200

원가함수 : y＝₩2,200＋₩2x

여기서 y : 총원가

x : 생산량

3) 회귀분석

회귀분석(regression analysis)은 두 변수간의 관계를 묘사하기 위한 방법으로 각각의 독립변수 값에 대응하는 종속변수의 평균값을 추정하거나 예측하는 것이다. 따라서 회귀분석은 종속변수에 영향을 미치는 독립변수를 파악하고 이 변수들 간의 관계식을 추정할 때 사용된다. 회귀분석은 2개만의 정보를 이용하여 원가함수를 추정하는 고저점법과는 달리 이용가능한 모든 자료를 사용하게 되므로 추정오차가 작은 원가추정 방법이다.

과거에는 회귀분석이 복잡한 계산과정 때문에 간편한 방법인 고저점법이 사용되었으나, 개인용 컴퓨터와 통계프로그램의 발달로 인하여 현대에는 많이 이용되고 있다.

회귀분석은 단순회귀분석과 다중회귀분석으로 세분화할 수 있다. 단순회귀분석(simple regression analysis)은 하나의 독립변수와 종속변수간의 관계를 분석하는 것으로 가장 간단한 원가추정방법이고, 다중회귀분석(multiple regression analysis)은 여러 개의 독립변수와 종속변수간의 관계를 분석하는 방법이다.

회귀분석의 장점은 다음과 같다. 첫째, 고저점법은 2개의 자료만을 이용하는데 비해서 회귀분석법은 가지고 있는 모든 정보를 이용하므로 오차를 최소화할 수 있고, 둘째, 다른 원가함수 추정방법에 의해서는 구할 수 없는 추가적 통계자료를 많이 제공한다. 셋째, 다수의 원가동인을 가지고 있는 원가항목의 경우에는 원가함수를 추정할 수 있는 유일한 방법이다. 그러나 이러한 장점이 있는 회귀분석을 수행할 때에도 다음 사항에 유의해야 한다. 첫째, 독립변수와 종속변수간의 인과관계를 명확하게 파악한 후, 회귀모형을 설정해야 한다. 둘째, 회귀분석의 실시방법과 한계점을 충분히 이해해야 한다. 셋째, 분석에 앞서 산포도로 자료의 상태를 검토함으로써 이상치의 영향을 미리 파악해야 한다.

회귀분석에 의한 원가추정은 본서에서는 생략한다.

4 비선형원가함수와 학습곡선

1) 학습곡선

앞 절에서는 선형함수를 가정하여 원가추정방법을 설명하였다. 그러나 현실적으로 원가와 이에 영향을 미치는 원가동인 간의 관계는 선형관계로 나타낼 수 없다. 원가동인과 원가간의 선형성이 존재하기 위해서는 다음과 같은 조건을 만족시켜야 한다.

첫째, 투입과 산출 사이의 물리적 관계(physical relationship)가 선형이어야 한다. 예를 들면, 생산에 투입되는 원재료가 증가함에 따라 산출량이 동일한 비율로 증가해야 한다.

둘째, 구입한 투입물과 사용한 투입물의 양이 같아야 한다.

셋째, 투입물의 구입원가가 구입량과 선형관계를 가져야 한다.

만약 이러한 조건을 만족하지 않는 상황에서 원가함수를 선형으로 추정하는 경우에는 왜곡된 원가함수를 추정하게 되고, 따라서 잘못된 원가정보를 창출하게 된다.

비선형원가함수를 야기한 원인으로 학습효과(learning effect)를 들 수 있다. 학습효과란 종업원들이 특정작업을 반복하여 수행함으로써 경험을 통해 단위당 작업시간 및 단위당 원가가 감소하는 현상을 일컬으며, 이를 측정한 함수를 학습곡선(learning curve)이라 한다. 학습효과가 원가를 감소시키는 이유는 반복실행을 통한 노동의 효율성 증대, 제조기술 향상으로 인한 새로운 공정과 제조방법의 개선, 불필요한 제품특성을 제거한 제품의 재설계, 규모의 경제 등을 들 수 있다.

학습효과가 존재할 경우, 누적생산량이 증가할수록 단위당 누적생산시간이 점차 단축됨에 따라 단위당 누적평균원가도 감소하여 생산량이 증가할수록 낮은 제품원가로 제품이 생산된다. 따라서 기업은 총생산원가나 증분원가를 추정하는 의사결정을 할 때, 학습현상을 고려하는데, 이는 학습효과로 인한 원가절감이 가능하기 때문이다.

구체적으로 학습곡선모형은 총생산량이 증가함에 따라 단위당 누적평균변동원가(=누적총변동원가/누적생산량)가 일정 비율로 감소하는 것을 나타내는 모형이다. 즉, 누적생산량이 증가함에 따라 단위당 누적평균변동원가가 증가하지만 그 증가율은 점차 감소한다. 이러한 학습효과의 정도를 비율로 표시한 것을 학습률(rate of learning)이라고 한다.

만약 직접노무시간이 80%의 학습률을 보인다고 가정하면, 2단위의 제품을 생산하는데 소요되는 단위당 누적평균제조원가가 최초의 1단위를 생산하는데 소요되는 시간의 80%수준에서 생산됨을 의미한다. 다시 말해서, x%의 학습률이란 누적생산량이 두 배씩 증가할 때마다 단위당 누적평균제조시간이 $(100-x)$%만큼 감소하는 것을 의미한다. 따라서 학습률이 낮을수록 실제 학습속도가 더 빠르다는 것을 의미한다.

학습곡선의 형태

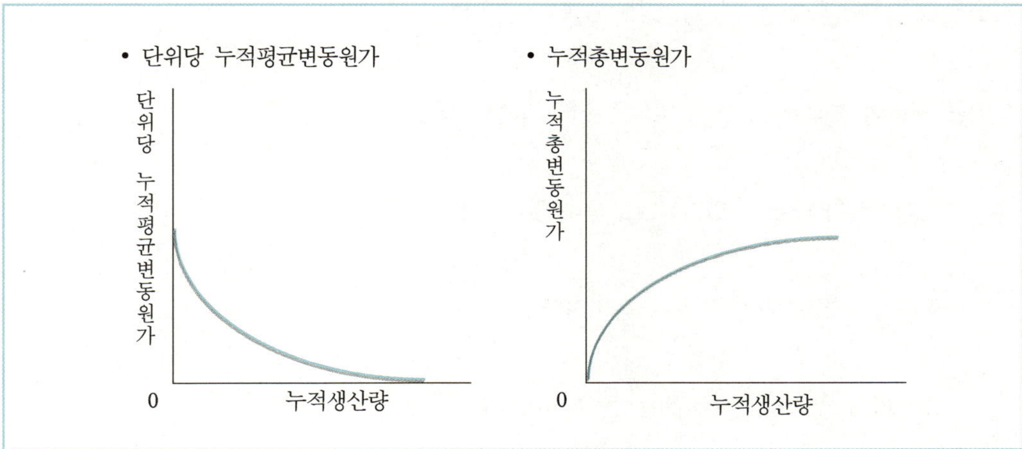

예제

모나미주식회사는 최초 1단위의 생산에 1,000시간이 소요되고 80%의 학습률을 보인다.

물음

누적평균 학습곡선을 이용하여 누적생산량이 16단위일 때 총생산시간을 계산하시오.

풀이

2단위를 생산하는 데 소요되는 누적평균시간은 최초 생산소요시간 1,000시간에 학습률인 80%를 곱한 800시간이 된다. 이에 따라 16단위를 생산하기 위해 소요되는 총생산시간은 단위당 누적 평균생산시간 409.6시간에 누적생산량인 16단위를 곱하여 6,554시간이 산출된다.

모나미주식회사의 학습곡선

누적생산량(A)	단위당 누적평균생산시간(B)	총생산시간 (C)=(A)×(B)
1	1,000	1,000
2	800(=1,000×80%)	1,600
4	640(=800×80%)	2,560
8	512(=640×80%)	4,096
16	409.6(=512×80%)	6,554

Ⅰ. 평가자체크리스트

※ 다음 서술이 옳으면 T, 옳지 않으면 F를 기재하시오.

9.1 공장감독자 급료는 일반적으로 혼합원가이다.

9.2 공장설비의 감가상각비는 변동비이다.

9.3 고정비에 있어서 관련범위는 중요하지 않다.

9.4 총변동비는 조업 수준의 변동에 따라서 변하는 원가이다.

9.5 자동화 설비가 증가하는 산업에서 고정비는 증가한다.

9.6 계정분석법은 회계담당자의 경험과 전문적 판단에 의하여 각 계정과목의 원가행태를 분석하는 방법이다.

9.7 원가행태의 추정은 주로 관련범위에서 의사결정에 도움을 준다.

9.8 산업공학법은 일반적으로 정밀한 작업측정에 기초하여 원가를 추정하는 방법으로 과거자료를 이용할 수 없는 경우에 많이 사용된다.

9.9 고저점법은 원가동인의 최고치와 최저치 정보를 이용하기 때문에 이 방법을 통해 도출된 원가참수는 이상치에 영향을 받을 수 없다.

9.10 변동비는 생산량 또는 판매량에만 비례하여 변동한다.

Ⅱ. 객관식

9.1 다음 중 변동원가와 고정원가에 대한 설명으로 옳지 않은 것은?

① 조업도가 증가하면 총원가가 증가하는 원가를 변동원가라고 한다.
② 변동원가와 고정원가는 경영자의 의사결정에 사용된다.
③ 조업도가 증가하는 경우 단위당 고정원가는 일정하다.
④ 조업도가 증가하는 경우 단위당 변동원가는 일정하다.
⑤ 조업도의 변화에 의하여 직접적인 영향을 받지 않는 원가를 고정원가라고 한다.

9.2 조업도의 증감에 관계없이 관련범위 내에서 총액이 항상 일정하게 발생하는 원가요소는?

① 수도광열비　② 직접노무비
③ 동력비　④ 임차료
⑤ 수선비

9.3 다음은 원가행태에 대한 설명이다. 이와 관련하여 옳지 않은 것은?

① 노무비는 제품 제조를 위하여 투입된 노동력에 대한 대가
② 혼합비는 변동비 요소와 고정비 요소를 포함하고 있는 원가이다.
③ 변동비는 조업도가 증가하면 원가 발생총액이 증가한다.
④ 고정비는 조업도 수준과 관련없는 원가로서 감가상각비, 임차료 등이 있다.
⑤ 단위당 고정비는 조업도가 증가함에 따라 증가한다.

9.4 제조원가에 대한 설명 중에서 그 내용이 옳지 않은 것은? [2006년 공무원 수정]

① 제품의 단위당 변동비는 조업도에 비례하여 증감한다.
② 고정비의 총금액은 조업도에 관계없이 일정하다.
③ 고정비는 생산량이 증가하면 단위당 고정비는 감소한다.
④ 변동비는 생산량이 증가하면 단위당 원가는 일정하다.
⑤ 변동비의 총금액은 조업도에 따라 변화한다.

9.5 조업도가 변화할 때 원가가 어떻게 달라지는가에 따라 변동비, 고정비, 준변동비, 준고정비로 분류할 수 있다. 고정비에 대한 설명으로 가장 적당한 것은? [2007년 공무원]

① 조업도의 증감에 따라 비례적으로 증가 또는 감소하는 성격의 원가이다.
② 조업도가 증감하더라도 관련 범위내에서는 고정적이기 때문에, 다른 조건이 동일할 경우제품의 단위당 원가는 조업도의 증가에 따라 감소한다.
③ 조업도가 0(영)인 경우에도 일정액이 발생하고, 그 이후로부터 조업도에 따라 비례적으로 증가하는 원가를 말한다.
④ 조업도와 관계없이 제품의 단위당 원가는 항상 일정하다.
⑤ 조업도의 변화에 직접적인 영향을 받는 원가이다.

9.6 관련 범위내에서 조업도의 변화에 따라 총원가가 어떻게 변화하느냐를 구분하는 것을 원가행태에 따른 분류라고 한다. 다음 중 원가행태에 따른 원가의 구분으로 적당한 것은? [전산세무2급 수정]

① 제품원가, 기간원가 ② 변동원가, 고정원가 ③ 직접원가, 간접원가
④ 기초원가, 전환원가 ⑤ 제조원가, 비제조원가

9.7 준변동원가의 형태를 나타내고 있는 그래프는?

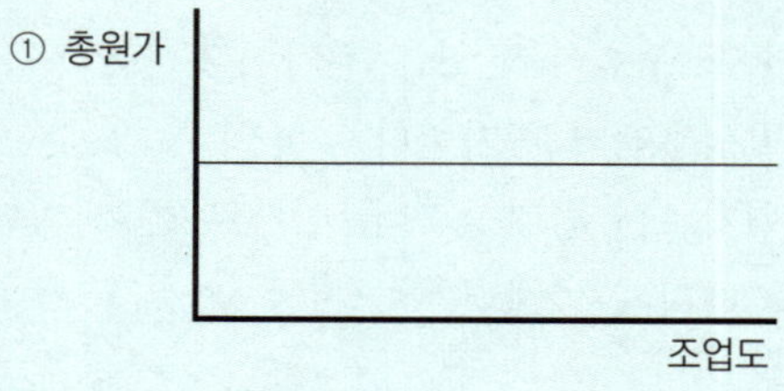

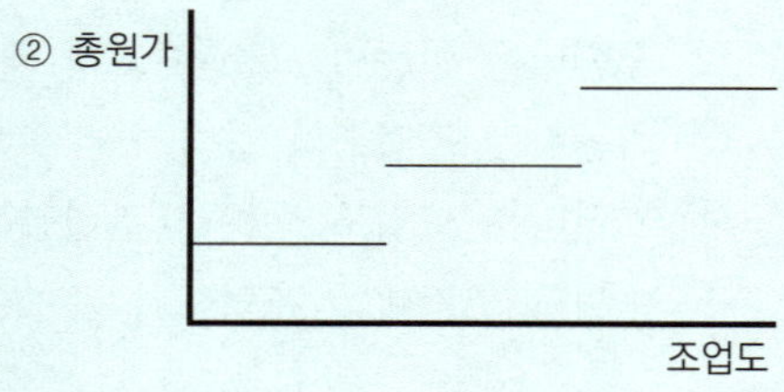

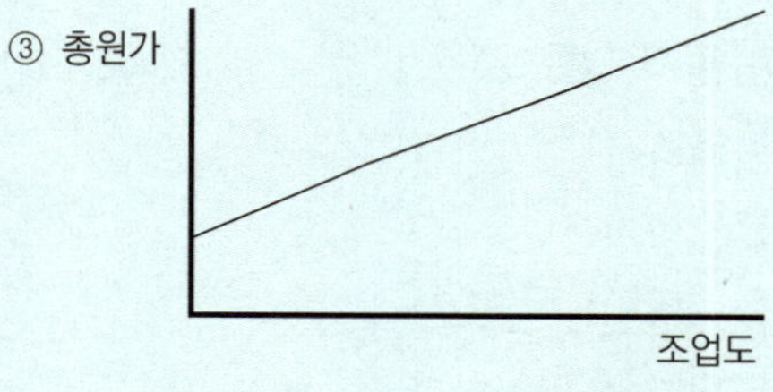

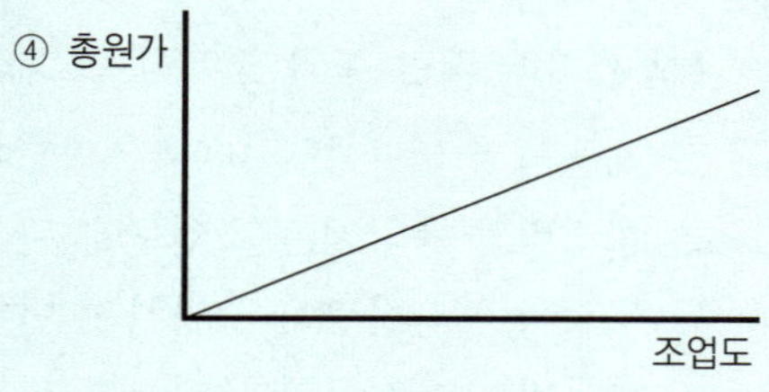

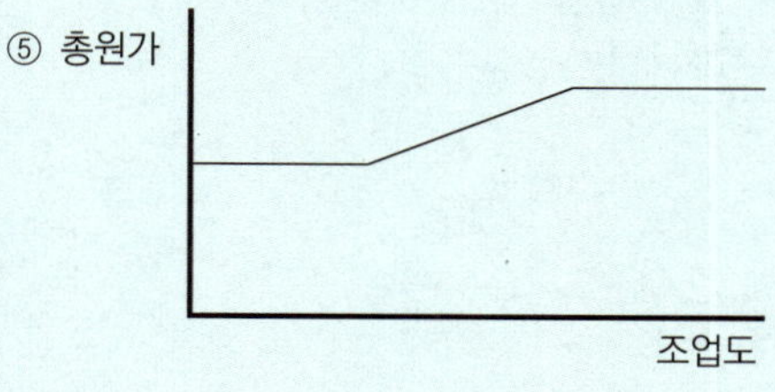

9.8 다음 원가추정법 중 과거의 원가자료를 이용할 수 없는 경우에 사용할 수 있는 방법은 무엇인가?

① 산업공학적방법 ② 계정분석법
③ 회귀분석법 ④ 고저점법
⑤ 산포도법

9.9 광명기업의 원가함수는 Y=6,000+3X이다. 수선비의 측정기준은 기계작업시간이다. 어느 한 기간 동안 기계작업시간은 3,000시간이다. 이 경우 수선비는?

① ₩6,000 ② ₩9,000
③ ₩12,000 ④ ₩15,000
⑤ ₩18,000

9.10 원가공식 Y=80,000+4X의 총원가 ₩100,000에서 조업도수준은 얼마인가?

① 4,000단위 ② 5,000단위
③ 6,000단위 ④ 7,000단위
⑤ 8,000단위

9.11 영광회사의 수도광열비 원가분석에 의하면 기계작업시간 9,000시간에서 단위당 원가 ₩0.40, 18,000시간에서 단위당원가 ₩0.25이다. 기계작업시간 13,000시간에서 수도광열비 총원가는 얼마인가?

① ₩4,000 ② ₩5,200 ③ ₩6,000
④ ₩3,250 ⑤ ₩3,250

9.12 다음은 (주)태희의 원가정보이다. 이와 관련하여 20×1년도 제품단위당 변동제조원가를 구하시오? [전산세무2급 수정]

> 판매가격 : ₩900
> 직접재료비: ₩300
> 직접노무비: ₩220 (시간당 임률은 ₩110)
> ※ 변동제조간접비는 시간당 ₩20이 발생되는 것으로 추정.

① ₩540 ② ₩560 ③ ₩580
④ ₩600 ⑤ ₩630

9.13 관련범위 500톤~1,000톤 범위 내에서 원가함수는 선형이라고 가정할 경우 20×1년 600톤 생산시 변동비, 고정비와 관련된 자료가 다음과 같을 때 800톤 생산할 경우 총원가(변동비+고정비)와 단위당 원가는? [2005년 공무원 수정]

변동비총액 ₩2,400	고정비총액 ₩3,000	총계 ₩5,400

	총원가	단위당원가		총원가	단위당원가
①	₩6,000	₩7.50	②	₩6,200	₩7.75
③	₩6,400	₩8.00	④	₩7,200	₩9.00
⑤	₩7,500	₩9.20			

9.14 (주)경기는 택배회사를 운영하고 있다. 차량 한 대의 ㎞당 연료비는 ₩100이 발생하며, 원가함수는 Y=₩80,000+100X이다. 한 달간 차량 한대의 운행거리가 5,000㎞일 때 총원가는 얼마인가?

① ₩80,000 ② ₩500,000 ③ ₩580,000
④ ₩650,000 ⑤ ₩720,000

9.15 (주)경기의 2분기 총원가가 ₩1,000,000, 원가추정식은 Y=700,000+10X일 때 2분기의 조업도는 얼마인가?

① 30,000단위 ② 50,000단위 ③ 70,000단위
④ 90,000단위 ⑤ 100,000단위

9.16 다음 자료를 이용하여 시간당 변동비를 계산하면? (고저점법 이용)

조업도	1,000시간	500시간	300시간	200시간	800시간
원 가	₩80,000	₩50,000	₩40,000	₩20,000	₩70,000

① ₩60 ② ₩65 ③ ₩70
④ ₩75 ⑤ ₩80

9.17 간접노무비의 연간 예산공식은 총원가=₩60,000+₩2X(기계시간)이다. 당월 영업예산은 기계작업 10,000시간을 기준으로 편성한다. 당월 간접노무비 예산은? [공인회계사 수정]

① ₩20,000 ② ₩25,000 ③ ₩60,000
④ ₩70,000 ⑤ ₩80,000

9.18 다음은 최근 5개월간의 (주)안산의 원가자료와 관련된 것이다. 고저점법에 의해 총제조간접비를 추정한다고 할 때 만약 12월의 생산단위가 80,000단위로 예상된다면 총제조간접비는 얼마로 추정되겠는가? [2002년 감정평가사]

월	생산단위	총제조간접비
7	90,000단위	₩290,000
8	100,000	340,000
9	20,000	100,000
10	40,000	180,000
11	70,000	278,000

① ₩280,000 ② ₩282,000
③ ₩283,000 ④ ₩284,000
⑤ ₩285,000

9.19 (주)반월은 20×8년도의 변동예산을 작성하고 있으며 동력비에 관하여 변동비와 고정비를 분리하고 있다. 다음은 20×7년도 6개월(7월~12월) 간의 동력비와 직접노무시간에 대한 자료이다.

월	동력비	직접노무시간
7	₩15,850	3,000시간
8	13,400	2,050
9	16,370	2,900
10	19,800	3,650
11	17,600	2,670
12	18,500	2,650
합계	₩101,520	16,920시간

회사가 고저점법을 사용하여 동력비를 분석한다면 직접노무시간당 변동비는 얼마이겠는가? [2000년 감정평가사]

① ₩4.00 ② ₩5.42
③ ₩5.82 ④ ₩6.00
⑤ ₩6.42

9.20 다음은 강릉(주)의 조업도수준에 따른 자료이다.

	조업도수준	
	낮음	높은
생산수량	25,000단위	30,000단위
총제조원가	₩575,000	₩680,000
단위당 직접재료비	5	5
단위당 직접노무비	6	6

고저점법을 사용하여 제조간접비의 원가행태를 분석할 경우 다음 중에서 옳은 것은?

[2004년 세무사]

① 기간당 ₩50,000, 단위당 ₩10

② 기간당 ₩50,000, 단위당 ₩21

③ 기간당 ₩50,000, 단위당 ₩22

④ 기간당 ₩50,000, 단위당 ₩23

⑤ 기간당 ₩347,000, 단위당 ₩0.1

Ⅲ. 주관식

9.1 (주)상록은 전자부품을 제조하는 회사이다. 제조간접비와 관련된 자료는 다음과 같으며, 기계작업시간은 100시간이었다.

계정과목	변동비	고정비
간접재료비	₩10,000	₩5,000
간접노무비	₩15,000	₩3,000
전력요금	₩5,000	₩10,000
수선유지비	₩8,000	₩12,000
합계	₩38,000	₩30,000

물음 1) 기계작업시간당 변동제조간접비와 고정제조간접비를 추정하여 원가방정식을 추정하시오.

2) 기계작업시간이 300시간일 때 제조간접비를 추정하시오.

9.2 우리대학의 5월 재학생등록률은 88%였으며, 고정운영비 ₩150,000,000과 혼합운영비 ₩250,000,000이 발생하였다. 매월 예산은 다음과 같다. 단 1달은 30일로 계산함(고저점법으로 계산).

① 재학생수 1,000명　　② 등록률　96%
③ 점유학생당 1일 운영비 ₩15,000

물음 1) 재학생들을 1달 교육하는데 투입되는 변동비를 추정하시오.
2) 월별 고정비와 원가함수를 추정하시오.
3) 6월의 재학생 등록률이 95%일때 원가함수를 추정하시오.

9.3 동문회에서는 장학재단을 설립하기 위하여 대학 건물내에 웰빙토스트점을 유치하기로 하였다. 현재 사업계획서를 작성하여 학교에 제출중에 있으며, 웰빙토스트점 설치시 발생되는 비용을 다음과 같이 계산하였다.

재료비 ₩1,500,000(변동비: 토스트 2,000개에 대한 원가)
노무비 ₩800,000
(고정비 ₩300,000, 나머지는 2,000개의 토스트 만드는데 발생되는 원가)
전화요금 ₩40,000(고정비), 전기료 ₩50,000(40%는 고정비, 나머지는 대학부담비용)
광고비 ₩100,000(고정비), 보험료 ₩40,000(고정비)

물음 1) 원가함수와 총원가를 계산하시오.
2) 10월에 토스트를 2,500개 판매예정인 경우의 총예측원가는 얼마인가?

9.4 다음은 (주)경기의 20×7년의 기계시간과 제조간접비에 관한 자료이다.

기간	기계시간	제조간접비
9월	100	2,000
10월	300	2,500
11월	500	5,000
12월	400	4,000

고저점법을 이용하여 원가함수와 20×8년 1월의 기계시간이 500일 때 총제조간접비를 추정하시오.

9.5 다음은 2007년 전반기 생산활동자료이다. 이 자료를 이용하여 고저점법을 적용할 때 단위당 변동원가가 ₩40이다. 3월의 발생원가는 얼마인가? [2008년 주택관리사]

월	생산량	발생원가
1월	240개	₩14,600
2월	210개	13,600
3월	200개	?
4월	230개	14,200
5월	220개	13,900
6월	250개	15,000

9.6 (주)서울은 신제품 생산을 계획하고 있다. 첫 해 신제품 K는 단위당 ₩500,000에 판매될 예정이며 10,000개를 생산할 예정이다. 신제품 K에 대한 직접재료비와 직접노무비의 추정치는 각각 ₩3,500,000과 ₩1,500,000이다. 단순선형회귀를 이용하여 분석된 제조간접비(Y)는 Y=₩100,000+1,000X(생산량)의 원가함수가 도출되었다. 신제품에 대한 첫 해의 단위당 변동비는 얼마인가?

9.7 (주)서울의 지난 2년간 생산량과 총제조원가는 다음과 같다. 2년간 고정원가와 단위당 변동원가는 변화가 없었다.

	생산량	총 제조원가
20×5년	1,000개	₩50,000,000
20×6년	2,000개	₩70,000,000

20×7년도에 고정원가가 20%증가하고 단위당 변동원가가 40% 감소하면, 생산량이 3,000개 일 때 총 제조원가는 얼마인가 ? [1996년 공인회계사]

9.8 (주)상록의 4/4분기 동안 원가자료이다. 고저점법을 이용하여 월간 수선유지비의 원가함수를 추정하시오.

월별	기계시간	수선유지비
10월	500	₩28,000
11월	400	₩20,000
12월	800	₩36,000

9.9 병회사의 20×8년도 생산자료는 다음과 같다.

〈월별〉	〈생산량〉	〈노무비〉
1 월	10	₩160,000
2 월	15	200,000
3 월	20	310,000
4 월	50	720,000
5 월	30	460,000

6월의 계획생산량이 70개 일 때 고저점법을 사용하여 노무비추정액을 계산하면?

[1993년 공인회계사]

9.10 (주)우주는 새로운 설비투자에 대한 4월 한 달 동안의 노무비 원가분석을 실시하였다. 직접노동시간 20,000시간에서 단위당 노무원가는 ₩1,500, 30,000시간에서 단위당 노무원가는 ₩1,200이다. 직접노동시간 22,500시간에서 총직접노무비는?

제10장

원가-조업도-이익 분석

학습목표

9장에서는 원가행태를 기초로 하여 원가추정에 대하여 학습하였다. 본 장에서는 이미 학습한 원가와 원가함수 및 원가추정 등을 토대로 하여 원가와 수익 상호 간에 관계에 대하여 조업도를 중심으로 설정하는 단기이익계획을 배울 것이다. 본 장의 학습목표는 다음과 같다.

1. CVP 분석이란 무엇이며, 그 가정에는 어떠한 것들이 있는가?
2. 손익분기점은 어떻게 산출되는가?
3. 원가, 가격, 조업도의 변화가 이익에 어떠한 영향을 미치는가?
4. CVP 분석이 의사결정에 어떻게 이용되는가?
5. 법인세를 고려할 때 CVP 분석은 어떻게 수행되는가?

원가-조업도-이익분석(Cost-Volume-Profit Analysis: CVP)이란 생산량이나 판매량의 변화가 원가와 수익에 미치는 영향을 분석하여 기업의 단기적 의사결정에 이용하는 기법이다. 다시 말하면 조업도의 변화가 원가 및 수익, 이익에 어떠한 영향을 미치는가를 분석하는 기법이다. 원가-조업도-이익분석을 영문 첫 글자를 따서 CVP분석이라고도 부르고 있는데, 제품의 판매가격, 생산량 또는 판매량(조업도), 단위당 변동원가, 총고정원가 등의 관계를 분석하는 데 주로 이용되는 기법이다.

본장에서 사용하는 원가는 제조원가만을 의미하는 것은 아니며, 판매비와 관리비도 포함하는 광범위한 개념이다.

제1절 CVP분석의 용어와 가정

1 CVP분석에서 사용되는 용어의 정의

CVP분석에서는 영업이익, 총수익, 총비용(총원가) 사이에는 다음과 같은 관계가 성립된다는 점을 이해해야 한다. 여기서 총수익은 영업활동으로 인한 수익이며, 총비용(총원가)은 매출원가와 영업비용을 포함하나 법인세는 제외한 개념이다.

영업이익(operating income: OI) = 총수익(total revenue: TR)
− 총비용(total cost: TC)

총수익과 총비용(총원가)은 생산량이 증감함에 따라 그 금액이 증감한다. 제품의 단위당 판매가격과 단위당 변동원가가 제품의 생산량(판매량)과 관계없이 일정하다고 가정하면, 총수익과 총비용(총원가)을 다음과 같이 나타낼 수 있다.

총수익(TR) = 단위당 판매가격(P) × 판매량(Q)

총비용(TC) = 총변동원가(VQ) + 총고정원가(FC)
= 단위당 변동원가(V)×판매량(Q) + 총고정원가(FC)

총수익은 단위당 판매가격(price: P)에 생산량 또는 판매량(quantity: Q)을 곱한 값이다. 총비용은 총변동원가(total variable cost: VQ)와 총고정원가(total fixed cost: FC)의 합계인데, 총변동원가는 단위당 변동원가(unit variable cost: V)에 생산량 또는 판매량(Q)을 곱한 값이다.

단위당 판매가격에서 단위당 변동원가를 차감한 금액을 단위당 공헌이익(unit contribution margin: UCM, P－V)이라 한다. 단위당 공헌이익은 제품 1단위의 판매가 고정원가를 회수하고, 이익을 창출하는데 얼마나 공헌하는가를 나타내는 개념으로, 단위당 공헌이익에 총판매량을 곱한 금액을 총공헌이익(total contribution margin: TCM, (P－V)Q))이라고 한다.

변동비율은 매출액에 대한 변동원가의 비중 즉, 매출액중에서 변동원가가 차지하는 비율을의미한다.

총공헌이익은 총수익에서 총변동원가를 차감하여 구할 수도 있다.

단위당 공헌이익(P－V) = 단위당 판매가격(P) − 단위당 변동원가(V)
총공헌이익((P－V)Q) = 단위당 공헌이익(P－V)×판매량(Q)
= 총수익(TR) − 총변동원가(VQ)

공헌이익 포괄손익계산서

매출액(PQ)	XXX
변동원가(VQ)	XXX
공헌이익(P－V)Q	XXX
고정원가(FC)	XXX
영업이익(P－V)Q－FC	XXX

위에서 살펴본 단위당 공헌이익이 단위당 판매가격에서 차지하는 비율을 공헌이익률(contribution margin ratio: CMR)이라고 한다. 공헌이익률은 단위당 판매가격에서 단위당 변동원가를 차감한 금액을 판매가격으로 나누어 산출할 수도 있다. 공헌이익률은 매출액에서 고정원가의 회수 및 이익의 획득에 공헌하는 비율을 나타낸다. 예를 들어, 단위당 판매가격이 ₩1,000이고 공헌이익률이 40%라고 하면 제품 1단위를 추가 판매함에 따라 ₩400만큼 이익이 증가한다는 정보를 준다. 한편, 공헌이익률과 변동비율은 관계를 살펴보면, 공헌이익률은 1－변동비율이므로 공헌이익률과 변동비율의 합은 항상 1의 관계가 성립된다.

$$\text{공헌이익률(CMR)} = \frac{\text{단위당 공헌이익(P}-\text{V)}}{\text{단위당 판매가격(P)}}$$

$$= \frac{\text{단위당 판매가격(P)} - \text{단위당 변동원가(V)}}{\text{단위당 판매가격(P)}}$$

$$= 1 - \frac{V}{P}$$

$$= 1 - \text{변동비율}$$

$$\text{공헌이익률} = 1 - \text{변동비율}$$

$$\text{공헌이익률} + \text{변동비율} = 1$$

2 CVP분석의 가정

CVP분석은 실제 복잡한 현상을 단순화시켜 이해가능성을 증진시키고자 다음과 같은 몇 가지 가정을 내포하고 있다. 이러한 가정들 중 대부분이 CVP분석은 단기의사결정에 사용되는 분석기법이라는 것과 관련되어 있다.

첫째, 수익과 원가를 변화시키는 수익동인(revenue driver)과 원가동인(cost driver)은 제품의 생산량과 판매량에 의해서만 발생한다고 가정하는 단일 동인(single driver)모형이다. 현실에서는 수익과 원가에 영향을 미치는 요인에는 조업도 이외에도 경제성장률, 소비자 선호, 경쟁기업, 종업원의 사기, 설비의 이용가능정도, 기술변화, 생산요소의 가격변화 등이 있다. 이와 같은 다수의 수익동인과 원가동인을 사용하는 복잡한 모형은 이를 통해 얻는 효익이 원가를 초과하는 경우에 사용해야 할 것이다.

둘째, 모든 원가를 고정원가와 변동원가로 명확히 구분할 수 있다고 가정한다.

셋째, 기본적인 CVP분석모형은 단기적 의사결정에 사용되는 기법이므로, 조업도가 크게 변동하지 않는 단기간의 관련범위 내에서 사용되기 때문에 고정원가는 관련범위 내에서 일정하다고 가정한다.

넷째, 총변동원가는 생산량 또는 판매량과 선형관계에 있다고 가정한다. 즉 CVP분석은 단기간의 의사결정을 다루는 것이므로, 관련범위 내에서 생산량 또는 판매량에 비례하여 변동원가가 변화한다고 가정한다.

다섯째, 현실적으로는 수량할인이나 현금할인 등이 존재하지만, 제품의 단위당 판매가격은 판매량의 증가에 관계없이 항상 일정하다고 가정한다.

여섯째, 단위당 판매가격, 단위당 변동원가, 고정원가는 이미 알려져 있다고 가정한다.

일곱째, CVP분석에서는 재고자산의 수준이 변동하지 않는다고 가정하므로 생산량은 모두 판매되어 판매량과 일치하게 된다. 즉 단기의사결정을 위한 분석도구인 CVP분석은 당기에 발생한 원가만을 고려하기 위하여, 전기에 발생한 원가를 포함하는 재고자산은 분석대상에서 제외하는 것이다.

여덟째, CVP분석에서는 기업이 다수의 제품을 생산·판매하는 경우에도 제품의 매출배합(sales mix)이 일정하다고 가정한다.

아홉째, 모든 수익과 원가에 대한 화폐의 시간가치를 고려하지 않는다.

3 CVP분석 기본개념

소프트웨어를 판매하는 한글과 컴퓨터(주)에서는 소프트웨어 가격을 ₩20,000으로 결정하고, 소프트웨어 1단위당 변동원가는 ₩12,000이고, 3월중에 발생한 총고정원가는 ₩400,000이다. 판매량이 40단위와 120단위일 때 영업이익의 변화를 검토하기 위하여 CVP분석을 수행한 결과는 다음과 같다.

한글과 컴퓨터(주)에서 40단위의 소프트웨어를 판매하였을 경우 공헌이익은 ₩320,000이고, 120단위의 소프트웨어를 판매하였을 경우 공헌이익은 ₩960,000이다. 그리고 40단위의 소프트웨어를 판매하였을 경우 영업손실은 ₩80,000이고, 120단위의 소프트웨어를 판매하였을 경우 영업이익은 ₩560,000이다. 40단위와 120단위 판매시의 공헌이익과 영업이익의 차이를 보면 ₩640,000으로 동일하다.

항목	단위당 금액 (A)	40단위 판매시		120단위 판매시		차이 (F)=(E)−(C)
		판매량 (B)	총액 (C)=(A)×(B)	판매량 (D)	총액 (E)=(A)×(D)	
총수익①	₩20,000	40	₩800,000	120	₩2,400,000	₩1,600,000
변동원가②	₩12,000	40	480,000	120	1,440,000	960,000
공헌이익③=①−②			320,000		960,000	640,000
고정원가④			400,000		400,000	0
영업이익⑤=③−④			₩(80,000)		₩560,000	₩640,000

이는 CVP분석에서 총수익과 변동원가는 판매량에 따라 변화하지만, 고정원가는 변화하지 않는다는 가정을 뒷받침하는 결과이다. 곧 판매량이 변화함에 따라 공헌이익과 영업이익 금액에 변동을 일으켰지만, 고정원가가 일정한 금액을 유지한 관계로 두 이익의 차이는 동일한 것이다. 이렇게 영업이익 정보 이외에 추가적으로 공헌이익 정보를 제공하는 포괄손익계산서를 공헌이익포괄손익계산서(contribution margin comprehensive income statement)라고 한다.

제2절 손익분기점분석

손익분기점(break-even point: BEP)이란 영업활동에 따른 이익 또는 손실이 ₩0인 경우를 말한다. 다시 말하면, 총수익과 총비용(총원가)이 일치하여 이익이 ₩0이 되는 판매량 또는 매출액이다. 경영자들은 손실을 회피하기 위하여 투입해야 할 최소한의 노력 수준을 파악해야 하므로 손익분기점에 관심을 두게 된다. 이러한 손익분기점 분석방법에는 등식법(equation method)과 공헌이익법(contribution margin method)이 있다.

1 등식법

등식법은 포괄손익계산서등식을 바탕으로 총수익과 총비용(총원가)이 일치하는 조업도 즉, 이익이 0인 조업도에 초점을 맞추어 손익분기점을 계산하는 방법이다.

$$\pi = TR - TC \qquad (1)$$

$$TR = P \times Q \qquad (2)$$

$$TC = VQ + FC \qquad (3)$$

여기에서, π : 영업이익
TR : 총수익
TC : 총비용(총원가)
P : 단위당 판매가격
Q : 판매량(생산량)
VQ : 변동원가
FC : 고정원가

식(1)에 식(2), 식(3)을 대입하면 다음과 같이 변형된다.

$$\pi = PQ - (VQ + FC) \qquad (4)$$

한글과 컴퓨터(주)의 자료를 이용하여 손익분기점을 계산하면 다음과 같다. 단, 단위당 판매가격은 ₩20,000, 단위당 변동원가는 ₩12,000, 고정원가는 ₩400,000이다.

식(4)의 손익분기점 정의에 따라 영업이익을 ₩0으로 놓고, 총변동원가와 총고정원가를 합한 총비용(총원가)이 총수익과 일치하는 점의 판매량을 구하면 손익분기판매량이다. 한글과 컴퓨터(주)가 손실을 보지 않기 위해서는 최소한 50단위를 판매해야 하며, 50단위를 초과하여 판매하게 되면 이익을 얻는다.

₩0 = ₩20,000 − (₩12,000Q + ₩400,000)

₩400,000 = ₩8,000Q

여기서, $Q_{손익분기}$ = 50단위

이를 매출액으로 표현한 것이 손익분기매출액인데, 이는 단위당 판매가격에 손익분기점 수량을 곱한 값이다.

$$TR_{손익분기} = P \times Q_{손익분기}$$
$$₩20,000 \times 50단위 = ₩1,000,000$$

2 공헌이익법

공헌이익법은 제품의 단위당 공헌이익을 파악한 후, 총고정원가에 상응하는 총공헌이익을 얻으려면 몇 단위의 제품을 판매해야 하는가에 초점을 맞추어 손익 분기점을 계산한다. 위의 식(4)를 변형하면 다음 식(5)와 같다.

$$\pi = (P - V) \times Q - FC \tag{5}$$

손익분기점의 영업이익에 ₩0을 대입하면 손익분기판매량은 다음과 같다. 이는 총고정원가를 단위당 공헌이익으로 나눈 값과도 같다.

$$Q_{손익분기} = \frac{FC}{P - V} \tag{6}$$

한글과 컴퓨터(주)의 자료에서 총고정원가는 ₩400,000이고, 단위당 공헌이익은 단위당 판매가격 ₩20,000에서 단위당 변동원가 ₩12,000을 차감한 ₩8,000이다. 손익분기판매량은 50단위로, 한글과 컴퓨터(주)가 손실이 발생하지 않기 위해서는 50단위를 판매해야 한다.

$$₩0 = (₩20,000 - ₩12,000)Q - ₩400,000$$
$$₩400,000 = ₩8,000Q$$

$$Q_{\text{손익분기}} = \frac{₩400,000}{₩8,000} = 50\text{단위}$$

손익분기판매량에 단위당 판매가격을 곱하면 손익분기매출액을 계산할 수 있다. 식(6)에 단위당 판매가격을 곱하여 정리하면 다음 식(7)과 같다. 이는 총고정원가를 공헌이익률로 나눈 값과도 같다.

$$P \times Q_{\text{손익분기}} = P \times \frac{FC}{P-V} \tag{7}$$

$$= \frac{FC}{P-V}$$

$$= \frac{FC}{1-\frac{V}{P}}$$

한글과 컴퓨터(주) 자료에서 총고정원가는 ₩400,000이고, 단위당 공헌이익은 ₩8,000이다. 이 단위당 공헌이익을 단위당 판매가격으로 나눈 공헌이익률은 0.4 또는 40%[=(₩20,000−₩12,000)/₩20,000]이다. 따라서 손익분기매출액은 다음과 같이 계산된다.

$$TR_{\text{손익분기}} = \frac{400,000}{0.4} = ₩1,000,000$$

손익분기점에 이르기 위한 판매량 수준을 결정하는 것은 공헌이익과 총고정원가를 비교하는 것과 같다. 제품의 단위당 공헌이익이 먼저 총고정원가를 회수하는데 사용된다. 판매량이 증가함에 따라 총공헌이익은 점점 커져서 총고정원가와 일치하게 되고, 이익이 ₩0이 됨으로써 손익분기점을 이룬다. 한글과 컴퓨터(주)의 사례는 다음 표에서와 같이 영업이익이 ₩0이 되는 손익분기점에서 총고정원가와 총공헌이익이 일치한다.

항목	손익분기점		
	단위당금액 (A)	판매량 (B)	총액 (C)=(A)×(B)
총수익①	₩20,000	50	₩1,000,000
변동원가②	₩12,000	50	600,000
공헌이익③=①-②			400,000
고정원가④			400,000
영업이익⑤=③-④			₩0

3 목표영업이익분석

손익분기점 분석에서는 경영자에게 손실을 피하기 위한 판매량에 대한 정보를 제공해 준다. 계속적으로 기업을 존속시키기 위해서 경영자는 영업이익이 손익분기점을 넘어 기업의 전략이나 계획에 따른 목표이익을 달성할 수 있는 판매량 정보에 관심을 갖게 되는데, 이에 대한 정보를 산출하는 방법론이 목표영업이익분석이다.

목표영업이익을 달성하기 위한 판매량은 손익분기판매량 등식에서 영업이익에 양(+)의 (목표)영업이익을 대입한 것이다. 따라서 식(6)을 다시 쓰면 다음 식(8)과 같다.

$$Q_{목표}=\frac{FC+OI_{목표}}{P-V} \tag{8}$$

여기서, $Q_{목표}$: 목표판매량

$OI_{목표}$: 목표영업이익

한글과 컴퓨터(주)는 ₩560,000의 영업이익을 얻기 위해서 몇 단위의 소프트웨어를 판매해야 하는지 계산하면 다음과 같다. 단, 단위당 판매가격은 ₩20,000, 단위당 변동원가는 ₩12,000, 고정원가는 ₩400,000이다.

$$Q_{목표}=\frac{₩400,000+₩560,000}{₩20,000-₩12,000}=120단위$$

한글과 컴퓨터(주)가 목표영업이익 ₩560,000을 달성할 수 있는 목표판매수량은 120 단위가 된다.

한편, 목표영업이익을 달성하기 위한 목표매출액을 계산하기 위한 식은 다음과 같다. 손익분기매출액을 계산하기 위한 등식에서 영업이익에 ₩0이 아닌 양(+)의 (목표)영업이익을 대입한 것이다. 따라서 식(7)을 다시 쓰면 다음 식(9)와 같다.

$$TR_{목표} = \frac{FC + OI_{목표}}{\frac{P-V}{P}} = \frac{FC + OI_{목표}}{1 - \frac{V}{P}} \tag{9}$$

한글과 컴퓨터(주) 자료에서 ₩560,000의 영업이익을 얻기 위해서 달성해야 할 매출액을 계산하면 다음과 같다.

$$TR_{목표} = \frac{₩400,000 + ₩560,000}{0.4} = ₩2,400,000$$

한글과 컴퓨터(주)가 목표영업이익 ₩560,000을 달성할 수 있는 목표매출액은 ₩2,400,000이다.

예제

다음은 볼펜을 판매하는 모닝글로리의 4월중 영업 관련정보이다.

단위당 판매가격	₩1,000
판매수량	₩30
단위당 변동제조원가	₩500
단위당 변동판매비	₩100
고정제조원가	₩600,000
고정판매관리비	₩200,000

물음

다음을 계산하시오.

1. 단위당 공헌이익
2. 공헌이익률
3. 손익분기판매량
4. 손익분기매출액
5. 목표영업이익이 ₩200,000인 경우의 판매량
6. 목표영업이익이 ₩400,000인 경우의 매출액

풀이

1. 단위당 공헌이익
   =단위당 판매가격−단위당 변동원가
   =단위당 판매가격−단위당 변동제조원가−단위당 변동판매비
   =₩1,000−₩500−₩100
   =₩400
2. 공헌이익률
   =(단위당 판매가격−단위당 변동원가)/단위당 판매가격
   =(단위당 판매가격−단위당 변동제조원가−단위당 변동판매비)/단위당 판매가격
   =(₩1,000−₩500−₩100)/₩1,000
   =0.4
3. 손익분기판매량
   =총고정원가/단위당 공헌이익
   =(고정제조원가+고정판매관리비)/단위당 공헌이익
   =(₩600,000+₩200,000)/₩400
   =2,000단위
4. 손익분기매출액
   =총고정원가/공헌이익률
   =(고정제조원가+고정판매관리비)/공헌이익률
   =(₩600,000+₩200,000)/0.4
   =₩2,000,000

5. 목표판매량
   =(총고정원가+목표영업이익)/단위당 공헌이익
   =(고정제조원가+고정판매관리비+목표영업이익)/단위당 공헌이익
   =(₩600,000+₩200,000+₩200,000)/₩400
   =2,500단위
6. 목표매출액
   =(총고정원가+목표영업이익)/공헌이익률
   =(고정제조원가+고정판매관리비+목표영업이익)/공헌이익률
   =(₩600,000+₩200,000+₩400,000)/0.4
   =₩3,000,000

지금까지 학습한 CVP분석방법을 요약하면 다음과 같다.

CVP 분석 요약

$$\text{손익분기 판매량} = \frac{\text{총고정원가}}{(\text{단위당 판매가격} - \text{단위당 변동원가})} = \frac{\text{총고정원가}}{\text{단위당 공헌이익}}$$

$$\text{손익분기 매출액} = \frac{\text{총고정원가}}{\frac{(\text{단위당 판매가격} - \text{단위당 변동원가})}{\text{단위당 판매가격}}} = \frac{\text{총고정원가}}{\text{공헌이익률}}$$

$$\text{목표판매량} = \frac{\text{총고정원가} + \text{목표영업이익}}{(\text{단위당 판매가격} - \text{단위당 변동원가})} = \frac{\text{총고정원가} + \text{목표영업이익}}{\text{단위당 공헌이익}}$$

$$\text{목표매출액} = \frac{\text{총고정원가} + \text{목표영업이익}}{\frac{(\text{단위당 판매가격} - \text{단위당 변동원가})}{\text{단위당 판매가격}}} = \frac{\text{총고정원가} + \text{목표영업이익}}{\text{공헌이익률}}$$

제3절 민감도 분석

오늘날 기업을 둘러싸고 있는 환경은 매우 복잡하고 유동적으로 변화하고 있지만, 경영자가 이에 대해 획득할 수 있는 정보는 한계가 있을 뿐만 아니라, 인지 능력에도 한계가 있다. 따라서 경영자는 항상 미래에 어떤 사건(events)이 발생할 것인지를 정확하게 알 수 없는 상황에서 의사결정을 내리게 된다. 즉 외부경영환경 변화에 대처해야 하는 경영자는 다양한 상황에 대한 원가정보를 필요로 하게 됨에 따라 민감도 분석을 수행하는 것이다.

민감도 분석(sensitivity analysis)이란 예측과 실제의 차이가 크게 발생하거나 가정이 변화하면 이에 따른 결과에 대한 변화를 분석하는 방법이다.

CVP 관련성에 대한 민감도 분석에서는 구성요소인 단위당 판매가격, 판매(생산)량, 단위당 변동원가, 총고정원가, 목표영업이익 등의 변화에 따른 손익분기점의 변화나 영업이익에 미치는 효과 등을 분석할 수 있다.

한글과 컴퓨터(주)의 단위당 판매가격이 ₩20,000에서 ₩30,000으로 상승하고, 단위당 변동원가가 ₩12,000에서 ₩10,000으로 감소하였다고 가정하자. 이러한 상황에서의 손익분기점에 대한 민감도 분석을 수행한 결과는 다음과 같다.

항목	최초 손익분기점			단위당 판매가격, 단위당 변동원가 변화후의 손익분기점		
	단위당 금액 (A)	판매량 (B)	총액 (C)=(A)×(B)	단위당 금액 (D)	판매량 (E)	총액 (F)=(D)×(E)
총수익①	₩20,000	50	₩1,000,000	₩30,000	20	₩600,000
변동원가②	₩12,000	50	600,000	₩10,000	20	200,000
공헌이익③=①−②			400,000			400,000
고정원가④			400,000			400,000
영업이익⑤=③−④			₩0			₩0

단위당 판매가격 ₩30,000, 단위당 변동가격 ₩10,000인 상황에서 손익분기 판매량은 20단위이고 손익분기매출액은 ₩600,000이다. 최초 손익분기판매량 50단위에서 30단위가 감소하였으며, 최초 손익분기매출액에서 ₩400,000이 감소된 결과를 보였다.

1 안전한계

민감도분석의 일종으로 안전한계(margin of safety)가 있다. 안전한계에서 안전한계매출액은 실제(예산)매출액이 손익분기매출액을 초과하는 금액을 말하며, 안전한계판매량은 실제(예산)판매량이 손익분기판매량을 초과하는 수량을 뜻한다. 이를 수식으로 나타내면 다음과 같다.

안전한계매출액 = 실제(예산)매출액 − 손익분기매출액
안전한계판매량 = 실제(예산)판매량 − 손익분기판매량

한글과 컴퓨터(주)의 자료를 이용하여 안전한계매출액과 안전한계판매량을 산출하면 다음 표와 같다. 한글과 컴퓨터(주)의 판매량이 120단위이고, 이에 따라 ₩2,400,000의 매출을 달성하고 있다면, 안전한계매출액은 현재 매출액 ₩2,400,000에서 손익분기매출액 ₩1,000,000을 차감한 ₩1,400,000이며, 안전한계판매량은 현재 판매량 120단위에서 손익분기판매량은 50단위를 차감한 70단위이다.

단위당 금액 (A)	손익분기점		120단위 판매시		안전한계 판매량 (F)=(D)−(B)	안전한계 매출액 (G)=(E)−(C)
	판매량 (B)	총액 (C)=(A)×(B)	판매량 (D)	매출액 (E)=(A)×(D)		
₩20,000	50	₩1,000,000	120	₩2,400,000	70	₩1,400,000

이러한 안전한계에 대한 정보가 경영 의사결정에 이용되는 이유는, 안전한계매출액(판매량)이 현 상황에서 손실이 발생하기 직전까지 허용할 수 있는 매출액에 대한 정보

를 제공함으로써, 기업의 안전성을 측정하는 유용한 지표의 역할을 수행하기 때문이다. 낮은 안전한계매출액(판매량)은 손익분기매출액(판매량)이 너무 높거나 현재 판매량(매출액)이 너무 낮다는 것을 의미한다. 따라서 경영자는 이러한 경영상의 문제점을 파악함으로써 미래의 불황에 대비하여 손익분기점을 낮추거나 매출액을 높여야 할 것이다. 이를테면, 단위당 판매가격은 인상하고 단위당 변동원가와 총고정원가는 감소시킬 수 있는 방안을 고려해야 한다.

다음과 같이 안전한계매출액을 실제매출액으로 나눈 비율로 표시한 것을 안전한계비율(margin of safety ratio)이라고 한다. 안전한계비율은 현 상황에서 손실이 발생할 때까지 허용할 수 있는 매출액의 최대감소비율에 대한 정보를 제공한다.

$$\text{안전한계비율} = \frac{(\text{실제매출액} - \text{손익분기매출액})}{\text{실제매출액}} = \frac{\text{안전한계 매출액}}{\text{실제매출액}}$$

현재 한글과 컴퓨터(주)의 안전한계비율을 계산하면 58.33%(=₩1,400,000/₩2,400,000)이 된다. 곧 한글과 컴퓨터(주)는 현재 매출액에서 58.33% 이상 감소하게 되면 손실이 발생하게 된다.

예제

모닝글로리의 10월중 영업활동에 관한 자료는 다음과 같다.

- 단위당 판매가격 ₩10
- 단위당 변동원가 ₩6
- 현재 판매량 80,000단위
- 총고정원가 ₩200,000

물음

1. 안전한계판매량과 안전한계매출액을 구하라.
2. 안전한계비율을 구하라.

풀이

1. 안전한계판매량과 안전한계매출액을 산출하기 위해서는 먼저 손익분기판매량과 손익분기매출액을 계산해야 한다.

손익분기판매량 =총고정원가/(단위당 판매가격－단위당 변동원가)

=₩200,000/(₩10－₩6)=50,000단위

손익분기매출액 $=\dfrac{\text{총고정원가}}{\dfrac{(\text{단위당 판매가격}-\text{단위당 변동원가})}{\text{단위당 판매가격}}}$

$=\dfrac{₩200,000}{\dfrac{(₩10-₩6)}{₩10}}$

=₩500,000

안전한계판매량 =실제판매량－손익분기판매량

=80,000－50,000

=30,000단위

안전한계매출액 =실제매출액-손익분기매출액

=₩10×80,000－₩500,000

=₩300,000

안전한계비율 $=\dfrac{\text{안전한계 매출액}}{\text{실제매출액}}$

=₩300,000/₩800,000

=0.375

제4절 CVP분석의 의사결정에의 이용

지금까지 CVP분석이 손익분기점에서의 판매량 및 매출액 결정, 목표영업이익을 달성하기 위한 판매량 및 매출액 결정에 유용한 정보를 제공함을 보았다. 다음에서는 경영자의 전략적 의사결정에 CVP분석을 이용하는 사례를 살펴본다.

한글과 컴퓨터(주)는 현재 120단위를 판매하고 있는 상황에서 광고를 하지 않고 있다. 그런데 광고회사인 제일기획으로부터 매출신장을 위하여 ₩1,000,000의 TV광고를 제안받았고, 마케팅부서는 광고를 통해 매출액이 10% 증가할 것으로 예측하였다. 이 상황에서 한글과 컴퓨터(주)는 제일기획의 제안에 대한 수락여부를 판단하기 위해 CVP분석을 수행한 결과는 다음과 같다.

항목	단위당 금액 (A)	[상황 1] 광고 없이 120단위 판매		[상황 2] 광고를 하고 판매량 10% 증가		차이 (F)=(E)−(C)
		수량 (B)	금액 (C)=(A)×(B)	수량 (D)	금액 (E)=(A)×(D)	
총수익①	₩20,000	120	₩2,400,000	132	₩2,640,000	₩240,000
변동원가②	₩12,000	120	1,440,000	132	1,584,000	144,000
공헌이익③=①−②			960,000		1,056,000	96,000
고정원가④			400,000		1,400,000	1,000,000
영업이익⑤=③−④			₩560,000		(₩344,000)	(₩904,000)

광고를 통해 증가하는 공헌이익은 ₩96,000인 반면, 광고선전비로 증가하는 고정비는 ₩1,000,000이기 때문에 영업이익은 ₩904,000 감소하는 결과를 보이고 있어, 광고를 하지 않는 것이 영업이익을 극대화하는 것으로 나타났다.

만약 광고를 하게 된다면 광고를 통해 얻을 수 있는 공헌이익 증가분₩96,000이 광고선전비의 최대금액이 된다.

추가적으로 한글과 컴퓨터(주)에서 매출액 신장을 위하여 가격인하를 고려한다고 하

자. 10%의 가격인하를 하게 되면 40%의 매출신장이 이루어진다는 분석결과에 따라 CVP분석을 수행하면 다음과 같다.

항목	[상황 1] 가격 ₩20,000, 120단위 판매			[상황 2] 가격 10%인하, 40% 판매량증가		
	단위당 금액 (A)	수량 (B)	금액 (C)=(A)×(B)	단위당 금액 (D)	수량 (E)	금액 (F)=(D)×(E)
총수익①	₩20,000	120	₩2,400,000	₩18,000	168	₩3,024,000
변동원가②	₩12,000	120	1,440,000	₩12,000	168	2,016,000
공헌이익③=①-②			960,000			1,008,000
고정원가④			400,000			400,000
영업이익⑤=③-④			₩560,000			₩608,000

단위당 판매가격이 ₩18,000, 판매량이 168단위가 되므로, 단위당 판매가격이 ₩20,000이고 판매량이 120단위일 때와 비교하여 영업이익이 ₩48,000이 증가한다. 즉 이 회사가 40%의 매출신장을 가정하여 10%의 가격을 인하하면 영업이익은 증가하게 된다.

제5절 CVP분석의 확장

1 법인세를 고려한 CVP분석

법인세를 고려한 CVP분석에서는 식의 단순화를 위하여, 세후이익(net income)은 영업외수익과 영업외비용을 0으로 가정하고, 세전이익에서 법인세 (corporate tax)를 뺀 금액이다. 법인세는 세전이익에 법인세율(corporate tax rate)을 곱한 값이다.

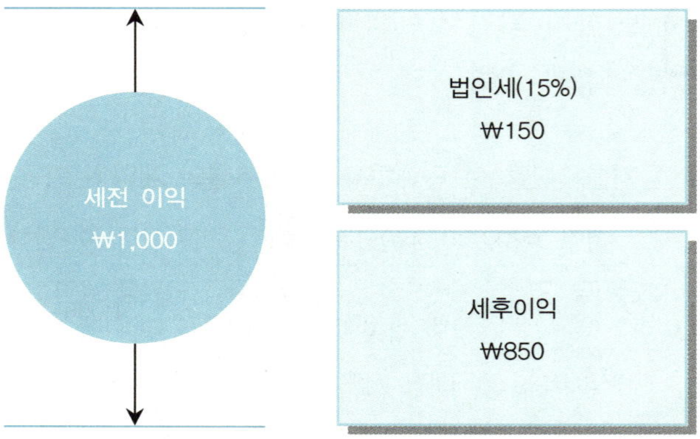

$$세후이익(NI)=세전이익(OI)-법인세(CT) \quad (10)$$

$$법인세(CT)=세전이익(OI)\times 법인세율(t) \quad (11)$$

식(10)에 식(11)을 대입하여 정리하면 다음 식과 같다.

$$\begin{aligned} 세후이익 &= 세전이익-법인세 \\ &= 세전이익-(세전이익\times 세율) \\ &= 세전이익(OI)\times(1-세율(t)) \end{aligned}$$

이를 세전이익으로 풀면,

$$세전이익(OI)=세후이익(NI)/(1-세율(t))$$

세후목표이익 달성을 위한 목표판매량은 다음과 같이 도출된다.

$$Q_{목표}=\frac{FC+OI}{P-V}$$

$$=\frac{FC+\frac{NI}{(1-t)}}{P-V}$$

세후목표이익 달성을 위한 목표매출액은 위 식의 양변에 P를 곱하여 다음과 같이 도출할 수 있다.

$$P \times Q_{목표}(TR_{목표}) = \frac{\frac{FC+OI}{P-V}}{P}$$

$$= \frac{\frac{FC+\frac{NI}{(1-t)}}{P-V}}{P} = \frac{FC+\frac{NI}{(1-t)}}{1-\frac{V}{P}}$$

위 식을 이용하여 한글과 컴퓨터(주)가 세후이익 ₩487,200(단, 세율은 영업이익 1억 이하 13%, 1억 초과 25%)을 달성하기 위한 목표판매량을 계산하면 다음과 같다. 단, 단위당 판매가격은 ₩20,000, 단위당 변동원가는 ₩12,000, 고정원가는 ₩400,000이다.

$$Q_{목표} = \frac{₩400{,}000+\frac{₩487{,}200}{(1-0.13)}}{(₩20{,}000-₩12{,}000)} = \frac{(₩400{,}000+₩560{,}000)}{(₩20{,}000-₩12{,}000)}$$

$$=120단위$$

또한 세후이익 ₩487,200(단, 세율은 영업이익 1억 이하 13%, 1억 초과 25%)을 달성하기 위한 매출액을 계산하면 다음과 같다. 단, 단위당 판매가격은 ₩20,000, 단위당 변동원가는 ₩12,000, 고정원가는 ₩400,000이다.

$$TR_{목표} = \frac{₩400{,}000+\frac{₩487{,}200}{(1-0.13)}}{\frac{(₩20{,}000-₩12{,}000)}{₩20{,}000}} = \frac{(₩400{,}000+₩560{,}000)}{\frac{(₩20{,}000-₩12{,}000)}{₩20{,}000}}$$

$$=₩2{,}400{,}000$$

앞 절에서는 CVP분석의 손익분기판매량, 손익분기매출액을 산출하였다. 그러나 법인세를 고려하지 않았는데, 이는 손익분기점에서는 영업이익이 ₩0이고 이에 따른 법인세가 ₩0이므로, CVP모형에서 법인세 고려 여부와는 상관없이 그 결과가 동일한 것이다.

Ⅰ. 평가자체크리스트

※ 다음 서술이 옳으면 T, 옳지 않으면 F를 기재하시오.

10.1 CVP분석의 목적은 손익분기점의 조업도수준만을 파악하는 데 필요한 기법이다.

10.2 CVP분석은 의사결정이 이루어지는 관련범위 내에서 조업도만이 원가에 영향을 미치는 유일한 요인이라고 가정한다.

10.3 손익분기점에서는 순이익이 0이므로 법인세가 없다.

10.4 CVP분석은 장기투자의사결정에 유용한 분석방법이다.

10.5 공헌이익이 총고정원가보다 클 경우에는 이익이 발생한다.

10.6 공헌이익률은 원가구조와 밀접한 관련이 있으며 변동원가 비중이 높으면 공헌이익률이 높게 나타난다.

10.7 고정원가가 10% 증가하였을 때 다른 조건이 일정하다면 손익분기점 판매량도 10%증가한다.

10.8 법인세를 고려하건 고려하지 않건 간에 손익분기점은 영향을 받지 않는다.

10.9 경기침체시 매출액이 감소한다면 고정비를 줄여 기업의 위험관리를 한다.

10.10 원가함수를 조업도에 대한 1차함수로 추정하는 것은 관련범위 내에서 원가함수가 비선형이라는 가정에 따른 것이다.

Ⅱ. 객관식

10.1 일반적으로 손익분기점 분석에서 고려하지 않는 가정은? [2000년 세무사]

① 판매가격은 일정범위내에서는 변동하지 않는다.
② 모든 원가는 고정비와 변동비로 나누어질 수 있다.
③ 수익과 원가형태는 관련범위내에서 곡선적이다.
④ 원가요소, 능률, 생산성은 일정범위내에서 변동하지 않는다.
⑤ 단위당 판매가격은 판매량에 관계없이 일정하다.

10.2 원가의 조업도 변화에 대한 설명 중 옳지 않은 것은?

① 생산량이 증가할 때 총원가는 증가한다.
② 생산량이 증가할 때 단위당 변동원가는 일정하다.
③ 생산량이 증가함에 따라 총변동원가는 증가한다.
④ 생산량이 증가함에 따라 단위당 고정원가는 감소한다.
⑤ 생산량이 증가함에 따라 단위당 총원가는 일정하다.

10.3 단위당 판매가격과 단위당 변동원가가 불변이며, 총고정원가가 증가할 경우 다음 중 옳은 것은?

① 총공헌이익은 감소하고, 손익분기점 총매출액이 증가한다.
② 총공헌이익은 감소하고, 손익분기점 총매출액이 감소한다.
③ 총공헌이익은 불변이며, 손익분기점 총매출액이 증가한다.
④ 총공헌이익은 불변이며, 손익분기점 총매출액이 감소한다.
⑤ 총공헌이익은 증가하고, 손익분기점 총매출액이 감소한다.

10.4 다음은 원가－조업도－이익분석(CVP분석)에 관련된 공식이다. 옳지 않은 것은?

① 손익분기점 매출액$=\dfrac{\text{고정원가}}{\text{단위당변동원가}}$

② 손익분기점 판매량$=\dfrac{\text{고정원가}}{\text{단위당공헌이익}}$

③ 목표이익 판매량$=\dfrac{\text{고정원가}+\text{목표이익}}{\text{단위당공헌이익}}$

④ 세후목표이익 판매량$=\dfrac{\text{고정원가}+\dfrac{\text{세후이익}}{1-\text{세율}}}{\text{단위당공헌이익}}$

⑤ 안전한계율$=\dfrac{\text{매출액}-\text{손익분기매출액}}{\text{매출액}}$

10.5 다음 중 원가구조에 관한 설명으로 옳지 않은 것은?

① 원가구조란 조직내 고정비와 변동비의 상대적 비율을 의미한다.
② 매출이 증가하는 호황기에는 고정비의 비중이 큰 경우가 유리하다.
③ 고정비 비율이 클수록 이익의 안정성이 커진다.
④ 고정비 비율이 클수록 매출 증가시 유리하다.
⑤ 변동비 비율이 클수록 매출 감소시 유리하다.

10.6 (주)안산은 단일 제품을 생산·판매하고 있다. 단위당 판매가격 ₩100, 단위당 변동비 ₩50, 총고정비 ₩100,000이다. 다음 중 옳은 것은? .

① 단위당 공헌이익은 ₩100이다.
② 변동비율은 100%이다.
③ 공헌이익률은 0.45이다.
④ 손익분기점 매출액은 ₩200,000이다.
⑤ 손익분기점 판매수량은 2,500개이다.

10.7 F회사의 손익분기점 매출액(BEPs)이 ₩1,000,000, 공헌이익률이 40%, 20×8년도 영업이익이 ₩250,000일 경우 20×8년도 매출액을 계산하면? [1993년 공인회계사]

① ₩1,625,000 ② ₩1,375,000 ③ ₩1,700,000
④ ₩1,083,333 ⑤ ₩1,600,000

10.8 변동비가 매출액의 70%,판매액이 S,연간 총고정비가 FC일 때 총 판매액의 20%의 목표이익을 내려고 할 때 목표판매액은? [1994년 공인회계사]

① S=0.2/FC ② S=FC/0.2 ③ S=FC/0.7
④ S=FC/0.1 ⑤ S=0.8FC

10.9 골프공을 제조하여 판매하고 있는 (주)그린골프는 손익분기점 분석방법으로 20×8년 12월에 실현하고자 하는 이익을 사전에 계산해 보려고 한다. (주)그린골프가 제조하여 판매하는 골프공 1개당 판매가격은 ₩1,000이고, 1개당 변동비는 ₩350이며, 고정비는 월 ₩1,300,000이다. 손익분기점상의 매출액은 얼마인가? [기업회계1급 수정]

① ₩2,000,000 ② ₩2,200,000 ③ ₩2,500,000
④ ₩2,700,000 ⑤ ₩3,200,000

10.10 (주)서울은 단일 제품을 제조·판매하고 있다. 총고정비 ₩100,000, 단위당 공헌이익 ₩100, 목표이익이 ₩50,000일 경우 목표이익을 실현하기 위한 판매수량은?

① 1,000단위　② 1,500단위　③ 2,000단위
④ 2,500단위　⑤ 3,000단위

10.11 (주)서현은 단일제품을 생산, 판매하고 있다. 단위당 판매가격 ₩100, 단위당 변동비 ₩60, 고정비 ₩100,000이다. 다음 중 옳지 않은 것은?

① 단위당 공헌이익은 ₩50이다.　② 변동비율은 60%이다.
③ 공헌이익률은 40%이다.　④ 손익분기점 판매량은 2,500개이다.
⑤ 손익분기점 매출액은 ₩250,000이다.

10.12 (주)두산은 단위당 판매가격이 500원이고 단위당 변동비가 100원인 제품을 생산, 판매하고 있다. 연간 고정비는 ₩30,000일 때 ₩50,000의 목표이익을 달성하기 위한 판매량은 얼마인가?

① 75개　② 125개　③ 160개
④ 200개　⑤ 220개

10.13 (주)남산의 고정비는 ₩150,000이며, 공헌이익률은 30%이다. 이 회사가 ₩60,000의 영업이익을 달성하고자 한다면 총매출액은 얼마이어야 하는가?

① ₩760,000　② ₩700,000　③ ₩640,000
④ ₩560,000　⑤ ₩500,000

10.14 대한기업은 이번 달에 200,000개의 제품을 개당 ₩4에 판매할 계획이다. 공헌이익률은 25%이다. 대한기업의 한 달 동안의 손익분기점 판매량이 200,000개라면 총고정비용은 얼마인가?

① ₩100,000　② ₩160,000　③ ₩200,000
④ ₩300,000　⑤ ₩340,000

10.15 승리회사는 단일 제품을 생산·판매하고 있다. 월 고정비 ₩20,000, 단위당 공헌이익 ₩10, 세후 목표순이익 ₩30,000이다. 세율이 20%일 경우 세후 목표순이익을 실현하기 위한 판매수량은?

① 4,150단위　② 4,600단위　③ 5,750단위
④ 6,250단위　⑤ 6,500단위

10.16 제품 A의 단위당 판매가격은 ₩100이고, 단위당 변동비는 ₩60이다. 회사가 손익분기점 이상의 매출을 하고 있을 경우 매출이 ₩100,000증가하면 순이익의 증가는 얼마인가?

① ₩20,000 ② ₩40,000 ③ ₩60,000
④ ₩80,000 ⑤ ₩100,000

10.17 (주)시테크는 핸드폰 베터리를 제조 · 판매하는 회사이다. 이들 제품에 관한 자료는 다음과 같다.

단위당 판매가격	₩10,000
단위당 변동원가	₩2,000
고정원가	₩10,000,000
법인세율	40%

(주)시테크의 20×8년의 세후목표이익 ₩1,200,000을 달성하기 위한 판매수량은?

① 500개 ② 1,000개 ③ 1,500개
④ 2,000대 ⑤ 2,500개

10.18 (주)안산은 전화기를 생산 · 판매하는 회사이다. 다음은 회사의 1분기 예산자료이며, 목표 판매량을 12,000대로 결정하였을 때 안전한계 판매량은?

매 출 액(@₩10,000)	₩120,000,000
단위당 변동원가	₩4,000
고 정 원 가	₩30,000,000

① 4,000대 ② 5,000대 ③ 6,000대
④ 7,000대 ⑤ 8,000대

10.19 서초회사는 단일 제품을 생산 · 판매하고 있다. 월 고정비 ₩20,500, 월 판매량 1,000단위, 단위당 공헌이익 ₩50일 경우 월 순이익은?

① ₩15,000 ② ₩20,500 ③ ₩24,500
④ ₩29,500 ⑤ ₩32,500

10.20 다음은 단일제품을 생산하고 있는 (주)서울의 당월 중 원가에 관련된 자료이다. 단, 생산설비는 충분히 크며 법인세율은 40%이다.

(1) 단위당 판매가격	₩20
(2) 단위당 직접재료비	₩2
(3) 단위당 직접노무비	₩4
(4) 단위당 변동제조간접비	₩3
(5) 단위당 변동판매비	₩5
(6) 월간 고정비총액	₩60,000

세금공제 후 목표이익 ₩61,200을 획득하기 위한 당월의 판매량은 얼마인가? (단, 생산량과 판매량이 일치됨을 가정할 것) [1994년 세무사]

① 2,020단위 ② 2,700단위 ③ 2,915단위 ④ 3.250단위 ⑤ 3,550단위

Ⅲ. 주관식

10.1 강남전자는 게임기를 판매하는 회사이다. 회사는 5월 중에 1,000대의 게임기를 대당 ₩50,000에 모두 판매하였다. 게임기의 단위당 변동비는 ₩30,000, 고정비는 ₩5,000,000이며, 고정비 중에는 영업사원의 급료 ₩2,000,000이 포함되어 있다.

물음 1) 공헌이익과 공헌이익률 및 변동비율을 계산하시오.
2) 손익분기점의 판매량과 매출액을 계산하시오.
3) 목표이익 ₩5,000,000을 달성하기 위한 매출액을 계산하시오.

10.2 100실 규모의 호텔을 운영하는 B회사의 연간 고정원가는 ₩1,200,000,000이고, 객실의 1일 임대료는 ₩50,000, 임대객실 1실당 평균변동원가는 ₩10,000이다. 1년 365일 무휴인 B회사가 손익분기에 도달하기 위한 연간 점유객실수와 객실임대율(점유율)은 얼마인가? 단, 객실임대는 1일 단위로 한다.

10.3 사무용 책상을 제조하여 판매하는 회사이다. 동 책상의 단위당 판매가격은 ₩200,000이며 원가계산 결과 책상의 단위당 변동비는 ₩150,000, 총고정비는 ₩3,000,000으로 나타났다. 법인세율이 20%라고 할 때, 이 회사가 20×5년도 납세후 목표이익 ₩1,600,000을 달성하기 위하여 필요한 판매량은 얼마인가?

10.4 (주)상록은 제품 A를 단위당 ₩1,000에 생산 · 판매하고 있다. 제품 A의 단위당 변동비는 ₩600이고 연간 고정비는 ₩1,000,000이다. 연간 ₩3,000,000의 세후 순이익을 얻기 위해서 판매하여야 할 수량은? (단, 법인세율은 40%이다.)

10.5 대한회사는 단일제품을 생산 · 판매하고 있다. 제품단위당 판매가격은 ₩500이며, 2000년 5월의 요약 공헌이익계산서는 다음과 같다.

공헌이익계산서	
매 출 액(1,000단위)	₩500,000
변동원가	300,000
공헌이익	₩200,000
고정원가	150,000
순 이 익	₩50,000

상기 자료와 관련된 다음의 요구사항에 답하라.

물음 1) 단위당 공헌이익, 공헌이익률, 변동원가율
2) 손익분기점 판매량과 매출액
3) 목표이익 ₩80,000을 얻기 위한 판매량
4) 회사의 법인세율이 30%라고 가정하면, 세후목표이익 ₩70,000을 달성하기 위한 매출액

10.6 (주)천리향은 단일제품인 기능성비누를 생산 판매하고 있다. 20×8년 6월의 공헌이익손익계산서는 다음과 같다. 생산된 제품 10,000개를 판매하였으며 회사의 생산능력은 20,000개이다.

공헌이익손익계산서	
매 출 액	₩5,000,000
변 동 비	₩2,000,000
공헌이익	₩3,000,000
고 정 비	₩1,500,000
순 이 익	₩1,500,000

물음 1) 손익분기점의 판매량을 계산하시오.
2) 30%의 목표이익을 달성하기 위한 매출액을 계산하시오.
3) 법인세율이 40%일 때 세후목표이익 ₩900,000을 달성하기 위한 매출액은?

10.7 (주)상록은 신제품 K를 생산·판매 예정이다. 단위당 판매가격은 ₩100,000, 단위당 변동비 ₩80,000, 월 고정비는 ₩200,000이다.

물음 1) 세전 순이익 ₩300,000을 실현하기 위한 월 판매수량을 계산하시오.
2) 30단위를 판매할 계획을 수립한 경우 다음을 계산하시오.

① 총수익 ② 총공헌이익 ③ 세전 순이익 ④ 안전한계 ⑤ 안전한계율

10.8 (주)삼일은 제품 20,000개를 판매하여 ₩1,000,000의 세전 영업이익을 목표로 하고 있다. 이때 고정원가는 ₩4,000,000이고 공헌이익률은 40%이다. (주)삼일의 제품단위당 판매가격은 얼마인가? 단, 회사는 단일제품을 생산, 판매하며 판매가격은 연중 일정하다고 가정한다. [재경관리사]

10.9 미래회사의 매출액은 ₩200,000, 변동비 ₩100,000, 고정비 ₩60,000, 영업손실 ₩10,000이다. 매출액의 10% 영업이익을 실현하기 위하여 필요한 매출액은?

10.10 (주)경기의 손익분기점 매출액은 ₩360,000이고 공헌이익률은 30%이다. 이 회사가 ₩84,000의 영업이익을 달성하고자 한다면 총매출액은 얼마이어야 하는가? [2004년 세무사]

제11장

표준원가와 차이분석

학습목표

앞 장에서는 종합예산 편성과 관련하여 조직 전반적인 입장에서 파악해 보았다. 그런데 현실적으로 경제 환경 변화에 따라 조직경영의 유연성(flexibility)을 확보하기 위해서는 종합예산의 편성만으로는 불가능하다. 이는 변동예산의 수립이 얼마나 중요한지를 의미하는 것이다. 따라서 본 장에서는 다음과 같은 학습목표를 설정한다.

1. 표준원가는 무엇인가?
2. 예산과 예산차이는 무엇인가?
3. 직접재료원가, 직접노무원가 차이분석은 어떻게 되는가?
4. 제조간접원가 차이분석은 어떻게 되는가?
5. 변동예산 수립에 있어 원가흐름과 회계처리는 어떻게 되는가?
6. 각 원가차이는 어떻게 기말에 조정되는가?
7. 조정 후 다음 회계기간의 회계처리까지 해보자.
8. 표준종합원가계산을 살펴보자.

제1절 표준원가

우리는 앞에서 예산의 편성과 관련된 문제를 살펴보았다. 특히 생산량 예산에 있어서는 각 원가유형에 따라서 소요되는 수량과 단위당 원가를 주어진 것으로 보았으나, 사실상 이들의 설정을 엄격히 할 경우 이들은 표준수량(standard quantity)과 표준원가(standard cost)가 된다. 표준원가란 특정제품을 생산하는 데 발생할 것으로 예상되는 원가를 가격표준과 수량표준을 이용하여 사전에 결정한 것으로, 일반적으로 각 원가요소별로 설정하는 것이 보통이다. 즉, 제품의 표준원가는 직접재료원가, 직접노무원가, 제조간접원가 각각에 대해 수량표준과 가격표준을 곱하여 계산한 금액을 모두 합한 것이다. 실무에서는 예산편성에 사용되는 예산수량(budgeted quantity)과 예산원가(budgeted cost)를 표준수량 및 표준원가와 혼용하여 사용하기도 하지만, 엄밀한 의미에서 표준의 개념이 예산의 개념보다 더 엄격하다고 할 수 있다.

1 표준원가의 유용성과 한계

1) 표준원가의 유용성

표준원가를 사용하는 주요목적에는 계획목적, 통제목적, 제품원가계산목적이 있다. 계획목적과 통제목적은 관리회계상의 목적이며 제품원가계산목적은 원가회계상의 목적이라고 할 수 있다.

- 계획목적: 표준원가를 설정하면 현금조달계획, 원재료구입계획 등의 계획과 이러한 계획을 금액으로 표시하는 예산을 쉽게 작성할 수 있다.
- 통제목적: 표준원가를 설정하면 작업을 진행하고 있는 동안 실제투입량 및 실제원가가 표준을 기초로 설정한 통제한계 내에서 발생하고 있는지를 즉시 파악할 수 있으므로 예외에 의한 관리(management by exception)를 할 수 있다. 즉, 실제원가가

표준을 근거로 설정한 허용범위 내에 있으면 경영자는 이에 대해 특별한 주의를 기울이지 않고, 실제원가가 허용범위를 벗어나는 예외적인 경우에만 특별한 주의를 기울임으로써 경영자의 시간을 보다 효율적으로 사용할 수 있게 된다.

• 제품원가계산목적: 표준원가를 사용하여 제품원가를 계산하고 회계처리하는 경우에는 장부에 기록하는 활동이 많이 간소화된다.

2) 표준원가의 한계

표준원가가 재무보고를 개선시키고 경영진에게 유용한 정보를 제공한다는 장점이 있지만, 다른 모든 경영관리기법과 마찬가지로 한계점을 갖고 있다. 표준원가를 이용하여 예외에 의한 관리를 수행할 경우에 나타날 수 있는 문제점은 다음과 같다.

첫째, 예외에 의한 관리에서 어느 정도의 예외사항을 중요한 예외사항으로 볼 것인가 하는 문제가 발생한다. 표준원가를 사용하는 경우에는 실제원가와 표준원가 사이에 차이가 발생하는데, 어느 정도의 차이가 금액적으로 중요한 차이인가를 결정하는 데에는 어려움이 있다.

둘째, 일정한 수준 이상의 차이, 즉 금액이 큰 차이에만 초점을 맞추게 되면 허용범위 이내에서 발생하는 실제원가의 증가추세와 같은 중요한 변동을 초기분석단계에서 탐지하지 못하게 된다.

셋째, 예외에 의한 관리는 하위관리자에 대한 동기부여측면에서 문제가 있다. 만일 성과평가가 예외의 원칙에 의해서만 수행된다면, 하위관리자는 부정적인 예외를 감추고 이들을 보고하지 않을 유인이 발생한다.

넷째, 예외에 의한 관리는 상위관리자에게도 바람직하지 못한 영향을 미칠 수 있다. 왜냐하면 상위관리자들은 중요한 문제점에만 관심을 기울이기 때문에 업무전반을 철저히 감독하지 않을 유인이 발생하며, 또한 하위관리자를 계속적으로 감시하고 억압한다는 부정적인 느낌을 줄 수도 있다.

제2절 예 산

앞에서 언급한 바와 같이 성과평가 및 원가통제의 목적으로 실무에서 표준과 함께 가장 많이 사용하고 있는 것이 표준에 기초한 예산이다. 예산(budget)이란 미래에 대한 공식적인 활동계획을 화폐가치로 나타낸 것이다. 이를 그 설정방법에 따라 구분하면 고정예산과 변동예산이 있다.

1 고정예산과 변동예산

고정예산(static budget)은 특정 예산기간 동안의 특정 산출물 수준을 기준으로 편성한 예산으로서 특정기간 동안의 생산수량이나 기타 조업도의 변화 여부에 관계없이 하나의 조업도를 기준으로 편성한 예산이다. 종합예산은 예산기간에 대하여 단일의 생산량을 기준으로 수립한 예산이기 때문에 고정예산이다.

변동예산(flexible budget)은 단일의 생산량을 기준으로 설정하는 고정예산과는 달리 예산기간 동안의 실제생산량에 따라 조정하여 작성되는 예산이다. 따라서 고정예산차이를 보다 자세히 분석하고자 하는 경우와 실제성과가 얼마나 효율적으로 달성되었는가를 합리적으로 평가하기 위해서 편성한다. 변동예산은 예산기간 동안의 실제생산량에 근거하여 수익과 원가에 대한 예산을 편성하는 것이다. 따라서 변동예산제도 하에서는 비교 목적과 성과평가목적을 위해서 실제원가를 실제생산량 수준에서의 예산원가와 비교한다.

다음은 휴대전화기를 생산하는 삼성전자주식회사의 2017년 5월 고정예산 내역이다.

항목	금액
예산판매가격	300
예산판매수량	13,000단위
단위당 예산직접재료원가	60
단위당 예산직접노무원가	52
단위당 예산변동제조간접원가	60
예산고정제조간접원가	1,209,000

사례를 단순화시키기 위해 원가는 모두 제조원가이며, 판매비와 관리비는 발생하지 않는다고 가정하자. 또한 2017년 5월에 생산된 제품은 2017년 5월에 모두 판매된다고 가정한다. 따라서 모든 재료는 같은 기간에 구입되고 사용되며, 직접재료, 재공품, 제품의 기초 및 기말재고는 없다. 생산수량이 직접재료원가, 직접노무원가, 변동제조간접원가의 원가동인이다. 고정제조간접원가는 직접재료투입량 기준으로 배부한다. 2017년 5월의 실제자료는 다음과 같다.

항목	금액
실제매출액	3,200,000
실제판매수량	10,000단위
실제직접재료원가	660,000
실제직접노무원가	580,000
실제변동제조간접원가	840,000
실제고정제조간접원가	950,000

다음으로 단위당 예산변동원가, 실제수량, 예산고정원가정보를 이용하여 변동예산을 산출한다. 삼성전자주식회사의 2017년 5월의 변동예산은 다음과 같다.

항목	단위당 예산금액 (A)	실제수량 (B)	금액 (C)=(A)×(B)
매출액	300	10,000	3,000,000
변동원가			
직접재료원가	60	10,000	600,000
직접노무원가	52	10,000	520,000
변동제조간접원가	60	10,000	600,000
총변동원가			1,720,000
공헌이익			1,280,000
고정제조간접원가			1,209,000
영업이익			71,000

위에서 제시한 삼성전자주식회사의 예산자료와 실제자료를 이용하여 산출한 2017년 5월의 예산정보는 다음과 같다.

항목 \ 구분	실제금액	변동예산금액	고정예산금액
매출액	3,200,000	3,000,000	3,900,000
변동원가			
직접재료원가	660,000	600,000	780,000
직접노무원가	580,000	520,000	676,000
변동제조간접원가	840,000	600,000	780,000
총변동원가	2,080,000	1,720,000	2,236,000
공헌이익	1,120,000	1,280,000	1,664,000
고정제조간접원가	950,000	1,209,000	1,209,000
영업이익	170,000	71,000	455,000

2 고정예산차이와 변동예산차이

앞에서 설정한 예산에 근거하여 실제와 예산간의 차이분석을 할 수 있다. 차이분석(variance analysis)에서 차이(variance)는 실제발생액과 예산액의 차이를 말하며, 실제와 예산의 차이를 각 원가항목별로 제시함으로써 원가통제 및 성과평가목적에 유용하게 사용할 수 있다.

차이는 유리한 차이(F: favorable variance)와 불리한 차이(U: unfavorable variance)로 구분할 수 있다. 유리한 차이는 예산에 비해 영업이익을 증가시키는 차이이다. 이와 반대로 불리한 차이는 예산에 비해 영업이익을 감소시키는 차이이다. 차이를 해석함에 있어 주의해야 할 점은 유리한 차이가 항상 좋고 불리한 차이는 항상 나쁘다고 말할 수 없다는 것이다.

고정예산차이(static budget variance)는 실제금액과 고정예산과의 차이이다. 위 표의 가장 마지막 행에서 고정예산 불리한 차이 ₩285,000이 발생한다. 이는 실제영업이익 ₩170,000에서 고정예산상의 영업이익 ₩455,000을 차감한 금액이다.

$$
\begin{aligned}
\text{고정예산차이} &= \text{실제영업이익} - \text{고정예산영업이익} \\
&= ₩170{,}000 - ₩455{,}000 \\
&= ₩285{,}000\text{U}
\end{aligned}
$$

고정예산차이 ₩285,000U에 대하여 영업이익을 구성하는 매출액, 개별변동원가, 고정원가별로 상세한 정보를 제공할 수 있어야 한다. 이를테면, 고정예산영업이익률 11.7%(=₩455,000/₩3,900,000)가 실제 5.3%(=₩170,000/₩3,200,000)로 감소하였다. 그러나 고정예산차이는 실제 생산량 및 판매량인 10,000단위에서 어느 정도의 예측오류가 존재하는지에 대한 정보를 제공하지 못한다. 즉 이 회사의 불리한 고정예산차이는 단지 고정예산보다 3,000단위를 덜 판매했기 때문에 발생되었음을 알 수 있을 뿐이다. 경영자는 고정예산 차이에서 얼마가 판매예측오차에 의한 것이며, 또한 얼마가 생산 및 판매활동에서 발생한 것인지를 확인하려고 할 것이다. 따라서 고정예산으로부터의 차이정보를 경영의사결정에 이용하기 위해서 변동예산을 편성하게 된다.

앞의 실제와 예산자료를 이용하여 차이분석을 수행하면 다음과 같다.

항목	실제 (A)	변동예산차이 (B)=(A)−(C)	변동예산 (C)	매출수량차이 (D)=(C)−(E)	고정예산 (E)
매출액	3,200,000	200,000F	3,000,000	900,000U	3,900,000
변동원가					
직접재료원가	660,000	60,000U	600,000	180,000F	780,000
직접노무원가	580,000	60,000U	520,000	156,000F	676,000
변동제조간접원가	840,000	240,000U	600,000	180,000F	780,000
총변동원가	2,080,000	360,000U	1,720,000	516,000F	2,236,000
공헌이익	1,120,000	160,000U	1,280,000	384,000U	1,664,000
고정제조간접원가	950,000	259,000F	1,209,000	0	1,209,000
영업이익	170,000	99,000F	71,000	384,000U	455,000
2단계		총변동예산차이 ₩99,000F		총매출수량차이 ₩384,000U	
1단계			총고정예산차이 ₩285,000U		

1단계는 고정예산차이 ₩285,000U이며 이를 세분화한 것이 변동예산차이(flexible budget variance) ₩99,000F와 매출수량차이(sales volume variance) ₩384,000U이다.

실제결과와 실제생산 및 판매량에 의한 변동예산과의 차이를 변동예산차이라고 한다. 삼성전자주식회사의 총변동예산차이는 실제영업이익 ₩170,000에서 변동예산 영업이익 ₩71,000을 차감한 ₩99,000F이다. 이러한 차이를 세분화하여 다음 절에서 설명하기로 한다.

제3절 차이분석

1 차이분석의 일반적 모형

앞의 예산차이 분석에서 실제와 예산의 차이를 각 유형별로 확인할 수 있음을 보여주고 있는데 이러한 예산과 실제의 차이분석을 기초로 하여 보다 세부적인 차이분석을 수행할 수 있다. 이러한 차이분석 결과는 원가통제 및 성과평가목적에 유용하게 사용할 수 있다. 차이분석의 기본모형은 변동예산에 기초한 것으로, 특정기간 동안에 발생한 실제투입원가와 실제생산량에 허용된 표준원가를 비교하여 차이를 구하는데, 이렇게 계산된 차이를 총차이(total variance)라고 한다.

총차이는 실제가격(AP)에 실제투입량(AQ)을 곱한 금액과 표준가격(SP)에 표준투입량(SQ)을 곱한 금액의 차이이다. 여기서 표준투입량은 실제생산량에 허용된 표준투입량을 말한다. 즉, 총차이는 실제투입원가와 실제생산량에 허용된 표준원가의 차이이다.

총차이 = (AP×AQ) − (SP×SQ)

여기에서, AP(Actual Price): 실제가격
AQ(Actual Quantity): 실제투입량
SP(Standard Quantity): 표준가격
SQ(Standard Quantity): 실제생산량에 대해 허용된 표준투입량

총차이는 크게 가격차이와 능률차이로 구분한다. 가격차이(price variance)는 실제가격(AP)에 실제투입량(AQ)을 곱한 금액과 표준가격(SP)에 실제투입량(AQ)을 곱한 금액의 차이이다. 즉, 가격차이는 실제원가와 실제투입량에 대한 표준원가와의 차이이다.

$$\text{가격차이} = (AP \times AQ) - (SP \times AQ) = (AP - SP) \times AQ$$

능률차이(efficiency variance)는 표준가격(SP)에 실제투입량(AQ)을 곱한 금액과 표준가격(SP)에 표준투입량(SQ)을 곱한 금액의 차이이다. 즉, 능률차이는 실제투입량에 대한 표준원가와 표준투입량에 대한 표준원가와의 차이이다.

$$\text{능률차이} = (SP \times AQ) - (SP \times SQ) = SP \times (AQ - SQ)$$

이러한 차이분석의 일반모형을 요약하면 다음과 같다.

(1) 실제가격×실제투입량 (AP×AQ)	(2) 표준가격×실제투입량 (SP×AQ)	(3) 표준가격×실제생산량에 허용된 표준투입량 (SP×SQ)

가격차이 = (1) − (2)
능률차이 = (2) − (3)
총차이 = (1) − (3)

2 직접재료원가차이

삼성전자주식회사의 직접재료원가에 대한 변동예산차이는 실제직접재료원가 ₩660,000에서 변동예산 직접재료원가 ₩600,000의 차이인 ₩60,000U이다.

직접재료원가 가격차이는 투입물 가격차이(input price variance)라고도 하며, 직접재료원가 능률차이는 소비차이(usage variance)라고도 한다. 이러한 가격차이와 능률차이의 합을 직접재료원가 총차이(total variance)라고 한다.

직접재료원가 총차이는 실제직접재료원가와 변동예산에서 허용된 표준직접재료원가의 차이를 말한다. 이를 식으로 나타내면 다음과 같다.

직접재료원가 총차이

=실제직접재료원가－변동예산 직접재료원가

=(AP×AQ)－(SP×SQ)

여기에서, AP(Actual Price): 직접재료의 단위당 실제가격
AQ(Actual Quantity): 직접재료의 실제투입량
SP(Standard Price): 직접재료의 단위당 표준가격
SQ(Standard Quantity): 실제생산량에 허용된 직접재료의 표준투입량

직접재료원가 가격차이는 실제가격(AP)에 실제투입량(AQ)을 곱한 금액과 표준가격(SP)에 실제투입량(AQ)을 곱한 금액의 차이이다. 즉, 가격차이는 실제원가와 실제생산량에 대한 표준원가와의 차이이다. 이를 식으로 나타내면 다음과 같다.

직접재료원가 가격차이

=실제 직접재료원가－실제생산량에 대한 표준직접재료원가

=(AP×AQ)－(SP×AQ)

=(AP－SP)×AQ

여기에서, AP(Actual Price): 직접재료의 단위당 실제가격
SP(Standard Price): 직접재료의 단위당 표준가격
AQ(Actual Quantity): 직접재료의 실제투입량

직접재료원가 능률차이는 표준가격(SP)에 실제투입량(AQ)을 곱한 금액과 표준가격(SP)에 표준투입량(SQ)을 곱한 금액의 차이이다. 즉, 능률차이는 실제투입량에 대한 표준원가와 표준투입량에 대한 표준원가와의 차이이다. 여기서 표준투입량이라 함은 실제생산량의 생산에 허용된 투입량을 말한다. 이를 식으로 나타내면 다음과 같다.

직접재료원가 능률차이

=실제생산량에 대한 표준직접재료원가−변동예산 직접재료원가

$=(SP\times AQ)-(SP\times SQ)$

$=SP\times(AQ-SQ)$

여기에서, SP(Standard Price): 직접재료의 단위당 표준가격

AQ(Actual Quantity): 직접재료의 실제투입량

SQ(Standard Quantity): 실제생산량에 허용된 원재료의 표준투입량

지금까지 설명한 직접재료원가차이분석을 도식화하면 다음과 같다.

실제가격×실제투입량	표준가격×실제투입량	표준가격×실제생산량에 허용된 표준투입량
AP×AQ	SP×AQ	SP×SQ

- 직접재료원가 가격차이: $(AP-SP)\times AQ$
- 직접재료원가 능률차이: $SP\times(AQ-SQ)$
- 직접재료원가 총차이: $(AP\times AQ)-(SP\times SQ)$

2017년 5월 삼성전자주식회사의 휴대전화기 단위당 직접재료 표준수량은 4kg이며 1kg당 표준원가는 ₩15이다. 그리고 단위당 실제 직접재료투입량은 5kg, 실제 직접재료가격은 1kg당 ₩13.2이다.

항목	실제	표준
kg당 직접재료가격	₩13.2	₩15
단위당 직접재료수량	5kg	4kg

이를 이용하여 직접재료원가 가격차이와 능률차이를 계산하면 다음과 같다.

실제가격×실제투입량 AP×AQ	표준가격×실제투입량 SP×AQ	표준가격×실제생산량에 허용된 표준투입량 SP×SQ
₩13.2×(5kg×10,000단위) =₩660,000	₩15×(5kg×10,000단위) =₩750,000	₩15×(4kg×10,000단위) =₩600,000

직접재료원가 가격차이	직접재료원가 능률차이
₩90,000F	₩150,000U

직접재료원가 총차이
₩60,000U

여기서 유의할 사항은 직접재료원가 가격차이가 직접재료의 수량을 실제투입량(AQ)으로 고정시킨 상태에서 직접재료의 가격변화(AP－SP)를 나타낸다는 점이다. 즉, 다음 그림에서와 같이 직접재료원가 가격차이에 가격－능률혼합차이가 포함되어 있다는 것이다.

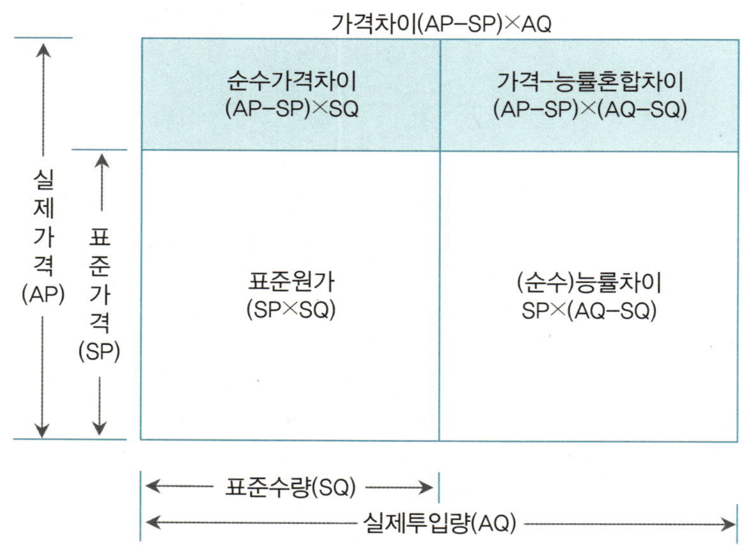

앞서 가격차이 분석에서 순수가격차이와 가격능률혼합차이를 구분하지 않고 분석한 이유는 경영자는 가격차이보다 능률차이에 더 많은 관심을 기울여야 하기 때문이다. 왜냐하면 가격차이는 외부요인으로 인하여 발생하는 경우가 많기 때문에 경영자가 노력을

기울인다 하더라도 그 차이를 감소시키는 데 한계가 있다. 반면에 능률차이는 경영자가 노력을 기울임으로써 불리한 차이의 발생을 크게 억제할 수 있는 있기 때문이다. 따라서 순수한 능률차이를 얻기 위해서 가격-능률혼합차이를 가격차이의 일부로 간주하였다.

이러한 직접재료원가 가격-능률혼합차이를 별도로 분리하는 경우에 직접재료원가 순수가격차이, 순수능률차이, 가격-능률혼합차이 등 세 가지 차이를 계산한다. 이 세 가지 차이들 간의 가능한 관계를 정리하면 다음과 같다.

순수가격차이가 불리(AP-SP > 0)하고 순수능률차이(AQ-SQ > 0)도 불리한 경우 즉, 두 차이가 모두 불리한 차이일 때 가격-능률혼합차이도 불리[(AP-SP)×(AQ-SQ)〉0]하게 나타나기 때문에 일관성이 있다.

다음의 경우에서 문제가 되는 경우는 순수가격차이와 순수능률차이가 모두 유리한 경우이다. 순수가격차이가 유리(AP-SP〈0)하고 순수능률차이도 유리(AQ-SQ〈0)한 경우에는 가격-능률혼합차이가 불리[(AP-SP)×(AQ-SQ)〉0]한 것으로 나타나 아무런 의미를 갖지 못하게 된다.

	순수능률차이 유리 (AQ-SQ 〈 0)	순수능률차이 불리 (AQ-SQ 〉 0)
순수가격차이 유리 (AP-SP < 0)	가격-능률혼합차이 불리 (AP-SP) × (AQ-SQ) > 0	가격-능률혼합차이 유리 (AP-SP) × (AQ-SQ) < 0
순수가격차이 불리 (AP-SP > 0)	가격-능률혼합차이 유리 (AP-SP) × (AQ-SQ) < 0	가격-능률혼합차이 불리 (AP-SP) × (AQ-SQ) > 0

이러한 해석상의 어려움을 피하기 위해서 직접재료원가 가격차이를 사용시점이 아닌 구입시점에서 분리한다. 직접재료원가 가격차이를 구입시점에서 분리하면 가격-능률혼합차이를 별도로 분리할 필요가 없다. 왜냐하면 가격-능률혼합차이는 원재료의 실제사용량을 표준투입량과 비교하여 계산하는데, 재료의 구입시점에서는 실제 생산에 투입된 직접재료가 없으므로 실제사용량과 표준투입량이 모두 존재하지 않기 때문이다. 따라서 직접재료원가 가격차이는 구입량을 기초로 계산하고 직접재료원가 능률차이는 사용량을 기초로 계산한다.

삼성전자주식회사의 사례에서 직접재료의 구입량이 60,000kg일 때 직접재료원가 가격차이를 구입시점에서 분리하여 직접재료원가의 차이분석을 하면 다음과 같다. 능률차이 계산시 실제구입량(AQp)이 아닌 실제사용량(AQu)으로 계산함을 유의해야 한다.

본서에서는 직접재료원가 가격차이를 구입시점에서 분리하는 경우 직접재료원가 구입가격차이 계정을, 직접재료원가 가격차이를 사용시점에서 분리하는 경우 직접재료원가 가격차이 계정을 이용하기로 한다.

실제가격×실제구입량 AP×AQp	표준가격×실제구입량 SP×AQp
₩13.2×60,000kg =₩792,000	₩15×60,000kg =₩900,000

직접재료원가 구입가격차이
₩108,000F

표준가격×실제사용량 SP×AQu	표준가격×실제생산량에 허용된 표준투입량 SP×SQ
15×(5kg×10,000단위) =₩750,000	₩15×(4kg×10,000단위) =₩600,000

직접재료원가 능률차이
₩150,000U

3 직접노무원가차이

직접노무원가차이도 직접재료원가와 유사하게 직접노무원가 가격차이와 직접노무원가 능률차이로 구분할 수 있다. 직접노무원가 가격차이는 임률차이(rate variance)라고도 한다. 이러한 가격차이와 능률차이의 합을 직접노무원가 총차이라고 한다.

직접노무원가 총차이는 실제직접노무원가와 실제생산량에 허용된 표준직접노무원가의 차이를 말한다. 이를 식으로 나타내면 다음과 같다.

직접노무원가 총차이

=실제직접노무원가－변동예산 직접노무원가

=(AP × AQ)－(SP × SQ)

여기에서, AP(Actual Price): 직접노동시간당 실제임률
AQ(Actual Quantity): 실제직접노동시간
SP(Standard Price): 직접노동시간당 표준임률
SQ(Standard Quantity): 실제생산량에 허용된 표준직접노동시간

직접노무원가 가격차이는 실제임률(AP)에 실제직접노동시간(AQ)을 곱한 금액과 표준임률(SP)에 실제직접노동시간(AQ)을 곱한 금액의 차이이다. 즉, 가격차이는 실제원가와 실제투입량에 대한 표준원가와의 차이이다. 이를 식으로 나타내면 다음과 같다.

직접노무원가 가격차이

=실제 직접노무원가－실제생산량에 대한 표준직접노무원가

=(AP × AQ)－(SP × AQ)

=(AP－SP) × AQ

여기에서, AP(Actual Price): 직접노동시간당 실제임률
SP(Standard Price): 직접노동시간당 표준임률
AQ(Actual Quantity): 실제직접노동시간

직접노무원가 능률차이는 표준임률(SP)에 실제직접노동시간(AQ)을 곱한 금액과 표준임률에(SP)에 표준직접노동시간(SQ)을 곱한 금액의 차이이다. 즉, 능률차이는 실제투입량에 대한 표준원가와 표준투입량에 대한 표준원가와의 차이이다. 여기서 표준투입량이라 함은 실제생산량의 생산에 허용된 투입량을 말한다. 이를 식으로 나타내면 다음과 같다.

직접노무원가 능률차이

=실제생산량에 대한 표준직접노무원가－변동예산 직접노무원가

=(SP × AQ)－(SP × SQ)

=(AQ－SQ) × SP

여기에서, SP(Standard Price): 직접노동시간당 표준임률
AQ(Actual Quantity): 실제직접노동시간
SQ(Standard Quantity): 실제생산량에 허용된 표준직접노동시간

지금까지 설명한 직접노무원가차이분석을 도식화하면 다음과 같다.

실제가격×실제투입량	표준가격×실제투입량	표준가격×실제생산량에 허용된 표준투입량
AP×AQ	SP×AQ	SP×SQ

직접노무원가 가격차이
(AP－SP)×AQ

직접노무원가 능률차이
SP×(AQ－SQ)

직접노무원가 총차이
(AP×AQ)－(SP×SQ)

2017년 5월 삼성전자주식회사의 휴대전화기 단위당 실제 직접노무시간은 2.9시간, 실제임률은 시간당 ₩20이다. 그리고 단위당 표준직접노무시간은 3.25시간이며 시간당 표준임률은 ₩16이다.

항목	실제	표준
시간당 임률	₩20	₩16
단위당 직접노무시간	2.9시간	3.25시간

이를 이용하여 직접노무원가 가격차이와 능률차이를 계산하면 다음과 같다.

실제가격×실제투입량 AP×AQ	표준가격×실제투입량 SP×AQ	표준가격×실제생산량에 허용된 표준투입량 SP×SQ
₩20×(2.9시간×10,000단위) =₩580,000	₩16×(2.9시간×10,000단위) =₩464,000	₩16×(3.25시간×10,000단위) =₩520,000

직접노무원가 가격(임률)차이
₩116,000U

직접노무원가 능률차이
₩56,000F

직접노무원가 총차이
₩60,000U

4 변동제조간접원가차이

변동제조간접원가 총차이는 실제변동제조간접원가와 변동예산에서 허용된 변동제조간접원가의 차이로 계산한다. 변동제조간접원가 총차이는 변동제조간접원가 예산차이라고도 하는데, 이는 변동제조간접원가 소비차이와 변동제조간접원가 능률차이로 나누어진다. 이를 식으로 표시하면 다음과 같다.

변동제조간접원가 총차이
　＝실제변동제조간접원가－변동예산 변동제조간접원가
　＝(AP × AQ) − (SP × SQ)

여기에서, AP(Actual Price): 배부기준 단위당 실제배부율
　　　　AQ(Actual Quantity): 실제배부기준
　　　　SP(Standard Price): 배부기준 단위당 표준배부율
　　　　SQ(Standard Quantity): 실제생산량에 허용된 표준배부기준

변동제조간접원가 소비차이는 배부기준 단위당 실제배부율(AP)에 실제배부기준(AQ)을 곱한 금액과 조업도 단위당 표준배부율(SP)에 실제배부기준(AQ)을 곱한 금액의 차이이다. 즉, 소비차이는 실제변동제조간접원가와 실제배부기준에 대한 표준변동제조간접원가와의 차이이다. 이를 식으로 나타내면 다음과 같다.

변동제조간접원가 소비차이
　＝ 실제 변동제조간접원가－실제배부기준에 대한 표준변동제조간접원가
　＝ (AP × AQ) − (SP × AQ)
　＝ (AP − SP) × AQ

여기에서, AP(Actual Price): 배부기준 단위당 실제배부율
　　　　SP(Standard Price): 배부기준 단위당 표준배부율
　　　　AQ(Actual Quantity): 실제배부기준

변동제조간접원가 능률차이는 배부기준 단위당 표준배부율(SP)에 실제배부기준(AQ)

을 곱한 금액과 배부기준 단위당 표준배부율(SP)에 실제생산량에 허용된 단위당 표준배부기준(SQ)을 곱한 금액의 차이이다. 즉, 능률차이는 실제배부기준과 표준배부기준에 대한 표준원가와의 차이이다. 이를 식으로 나타내면 다음과 같다.

변동제조간접원가 능률차이

=실제배부기준에 대한 표준변동제조간접원가−변동예산 표준변동제조간접원가

$=(SP \times AQ)-(SP \times SQ)$

$=(AQ-SQ) \times SP$

여기에서, SP(Standard Price): 배부기준단위당 표준배부율

AQ(Actual Quantity): 실제배부기준

SQ(Standard Quantity): 실제생산량에 허용된 표준배부기준

지금까지 설명한 변동제조간접원가 차이분석을 도식화하면 다음과 같다.

실제배부율×실제배부기준	표준배부율×실제배부기준	표준배부율×실제생산량에 허용된 표준배부기준
AP×AQ	SP×AQ	SP×SQ

변동제조간접원가 소비차이: (AP−SP)×AQ

변동제조간접원가 능률차이: (AQ−SQ)×SP

변동제조간접원가 총차이: (AP×AQ)−(SP×SQ)

2017년 5월 삼성전자주식회사는 직접재료투입량을 기준으로 변동제조간접원가를 배부하고 있다. 변동제조간접원가와 관련된 자료는 다음과 같다.

항목	실제	표준
배부율	₩16.8	₩15
배부기준 (단위당 배부기준×생산량)	50,000kg (5kg×10,000단위)	40,000kg (4kg×10,000단위)

위의 자료를 이용하여 변동제조간접원가 소비차이와 능률차이를 계산하면 다음과 같다.

실제배부율×실제배부기준 AP×AQ	표준배부율×실제배부기준 SP×AQ	표준배부율×실제생산량에 허용된 표준배부기준 SP×SQ
₩16.8×(5kg×10,000단위) =₩840,000	₩15×(5kg×10,000단위) =₩750,000	₩15×(4kg×10,000단위) =₩600,000

변동제조간접원가 소비차이 ₩90,000U

변동제조간접원가 능률차이 ₩150,000U

변동제조간접원가 총차이 ₩240,000U

5 고정제조간접원가차이

고정제조간접원가 총차이는 실제고정제조간접원가와 고정제조간접원가배부액과의 차이금액이다. 즉 고정제조간접원가 실제발생액에서 실제생산량에 허용된 표준조업도에 대한 표준고정제조간접원가를 차감한 금액이다.

고정제조간접원가 총차이

=실제고정제조간접원가−고정제조간접원가 배부액

=실제고정제조간접원가−(SP × SQ)

여기에서, SP(Standard Price): 조업도 단위당 표준배부율

SQ(Standard Quantity): 실제생산량에 허용된 표준조업도

고정제조간접원가는 실제산출물과 예산산출물 간의 차이에 대해 조정이 필요하지 않다. 즉 고정제조간접원가는 다른 제조원가 항목과는 달리 관련 범위 내에서는 생산량과 관계없이 일정한 금액이 발생하므로, 투입과 산출 사이에 비례관계가 존재하지 않는다. 고정제조간접원가의 변동예산차이에서 능률차이를 산출하는 것은 무의미하다. 따라서 예산차이 전액이 소비차이가 된다. 고정제조간접원가의 예산차이에는 경영진이 효율적으로 원가통제를 함으로써 줄일 수 있는 능률차이는 존재하지 않고 단지 소비차이만 있다. 따라서 고정제조간접원가 소비차이에 대해서는 경영자가 주의를 기울일 수는 있어도 통제할 수는 없다.

고정제조간접원가 소비차이
=실제고정제조간접원가－변동예산 고정제조간접원가
=실제고정제조간접원가－(SP × 기준조업도)

여기에서, SP(Standard Price): 조업도 단위당 표준배부율

고정제조간접원가차이에는 예산(소비)차이 이외에 고정제조간접원가에만 발생하는 조업도차이(volume variance)가 있다. 제품의 단위당 원가를 계산하기 위해서는 고정제조간접원가 고정예산을 기준조업도로 나누어 표준배부율을 계산하여 개별제품에 배부하게 된다. 따라서 표준배부율에 의하여 배부된 고정제조간접원가배부액과 고정제조간접원가예산과의 차이가 발생하게 된다. 이를 조업도차이라고 한다.

고정제조간접원가 조업도차이
=변동예산 고정제조간접원가－고정제조간접원가 배부액
=(SP × 기준조업도)－(SP × SQ)

여기에서, SP(Standard Price): 조업도 단위당 표준배부율
SQ(Standard Quantity): 실제생산량에 허용된 표준조업도

제품원가계산 목적을 위해 기준조업도에 따라 단위당 표준배부율을 사용하는 경우에는 실제생산량이 달라지더라도 단위당 표준배부율은 항상 일정하게 된다. 단위당 표준배부율에 실제생산량에 허용된 표준조업도를 곱하여 계산되는 고정제조간접원가 총배부액은 실제생산량에 따라 비례적으로 변화하게 된다. 즉 제품에 배부되는 고정제조간접원가 총액은 실제생산량이 증감함에 따라 비례적으로 증감하기 때문에 마치 고정제조간접원가가 변동원가인 것처럼 간주된다.

기준조업도 미만으로 조업이 이루어지는 경우에는 고정제조간접원가 예산액보다 배부된 고정제조간접원가가 작을 것이기 때문에 불리한 조업도차이가 발생한다. 반대로 기준조업도를 초과하여 조업이 이루어지는 경우에는 고정제조간접원가 예산액보다 배부된 고정제조간접원가가 클 것이기 때문에 유리한 고정제조간접원가 조업도차이가 발생하게 된다. 그러나 불리한 조업도차이가 곧 회사의 손실을 나타내는 것은 아니다. 왜

냐하면 조업도차이는 제품원가계산목적을 위하여 기준조업도를 어느 수준으로 설정하는지에 따라 달라질 수 있기 때문이다. 고정제조간접원가의 예산차이와 조업도차이의 관계를 나타내면 다음 그림과 같다.

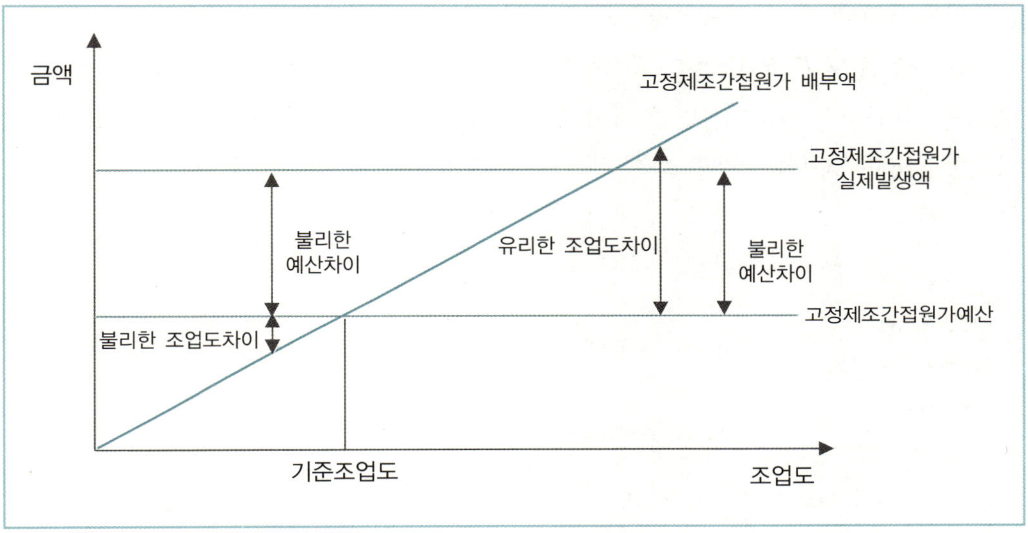

고정제조간접원가 차이분석을 종합적으로 도식화하면 다음과 같다.

고정제조간접원가 실제발생액	고정제조간접원가 예산	고정제조간접원가 배부액
실제원가	표준배부율×기준조업도	표준배부율×실제생산량에 허용된 표준조업도

고정제조간접원가 예산(소비)차이	고정제조간접원가 조업도차이
고정제조간접원가 총차이	

삼성전자주식회사의 예로써 고정제조간접원가 차이분석을 수행하면 다음과 같다. 직접재료투입량을 기준으로 고정제조간접원가를 배부하고 있다. 따라서 원재료 1kg당 고정제조간접원가 배부율은 고정제조간접원가 예산액 ₩1,209,000을 배부기준 52,000kg (=4kg×13,000단위)로 나눈 ₩23.25이다. 이를 다시 풀면 다음과 같다.

$$\frac{₩1,209,000}{(4kg \times 13,000단위)} \times (4kg \times 13,000단위) = ₩1,209,000$$

이 식을 풀면 결국 예산금액이 된다. 그래서 실제제조간접원가 금액과(표준배부율×기준조업도)금액의 차이가 예산차이로 불리게 되는 이유이다.

(표준배부율×기준조업도)와 (표준배부율×실제생산량에 허용된 표준조업도)의 차이인 고정제조간접원가 조업도차이를 다시 풀면 다음과 같다. 따라서 본 예제에서는 예산판매수량 13,000단위와 실제판매수량 10,000단위의 차이로 인하여 조업도차이가 발생하는 것이다.

$$= \frac{₩1,209,000}{(4kg \times 13,000단위)} \times (4kg \times 13,000단위) - \frac{₩1,209,000}{(4kg \times 13,000단위)} \times (4kg \times 10,000단위)$$

$$= \frac{₩1,209,000}{(4kg \times 13,000단위)} \times 4kg \times (13,000단위 - 10,000단위)$$

$$= ₩23.25 \times 4kg \times (13,000단위 - 10,000단위)$$

고정제조간접원가 실제발생액	고정제조간접원가 예산	고정제조간접원가 배부액
	표준배부율×기준조업도	표준배부율×실제생산량에 허용된 표준조업도
₩950,000	₩23.25×(4kg×13,000단위) =₩1,209,000	₩23.25×(4kg×10,000단위) =₩930,000

예산차이 (소비차이)	조업도차이
₩259,000F	₩279,000U

고정제조간접원가 총차이
₩20,000U

삼성전자주식회사의 변동예산 차이분석을 종합하면 다음과 같다.

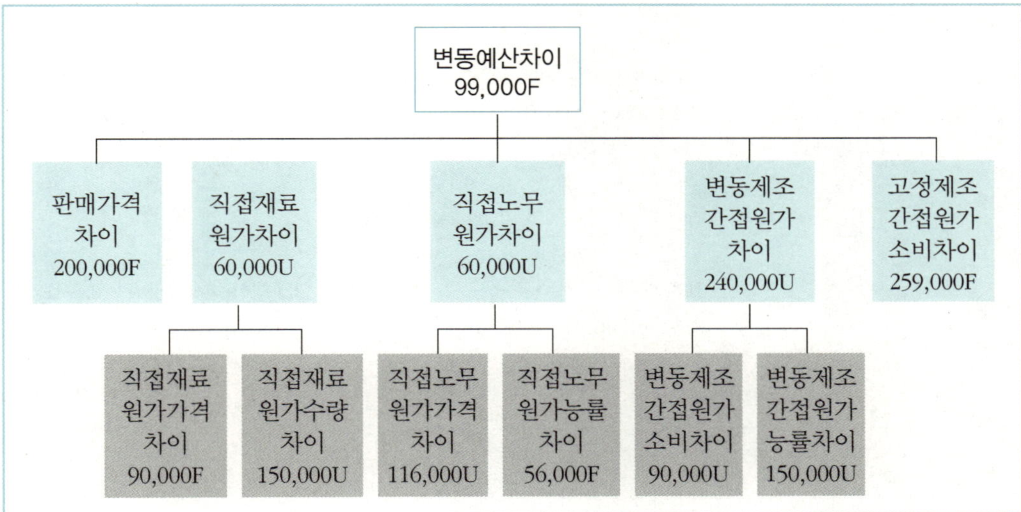

6 제조간접원가차이 분석방법

제조간접원가에 대한 차이분석을 다시 한 번 살펴보면, 제조간접원가를 변동제조간접원가와 고정제조간접원가로 구분한 후, 이를 (1) 변동제조간접원가 소비차이 (2) 변동제조간접원가 능률차이 (3) 고정제조간접원가 예산차이 (4) 고정제조간접원가 조업도차이, 총 4가지의 차이분석 항목을 제시하였다. 따라서 이러한 제조간접원가차이 분석방법을 4분법이라고 한다. 이를 도식화하면 다음과 같다.

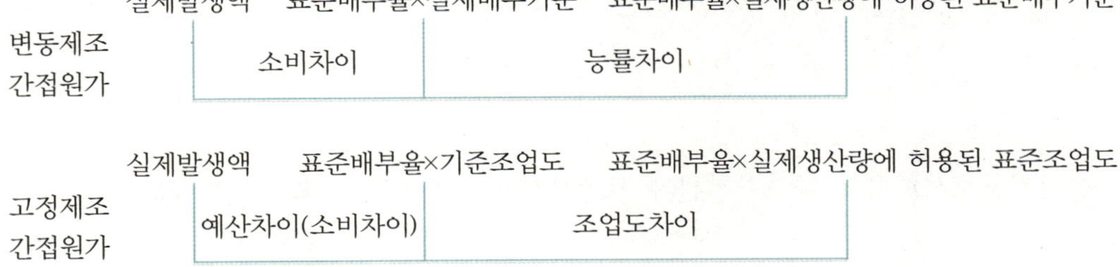

삼성전자주식회사의 제조간접원가 차이분석을 4분법으로 나타내면 다음과 같다.

변동제조간접원가	실제발생액	표준배부율×실제배부기준	표준배부율×실제생산량에 허용된 표준배부기준
	₩16.8×(5kg×10,000단위) =₩840,000	₩15×(5kg×10,000단위) =₩750,000	₩15×(4kg×10,000단위) =₩600,000
	소비차이 ₩90,000U	능률차이 ₩150,000U	

고정제조간접원가	실제발생액	표준배부율×기준조업도	표준배부율×실제생산량에 허용된 표준조업도
	₩950,000	₩23.25×(4kg×13,000단위) =₩1,209,000	₩23.25×(4kg×10,000단위) =₩930,000
	예산차이(소비차이) ₩259,000F	조업도차이 ₩279,000U	

이러한 분석방법은 제조간접원가를 변동제조간접원가와 고정제조간접원가로 명확히 구분할 수 있다는 가정 하에서 이루어진 것이다. 하지만 원가계산시스템의 정교도가 낮은 경우 제조간접원가를 변동원가와 고정원가로 구분하는 것이 용이하지 않을 수 있다. 따라서 변동제조간접원가와 고정제조간접원가를 함께 묶어 간단하게 차이분석을 수행할 수 있다. 제조간접원가를 임의로 변동원가와 고정원가로 구분하지 않고, 제조간접원가 발생액을 그대로 이용하는 3분법을 적용한다. 이를 도식화하면 다음과 같다.

	실제발생액	표준배부율×실제배부기준	표준배부율×실제생산량에 허용된 표준배부기준
변동제조간접원가		능률차이	

	실제발생액	표준배부율×기준조업도	표준배부율×실제생산량에 허용된 표준조업도
고정제조간접원가	소비차이	조업도차이	

삼성전자주식회사의 제조간접원가 차이분석을 3분법으로 나타내면 다음과 같다.

변동제조간접원가

실제발생액	표준배부율×실제배부기준	표준배부율×실제생산량에 허용된 표준배부기준
₩16.8×(5kg×10,000단위)	₩15×(5kg×10,000단위)	₩15×(4kg×10,000단위)
=₩840,000	=₩750,000	=₩600,000

능률차이 ₩150,000U

고정제조간접원가

실제발생액	표준배부율×기준조업도	표준배부율×실제생산량에 허용된 표준조업도
₩950,000	₩23.25×(4kg×13,000단위)	₩23.25×(4kg×10,000단위)
	=₩1,209,000	=₩930,000

소비차이[1] ₩169,000F　　조업도차이 ₩279,000U

1) (₩840,000+₩950,000)−(₩750,000+₩1,209,000)=(₩169,000)

3분법과 4분법의 차이점은 변동제조간접원가 소비차이와 고정제조간접원가 예산차이를 하나로 묶어서 제조간접원가 예산차이로 인식한다는 점이다. 비록 제조간접원가를 변동원가부분과 고정원가부분으로 분리하지 않더라도 변동제조간접원가의 표준배부율과 고정제조간접원가의 표준배부율을 각각 알고 있어야 한다.

이를 더욱 간소화하여 제조간접원가차이를 2가지로 인식하는 방법이 2분법이다. 이는 4분법에서의 실제제조간접원가와 변동예산제조간접원가의 차이인 변동제조간접원가 소비차이, 변동제조간접원가 능률차이, 고정제조간접원가예산차이를 제조간접원가 예산차이로 총괄해서 인식하고 고정제조간접원가 조업도차이를 제조간접원가 조업도차이로 인식한다.

이를 도식화하면 다음과 같다.

변동제조간접원가: 실제발생액 / 표준배부율×실제배부기준 / 표준배부율×실제생산량에 허용된 표준배부기준

고정제조간접원가: 실제발생액 / 표준배부율×기준조업도 / 표준배부율×실제생산량에 허용된 표준조업도

예산차이　　조업도차이

삼성전자주식회사의 제조간접원가 차이분석을 2분법으로 나타내면 다음과 같다.

	실제발생액	표준배부율×실제배부기준	표준배부율×실제생산량에 허용된 표준배부기준
변동제조간접원가	₩16.8×(5kg×10,000단위) =₩840,000	₩15×(5kg×10,000단위) =₩750,000	₩15×(4kg×10,000단위) =₩600,000

	실제발생액	표준배부율×기준조업도	표준배부율×실제생산량에 허용된 표준조업도
고정제조간접원가	₩950,000	₩23.25×(4kg×13,000단위) =₩1,209,000	₩23.25×(4kg×10,000단위) =₩930,000
	예산차이 ₩19,000F[1)		조업도차이 ₩279,000U

1) (₩840,000+₩950,000)−(₩600,000+₩1,209,000)=(₩19,000)

마지막으로 제조간접원가차이를 분리하지 않고 실제제조간접원가에서 표준제조간접원가를 차감한 총차이만을 인식하는 1분법이 있다. 이는 제조간접원가를 고정제조간접원가와 변동제조간접원가로 구분할 필요가 없으므로, 분석절차도 매우 간편하다. 그러나 제조간접원가차이에 관한 상세한 정보를 얻을 수 없다는 단점이 있다.

이를 도식화하면 다음과 같다.

	실제발생액	표준배부율×실제배부기준	표준배부율×실제생산량에 허용된 표준배부기준
변동제조간접원가			

	실제발생액	표준배부율×기준조업도	표준배부율×실제생산량에 허용된 표준조업도
고정제조간접원가		배부차이	

삼성전자주식회사의 제조간접원가 차이분석을 1분법으로 나타내면 다음과 같다.

	실제발생액	표준배부율×실제배부기준	표준배부율×실제생산량에 허용된 표준배부기준
변동제조간접원가	₩16.8×(5kg×10,000단위) =₩840,000	₩15×(5kg×10,000단위) =₩750,000	₩15×(4kg×10,000단위) =₩600,000

	실제발생액	표준배부율×기준조업도	표준배부율×실제생산량에 허용된 표준조업도
고정제조간접원가	₩950,000	₩23.25×(4kg×13,000단위) =₩1,209,000	₩23.25×(4kg×10,000단위) =₩930,000

배부차이
₩260,000U[1)]

1) (₩840,000+₩950,000)−(₩600,000+₩930,000)=₩260,000

7 원가흐름과 회계처리

삼성전자주식회사의 원가흐름과 차이분석에 대한 회계처리를 원가요소별로 나타내면 다음과 같다.

각 분개에서 불리한 차이는 영업이익을 감소시키기 때문에 차변에 기록하고 유리한 차이는 영업이익을 증가시키기 때문에 대변에 기록한다.

1) 직접재료원가

원재료의 구입시점에 가격차이를 계상할 경우 원재료계정의 차변에 실제구입량에 대한 표준원가금액을 기록하고 실제금액과의 차액은 직접재료원가 구입가격 차이계정으로 처리한다.

(차)	원재료	900,000[1)]	(대)	매입채무	792,000[2)]
				직접재료원가 구입가격차이(F)	108,000

1) $SP \times AQ_P$ =₩15×60,000kg
2) $AP \times AQ_P$ =₩13.2×60,000kg

원재료 사용에 대한 회계처리는 재공품계정의 차변에 실제생산량에 허용된 원재료의 표준원가로 기록하고 실제생산량에 허용된 표준투입량의 표준직접재료원가와의 차액을 직접재료원가 능률차이계정에 기록한다.

(차) 재공품 600,000[1] (대) 원재료 750,000[2]
직접재료원가 능률차이(U) 150,000

1) SP×SQ＝₩15×(4kg×10,000단위)
2) SP×AQu＝₩15×(5kg×10,000단위)

원재료의 사용시점에 가격차이를 계상할 경우 원재료 구입시점에는 원재료계정은 실제 구입원가 금액으로 기록한다.

(차) 원재료 792,000[1] (대) 매입채무 792,000

1) AP×AQp＝₩13.2×60,000kg

원재료의 사용시점에는 재공품계정의 차변에 실제생산량에 허용된 표준투입량에 단위당 표준가격을 곱한 금액을 기록하고, 원재료계정의 대변에 실제사용량에 단위당 실제가격을 곱한 금액을 기록하면 가격차이와 능률차이가 분리되어 차이계정에 기록된다.

(차) 재공품 600,000[1] (대) 원재료 660,000[2]
직접재료원가 능률차이(U) 150,000[3] 직접재료원가 가격차이(F) 90,000[4]

1) SP×SQ＝₩15×(4kg×10,000단위)
2) AP×AQ_u＝₩13.2×(5kg×10,000단위)
3) SP×(AQ_u-SQ)＝₩15×(5kg×10,000단위-4kg×10,000단위)
4) (AP-SP)×AQ_u＝(₩13.2-₩15)×5kg×10,000단위

2) 직접노무원가

직접노무원가 발생시 실제생산량에 허용된 표준투입량의 표준노무원가금액을 차변에 기록하고 실제직접노무원가를 대변에 기록하고 이 둘의 차액을 직접노무원가 가격차이와 직접노무원가 능률차이로 구분하여 기록한다.

(차)	재공품 ₩520,000[1)]	(대)	미지급급여 580,000[2)]
	직접노무원가 가격차이(U) 116,000		직접노무원가 능률차이(F) 56,000

1) ₩16×(3.25시간×10,000단위)
2) ₩20×(2.9시간×10,000단위)

3) 변동제조간접원가

변동제조간접원가에 대한 회계처리는 변동제조간접원가가 발생하면 실제원가를 각 원가계정에 기록하고 변동제조간접원가 계정에 집계한다. 기말에 실제생산량에 허용된 표준조업도에 대한 표준변동제조간접원가를 재공품계정에 기록하고 실제변동제조간접원가와의 차이를 변동제조간접원가 능률차이와 소비차이로 구분하여 기록한다.

(차)	노무원가	840,000	(대)	미지급급여	840,000
	동력비			미지급비용	
	수선유지비 등			현금 등	
(차)	변동제조간접원가	840,000	(대)	노무원가	840,000
				동력비	
				수선유지비 등	
(차)	재공품	600,000[1)]	(대)	변동제조간접원가	840,000[2)]
	변동제조간접원가 소비차이(U)	90,000			
	변동제조간접원가 능률차이(U)	150,000			

1) ₩15×(4kg×10,000단위)
2) ₩16.8×(5kg×10,000단위)

4) 고정제조간접원가

고정제조간접원가에 대한 회계처리에서는 고정제조간접원가가 발생하면, 실제원가를 각 원가계정에 기록하고 고정제조간접원가 계정에 집계한다. 기말에 실제생산량에 허용된 표준조업도에 대한 표준변동제조간접원가를 재공품계정에 기록하고 실제변동제조간접원가와의 차이를 고정제조간접원가 소비차이와 조업도차이로 구분하여 기록한다.

(차)	노무비	950,000	(대)	미지급급여	950,000
	동력비			미지급비용	
	보험료			현 금	
	감가상각비 등			감가상각누계액 등	
(차)	고정제조간접원가	950,000	(대)	노무비	950,000
				동력비	
				보험료	
				감가상각비 등	
(차)	재공품	930,000[1)]	(대)	고정제조간접원가	950,000
	고정제조간접원가 조업도차이(U)	279,000		고정제조간접원가 소비차이(F)	259,000

1) ₩23.25×(4kg×10,000단위)

5) 제품 및 매출원가계정으로의 대체

한 부문에서의 생산이 완료되면 각 재공품들은 다음 생산부문으로 대체되는데, 이때는 다음 부문의 재공품계정에 표준원가로 대체된다. 이러한 과정을 거쳐 모든 생산 작업이 완료되면 각 완성품들은 제품계정에 표준원가로 대체되고, 판매가 이루어졌을 경우에는 매출원가계정에 표준원가로 대체된다. 삼성전자주식회사의 사례에서 재공품 ₩2,650,000 중 90%가 완성되어 제품으로 대체되고 10%는 기말재공품재고에 남아 있으며, 제품으로 대체된 수량 중 7/9은 외부에 판매되고 2/9는 기말제품재고에 남아있다고 할 때 제품 및 매출원가계정으로의 대체분개는 다음과 같다.

(차)	제품	2,385,000	(대)	재공품	2,385,000[1]
(차)	매출원가	1,855,000	(대)	제품	1,855,000[2]

1) 당기총제조원가=₩600,000(직접재료원가)+₩520,000(직접노무원가)
+₩600,000(변동제조간접원가)+₩930,000(고정제조간접원가)=₩2,650,000
당기제품제조원가=₩2,650,000×90%=₩2,385,000

2) 당기매출원가=₩2,385,000×7/9=₩1,855,000

6) 표준원가 T계정

이상에서 삼성전자주식회사의 원가차이분석에 대한 회계처리를 살펴보았다. 이를 기초로 재공품 및 제품의 T계정을 원가요소별로 나타내면 다음과 같다.

재공품

원가요소	차변	금액	대변	금액	원가요소
DM 0 DL 0 VOH 0 FOH 0	기초재공품	0	당기완성	2,385,000	DM 540,000 DL 468,000 VOH 540,000 FOH 837,000
DM 600,000 DL 520,000 VOH 600,000 FOH 930,000	당기발생액	2,650,000	기말재공품	265,000	DM 60,000 DL 52,000 VOH 60,000 FOH 93,000
		2,650,000		2,650,000	

제품

원가요소	차변	금액	대변	금액	원가요소
DM 0 DL 0 VOH 0 FOH 0	기초제품	0	당기판매	1,855,000	DM 420,000 DL 364,000 VOH 420,000 FOH 651,000
DM 540,000 DL 468,000 VOH 540,000 FOH 837,000	당기완성	2,385,000	기말제품	530,000	DM 120,000 DL 104,000 VOH 120,000 FOH 186,000
		2,385,000		2,385,000	

Ⅰ. 평가자체크리스트

※ 다음 서술이 옳으면 T, 옳지 않으면 F를 기재하시오.

11.1 고정예산은 특정조업도수준에 대하여 편성한 예산이고, 변동예산은 관련범위 내의 여러 조업도수준에 대하여 편성한 예산이다.

11.2 표준원가계산은 가격결정 및 기타 경영계획수립에 필요한 기초자료를 제공한다.

11.3 중요한 불리한 차이들은 모두 조사하여야 하나, 중요한 유리한 차이들은 조사할 필요가 없다.

11.4 가격차이에 대한 책임은 생산관리나 판매관리자가, 능률차이에 대한 책임은 구매담당자가 지게 된다.

11.5 표준원가계산은 전부원가계산제도뿐만 아니라 변동원가계산제도에서도 적용할 수 있다.

11.6 종합원가계산과 결합하여 표준종합원가계산을 적용할 수 있다.

11.7 표준원가계산은 기업의 예산작성에는 유용하나 종업원의 성과평가에 활용되기는 불가능하다.

11.8 차이분석에서 불리하다는 것은 기업 전체로 볼 때 좋지 않다는 의미이다.

11.9 표준원가계산을 적용하여 제품원가를 계산하였더라도 외부보고시에는 실제원가로 수정하여야 한다.

11.10 표준원가계산 시스템 하에서 재공품 차변에 표시되는 재료비는 표준수량에 실제가격을 곱한 금액이다.

Ⅱ. 객관식

11.1 표준원가계산에 대한 설명으로 옳지 않은 것은?

① 표준원가계산을 통하여 예외의 관리를 할 수 있다.
② 차이분석을 통하여 효과성과 효율성의 성과를 측정할 수 있다.
③ 표준원가계산은 원가흐름의 가정을 통하여 계산된다.
④ 효과적인 원가관리 및 통제가 가능하다.
⑤ 재고자산의 평가와 매출원가산정의 기초자료를 제공한다.

11.2 다음 중 직접재료비 가격차이의 발생원인으로 볼 수 없는 것은?

① 표준품질과 다른 품질의 재료를 구입한 경우
② 부적절한 표준가격을 설정한 경우
③ 대량구매를 통하여 수량할인을 받은 경우
④ 예산구입가격이 재료시장에 대한 자세한 분석 없이 이루어진 경우
⑤ 불량품질의 재료를 사용한 경우

11.3 다음 중 직접노무비 능률차이의 발생원인으로 볼 수 없는 것은?

① 표준화되지 않은 설비를 사용한 경우
② 표준품질 이하의 재료를 사용한 경우
③ 숙련되지 않은 노동자를 고용한 경우
④ 규정시간을 초과하여 작업을 한 경우
⑤ 기계의 결함으로 작업시간이 지연된 경우

11.4 다음과 같은 원인으로 발생하는 제조간접비 차이로 적합한 것은? [기업회계1급 수정]

> 물가(시장가격, 임금수준 등)의 변동　　　계절적인 간접비 발생액의 변동
> 간접비의 낭비 및 제조간접비 예산측정의 오류

① 소비차이　　② 능률차이　　③ 조업도차이
④ 배합차이　　⑤ 제조간접비총차이

11.5 다음 중 표준원가 계산의 목적으로 볼 수 없는 것은?

① 재고자산의 평가 ② 예산편성
③ 제조기술의 향상 ④ 원가통제
⑤ 효과적인 원가관리

11.6 재료에 관한 다음 자료를 이용하여 가격차이와 능률차이를 구하면 얼마인가?

[기업회계1급 수정]

비목	소비량	단가
표 준 원 가	3,000	₩10
실 제 원 가	3,200	₩15

	가격차이	능률차이
①	₩2,000(불리)	₩16,000(불리)
②	₩16,000(불리)	₩2,000(불리)
③	₩2,000(유리)	₩16,000(유리)
④	₩16,000(유리)	₩2,000(유리)
⑤	₩18,000(유리)	₩18,000(불리)

11.7 (주)세상의 다음 자료를 이용하여 직접재료비 능률차이를 구하면 얼마인가?

[기업회계1급 수정]

항 목	금 액
제품 예산생산량	300개
제품 실제생산량	370개
kg당 실제재료비	₩600
제품 1개당 표준투입량	4kg
직접재료비 kg당 표준가격	₩400
직접재료비 가격차이(불리한 차이)	₩280,000

① ₩32,000 (유리) ② ₩32,000 (불리)
③ ₩248,000 (유리) ④ ₩248,000 (불리)
⑤ ₩280,000 (유리)

11.8 동방공업은 표준원가계산제도를 채택하고 있으며 20×8년의 생산활동과 관련된 자료는 다음과 같다.

1. 표준원가

	제품단위당 표준투입량	투입단위당 표준가격
직접재료원가	5개	₩10
직접노무원가	2시간	₩4

2. 20×8년 실제생산자료

제품생산량: 100개

직접재료원가: ₩5,200　　직접노무원가: ₩750

재료단위당 구입원가: ₩12.5　　직접노동시간: 250시간

위의 자료를 기초로 할 때 직접재료원가 능률차이(수량차이)는 얼마인가? [1997년 세무사]

① ₩1,050 유리　　② ₩1,050 불리

③ ₩1,040 불리　　④ ₩840 불리

⑤ ₩840 유리

11.9 (주)한강은 표준원가계산제도를 채택하고 있다. 9월 한 달 동안의 원재료에 대한 자료를 이용하여 능률차이를 계산하면?

실제구입량	1,000kg	실제사용량	800kg
실제생산량에 허용된 표준투입량	850kg	kg당 실제가격	₩100
구입가격차이	₩20,000(유리)		

① ₩18,000(유리)　　② ₩18,000원(불리)

③ ₩12,000(불리)　　④ ₩6,000원(유리)

⑤ ₩6,000(불리)

11.10 실제 노동시간은? [2006년 공무원수정]

실제임률:	₩250/시간	표준임률:	₩200/시간
실제생산량에 허용된 표준직접노동시간:	2,000시간	불리한 능률차이:	₩20,000

① 2,100시간　　② 2,200시간

③ 2,300시간　　④ 2,400시간

⑤ 2,600시간

11.11 다음은 (주)고려의 직접노무원가에 대한 원가 및 표준설정자료이다. 이 중 능률차이에 대한 설명으로 가장 적절한 것은 무엇인가? [2015년 ERP]

	표준수량	표준가격
직접노무원가	2.4hr	₩11,000
실제생산량	2,600단위	
실제직접노무원가 발생액	₩68,440,000	
실제직접노무시간	6,000시간	

① ₩2,440,000(불리) ② ₩2,440,000(유리)
③ ₩2,640,000(불리) ④ ₩2,640,000(유리)
⑤ ₩39,840,000(불리)

11.12 표준원가제도 하에서 다음 자료를 참고하여 실제발생한 노무시간 및 실제시간당 임률은 얼마인가? [전산세무1급 수정]

시간당 표준임률:	₩3,000	제품단위당 표준시간:	2시간
실제제품생산량:	1,000개	능률차이:	₩300,000(유리)
임률(가격)차이:	₩190,000(불리)		

	실제노무시간	실제시간당 임률
①	1,900시간	₩3,100
②	1,900시간	₩2,900
③	2,100시간	₩2,900
④	2,100시간	₩3,100
⑤	2,300시간	₩3,300

11.13 (주)부천은 당해연도부터 표준원가계산제도를 도입하여 사용하기로 하였다. 당해연도의 생산과 관련된 직접노무비가 다음과 같이 발생하였을 때 직접노무비의 임률차이는 얼마인가? [기업회계1급 수정]

직접노무비 표준임률	시간당 ₩5,000
직접노무비 실제임률	시간당 ₩4,800
허용된 표준직접노동시간	10,000시간
직접노무비 능률차이	₩5,300,000(불리)

① ₩2,212,000(불리) ② ₩2,212,000(유리)
③ ₩1,788,000(불리) ④ ₩1,788,000(유리)
⑤ ₩1,500,000(불리)

11.14 다음 표준원가 계산자료에 의하여 당기 중의 실제 작업시간을 계산하면? [1995년 세무사]

실제생산량	2,000단위	노무비발생액	₩4,000,000
단위당 표준허용시간	24시간	유리한 임률차이	₩1,200,000
불리한 시간차이	₩400,000		

① 40,000시간 ② 44,000시간 ③ 48,000시간
④ 50,000시간 ⑤ 52,000시간

11.15 충남회사는 표준원가계산제도를 사용한다. 다음은 이 회사의 4월중 생산활동과 관련한 직접노무비에 대한 자료이다.

직접노무비 표준임률	시간당 ₩10,000
허용 표준 직접작업시간	8,000시간
실제 직접노무비 임률	시간당 ₩9,500
직접노무비 유리한 능률차이	₩4,800,000

직접노무비 임률차이는 얼마인가? [2004년 세무사]

① ₩3,760,000(불리) ② ₩3,760,000(유리) ③ ₩2,850,000(유리)
④ ₩2,850,000(불리) ⑤ ₩0

11.16 직접노무비의 시간(능률) 차이는 얼마인가?

표준 직접노동시간	1,200시간	실제 직접노동시간	1,000시간
실제 노무비	₩100,000	노무비 임률차이	₩3,000불리

① ₩19,400(불리) ② ₩19,400(유리) ③ ₩20,000(유리)
④ ₩20,000(불리) ⑤ ₩30,000(유리)

11.17 직접노무비의 실제작업시간은 얼마인가?

표준임률	₩10/시간	실제임률	₩12/시간
실제 산출량에 허용된 표준 시간	2,000시간	노무비 시간차이	₩1,000 불리

① 1,400시간 ② 1,700시간 ③ 1,900시간
④ 2,050시간 ⑤ 2,300시간

11.18 다음은 (주)하루의 제조활동과 관련된 자료이다.

표준직접노동시간 단위당 2시간	실제직접노동시간 21,000시간
생산된 제품단위 10,000개	변동제조간접비 표준직접노동시간당 ₩3
실제변동제조간접비 ₩28,000	

(주)하루의 변동제조간접비 능률차이는? [전산세무1급 수정]

① ₩2,000 유리 ② ₩2,000 불리 ③ ₩3,000 유리
④ ₩3,000 불리 ⑤ ₩5,000 유리

11.19 다음은 장수회사의 제조 활동과 관련된 자료이다.

단위당 표준 직접노동시간: 2시간	실제 직접노동시간: 10,500시간
생산된 제품단위: 5,000개	변동제조간접비 표준: 표준 직접노동시간당 ₩3
실제변동제조간접비: ₩28,000	

장수회사의 변동제조간접비 능률 차이는? [2002년 세무사]

① ₩2,000 유리 ② ₩1,500 불리 ③ ₩2,000 불리
④ ₩3,500 유리 ⑤ ₩1,500 유리

11.20 (주)방배는 표준원가계산제도를 사용하고 있다. 다음 자료에 의할 때 서초주식회사의 20×8년 2월의 제조간접비 조업도 차이는 얼마인가? (단, (주)방배는 제조간접비 차이분석에 2분법을 사용하고 있다) [1999년 세무사]

(자료: 20×8년 2월)

실제직접노무비총발생액	₩260,400
실제직접노무시간	14,000시간
실제생산량에허용된표준노무시간	15,000시간
직접노무비임률차이(불리)	₩8,400
실제제조간접비총발생액	₩192,000
고정제조간접비예산액	₩54,000
정상조업도(직접시간)	12,000시간
표준직접노무시간당총제조간접원가배부율	₩13.5

① ₩3,000 유리 ② ₩13,500 유리 ③ ₩3,000 불리
④ ₩13,500 불리 ⑤ 정답 없음

Ⅲ. 주관식

11.1 (주)태희는 게임기를 생산하여 판매하고 있다. 5월의 게임기 가공부문의 제조간접비에 대한 고정예산은 다음과 같다.

예산생산량	1,000단위
예산제조간접비	
간접재료비(변동비)	₩150,000
간접노무비(변동비)	₩180,000
소모품(변동비)	₩120,000
감가상각비(고정비)	₩200,000
합 계	₩650,000

5월 중 실제로 생산한 수량은 900단위이며 실제로 발생한 원가는 다음과 같다.

간접재료비	₩130,000
간접노무비	₩160,000
소모품	₩110,000
감가상각비	₩180,000
합 계	₩580,000

물음 1) 고정예산 성과보고서와 차이분석을 계산하시오.
　　 2) 변동예산 성과보고서와 차이분석을 계산하시오.

11.2 (주)경기는 표준원가계산제도를 채택하고 있다. 당해연도의 예산 자료를 이용하여 직접재료의 단위당 실제가격을 계산하시오.

단위당 표준가격	₩10	실제사용수량	2,500단위
실제 산출에 대한 허용량	1,500	유리한 재료가격차이	₩10,000

11.3 직접재료비의 단위당 실제가격은 얼마인가?

단위당 표준 가격	₩4.0	실제 사용량	1,500
실제 생산에 대한 허용량	1,450	유리한 재료 가격 차이	₩240

11.4 직접재료비의 가격차이를 계산하면 얼마인가?

직접 재료비 표준 가격	@₩50	5kg
실제 구입 가격	@₩60	
당기 제품 완성량	2,000개	
직접재료비의 수량차이(유리한 차이)	₩400,000	

11.5 (주)부천은 표준원가계산제도를 채택하고 있다. 회사의 당해연도의 예산생산량은 1,000단위, 실제생산량은 800단위일 때 다음 자료를 이용하여 직접재료비의 가격차이와 능률차이를 구하시오. 단, 직접재료의 기초재고는 없다.

직접재료의 단위당 표준가격	@₩150
직접재료의 단위당 실제가격	@₩100
직접재료의 실제사용수량	3kg
실제생산량에 허용된 재료의 표준투입량	2kg

11.6 (주)안산은 표준원가계산제도를 채택하고 있다. 11월의 직접노무비 자료가 다음과 같다면 직접노무비의 시간(능률)차이는 얼마인가?

표준 직접노동시간	12,000시간	실제 직접노동시간	10,000시간
실제 노무비	₩150,000	노무비 임률차이	₩5,000U

11.7 (주)안산은 표준원가계산제도를 채택하고 있다. 20×8년 10월의 직접노무비 자료가 다음과 같다면 10월의 실제 발생 직접노무비는 얼마인가?

표준임률	₩100/시간	표준시간	1,500시간
실제시간	1,300시간	유리한 임률차이	₩10,000

11.8 (주)동국은 표준원가를 이용하고 있다. 다음 원가자료에 기초하여 계산한 노무비 능률차이는 얼마인가? [ERP 수정]

기준생산량 1,000개	표준작업시간 10시간/개당
실제생산량 1,100개	실제작업시간 13,000시간
표준임률 ₩1,000(시간당)	실제임률 ₩1,100(시간당)

11.9 직접노무비의 실제작업시간은 얼마인가?

표준임률	₩100/시간
실제임률	₩120/시간
실제 산출량에 허용된 표준 시간	20,000시간
노무비 시간차이	₩200,000 불리

11.10 (주)경기는 표준원가시스템을 이용하고 있다. 회사의 제품단위당 직접재료원가와 직접노무원가의 표준원가는 다음과 같다.

직접재료원가(5kg, @₩3)	₩15	직접노무원가(8시간, @₩4)	₩32

회사는 원재료를 월초에 20,000kg을 가지고 있었으며, 기중에 20,000kg을 ₩145,000에 구입하여 18,000kg을 사용하였다. 또한 직접노무원가 발생액은 ₩105,000이며, 직접노무시간은 23,000시간이 발생하였다. 당월 제조간접원가발생액은 ₩1,200,000이며, 이중 60%는 변동제조간접원가이며, 실제기계시간은 26,000시간이다. 변동제조간접원가는 기계시간당 ₩24이 표준원가이고, 제품 1단위당 표준기계시간은 10시간이다. 고정제조간접원가의 월기준조업도는 2,400개이며, 당월 생산량은 2,500개이다. 제조간접원가 표준원가배부율은 기계시간당 ₩45이다. 회사는 직접재료가격차이를 구입시점에서 계산한다.

[1999년 세무사]

물음 1) 직접재료원가 가격차이와 능률차이를 구하시오.
2) 직접노무원가 임률차이와 능률차이를 구하시오.
3) 변동제조간접원가 소비차이와 능률차이를 구하시오.
4) 고정제조간접원가 소비차이와 조업도차이를 구하시오.

제12장

전부원가계산과 변동원가계산

학습목표

일반적으로 기업의 보고이익에는 재고자산가액과 고정제조간접원가의 처리가 영향을 미치는데, 이들을 어떻게 처리하느냐에 따라 제품원가계산은 변동원가계산과 전부원가계산으로 나누어진다. 본 장에서는 변동원가계산과 전부원가계산에서 이익이 어떻게 산출되는지에 초점을 두어 파악한다. 따라서 학습목표는 다음과 같이 세운다.

1. 변동원가계산과 전부원가계산의 차이점은 무엇인가?
2. 변동원가계산의 유용성은 무엇인가?
3. 두 방법에서 원가는 어떻게 계산되는가?
4. 기준조업도의 유형에는 어떠한 것이 있으며, 어떤 기준조업도를 선택해야 하는가?
5. 두 원가계산방법에서 영업이익의 차이는 어떻게 조정되는가?

일반적으로 제조기업의 보고이익 수치는 재고자산(inventory)에 의해 영향을 받는다. 이렇게 보고이익에 영향을 미치는 재고자산의 가액을 결정하는데 주요한 요소는 1) 재고자산 원가계산방법과 2) 고정제조간접원가 예정배부율을 결정하는 기준조업도이다. 본 장에서는 이러한 두 가지 요소에 대해 알아보기로 한다.

제1절 원가계산방법

1 전부원가계산과 변동원가계산의 개요

제품원가계산방법은 제품원가를 구성하는 항목을 무엇으로 보느냐에 따라 전부원가계산과 변동원가계산으로 구분된다.

전부원가계산(absorption costing)은 직접재료원가, 직접노무원가, 변동제조간접원가, 고정제조간접원가 모두를 제품원가에 포함시키는 원가계산방법으로서, 외부보고 목적의 재무제표는 전부원가계산에 따라 재고자산을 평가한다.

변동원가계산(variable costing)은 제조원가를 일단 변동원가와 고정원가로 구분한 다음에 직접재료원가, 직접노무원가, 변동제조간접원가 항목의 변동제조원가만을 제품원가에 포함시키고, 산출수준(조업도)과 관계없는 고정제조간접원가는 기간비용으로 처리하는 원가계산방법이다. 변동원가계산의 경우에는 감가상각비, 제세공과금과 같은 고정제조간접원가가 제조원가임에도 불구하고 제품원가에 포함시키지 않는 데 비해, 동력비와 같은 변동제조간접원가는 제품원가에 포함시킨다.

변동원가계산과 전부원가계산의 핵심적 차이점은 고정제조간접원가의 회계처리에 있다. 따라서 재고수준의 변동에 따라 영업이익의 결과가 서로 다르게 나타난다. 전부원가계산에서는 고정제조간접원가를 제품원가에 배부하기 때문에 제품을 많이 생산한 경우에는 단위당 고정제조간접원가가 낮아짐으로써 제품 단위당 원가가 낮아지고, 제품을 적게 생산한 경우에는 단위당 고정제조간접원가가 높아짐으로써 제품 단위당 원가가 높아지게 된다. 따라서 전부원가계산의 영업이익은 판매량 뿐만 아니라 생산량에 따라서도 좌우된다.

이러한 현상을 사례를 통해 확인해 보자. 현대자동차 주식회사는 한 해 동안 소나타 1,000,000대를 고객에게 판매하였다. 이를 위해 소나타 한 대당 직접재료원가 ₩30, 단위당 직접노무원가 ₩10, 단위당 변동제조간접원가 ₩20을 투입하였고, 공장설비에서 발생한 고정제조간접원가는 ₩120,000,000이었다. 기초재고는 없었다. 회사가 소나타를 1,200,000대를 생산한 경우와 1,500,000대를 생산한 경우의 단위당 제조원가를 계산하면 다음과 같다.

항목 \ 생산량	1,200,000대	1,500,000대
직접재료원가①	30	30
직접노무원가②	10	10
변동제조간접원가③	20	20
고정제조간접원가④	100[1]	80[2]
단위당 제조원가⑤=①+②+③+④	160	140

1) ₩120,000,000÷1,200,000대=₩100/대
2) ₩120,000,000÷1,500,000대=₩80/대

각 경우의 매출원가를 다음과 같이 두 가지 방법으로 계산할 수 있다.

[방법1]

항목 \ 생산량	1,200,000대	1,500,000대
기초제품재고액①	0	0
당기제품제조원가②	192,000,000[1]	210,000,000[3]
기말제품재고액③	32,000,000[2]	70,000,000[4]
매출원가④=①+②−③	160,000,000	140,000,000

1) ₩160×1,200,000대=₩192,000,000
2) ₩160×(1,200,000대−1,000,000대)=₩32,000,000
3) ₩140×1,500,000대=₩210,000,000
4) ₩140×(1,500,000대−1,000,000대)=₩70,000,000

[방법2]

항목 \ 생산량	1,200,000대	1,500,000대
단위당 제조원가①	160	140
당기판매수량②	1,000,000	1,000,000
매출원가③=①×②	160,000,000	140,000,000

위에서 보듯이 각 경우의 매출원가는 ₩20,000,000의 차이를 보이고 있다. 이러한 차이는 고정제조간접원가가 매출원가와 기말제품재고로 배부되는 금액이 다르기 때문에 발생한다. 다음 표에서 알 수 있듯이, 1,200,000대를 생산할 경우 제조간접원가는 매출원가와 기말제품재고에 ₩100,000,000 및 ₩20,000,000이 배부되지만, 1,500,000대를 생산한 경우에는 ₩80,000,000 및 ₩40,000,000이 배부된다. 즉 판매수량이 일정할 때 더 많이 생산할수록 매출원가는 작아지고, 그 금액만큼 기말제품재고가 증가한다. 결과적으로 많이 생산한 경우의 영업이익이 더 크게 나타난다.

항목 \ 생산량	1,200,000대 (A)	1,500,000대 (B)	차이 (C)=(A−B)
고정제조간접원가발생액③=①+②	120,000,000	120,000,000	0
매출원가에 포함된 고정제조간접원가①=ⓐ×ⓑ	100,000,000	80,000,000	20,000,000
판매수량ⓐ	1,000,000	1,000,000	
단위당 고정제조간접원가ⓑ	100	80	
기말제품재고에 포함된 고정제조간접원가②=ⓒ×ⓓ	20,000,000	40,000,000	(−)20,000,000
기말제품수량ⓒ	200,000	500,000	
단위당 고정제조간접원가ⓓ	100	80	

반면에 변동원가계산에서는 고정제조간접원가를 기간비용으로 처리하기 때문에 제품원가는 변동제조원가로만 구성되고, 생산량에 관계없이 제품 단위당 원가는 일정하다. 따라서 변동원가계산의 영업이익은 판매량에 의해서만 결정된다.

전부원가계산을 사용하면 모든 제조원가를 제품에 부과한 후 판매시점에 비용으로 처리하고, 제조원가를 제외한 모든 원가는 발생시점에 즉시 비용화 한다. 반면 변동원가계산에서는 변동제조원가만을 제품원가에 포함시킨 후 판매시점에서 비용화하는데, 변동제조원가를 제외한 모든 원가는 기간비용으로 간주하여 발생시점에 전액 비용으로 처리한다.

두 원가계산방법에서 고정제조간접원가를 비용으로 인식하는 시점이 다른 이유는 전부원가계산은 장기적인 생산시설의 원가(고정제조간접원가)를 재고자산의 단위당 원가에 포함하고 그 재고자산을 판매할 때 비용화해야 한다는 사고에 기초하고 있는 반면에, 변동원가계산은 장기적인 생산시설의 원가를 즉시 비용화해야 하므로, 재고자산원가에 포함시켜 비용화하는 시점을 이연해서는 안 된다는 사고에 기초하고 있다.

2 변동원가계산의 유용성

전부원가계산을 이용할 경우 고정제조간접원가를 제품에 배부하기 때문에 당기 조업도에 따라서 고정제조간접원가배부율이 달라지고 이는 곧 제품원가의 차이를 가져온다. 즉, 조업도에 따라 제품원가가 달라짐에 따라 결국 이익이 달라진다. 그러나 변동원가계산 하에서는 고정제조간접원가를 기간비용으로 처리하기 때문에 조업도에 따라 이익이 변화하지 않는다. 따라서 변동원가계산에 의해 제품원가를 계산하게 되면 고정제조간접원가를 제품에 배부시킴으로써 야기되는 혼란을 없앨 수 있으며, 경영활동의 성과는 제품 생산량에 영향을 받지 않게 된다.

이와 같이 변동원가계산은 경영관리 측면에서 볼 때, 전부원가계산보다 경영자의 의사결정에 보다 유용한 정보를 제공한다. 다시 말하면, 전부원가계산에 의해 경영활동의 성과를 평가할 경우에는 제품 생산량을 증가시킴으로써 이익을 조정할 수 있지만, 변동원가계산 하에서는 경영활동의 성과가 제품 생산량에 영향을 받지 않으므로 생산과잉으로 인한 바람직하지 못한 재고의 누적을 막을 수 있는 것이다. 변동원가계산은 정상 및 표준원가계산제도를 사용하는 기업 모두 사용할 수 있을 뿐만 아니라, 개별원가계산이나 종합원가계산을 사용하는 기업에게도 적용할 수 있다.

1) 양 방법에 의한 포괄손익계산서

변동원가계산에 의한 포괄손익계산서는 매출액에서 변동원가를 차감하여 공헌이익을 산출하고, 이에 고정원가를 차감하여 영업이익을 계산하는 구조로 되어 있다. 전부원가계산에 의해 작성된 포괄손익계산서를 전통적 또는 기능적 포괄손익계산서라고 하고, 변동원가계산에 의해 작성된 포괄손익계산서를 공헌이익포괄손익계산서라고 한다. 전부원가계산에 의한 포괄손익계산서와 변동원가계산에 의한 포괄손익계산서의 양식을 비교하면 다음 표와 같다.

전부원가계산에 의한 포괄손익계산서상의 매출원가는 변동제조원가 뿐만 아니라 고정제조간접원가까지 포함되는 반면, 변동원가계산에 의한 포괄손익계산서상의 매출원가에는 변동제조간접원가만이 포함되어 있다. 판매비와관리비의 경우 전부원가계산에서는 변동판매비와관리비, 고정판매비와관리비를 매출총이익에서 차감하여 영업이익을 계산하지만, 변동원가계산에서는 변동판매비와관리비는 변동비에 포함시켜 매출액에서 차감하여 공헌이익을 산출하고, 고정판매비와관리비는 공헌이익에서 차감하여 영업이익을 산출한다.

전부원가계산	
매출액 ①	xxx
기초재고 ②	xxx
직접재료원가 ③	xxx
직접노무원가 ④	xxx
변동제조간접원가 ⑤	xxx
고정제조간접원가 ⑥	xxx
기말재고 ⑦	xxx
매출원가 ⑧=②+③+④+⑤+⑥-⑦	xxx
매출총이익 ⑨=①-⑧	xxx
변동판매비와관리비 ⑩	xxx
고정판매비와관리비 ⑪	xxx
영업이익 ⑫=⑨-⑩-⑪	xxx

변동원가계산		
매출액 ①		xxx
기초재고 ②	xxx	
직접재료원가 ③	xxx	
직접노무원가 ④	xxx	
변동제조간접원가 ⑤	xxx	
기말재고 ⑥	xxx	
변동매출원가 ⑦=②+③+④+⑤-⑥	xxx	
변동판매비와관리비 ⑧	xxx	xxx
공헌이익 ⑨=①-⑦-⑧		xxx
고정제조간접원가 ⑩	xxx	
고정판매비와관리비 ⑪	xxx	
영업이익 ⑫=⑨-⑩-⑪		xxx

2) 전부원가계산과 변동원가계산의 비교

시계를 제조하여 판매하는 로만손주식회사의 사례를 통해 구체적으로 전부원가계산과 변동원가계산을 비교하기로 한다.

로만손주식회사의 2017년~2019년의 연간 주요 운영 자료는 다음과 같다.

항목 \ 연도	2017년	2018년	2019년
기초재고수량	0	400	100
생산수량	1,600	1,400	2,000
판매수량	1,200	1,700	1,800
기말재고수량	400	100	300
예산기준조업도	1,600	1,600	1,600
고정제조간접원가예산	₩16,000	₩16,000	₩16,000
판매가격	100	100	100
단위당 직접재료원가	10	10	10
단위당 직접노무원가	6	6	6
단위당 변동제조간접원가	4	4	4
단위당 변동판매비	19	19	19
고정제조간접원가	16,000	15,000	17,000
고정판매비	₩10,000	₩10,000	₩10,000

모든 변동제조원가의 원가동인은 생산수량이며 변동판매비와관리비의 원가동인은 판매수량이다. 고정제조간접원가는 예산배부율에 따라 배부하고, 모든 차이는 발생하는 연도에 매출원가에서 조정된다.

다음은 변동원가계산과 전부원가계산에 의해 작성한 로만손주식회사의 2017년 포괄손익계산서이다.

2017년 변동원가계산				2017년 전부원가계산			
항목	단위당 금액 (A)	수량 (B)	금액 (C)=(A×B)	항목	단위당 금액 (A)	수량 (B)	금액 (C)=(A×B)
매출액①	₩100	1,200	₩120,000	매출액①	₩100	1,200	₩120,000
기초재고②	0	0	0	기초재고②	0	0	0
직접재료원가③	10	1,600	16,000	직접재료원가③	10	1,600	16,000
직접노무원가④	6	1,600	9,600	직접노무원가④	6	1,600	9,600
변동제조간접원가⑤	4	1,600	6,400	변동제조간접원가⑤	4	1,600	6,400
				배부고정제조간접원가⑥	10	1,600	16,000
기말재고⑥	20	400	8,000	기말재고⑦	30	400	12,000
변동매출원가 ⑦=②+③+④+⑤−⑥			24,000	(조정전)매출원가 ⑧=②+③+④+⑤+⑥−⑦			36,000
변동판매비⑧	₩19	1,200	22,800	배부차이조정⑨			0
				(조정후)매출원가⑩=⑧+⑨			36,000
공헌이익⑨=①−⑦−⑧			73,200	매출총이익⑪=①−⑩			84,000
고정제조간접원가⑩			16,000	변동판매비⑫	₩19	1,200	22,800
고정판매비⑪			10,000	고정판매비⑬			10,000
영업이익⑫=⑨−⑩−⑪			₩47,200	영업이익⑭=⑪−⑫−⑬			₩51,200

변동원가계산 포괄손익계산서에서는 고정제조간접원가 ₩16,000 전액을 2017년도 비용으로 처리하였다. 그러나 전부원가계산 포괄손익계산서에서는 제품단위당 ₩10(=고정제조간접원가/예산기준조업도=₩16,000/1,600단위)의 고정제조간접원가가 포함되는 것으로 간주한다. 그리고 그 중 판매수량에 배부된 고정제조간접원가 ₩12,000(=₩10×1,200단위)이 2017년 매출원가로서 비용화 되고, 기말재고에 배부된 고정제조간접원가 ₩4,000(=₩10×400단위)는 2017년 12월 31일에 기말제품재고의 일부로 자산에 남게 된다.

영업이익은 전부원가계산이 변동원가계산보다 ₩4,000만큼 크다. 이는 앞에서 설명한 바와 같이, 변동원가계산 하에서는 고정제조간접원가 ₩16,000 전액이 비용화 되는 반면, 전부원가계산 하에서는 고정제조간접원가 중 ₩12,000만이 비용화 되고 나머지 ₩4,000원은 기말재고자산에 포함되어 비용화가 판매시점까지 이연되기 때문이다.

2017년 로만손주식회사의 생산수량이 1,600단위, 판매수량이 1,200단위로서 생산수량이 판매수량보다 크다. 이렇게 생산수량이 판매수량보다 많은 경우에는 전부원가계산에 의한 영업이익이 변동원가계산에 의한 영업이익보다 크게 된다. 이는 변동원가계산 하에서는 당기에 발생한 고정제조간접원가 전액이 기간비용화 되는 반면, 전부원가계산 하에서는 고정제조간접원가 중 판매수량만큼(1,200단위)만 비용화 되고, 나머지는 기말재고자산(400단위)에 포함되어 비용화가 판매시점까지 이연되기 때문이다.

다음은 변동원가계산과 전부원가계산에 의해 작성한 로만손주식회사의 2018년 포괄손익계산서이다.

2018년 변동원가계산				2018년 전부원가계산			
항목	단위당 금액 (A)	수량 (B)	금액 (C)=(A×B)	항목	단위당 금액 (A)	수량 (B)	금액 (C)=(A×B)
매출액①	₩100	1,700	₩170,000	매출액①	₩100	1,700	₩170,000
기초재고②	20	400	8,000	기초재고②	30	400	12,000
직접재료원가③	10	1,400	14,000	직접재료원가③	10	1,400	14,000
직접노무원가④	6	1,400	8,400	직접노무원가④	6	1,400	8,400
변동제조간접원가⑤	4	1,400	5,600	변동제조간접원가⑤	4	1,400	5,600
				배부고정제조간접원가⑥	10	1,400	14,000
기말재고⑥	20	100	2,000	기말재고⑦	30	100	3,000
				(조정전)매출원가 ⑧=②+③+④+⑤+⑥−⑦			51,000
변동매출원가 ⑦=②+③+④+⑤−⑥			34,000	배부차이조정⑨			1,000U
변동판매비⑧	₩19	1,700	32,300	(조정후)매출원가⑩=⑧+⑨			52,000
공헌이익⑨=①−⑦−⑧			103,700	매출총이익⑪=①−⑩			118,000
고정제조간접원가⑩			15,000	변동판매비⑫	₩19	1,700	32,300
고정판매비⑪			10,000	고정판매비⑬			10,000
영업이익⑫=⑨−⑩−⑪			₩78,700	영업이익⑭=⑪−⑫−⑬			₩75,700

2018년도와 2017년도의 차이점은 첫째, 2017년도 생산수량은 1,600단위로서 고정제조간접원가 예산배부율을 결정하는 예산기준조업도 1,600단위와 동일하였지만, 2018년은 생산수량은 1,400단위로 예산기준조업도 1,600단위보다 작은 것이다. 둘째, 2017년도 판매수량은 1,200단위로 생산수량 1,600단위 보다 적었으나, 2018년도 판매수량은 1,700단위로 생산수량 1,400단위보다 많다는 점이다.

이렇게 생산수량이 기준조업도와 상이하게 되면, 조업도 차이가 발생하게 된다. 2018년도 로만손주식회사의 조업도차이 금액은 예산기준조업도와 실제생산수량의 차이에 고정제조간접원가 예산배부율을 곱한 금액이다. 2017년에는 1,400단위를 생산하여 예산기준조업도에 미달하므로, 불리한 조업도차이 ₩2,000[=(1,600단위−1,400단위)×₩10]이 발생한다. 또한 고정제조간접원가 실제 발생액은 ₩15,000이고 고정제조간접원가 예산은 ₩16,000이므로, 유리한 예산(소비)차이는 ₩1,000이다. 참고로 고정제조간접원가의 차이분석을 제3장(표준원가와 차이분석)에서 학습한 방법으로 나타내면 다음과 같다.

고정제조간접원가 실제발생액	고정제조간접원가 예산	고정제조간접원가 배부액
	예정배부율×기준조업도	예정배부율×실제생산량에 허용된 표준조업도
₩15,000	₩10×1,600단위 =₩16,000	₩10×1,400단위 =₩14,000

예산(소비)차이	조업도차이
₩1,000F	₩2,000U

고정제조간접원가 총차이
₩1,000U

이와 같은 고정제조간접원가에만 관련되는 차이는 전부원가계산에서만 존재하고 변동원가계산에서는 나타나지 않는다. 이는 변동원가계산 하에서는 고정제조간접원가를 항상 기간비용으로 인식하기 때문이다. 포괄손익계산서는 실제로 발생한 원가로 작성하여야 하므로, 고정제조간접원가 실제발생액과 배부액의 차이 ₩1,000(불리)를 매출원가에서 조정해주어야 한다. 2017년에는 생산수량은 1,600단위로서 예산기준조업도 1,600단위와 동일하였기 때문에 조업도차이는 ₩0[=(1,600단위−1,600단위)×₩10]이고, 고정제조간접원가 실제 발생액과 예산이 동일하기 때문에 예산(소비)차이도 ₩0이다. 즉

매출원가를 조정할 필요가 없다.

2018년도에는 로만손주식회사의 생산수량이 1,400단위, 판매수량이 1,700단위로서 판매수량이 생산수량보다 크다. 이렇게 판매수량이 생산수량보다 많은 경우에는 전부원가계산에 의한 영업이익이 변동원가계산에 의한 영업이익보다 작게 된다. 이는 전부원가계산 하에서는 당기에 발생한 고정제조간접원가뿐만 아니라, 기초재고자산 300단위에 포함되어 있던 전기의 고정제조간접원가까지 비용화 되지만, 변동원가계산 하에서는 당기에 발생한 고정제조간접원가만이 기간비용화 되기 때문이다.

다음은 변동원가계산과 전부원가계산에 의해 작성한 로만손주식회사의 2019년 포괄손익계산서이다.

2019년 변동원가계산				2019년 전부원가계산			
항목	단위당 금액 (A)	수량 (B)	금액 (C)=(A×B)	항목	단위당 금액 (A)	수량 (B)	금액 (C)=(A×B)
매출액①	₩100	1,800	₩180,000	매출액①	₩100	1,800	₩180,000
기초재고②	20	100	2,000	기초재고②	30	100	3,000
직접재료원가③	10	2,000	20,000	직접재료원가③	10	2,000	20,000
직접노무원가④	6	2,000	12,000	직접노무원가④	6	2,000	12,000
변동제조간접원가⑤	4	2,000	8,000	변동제조간접원가⑤	4	2,000	8,000
				배부고정제조간접원가⑥	10	2,000	20,000
기말재고⑥	20	300	6,000	기말재고⑦	30	300	9,000
				(조정전)매출원가 ⑧=②+③+④+⑤+⑥−⑦			54,000
변동매출원가 ⑦=②+③+④+⑤−⑥			36,000	배부차이조정⑨			(3,000)F
변동판매비⑧	₩19	1,800	34,200	(조정후)매출원가⑩=⑧+⑨			51,000
공헌이익⑨=①−⑦−⑧			109,800	매출총이익⑪=①−⑩			129,000
고정제조간접원가⑩			17,000	변동판매비⑫	₩19	1,800	34,200
고정판매비⑪			10,000	고정판매비⑬			10,000
영업이익⑫=⑨−⑩−⑪			₩82,800	영업이익⑭=⑪−⑫−⑬			₩84,800

2018년도에는 생산수량이 1,400단위로 예산기준조업도 1,600단위보다 작았지만, 2019년도에는 생산수량이 2,000단위로 예산기준조업도 1,600단위보다 크다. 즉 2019년도에는 2,000단위를 생산하여 예산기준조업도를 초과하므로, 유리한 조업도차이 ₩4,000[=(1,600단위−2,000단위)×₩10]이 발생한다. 또한 고정제조간접원가 실제 발생액은 ₩17,000이고 고정제조간접원가 예산은 ₩16,000이므로, 불리한 예산(소비)차이는 ₩1,000이다. 고정제조간접원가의 차이분석 내역은 다음과 같다.

고정제조간접원가 실제발생액	고정제조간접원가 예산	고정제조간접원가 배부액
	예정배부율×기준조업도	예정배부율×실제생산량에 허용된 표준조업도
₩17,000	₩10×1,600단위 =₩16,000	₩10×2,000단위 =₩20,000

예산(소비)차이	조업도차이
₩1,000U	₩4,000F

고정제조간접원가 총차이
₩3,000F

2019년도에는 로만손주식회사의 생산수량이 2,000단위, 판매수량이 1,800단위로서 생산수량이 판매수량보다 크기 때문에, 2017년도와 유사하게 전부원가계산에 의한 영업이익이 변동원가계산에 의한 영업이익보다 ₩2,000이 크게 된다.

제2절 기준조업도

고정제조간접원가는 총액이 일정하므로, 전부원가계산에서는 기준조업도에 근거한 제조간접원가 예정배부율을 사용하여 고정제조간접원가를 제품에 배부한다. 실제조업도가 기준조업도와 다르면, 고정제조간접원가 배부액과 예산액 사이에 차이가 생긴다. 실제조업도가 기준조업도를 초과하면, 고정제조간접원가배부액이 고정제조간접원가예산액보다 커져서 과대배부가 발생하게 되어 유리한 조업도차이가 나타나며, 반대로 실제조업도가 기준조업도보다 낮으면 과소배부가 발생하여 불리한 조업도차이가 나타난다.

전부원가계산에서 이용되는 고정제조간접원가배부율을 계산하기 위하여 미리 설정해 놓은 조업도를 기준조업도라고 한다. 기준조업도를 어느 수준으로 결정하느냐에 따라 제조원가도 달라지므로 기준조업도의 선택은 매우 중요하다. 다음은 기준조업도로 많이 사용되는 조업도에 대해 알아보기로 한다.

1 이론적 조업도와 실제최대조업도

이론적 조업도(theoretical capacity)는 생산활동이 완전한 효율성을 가지고 이루어지는 환경 하에서 달성할 수 있는 기준조업도 개념이다. 즉, 작업중단 등으로 인한 유휴설비가 전혀 발생하지 않는 경우에 생산할 수 있는 최대생산량이다.

로만손주식회사가 생산을 최대속도로 수행할 때, 1시간당 1,000단위를 생산할 수 있으며, 1년을 365일로 가정하면, 연간 이론조업도는 8,760,000단위(=1,000단위×24시간×365일)이다.

실제최대조업도(practical capacity)는 이론적 조업도에서 불가피한 요인에 의한 작업중단으로 발생된 조업도를 차감한 기준조업도 개념이다. 로만손주식회사의 실행가능한 생산속도가 1시간당 800단위이고, 1년에 300일 생산을 할 수 있다고 가정하면, 실제최대조업도는 5,760,000단위(=800단위×24시간×300일)이다.

이론적 조업도와 실제최대조업도는 기업의 공급측면에서 측정한 기준조업도이다. 따라서 이론적 조업도나 실제최대조업도를 추정할 때에는 기술적 및 인적 요인을 고려하는 것이 중요하다.

2 정상조업도와 종합예산조업도

정상조업도(normal capacity)란 일정기간(보통 3~5년)에 걸쳐 수요의 계절적 · 주기적 변동 및 추세에 따른 변동을 고려하여 소비자의 수요를 충족시킬 수 있는 생산능력에 기초한 기준조업도 개념이다. 종합예산조업도(master-budget capacity)는 경영자가 예상한 당해 연도의 조업도를 말한다.

이론적 조업도와 실제최대조업도는 기업의 공급측면에서 측정한 기준조업도라면, 정상조업도와 종합예산조업도는 기업이 생산한 제품에 대한 수요측면에서 측정한 기준조업도이다. 일반적으로 생산능력보다 수요가 적으므로 이론적 조업도, 실제최대조업도보다 정상조업도, 종합예산조업도가 더 낮은 수준이다.

3 기준조업도의 선택

조업도에 관한 4가지 개념 중에서 어떤 조업도를 선택하느냐의 여부는 회계정보의 사용목적에 따라 달라진다.

이론적 조업도는 회사가 현실적으로 이용 가능한 설비능력과 차이가 많이 나기 때문에 기준조업도로 거의 사용되지 않는다. 많은 회사들은 단위당 고정제조간접원가의 예산을 산출하기 위한 기준조업도로서 실제최대조업도를 사용하고 있다.

경영자가 기준조업도를 추정하기 곤란한 경우에는 그로 인해 판매가격의 결정도 영향을 받을 수 있다. 연간생산량의 변동이 심한 경우에 종합예산조업도를 사용하면, 고정제조간접원가배부율 또한 매년 큰 폭으로 변동하게 될 것이다. 생산량이 적을 때에는 상대적으로 많은 고정제조간접원가를 각 제품에 배부할 것이고, 생산량이 많을 때에는 상대적으로 적은 금액을 각 제품에 배부할 것이다. 따라서 원가에 일정비율의 이익을 가산하여 판매가격을 설정한다면, 불황기에는 오히려 가격이 높아지게 되고, 호황기에는 가격이 낮아지게 될 것 이다. 이와 같은 상황 하에서는 실제최대조업도를 원가배부의 기준으로 사용하는 것이 바람직하다.

실제최대조업도를 기준조업도로 사용하게 되면, 설비에 대한 원가를 수요와 관계없이 설비공급원가로 계산하게 된다. 따라서 취득하였지만 사용되지 않은 유휴설비에 대한 원가정보를 제공하게 되어 경영자가 제품설계변경, 임대, 제거 등의 유휴설비를 관리하는 의사결정을 내리는데 도움을 주게 된다.

제3절 각 원가계산방법의 영업이익 차이조정

변동원가계산은 기업내부에서 경영관리 목적으로만 사용할 수 있는 원가계산방법이므로, 외부보고를 위한 재무제표를 작성하기 위해서는 변동원가계산에 의해 작성된 포괄손익계산서를 전부원가계산 하에서의 포괄손익계산서로 전환해야 한다. 다음은 변동원가계산 하에서 포괄손익계산서 상의 영업이익을 전부원가계산으로의 차이 조정에 대하여 알아본다.

변동원가계산을 사용하는 회사라고 하더라도 회계기말에 재고자산으로 이연되는 고정제조간접원가를 수정하여 전부원가계산에 의한 재고자산평가액으로 전환시킬 수 있다. 다시 말하면, 고정제조간접원가 중 변동원가계산 하에서 제품원가에 포함되지 않았던 고정제조간접원가를 기말재고자산과 매출원가에 가산하는 것이다. 변동원가계산 하에서의 영업이익은 다음과 같이 전부원가계산하의 영업이익으로 전환된다.

변동원가계산에 의한 영업이익
　＋기말재고에 포함된 고정제조간접원가
　－기초재고에 포함된 고정제조간접원가
　＝전부원가계산에 의한 영업이익

로만손주식회사 2017년~2019년까지의 전부원가계산과 변동원가계산하에서의 영업이익의 차이를 요약한 것이다.

항목 ＼ 연도	2017년	2018년	2019년
전부원가계산하의 영업이익①	₩51,200	₩75,700	₩84,800
변동원가계산하의 영업이익②	47,200	78,700	82,800
영업이익 차이③=①－②	₩4,000	(₩3,000)	₩2,000

이러한 영업이익의 차이는 원가계산방법에 따라 고정제조간접원가의 제품원가 포함

여부에 의해 발생한다. 전부원가계산에서는 고정제조간접원가를 제품원가에 포함시키지만, 변동원가계산에서는 기간비용으로 처리한다. 따라서 변동원가계산과 전부원가계산의 영업이익 차이는 전부원가계산의 기초재고자산과 기말재고자산에 포함되어 있는 고정제조간접원가의 차이와 같게 된다.

구체적으로 영업이익의 차이조정은 4단계에 따라 이루어진다. 첫 번째 단계에서는 물량흐름을 파악하고, 두 번째 단계에서는 재고가능원가 항목의 단위당 원가를 계산한다. 세 번째 단계로는 재고자산에 포함된 재고가능원가를 산출 한 후, 마지막 단계에서는 영업이익의 차이를 조정한다.

이에 따라 로만손주식회사의 연도별 영업이익의 차이를 조정하면 다음과 같다.

[1단계] 물량흐름의 파악

항목	2017년	2018년	2019년
기초재고수량①	0	400	100
당기 제조수량②	1,600	1,400	2,000
당기 판매수량③	1,200	1,700	1,800
기말재고수량④=①+②-③	400	100	300

[2단계] 단위당 제조간접원가 배부액 계산

항목	2017년	2018년	2019년
고정제조간접원가⑤	₩16,000	₩16,000	₩16,000
기준조업도⑥	1,600	1,600	1,600
단위당 배부액⑦=⑤/⑥	₩10	₩10	₩10

[3단계] 재고자산에 포함된 고정제조간접원가 산출

항목	2017년	2018년	2019년
기초재고에 포함된 고정제조간접원가⑧=①×⑦	₩0	₩4,000	₩1,000
기말재고에 포함된 고정제조간접원가⑨=④×⑦	₩4,000	₩1,000	₩3,000

[4단계] 영업이익의 차이조정

항목	2017년	2018년	2019년
변동원가계산하의 영업이익⑩	₩47,200	₩78,700	₩82,800
기말재고에 포함된 고정제조간접원가⑨	4,000	1,000	3,000
기초재고에 포함된 고정제조간접원가⑧	0	4,000	1,000
전부원가계산하의 영업이익⑪=⑩+⑨−⑧	₩51,200	₩75,700	₩84,800

2017년, 2019년도와 같이 기말재고자산이 기초재고자산에 비해 증가한 경우 전부원가계산의 영업이익이 변동원가계산의 영업이익보다 더 크고, 2018년도처럼 기말재고자산이 기초재고자산에 비해 감소한 경우, 전부원가계산의 영업이익이 변동원가계산의 영업이익보다 더 작게 된다. 이러한 차이는 기말재고자산이 증가하게 되면 고정제조간접원가가 재고자산으로 이전되고, 기말재고자산이 감소하게 되면 고정제조간접원가가 재고자산에서 차감되므로 발생한다. 따라서 영업이익 차이금액이 기말재고자산에 포함된 고정제조간접원가의 차이금액과 동일함을 알 수 있다.

이와 같은 영업이익의 차이를 당기에 비용화된 금액 관점에서 분석할 수도 있다. 각 원가계산방법을 적용하였을 경우 비용화되는 고정제조간접원가가 달라 매출원가가 서로 다르게 되고, 결과적으로 영업이익의 차이가 발생하기 때문이다.

다음은 연도별로 비용화된 제조간접원가를 비교한 것이다.

항목	2017년	2018년	2019년
변동원가계산에서 비용화된 고정제조간접원가①	₩16,000	₩15,000	₩17,000
전부원가계산에서 매출원가에 포함되어 비용화된 고정제조간접원가②=③+④+⑤−⑥	12,000	18,000	15,000
기초재고에 포함된 고정제조간접원가③	0	4,000	1,000
당기생산량에 배부된 고정제조간접원가④	16,000	14,000	20,000
당기고정제조간접원가 배부차이⑤	0	1,000	(3,000)
기말재고에 포함된 고정제조간접원가⑥	4,000	1,000	3,000
비용화된 고정제조간접원가 차이⑦=①−②	₩4,000	(₩3,000)	₩2,000

전부원가계산과 변동원가계산의 차이를 종합하면 다음 표와 같다.

전부원가계산과 변동원가계산의 비교

구분		전부원가계산	변동원가계산
주요목적		외부보고목적	내부관리목적
제품원가		직접재료원가 직접노무원가 변동제조간접원가 고정제조간접원가	직접재료원가 직접노무원가 변동제조간접원가
기간비용		변동판매비와관리비 고정판매비와관리비	변동판매비와관리비 고정판매비와관리비 고정제조간접원가
포괄손익계산서 양식		매출액 (−)매출원가 =매출총이익 (−)판매비와관리비 =영업이익	매출액 (−)변동매출원가 및 변동판매비와관리비 =공헌이익 (−)고정매출원가 및 고정판매비와 관리비 =영업이익
영업이익 비교	생산량>판매량	전부원가계산이 더 큼(재고자산 증가)	
	생산량=판매량	동일	
	생산량<판매량	변동원가계산이 더 큼(재고자산 감소)	
원가-조업도-이익관계		생산량 및 판매량에 따라 이익의 크기가 결정됨	판매량에 따라 이익의 크기가 결정됨
조업도차이의 발생여부		고정제조간접원가를 제품원가에 배부하기 때문에 발생함	고정제조간접원가를 기간비용으로 처리하기 때문에 발생하지 않음

Ⅰ. 평가자체크리스트

※ 다음 서술이 옳으면 T, 옳지 않으면 F를 기재하시오.

12.1 변동원가계산은 내부계획과 통제 등 경영관리에 보다 유용한 방법이다.

12.2 변동원가계산을 적용하여 원가산정을 하게 되면 모든 제조원가가 기말재공품에 포함이 된다.

12.3 전부원가계산에서 계산된 영업이익은 판매량뿐만 아니라 생산량의 변화에도 영향을 받는다.

12.4 변동원가계산에서는 고정제조간접원가를 기간비용으로 인식하지만 전부원가계산에서는 고정제조간접원가를 제품원가로 인식한다.

12.5 변동원가계산과 전부원가계산은 외부보고목적을 위한 재무제표를 작성하기에 적합한 원가계산 방법이다.

12.6 생산량이 판매량을 초과하여 재고수량이 증가한 경우 변동원가계산에 의한 영업이익이 전부원가계산에 의한 영업이익보다 크다.

12.7 변동원가계산에서 변동판매관리비는 제품원가에 포함된다.

12.8 전부 원가계산에서 제품 단위원가는 직접원재료비, 직접노무비, 변동제조간접비와 고정제조간접비를 포함한다.

12.9 변동원가계산에는 영업이익변동이 생산량보다 판매량과 더 밀접한 관계를 가지므로 영업이익은 판매량의 변동에 의하여 영향을 받는다.

12.10 생산과 매출이 동일할 때 변동원가계산과 전부 원가계산 어느 방법을 사용하든 동일한 순이익이 보고된다.

Ⅱ. 객관식

12.1 변동원가계산의 유용성으로 볼 수 없는 것은?

① 장기적인 의사결정에 유용하다.
② 원가행태별 통제가 용이하다.
③ 바람직하지 못한 재고누적을 막을 수 있다.
④ CVP 분석을 위한 자료를 쉽게 획득할 수 있다.
⑤ 공헌이익을 별도 계산하여 부문별 업적평가가 가능하다.

12.2 변동원가계산에 대한 설명으로 옳은 것은? [1993년 공인회계사]

① 직접재료비와 직접노무비를 제품원가로 계산한다.
② 표준재료비와 표준노무비를 제품원가로 계산한다.
③ 변동제조원가만을 제품원가로 계산한다.
④ 변동제조원가와 고정제조원가를 제품원가로 계산한다.
⑤ 변동제조원가와 변동판매비 및 일반관리비를 제품원가로 계산한다.

12.3 변동원가계산에 의한 손익계산서와 관련된 설명이 아닌 것은? [1996년 공인회계사]

① 공헌이익을 계산한다.
② 변동제조간접원가는 기간비용으로 처리된다.
③ 고정제조간접원가는 매출원가에 포함되지 않는다.
④ 제품 생산량이 영업이익에 영향을 미치지 않는다.
⑤ 판매비 및 일반관리비를 변동비와 고정비로 분리하여 보고한다.

12.4 변동원가계산과 전부원가계산에 대한 설명으로 옳지 않은 것은?

① 표준원가계산제도는 전부원가계산과 변동원가계산 모두에서 사용할 수 있다.
② 전부원가계산은 단기의사결정에 유용하며, 변동원가계산은 장기의사결정에 유용하다.
③ 전부원가계산은 고정제조간접원가를 제품원가로 인식하며, 변동원가계산은 고정제조간접원가를 기간원가로 인식한다.
④ 전부원가계산은 외부보고용으로 적절하며, 변동원가계산은 경영관리적 측면에서 경영자의 의사결정에 유용한 정보를 제공한다.

⑤ 전부원가계산은 생산수량과 판매수량에 의해 이익의 크기가 결정되며, 변동원가계산은 판매량에 의해 이익의 크기가 결정된다.

12.5 다음 중 전부원가계산과 변동원가계산의 영업이익에 대한 설명으로 옳지 않은 것은?

① 생산수량이 판매수량을 초과하는 경우 영업이익은 전부원가계산하에서 크게 나타난다.

② 생산수량과 판매수량이 동일한 경우 전부원가계산과 변동원가계산에 의한 영업이익은 같다.

③ 기초재고수량이 있는 경우, 생산수량과 판매수량이 같으면 항상 두 원가계산에 의한 영업이익은 일치한다.

④ 판매수량이 생산수량을 초과하는 경우 영업이익은 변동원가계산하에서 크게 나타난다.

⑤ 전부원가계산하에서는 고정제조간접비가 생산량의 제조원가에 산입되므로 영업이익의 크기가 매출수량에도 영향을 받는다.

12.6 당기의 원가요소 중 고정비의 비중이 매우 커졌을 경우에 손익계산서상의 당기순이익을 가장 적게 하는 원가계산방법은? [기업회계1급 수정]

① 표준원가계산방법 ② 실제원가계산방법 ③ 전부원가계산방법
④ 변동원가계산방법 ⑤ 활동기준원가계산방법

12.7 다음은 변동원가계산과 전부원가계산에 대한 설명이다. 이들을 해당되는 사항들로만 적절히 분류한 것은? [2000년 세무사]

ⓐ 행태별 원가분류가 필요하다.
ⓑ 기간손익이 재고수준의 변동에 영향을 받는다.
ⓒ 단기적인 계획과 통제에 유용하지 못하다.
ⓓ GAAP에서 인정하지 않는다.

	변동원가계산	전부원가계산		변동원가계산	전부원가계산
①	ⓐ, ⓒ	ⓑ, ⓓ	②	ⓑ, ⓒ	ⓐ, ⓓ
③	ⓒ, ⓓ	ⓐ, ⓑ	④	ⓐ, ⓑ	ⓒ, ⓓ
⑤	ⓐ, ⓓ	ⓑ, ⓒ			

12.8 20×8년 (주)서해는 10,000단위를 생산하고 9,000단위를 판매하였다. 고정 제조간접비는 ₩20,000, 변동제조원가는 단위당 ₩3이다. 20×8년 동안 전부원가계산에서 순이익은?

① 변동원가계산에서 보다 ₩2,000 높다.
② 변동원가계산에서 보다 ₩5,000 높다.
③ 변동원가계산에서 보다 ₩2,000 낮다.
④ 변동원가계산에서 보다 ₩5,000 낮다.
⑤ 변동원가계산에서 보다 ₩7,000 낮다.

12.9 서울회사는 단일제품을 생산하고 있다. 단위당 원가 자료는 다음과 같다.

단위당 원가:			
직접재료비	₩100	직접노무비	₩350
변동제조간접비	₩150	변동판매관리비	₩250
추가자료:			
고정제조간접비	₩100,000	생산량	200단위

전부원가계산에서 단위당 제품원가를 계산하면?

① ₩1,000　② ₩1,100
③ ₩11,200　④ ₩1,300
⑤ ₩1,400

12.10 서울회사는 단일제품을 생산하고 있다. 단위당 원가 자료는 다음과 같다.

단위당 원가:			
직접재료비	₩100	직접노무비	₩350
변동제조간접비	₩150	변동판매관리비	₩250
추가자료:			
고정제조간접비	₩100,000	생산량	200단위

변동원가계산에서 단위당제품원가를 계산하면?

① ₩600　② ₩700
③ ₩800　④ ₩900
⑤ ₩1,000

12.11 (주)강남은 단일제품을 생산 · 판매하고 있다. 다음 자료를 이용하여 전부원가계산과 변동원가계산에 의한 단위당 제품원가를 계산하면?

직접재료비	₩10,000	직접노무비	₩20,000
변동제조간접비	₩5,000	변동판매관리비	₩15,000
고정제조간접비	₩10,000,000	생산량	200단위

	전부원가계산	변동원가계산		전부원가계산	변동원가계산
①	₩35,000	₩85,000	②	₩35,000	₩50,000
③	₩50,000	₩50,000	④	₩85,000	₩35,000
⑤	₩85,000	₩50,000			

12.12 (주)선풍은 선풍기를 제작하여 판매하는 회사이다. 생산량 10,000대를 기준으로 하였을 경우 대당 예정원가자료는 다음과 같다.

직접재료비	₩1,600	직접노무비	₩680
변동제조간접비	₩220	고정제조간접비	₩400
변동판매비	₩300	고정판매비	₩200

실제생산량은 8,500대이고, 기중 실제고정제조간접비는 예정원가보다 ₩250,000이 추가로 더 발생하였다. 기초재고는 없었고 원가차이는 정상적인 것으로 보아 원가성이 있는 것으로 판단되어진다. 전부원가계산에 의한 제품 1대당 실제제조원가는 얼마인가?

[기업회계1급 수정]

① ₩2,800 ② ₩2,900 ③ ₩3,000 ④ ₩3,100 ⑤ ₩3,500

12.13 (주)강산은 20×8년 초에 영업을 개시하여 A제품을 생산 · 판매하고 있다. 20×8년의 생산량은 2,000단위였으며 생산과 판매에 관한 자료는 다음과 같다.

	제품단위당 변동비	고정비
직접재료비	₩300	−
직접노무비	₩250	−
제조간접비	₩100	₩400,000
판매관리비	₩150	₩200,000

제품단위당 판매가격은 ₩1,800이다.

(주)강산이 20×8년에 1,500단위를 판매하였다면, 변동원가계산의 순이익은 얼마인가?

[기업회계1급 수정]

① ₩1,125,000 ② ₩1,300,000 ③ ₩700,000
④ ₩900,000 ⑤ ₩850,000

12.14 정미(주)는 20×8년 1월 1일 영업을 개시하였으며, 단일의 제품을 생산하여 개당 ₩1,000씩에 판매하고 있다. 정미(주)는 실제원가시스템으로 원가를 계산하고 있다. 20×8년 동안 100,000단위의 제품을 생산하여 80,000단위의 제품을 판매하였다. 20×8년12월31일 재공품계정의 잔액은 없다. 20×8년의 제조원가와 기간비용에 관한 자료는 다음과 같다.

	고정비	변동비	
직접재료비	–	단위당	₩200
직접노무비	–	단위당	125
제조간접비	₩12,000,000	단위당	75
판매비	7,000,000	단위당	100

정미(주)의 변동원가계산 방법에 의한 영업이익은? [1997년 공인회계사]

① ₩3,000,000 ② ₩11,000,000 ③ ₩11,400,000
④ ₩21,000,000 ⑤ ₩33,000,000

12.15 다음의 자료를 이용하여 계산된 변동원가계산의 기말재고액과 전부원가계산의 기말재고액의 차이는 얼마인가? [2005년 감정평가사]

기초재고수량	0개	생산량	1,200개
판매량	1,000개	매출액	₩100,000
총변동재료원가	₩12,000	총변동가공원가	₩24,000
총고정제조간접원가	₩18,000	총고정마케팅원가	₩20,000

① ₩3,000 ② ₩2,000 ③ ₩7,000
④ ₩10,344 ⑤ ₩5,600

12.16 (주)K2는 20×8년 영업을 개시하여 동년도의 기말 제품 재고량이 1,000개 남았다. 변동제조원가와 고정 제조원가는 제품 단위당 각각 ₩90과 ₩20이다. (주)K2가 전부 원가계산 제도를 택하는 경우 변동원가계산 제도를 택하는 경우보다 세전 순이익은 얼마나 높게 나타나겠는가? [AICPA]

① ₩0 ② ₩20,000 ③ ₩70,000
④ ₩90,000 ⑤ ₩100,000

12.17 다음은 (주)한강의 원가자료이다. 전부원가계산방법에 의한 당기순이익이 직접원가계산 방법에 의한 당기순이익보다 ₩200이 많은 경우 당기의 재고 증감량은 몇 개인가?

[(2000년 세무사)]

당기생산량: 1,000개	기초재고수량: ?	기말재고수량: 100개
판매가: 단위당 ₩15	변동제조간접비: 단위당 ₩5	고정제조간접비: ₩2,000
변동판매비: 단위당 ₩2	고정판매비: ₩300	

① 100개 증가 ② 50개 증가 ③ 10개 증가 ④ 50개 감소 ⑤ 변동없음

12.18 (주)세무의 20×8년 3월의 원가계산 자료는 다음과 같다. 기초 및 기말재공품은 없으며, 재고자산의 원가흐름은 선입선출법을 전제로 한다.

당기생산량	1,500개	당기판매량	1,000개
기초제품	200개	기말제품	450개
고정제조간접비	960,000원	고정판매비와 관리비	940,000원

전부원가계산에 의한 기초제품재고액은 ₩300,000(₩120,000은 고정제조간접비)이고, 기말제품재고액은 ₩780,000이다. 위 자료를 이용하여 원가계산을 할 경우 전부원가계산에 의한 영업이익이 ₩368,000이라면 변동원가계산에 의한 영업이익은 얼마인가?

[기업회계1급 수정]

① ₩120,000 ② ₩200,000 ③ ₩288,000 ④ ₩368,000 ⑤ ₩395,000

12.19 전기와 당기의 단위당 고정제조간접비가 동일한 경우 (주)네모합판의 영업활동에 관한 자료이다.

• 생산수량	10,000개	• 판매수량	8,000개
• 기초제품	1,000개	• 단위당 판매가격	@₩200
• 단위당 변동제조원가	@₩80	• 단위당 변동판매관리비	@₩10
• 고정제조간접비	₩100,000	• 고정판매관리비	₩20,000

위 자료에 의할 때 순이익의 차이를 설명한 것으로 적합한 것은?

[2001년 감정평가사 유사, 기업회계1급 수정]

① 전부원가계산하의 순이익이 ₩24,000 더 많다.
② 변동원가계산하의 순이익이 ₩24,000 더 많다.
③ 전부원가계산하의 순이익이 ₩20,000 더 많다.
④ 변동원가계산하의 순이익이 ₩20,000 더 많다.
⑤ 전부원가계산하의 순이익이 ₩18,000 더 많다.

12.20 무선전화(주)는 20×8년 초에 영업을 개시하여 무선전화기를 생산 판매하고 있다. 20×8년에 3,000개를 생산하였으며, 제품 단위당 판매가격은 ₩150,000이다. 생산에 관한 자료는 다음과 같다.

	고정원가(₩)	제품단위당 변동원가(₩)
직접재료원가		₩30,000
직접노무원가		25,000
제조간접원가	₩45,000,000	15,000
판매관리비	60,000,000	20,000

만약 전부원가계산에 의한 영업이익이 변동원가계산에 의한 영업이익에 비하여 ₩15,000,000이 많을 경우, 20×8년 판매량은 몇 개인가? [1998년 세무사]

① 200개 ② 500개 ③ 1,000개
④ 1,500개 ⑤ 2,000개

Ⅲ. 주관식

12.1 4월 중 제품 10,000 단위를 생산하여 판매하였다. 4월 중 발생한 제조원가와 판매비는 다음과 같다.

직접 재료비와 직접 노무비	₩900,000	변동 제조간접비	₩100,000
고정 제조간접비	20,000	변동 판매비	10,000

변동원가계산 하에서 단위당 제품원가를 계산하면?

12.2 (주)태희는 20×8년 10월 중 A제품 1,000 단위를 생산하여 800 단위를 판매하였다. 제A품의 단위당 판매가격은 ₩3,000이다. 10월 중 발생한 제조원가와 판매관리비는 다음과 같다.

직접 재료비	₩1,000,000	직접 노무비	₩600,000
변동제조간접비	400,000	고정제조간접비	100,000
변동판매비	200,000	고정판매비	700,000

물음 1. 전부원가계산에 의한 단위당 제품원가와 기말제품재고액은?
2. 변동원가계산에 의한 단위당 제품원가와 기말제품재고액은?

12.3 (주)부천은 20×8년에 한 제품을 판매하고 있다. 제품의 생산 및 판매와 관련된 원가는 다음과 같다.

	고정비	단위당 변동비
직접재료비		₩500
직접노무비		₩300
변동제조간접비		₩200
고정제조간접비	₩225,000	
변동판매관리비		₩100
고정판매관리비	₩775,000	

회사는 1,500 단위를 생산하여 1,300 단위를 판매하였다. 20×8년말 재고수량은 200단위며, 장부에 기록된 기말제품재고액은 ₩200,000이다.

물음 1) 장부에 기록되어 있는 기말제품재고액은 어느 원가계산(전부/변동)을 적용하여 계산되었는가?

2) 외부보고 목적을 위한 200 단위의 제품재고액은 얼마로 하여야 하는가?

12.4 (주)창조의 2014년 제조 및 판매 자료는 다음 [보기]와 같으며, 기말재고의 평가는 선입선출법이다. 2014년 고정제조간접비는 ₩2,000,000이고 고정판매관리비는 ₩1,200,000일 때, 변동원가계산에 의한 기말제품재고액은 얼마인가? [ERP회계 수정]

[보기]

	단위	전부원가
기초재고	2,000단위	₩1,200,000
생산량	8,000	
판매량	6,000	
기말재고	4,000	₩2,440,000

12.5 (주)남전은 2014년 설립된 회사로 2014년의 연간 고정제조간접비는 50,000원이다. 회사는 2014년 제품 2,500개를 생산하여 1,000개를 판매하였으며 변동원가계산에 의한 영업이익은 90,000원일 때, 전부원가계산에 의한 영업이익 금액은 얼마인가?

[ERP회계 수정]

12.6 (주)삼국은 20×8년초에 영업을 개시하였으며 1월과 2월 중에 발생한 원가자료는 다음과 같다.

	20×8년 1월	20×8년 2월
생산능력	100개	100개
생산량	90개	100개
판매량	70개	90개
고정제조간접원가	₩1,350	₩1,400

2월중 변동원가계산에 의한 영업이익이 ₩210이었다면, 전부원가계산에 의한 2월중 영업이익은 얼마인가? (재고자산의 원가흐름은 선입선출법을 가정한다) [2006년 세무사]

12.7 (주)안산은 20×8년 1월 1일에 영업을 시작하였다. 회사는 20×8년 동안 10,000 단위를 생산하여 9,000 단위를 판매하였으며, 단위당 ₩100에 판매하였다. 20×8년 중에 발생한 제조원가와 판매관리비는 다음과 같다.

	고정비	단위당 변동비
직접재료비		₩30
직접노무비		₩10
제조간접비	₩20,000	₩20
판매관리비	₩50,000	₩10

물음 1) 변동원가계산에 의한 영업이익을 계산하시오.
2) 변동원가계산에 의한 영업이익을 전부원가계산에 의한 영업이익으로 전환하시오.

12.8 (주)경기는 20×8년 1월 1일에 설립되어 제품생산을 시작하였다. 회사는 제품원가를 계산하기 위하여 전부원가계산을 이용하여 손익계산서를 작성하였다. 20×8년 손익계산서 자료는 다음과 같다.

손익계산서
(20×8년 1월 1일 ~ 12월 31일)

Ⅰ. 매출액(13,000단위×₩1,000)		₩13,000,000
Ⅱ. 매출원가		
1. 기초제품재고액	₩0	
2. 당기제품제조원가(15,000단위×₩800)	12,000,000	
3. 기말제품재고액(2,000단위×₩800)	1,600,000	10,400,000
Ⅲ. 매출총이익		2,600,000
Ⅳ. 판매관리비		2,000,000
Ⅴ. 영업이익		₩600,000

* 판매관리비 ₩2,000,000 중 ₩700,000은 변동판매관리비이다.
그리고 연간 고정제조간접원가는 ₩3,000,000이다.

물음 1) 변동원가계산에 의한 공헌이익계산서를 작성하시오.
2) 전부원가계산과 변동원가계산의 영업이익의 차이를 계산하시오.

12.9 (주)강릉은 20×8년에 A제품을 생산·판매하고 있다. 회사는 20×8년 동안 1,000 단위를 생산하여 1,200 단위를 판매하였으며, 단위당 ₩1,000에 판매하였다. 20×8년 중에 직접재료비 ₩150,000, 직접노무비 ₩250,000, 변동제조간접비 ₩50,000이 발생하였으며, 기타 관련자료는 다음과 같다. 단, 전기와 당기의 단위당 제조원가는 동일하다.

기초제품재고량	200단위	단위당 변동판매관리비	₩400
고정제조간접비	₩50,000	고정판매관리비	₩100,000

물음 1) 전부원가계산에 의한 손익계산서를 작성하시오.
2) 변동원가계산에 의한 손익계산서를 작성하시오.

12.10 (주)서울은 단일제품을 생산 및 판매하고 있다. 회사는 영업개시 후 전부원가계산에 의하여 작성한 3년간의 손익계산서는 다음과 같다. [2003년 세무사 수정]

(1) 전부원가계산 손익계산서

	1차년도	2차년도	3차년도
매 출 액	₩800,000	₩600,000	₩800,000
영업이익	20,000	50,000	(140,000)

(2) 원가자료

- 변동제조원가는 단위당 ₩5
- 고정제조간접비 ₩400,000
- 고정판매관리비 ₩100,000

(3) 3년간의 생산량 및 판매량

	3년간 생산량 및 판매량		
	1차년도	2차년도	3차년도
생 산 량	40,000	50,000	20,000
판 매 량	40,000	30,000	40,000

변동원가계산에 의하여 각 연도(1차년도에서 3차년도)의 손익계산서를 작성하시오.

정답 및 해설

제1장 조직에서의 원가회계의 이해

Ⅰ. 평가자체크리스트

1.1 해설 F 내부이용자들과 외부이용자들로 구성되어 있다.

1.2 해설 T

1.3 해설 T

1.4 해설 T

1.5 해설 T

1.6 해설 F 생산원가자료는 관리회계와 재무회계에 이용된다.

1.7 해설 F 재무회계는 일반적으로 인정된 회계원칙에 의하여 이루어진다.

1.8 해설 F 원가를 측정하는 방법에 따라 실제원가계산, 정상원가계산, 표준원가계산으로 분류한다.

1.9 해설 T

1.10 해설 T

Ⅱ. 객관식

1.1 정답 ③

해설 관리회계 목적으로 제공되는 원가정보는 기업회계기준을 따를 필요가 없으며, 이용목적에 의해 다양한 방법으로 정보를 산출한다.

Ⅲ. 주관식

1.1 해설 정보이용자들이 필요로 하는 원가정보를 확인 · 분류 · 집계하여 제공하는 것을 목적으로 하는 원가회계는 ① 재무제표상의 재고자산평가액 결정을 위한 제품원가 정보의 제공, ② 경영계획수립 및 통제를 위한 원가정보의 제공, ③ 세무보고서의 작성을 위한 원가정보의 제공, ④ 원가보상계약에 있어서의 보상금액 결정 혹은 이와 유사한 성격의 가격결정을 위한 원가정보의 제공의 역할을 한다.

1.2 해설 ① 원가를 집계하는 방법에 따른 분류: 개별원가계산과 종합원가계산으로 분류할 수 있다. 개별원가계산이란 개별작업별로 원가를 구분하여 계산하는 방법을 말하며, 종합원가계산이란 공정이나 부문별로 원가를 집계한 후, 집계된 원가를 총산출물에 균등히 배부하여

단위당 원가를 계산하는 방법이다.

② 제품원가를 계산하는 방법에 따른 분류
전부원가계산과 변동원가계산으로 분류할 수 있다. 전부원가계산은 고정제조간접비를 포함한 모든 원가를 제품이 판매되는 시점에서 수익에 대응시켜 비용으로 계상할 수 있도록 제품원가로 처리하고, 판매 및 관리활동에서 발생한 원가는 기간비용으로 처리하는 원가계산방법이다. 이에 반해 변동원가계산은 고정제조간접비를 제외한 변동제조원가만을 제품원가로 처리하고, 고정제조간접비는 판매 및 관리활동에서 발생한 원가와 함께 발생한 기간의 수익에 대응시켜 기간비용으로 처리하는 원가계산방법이다.

③ 원가를 측정하는 방법에 따른 분류
실제원가계산, 정상원가계산, 표준원가계산으로 분류할 수 있다.
실제원가계산이란 개별 생산요소의 실제의 구입가격 및 실제의 사용수량을 기준으로 제품의 원가를 측정하는 방법을 말한다. 이에 반해 표준원가계산이란 개별 생산요소에 대해 사전에 정해진 표준가격 및 표준사용수량을 바탕으로 원가를 측정하는 방법이다. 정상원가계산은 실제원가계산과 표준원가계산을 결합한 원가측정방법으로 직접재료비와 직접노무비는 실제원가를 적용하고, 제조간접비는 미리 정해놓은 예정배부율에 따라 결정된 원가(일종의 표준원가)를 적용하는 원가측정방법이다.

1.3 해설

구분	재무회계	관리회계
목적	기업의 외부이해관계자인 주주나 채권자 등에게 유용한 정보제공	기업의 내부이해관계자인 경영자 등에게 유용한 정보의 제공
회계정보이용자	외부정보이용자(주주, 채권자 등)	내부정보이용자(경영자 등)
원칙의 유무	일반적으로 인정된 회계원칙(GAAP)	기업이 내부적으로 설정한 원칙이나 규정
정보의 특성	객관성, 신뢰성	목적적합성, 적시성
정보의 유형	재무적 정보	재무적/비재무적 정보
범위	기업경영 전반의 기초적인 범위 (기업전체)	경영활동의 각기 목적에 부합되는 범위 (기업전체/사업부문/팀/개인)
시간적 관점	과거지향적임	미래에 대한 예측에 초점을 둠
보고수단	공표용 재무제표(재무보고)	특수한 의사결정 목적에 적합한 보고서
보고빈도	정기	수시

1.4 해설
① 외부보고를 위한 회계 (F)
② 내부이용자를 위한 회계 (M)
③ 계획과 통제기법을 주로 다루는 회계 (M)
④ 주주와 채권자를 위한 회계정보 제공 (F)
⑤ 경영자에게 보고하기 위한 회계 (M)
⑥ 업적평가를 위한 회계 (M)
⑦ 의사결정을 위한 회계 (M)
⑧ 조직전체보다 조직의 부문에 관심을 더 집중한다. (M)
⑨ 비영리단체에도 적용 가능하다. (M)
⑩ 공식적인 원칙이나 기준이 없다. (M)

제2장 원가의 개념 및 분류

Ⅰ. 평가자체크리스트

2.1 해설 T

2.2 해설 F 원가회계는 관리회계와 재무회계를 위한 정보를 모두 제공한다. 예를 들면, 제품원가 계산은 재무회계의 재고자산평가 목적과 관리회계의 의사결정 목적 모두에 관련된 원가회계의 기능이다.

2.3 해설 T

2.4 해설 T

2.5 해설 T

2.6 해설 T

2.7 해설 F 원가행태에 따라 직접원가와 간접원가가 아닌 변동원가와 고정원가로 분류된다.

2.8 해설 F 변동비에 대한 설명이다.

2.9 해설 T

2.10 해설 F 준변동비에 대한 설명이다.

Ⅱ. 객관식

2.1 정답 ④

해설 ① 직접재료비는 기초원가에 해당된다.
② 매몰원가는 의사결정과정에 영향을 미치지 않는 원가를 말한다.
③ 고정원가는 일정 조업도내에서 일정하게 발생하는 원가를 말한다.
⑤ 공장 감독자 급여는 간접노무비이므로 가공원가에 포함된다.

2.2 정답 ④

해설 매몰원가는 과거 원가로서, 미래 의사결정에 전혀 관련성이 없으므로 의사결정과정에서 고려해선 안 되는 비관련원가에 해당한다.

2.3 정답 ④

해설 기업내부 이해관계자의 관리적 의사결정에 대한 유용한 정보제공

2.4 정답 ③

해설 공장감독자의 급여: 간접노무비임.
기본원가: 직접재료비, 직접노무비
가공원가: 직접노무비, 제조간접비

2.5 정답 ②
해설 ① 원가요소에 따른 분류기준 ③ 원가행태에 따른 분류기준
④ 제조활동에 따른 분류기준 ⑤ 제조활동 관련성에 따른 분류기준

2.6 정답 ②
해설 간접노무비, 외주가공비, 공장감가상각비는 제조부문에서만 발생

2.7 정답 ④
해설 기본원가 = 직접재료비 + 직접노무비
가공원가 = 직접노무비 + 제조간접비
제조원가 = 직접재료비 + 직접노무비 + 제조간접비
기본원가와 가공원가를 합하면 직접노무비가 중복되게 된다.

2.8 정답 ③
해설 관리비는 제조원가에 포함되지 않는다(포괄손익계산서에서 비용 처리된다).

2.9 정답 ⑤
해설 공장 차량운반구의 감가상각비는 제조원가이다.

2.10 정답 ③
해설 제조간접비는 가공원가에 포함되며, 고정제조간접비와 변동제조간접비 모두에서 발생한다.
생산직 근로자의 임금은 직접노무비에 해당하므로 기본원가에 포함된다.

2.11 정답 ④
해설 공장보험료는 제조간접비이므로 가공원가에 해당된다.

2.12 정답 ①
해설 직접원가는 통제가능원가에 해당된다.

2.13 정답 ④
해설 ①, ②, ③, ⑤는 통제가능원가와 임의원가에 해당된다.

2.14 정답 ③
해설 당월직접재료비소비액 = 기초(₩15,000) + 당월매입(₩95,000) − 기말(₩10,000) = ₩100,000
당월직접노무비소비액 = 당월지급(₩60,000) + 당월미지급(₩10,000) − 전월미지급(₩20,000)
= ₩50,000
기본원가 = 당월직접재료비소비액(₩100,000) + 당월직접노무비소비액(₩50,000) = ₩150,000

2.15 정답 ⑤
해설 가공원가 = 직접노무비 + 제조간접비(변동제조간접비 + 고정제조간접비)
= ₩1,500,000 + ₩800,000 + ₩200,000
= ₩2,500,000

2.16 정답 ②

해설 기본원가 = 직접재료비 + 직접노무비(₩50,000 + ₩80,000 = ₩130,000)
가공원가 = 직접노무비 + 제조간접비(₩80,000 + ₩40,000 + ₩5,000 + ₩15,000 + ₩25,000)
= ₩165,000

2.17 정답 ③

해설 당기총제조원가 = 직접재료비(₩200,000) + 직접노무비(₩300,000) + 제조간접비(₩400,000)
= ₩900,000

2.18 정답 ④

해설 제조원가 = ₩2,000,000
판매관리비 = ₩2,000,000×0.15 = ₩300,000
판매이익 = ₩2,300,000×0.1 = ₩230,000
따라서 판매가격은 ₩2,300,000(총원가) + ₩230,000(판매이익) = ₩2,530,000

2.19 정답 ④

해설 총원가 = 제조원가 + 비제조원가(판매비와관리비)
₩1,250,000 = X + 0.25X
X = ₩1,250,000/1.25 = ₩1,000,000

2.20 정답 ①

해설 총원가 = ₩12,000,000/1.2 = ₩10,000,000
제조원가 = ₩1,000,000 + ₩2,000,000 + ₩3,000,000 = ₩6,000,000
판매비와관리비 = ₩10,000,000 − ₩6,000,000 = ₩4,000,000

Ⅲ. 주관식

2.1 정답 a, b, c, f

해설 제조간접비: a, b, c, f, 직접노무비: d, 판매비및관리비: e, g, h

2.2 정답 ₩1,000,000 + (₩1,500,000 − ₩800,000) = ₩1,700,000

해설 기본원가=직접재료비+직접노무비
가공원가=직접노무비+제조간접비
따라서 직접노무비=가공원가-제조간접비

2.3 정답 ₩500,000

해설 직접노무비는 기본원가와 가공원가 모두에 해당된다.

2.4 해설 ₩500,000(직접노무비) + ₩500,000/0.2(제조간접원가) = ₩3,000,000

2.5 해설 (a): ①, ②, ④, ⑧, ⑨, ⑩
(b): ③, ⑤, ⑥, ⑦
(c): ①, ⑨
(d): ①, ②, ④, ⑧, ⑩

2.6 해설 (1) 기본원가(직접재료비 + 직접노무비)
= 원재료소비액(₩1,000,000) + 직접노무비(₩800,000) + 직접노동자의 복리후생비(₩50,000)
= ₩1,850,000

(2) 가공원가(직접노무비 + 제조간접원가)
= 직접노무비(₩800,000) + 직접노동자의 복리후생비(₩50,000)
+ 공장건물재산세(₩20,000) + 공장감독자급료(₩100,000) + 공장수도광열비(₩30,000)
+ 공장기계감가상각비(₩200,000) = ₩1,200,000

(3) 당기총제조원가 = 기초원가(₩1,850,000) + 제조간접원가(₩350,000) = ₩2,200,000

(4) 기간원가 = 본사사무실 비품 감가상각비(₩50,000) + 본사사무원 급료(₩100,000)
+ 광고비(₩250,000) + 본사사무실 잡비(₩50,000) = ₩450,000

2.7 정답 ₩10억

해설 매몰원가란 과거의 의사결정으로 인하여 이미 발생한 원가로서 대안간에 차이가 발생하지 않는 원가이다. 삼일이 과거 5년전에 기계장치를 구입하기 위하여 지출한 10억은 방안 A와 방안 B의 대안간에 차이를 발생시키지 않는 원가이므로 매몰원가이다.

2.8 해설 (1) 직접원가 = 직접재료비(₩600,000) + 직접노무비(₩200,000) = ₩800,000

(2) 제조원가 = 직접원가(₩800,000) + 간접원가(₩400,000 + ₩300,000 + ₩2,000,000)
= ₩3,500,000

(3) 총원가 = 제조원가(₩3,500,000) + 판매관리비(₩80,000 + ₩90,000 + ₩70,000
+ ₩95,000 + ₩5,000 + ₩90,000) = ₩3,930,000

(4) 판매가격 = 총원가(₩3,930,000)×1.2 = ₩4,716,000

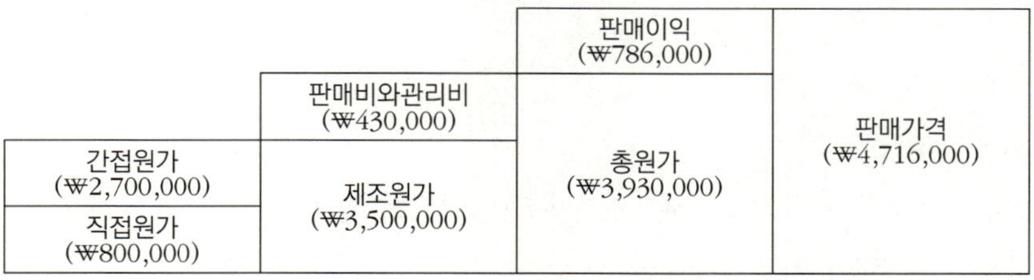

2.9 해설 가공원가(₩500,000) = 직접노무비 + 제조간접원가 = X + Y
제조간접원가(Y) = 1.5X를 가공원가에 대입하면, 500,000 = 2.5X
따라서 X(직접노무비) = ₩200,000 Y(제조간접원가) = ₩300,000
기초원가(₩250,000) = 직접재료비 + 직접노무비 = ₩50,000 + ₩200,000
판매가격(S) = 총원가 + 판매이익 = ₩1,050,000 + 0.4S
0.6S = ₩1,050,000, S = ₩1,750,000

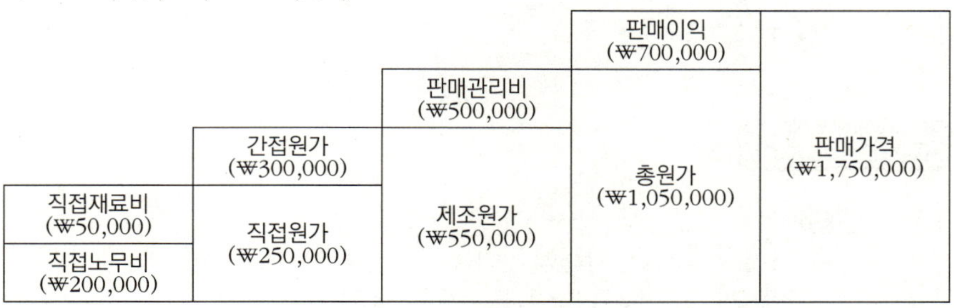

2.10 정답 ₩42,000

해설

재공품

기초재고액	50,000	완성품원가	80,000[1)]
직접재료비	20,000[2)]		
직접노무비	22,000[3)]		
제조간접비	33,000	기말재고액	45,000
	125,000		125,000

1) ₩90,000 + ₩60,000 − ₩70,000 = ₩80,000

2) ₩3,000 + ₩21,000 − ₩4,000 = ₩20,000

3) ₩125,000 − ₩50,000 − ₩20,000×40% = ₩22,000

기초원가 = ₩20,000 + ₩22,000 = ₩42,000

제3장 제조기업의 원가흐름과 집계

Ⅰ. 평가자체크리스트

3.1 해설 T

3.2 해설 T

3.3 해설 T

3.4 해설 F. 완성품의 원가만큼 제품계정으로 할당된다.

3.5 해설 F 당기제품제조원가라 한다.

3.6 해설 T

3.7 해설 F 당기제품제조원가와 매출원가는 동일해 진다.

3.8 해설 F 기초재공품재고액은 표시되나, 기초제품재고액은 표시되지 않는다.

3.9 해설 T

3.10 해설 T

Ⅱ. 객관식

3.1 정답 ④

해설 요소별 원가계산→부문별 원가계산→제품별 원가계산→매출원가

재료비, 노무비, 경비→재공품→제품→매출원가

3.2 정답 ④

해설 기말제품재고액은 매출원가명세서에 나타난다.

3.3 정답 ④

해설 ① 당기총제조비용은 재공품계정 차변으로 대체
② 당기제품제조원가는 제품계정 차변으로 대체
③ 당기매출원가는 제품매출원가계정 차변으로 대체
⑤ 당기노무비소비액은 재공품계정 차변으로 대체

3.4 정답 ④

해설 당기총제조원가 > 당기제품제조원가 = 기말재공품액 > 기초재공품액

3.5 정답 ②

해설 월초 재고액 + 당월 매입액 = 원재료 소비액 + 월말 재고액
원재료 소비액 = 월초 재고액 + 당월 매입액 − 월말 재고액
= ₩100,000 + ₩500,000 − ₩200,000
= ₩400,000

3.6 정답 ③

해설 직접재료비소비액 = (당기제품제조원가 ₩80,000 + 기말재공품재공액 ₩20,000)
− (기초재공품재고액 ₩10,000 + 직접노무비소비액 ₩20,000)
+ 제조간접비소비액 ₩30,000) = ₩40,000
당기직접재료매입액 = (기말직접재료재고액 ₩10,000 + 직접재료소비액 ₩40,000)
− 기초직접재료재고액 ₩20,000
= ₩30,000

3.7 정답 ④

해설 당월 지급 ₩100,000 + 당월 미지급 ₩50,000 − 전월 선급 ₩10,000 = ₩140,000

3.8 정답 ①

해설 기초재공품 + 직접재료비 + 직접노무비 + 제조간접비 = 당기제품제조원가 + 기말재공품
X + Y(당기총제조원가) = X + ₩500,000, Y = ₩500,000
₩500,000×2/10 = ₩100,000

3.9 정답 ⑤

해설 공장재산세 = ₩6,000원(₩72,000/12개월) + 공장소모품비 ₩11,000
+ 기계수선비 ₩4,000(₩24,000/6개월) + 공장보험료 ₩6,000(₩18,000/3개월)
+ 기계감가상각비 ₩3,000(₩18,000/6개월) = ₩30,000

3.10 정답 ④

해설 (300Kwh − 100Kwh)×₩100 = ₩20,000

3.11 정답 ①

해설 당기총제조원가 = 직접재료비 + 직접노무비 + 제조간접비
= ₩10,000 + ₩30,000 + ₩50,000
= ₩90,000

3.12 정답 ①

해설 기말재공품재고액 = ₩300,000(기초재공품재고액) + ₩1,000,000(당기총제조원가)
− 당기제품제조원가 ₩1,200,000(₩1,500,000 − ₩500,000 + ₩200,000)
= ₩100,000

3.13 정답 ③

해설 당기제품제조원가 = (매출원가 ₩300,000 + 기말제품재고액 ₩200,000)
− 기초제품재고액 ₩50,000 = ₩450,000
기말재공품재고액 = (기초재공품재고액 ₩100,000 + 당기총제조비용 ₩550,000)
− 당기제품제조원가 ₩450,000 = ₩200,000

3.14 정답 ②

해설 기초재공품재고액 = 당기제품제조원가(₩18,000,000) + 기말재공품재고액(₩2,000,000)
− 당기총제조원가(₩15,000,000) = ₩5,000,000

3.15 정답 ①

해설 직접재료비 = ₩7,000 − ₩2,000 = ₩5,000
직접노무비 = ₩5,000×130% = ₩6,500
당기총제조원가 = ₩5,000 + ₩6,500 + ₩6,000 = ₩20,000
X + 20,000 = Y(당기제품제조원가) + X + ₩10,000
당기제품제조원가(Y) = ₩10,000

3.16 정답 ④

3.17 정답 ①

해설 당기제품제조원가 = ₩150,000 + ₩1,500,000 − ₩250,000원 = ₩1,400,000
매출원가 = ₩300,000 + ₩1,400,000 − ₩700,000 = ₩1,000,000

3.18 정답 ③

해설 당기제품제조원가 = 기초재공품재고액 + 당기총제조비용 − 기말재공품재고액
= ₩200,000 + ₩1,300,000 − ₩300,000 = ₩1,200,000
당기제품매출원가 = 기초제품재고액 + 당기제품제조원가 − 기말제품재고액
= ₩100,000 + ₩1,200,000 − ₩200,000 = ₩1,100,000
판매가능액 = 기초제품재고액 + 당기제품제조원가
= ₩100,000 + ₩1,200,000 = ₩1,300,000

3.19 정답 ③

해설

원 재 료

기 초	₩300	직접재료비	₩200
매 입	0	기 말	100
	₩300		₩300

재 공 품

기 초	₩1,000	당기제품제조원가	₩1,050
직접재료비	200		
직접노무비	300		
제조간접비	350	기 말	800
	₩1,850		₩1,850

3.20 정답 ④

해설 ㉣의 금액은 ₩1,600,000이다.

Ⅲ. 주관식

3.1 정답 @₩700

해설 당기완성품 수량 = 판매수량 600개 + 월말제품 100개 - 월초제품 200개 = 500개
당기제품제조원가 = ₩470,000 - ₩120,000 = ₩350,000
완성된 제품의 단위원가 = ₩350,000÷500개 = @₩700

3.2 정답 ₩1,100,000

해설 제조간접비 = ₩2,000,000×20% = ₩400,000
직접노무비 = ₩400,000÷80% = ₩500,000
직접재료비 = ₩2,000,000 - ₩500,000 - ₩400,000 = ₩1,100,000

3.3 정답 ₩125,000

해설 직접재료비 소비액 = ₩10,000 + ₩100,000 - ₩30,000 = ₩80,000
직접노무비 소비액 = 총제조원가 - 직접재료비 소비액 - 제조간접비
= ₩250,000 - ₩80,000 - ₩45,000 = ₩125,000

3.4 정답 ₩500,000

해설 기말재공품재고액 = 당기제품제조원가 - 당기총제조원가 - 기초재공품재고액
₩500,000 = ₩8,000,000 - ₩5,000,000 - ₩2,500,000
당기총제조원가 = 직접재료비소비액 + 직접노무비소비액 + 제조간접비 + 외주가공비
₩5,000,000 = ₩1,000,000 + ₩2,000,000 + ₩1,500,000 + ₩500,000

3.5 정답 ₩1,800,000

해설 당기제품제조원가(₩2,100,000) = 기초재공품(₩250,000) + 당기총제조원가(₩2,000,000)
- 기말재공품(₩150,000)
매출원가(₩1,800,000) = 기초제품(₩200,000) + 당기제품제조원가(₩2,100,000)
- 기말제품(₩500,000)

3.6 정답 ₩500,000

해설 당기제품제조원가 = 매출원가(₩500,000) - 기초제품(₩100,000) + 기말제품(₩150,000)
= ₩550,000
당기총제조원가 = 당기제품제조원가(₩550,000) - 기초재공품(₩120,000)
+ 기말재공품(₩170,000) = ₩500,000

3.7 정답 ₩1,000,000

해설 당기총제조원가 = 직접재료원가 + 직접노무원가 + 제조간접원가
= ₩600,000 + ₩400,000 + ₩ 500,000 = ₩1,500,000
당기제품제조원가 = 기초재공품재고액 + 당기총제조원가 - 기말재공품재고액
= ₩150,000 + ₩1,500,000 - ₩650,000 = ₩1,000,000

3.8 정답 ₩950,000

해설 매출원가 = 기초재고액(₩175,000) + 당월원재료매입액(₩500,000) + 직접노무비(₩250,000)
+ 제조간접비(₩170,000) - 기말재고액(₩145,000) = ₩950,000

3.9 정답 ₩400,000

3.10 정답 가: ₩700,000 나: 당기제품제조원가 다: ₩500,000

제4장 실제개별원가계산

Ⅰ. 평가자체크리스트

4.1 해설 T

4.2 해설 F 개별원가계산이다.

4.3 해설 F 기말재료 재고액이 기초재료 재고액보다 많은 것은 당기소비액이 당기매입액보다 적은 것을 의미한다.

4.4 해설 T

4.5 해설 F 당기매출원가는 포괄손익계산서에서 파악할 수 있다.

4.6 해설 T

4.7 해설 F 제품생산의 형태에 따라 개별원가계산과 종합원가계산으로 구분된다.

4.8 해설 F 간접재료비는 제조간접비계정에 기입한 후 재공품에 배부한다.

4.9 해설 F 당기 완성품 제조원가는 재공품 계정에서 제품 계정으로 대체된다.

4.10 해설 T

Ⅱ. 객관식

4.1 정답 ①

4.2 정답 ④

4.3 정답 ④

4.4 정답 ①
해설 제품 보관을 위해 투입된 원가는 판매관리비에 해당한다.

4.5 정답 ⑤

4.6 정답 ④

해설 개별원가계산은 개별 작업별로 원가계산이 이루어지므로 종합원가계산에 비하여 비용이 많이 소요된다.

4.7 정답 ②

해설 실제제조간접비 합계와 배부율이 기말시점에 파악되므로 제품원가계산이 기말시점으로 지연된다.

4.8 정답 ④

해설 제조간접비배부율 = ₩160,000/₩200,000 = 80%

당기총제조원가 = 직접재료비 + 직접노무비 + 제조간접비

= ₩30,000 + ₩40,000 + ₩40,000×0.8 = ₩102,000

단위당원가 = ₩102,000/4대 = ₩25,500

4.9 정답 ①

해설 TV = 540/(540 + 360)×₩75,000 = ₩45,000

라디오 = 360/(540 + 360)×₩75,000 = ₩30,000

4.10 정답 ③

해설 제조간접비 배부율 = ₩72,000/₩80,000 = 0.9

책상의 제조간접비 배부액 = ₩60,000×0.9 = ₩54,000

4.11 정답 ①

해설 제조간접원가배부율 = ₩750,000/₩1,000,000 = 0.75

#333 제조간접원가 = ₩460,000×0.75 = ₩345,000

4.12 정답 ③

해설 A부문 직접노무원가 = 제조간접원가/A부문 제조간접원가배부율 = ₩60,000/150% = ₩40,000

B부문 제조간접원가 = 직접노무원가×B부문 제조간접원가배부율 = ₩40,000×50% = ₩20,000

총원가 = 직접재료원가 + 직접노무원가 + 제조간접원가

= (₩50,000 + 10,000) + (₩40,000 + 40,000) + (₩60,000 + 20,000)

= ₩220,000

4.13 정답 ⑤

해설 제조간접원가는 당기총제조원가의 25%이므로 ₩1,500,000

₩1,500,000 = 직접재료비의 60%이므로 직접재료비는 ₩2,500,000

따라서 기말원재료재고액 = 당기매입액 ₩3,000,000 − ₩2,500,000 = ₩500,000

기말재공품재고액 = ₩6,000,000 − ₩4,900,000 = ₩1,100,000

기말제품재고액 = ₩4,900,000 − ₩4,000,000 = ₩900,000

4.14 정답 ①

해설 제조간접비 작업#1 배부액 = ₩8,400×₩8,000/₩14,000 = ₩4,800

작업#1의 제조원가는	직접재료비	₩4,000
	직접노무비	₩8,000
	제조간접비	₩4,800
	계	₩16,800

4.15 정답 ④

해설 제조간접비 배부율 = ₩600,000÷200 = 단위당 ₩3,000
#2 제조간접비 배부액 = 150×₩3,000 = ₩450,000
#2 제조원가 = ₩1,200,000 + ₩1,800,000 + ₩450,000 = ₩3,450,000

4.16 정답 ⑤

해설 #201 직접노무원가 = ₩1,058,400÷1.2 = ₩882,000
#301 총원가 = ₩1,764,000 + ₩735,000 + ₩735,000×1.2 = ₩1,911,000

4.17 정답 ④

해설 지시서 #2 제조간접비: ₩9,000×[₩2,000/(₩2,000 + 2,000 + 1,000)] = ₩3,600
지시서 #3 제조간접비: ₩9,000×[₩1,000/(₩2,000 + 2,000 + 1,000)] = ₩1,800
(∵ 제조간접비는 직접재료비를 기준으로 배부)
재공품 기말재고액 = 직접재료비 + 직접노무비 + 제조간접비
= ₩2,000 + 1,000 + 6,000 + 2,500 + 3,600 + 1,800 = ₩16,900

4.18 정답 ①

해설 기초제품재고액 + 당기제품제조원가 = 매출원가 + 기말제품재고액
₩300,000 + ₩2,000,000 = X + ₩500,000
매출원가(X) = ₩1,800,000

4.19 정답 ③

해설

원 재 료

차변	금액	대변	금액
기초	₩300	직접재료비	₩200
매입	0	기말	100
	₩300		₩300

재 공 품

차변	금액	대변	금액
기초	₩1,000	당기제품제조원가	₩1,050
직접재료비	200		
직접노무비	300		
제조간접비	350	기말	800
	₩1,850		₩1,850

4.20 정답 ③

해설 직접재료비소비액 = 기초(₩20,000) + 매입액(₩480,000) − 기말(₩50,000) = ₩450,000
당기제품제조원가 = 기초(₩50,000) + 당기총제조원가(₩450,000 + ₩250,000 + ₩300,000)
− 기말(₩150,000) = ₩900,000
매출원가 = 기초(₩40,000) + 당기제품제조원가(₩900,000) − 기말(₩140,000) = ₩800,000

Ⅲ. 주관식

4.1 정답 ₩1,000,000

해설 원재료소비액 = 월초재고액(₩200,000) + 당월매입액(₩900,000) − 월말재고액(₩100,000)
= ₩1,000,000

4.2 정답 ₩1,100,000

해설 노무비소비액 = 당월지급액(₩1,000,000) + 당월미지급액(₩150,000)
− 전월미지급액(₩50,000) = ₩1,100,000

4.3 정답 ₩2,100,000

해설 제조간접비 배부율 = 제조간접비/직접원가 = ₩7,500,000/2,500,000 = @₩3/직접원가

제조간접비 배부액 = ₩700,000×@₩3 = ₩2,100,000

4.4 정답 ₩840,000

해설 원재료소비액 = ₩50,000 + ₩300,000 − ₩60,000 = ₩290,000

당기제품제조원가 = ₩70,000 + ₩290,000 + ₩250,000 + ₩320,000 − ₩80,000 = ₩850,000

매출원가 = ₩90,000 + ₩850,000 − ₩100,000 = ₩840,000

4.5 정답 ₩880,000, ₩1,175,000

해설 1) 직접노무비×125% = ₩1,100,000

$$\text{직접노무비} = \frac{₩1,100,000}{1.25} = ₩880,000$$

2)

직접재료비	₩500,000
직접노무비	300,000
제조간접비(₩300,000×125%)	375,000
총원가	₩1,175,000

4.6 정답 ₩38,000

해설 재공품재고액(을제품)

을제품

기초재고액	0	제조원가	38,000
직접재료비	20,000	(기말재고)	
직접노무비	10,000		
제조간접비	8,000*		

제조간접비 = ₩20,000 + ₩50,000 + ₩50,000(₩30,000 + ₩15,000 + ₩50,000
− ₩25,000 − ₩20,000) = ₩120,000

₩120,000/₩150,000 = 0.8/직접노무비

*: ₩10,000×0.8 = ₩8,000

을제품은 미완성품이므로 제조원가가 기말재고액이 된다. 즉, 기말재고액은 ₩38,000임.

4.7 정답 ₩75,000

해설

갑제품

기초재고액	0	제조원가	75,000
직접재료비	30,000		
직접노무비	25,000		
제조간접비	20,000*		

*: ₩25,000×0.8 = ₩20,000

4.8 정답 ₩257,000

해설

재공품

기초재고	20,000	당기제품제조원가	
직접재료비	80,000	갑제품	75,000
직접노무비	150,000	기타제품	257,000
제조간접비	120,000	기말재고(을제품)	38,000

따라서, 당월 제품제조원가(₩332,000) – 갑제품 제조원가(₩75,000) = ₩257,000

4.9 정답 ₩950,000

해설 원재료 소비액 = 기초재고 + 당기매입 – 기말재고

= X + ₩500,000 – (X – ₩20,000) = ₩480,000

당기제품제조원가 = 기초재고 + 직접재료비 + 직접노무비 + 제조간접비 – 기말재고

= ₩0 + ₩480,000 + ₩220,000 + ₩300,000 – ₩0 = ₩1,000,000

매출원가 = 기초재고 + 당기제품제조원가 – 기말재고

= X + ₩1,000,000 – (X + ₩50,000) = ₩950,000

4.10 해설 세무조정계약건에 대한 원가는 직접원가와 간접원가로 나누어 계산한다. 직접원가는 시간당 급여를 사용하거나 직접 집계하고 간접원가는 배부율을 구하여 배부한다.

직접원가:			
직접노무원가			
책임세무사	(₩800,000,000/16,000시간×200시간)	₩10,000,000	
담당세무사	(₩1,600,000,000/64,000시간×400시간)	10,000,000	₩20,000,000
기타 직접원가			2,600,000
간접원가:			
일반관리비	(₩240,000,000/80,000시간×600시간)		1,800,000
보 험 료	(₩96,000,000/₩2,400,000,000×₩20,000,000)		800,000
비서실운영비	(₩160,000,000/16,000시간×200시간)		2,000,000
총원가			₩27,200,000

제5장 정상개별원가계산

Ⅰ. 평가자체크리스트

5.1 해설 T

5.2 해설 T

5.3 해설 F 과소배부라 한다.

5.4 해설 T

5.5 해설 T

5.6 해설 F 예상 총제조간접원가가 실제 총제조간접원가보다 크더라도 예상 총배부기준량이 실제 총배부기준량보다 크면, 예정배부율이 실제배부율보다 작을 수 있고 이때 제조간접원가가 과소배부된다.

5.7 해설 F 과소배부란 실제발생액보다 예정배부액이 적은 경우이므로 상향조정하여야 한다.

5.8 해설 T

5.9 해설 T

5.10 해설 F 매출원가법은 제조간접원가가 매출원가에 배부되지만, 원가요소비례법은 매출원가, 재공품, 제품에 배부된다. 따라서 원가요소비례법이 매출원가법보다 매출원가가 더 적게 계상된다.

Ⅱ. 객관식

5.1 정답 ②

해설 실제배부법은 계절별 생산량이 큰 차이가 있는 경우에 제품의 단위당 원가가 계절별로 다르게 되는 문제점이 있다.

5.2 정답 ②

해설 정상원가계산의 경우 직접재료비와 직접노무비를 실제원가로 측정하고 제조간접비는 예정배부액으로 산정하는 원가계산방법이다.

5.3 정답 ②

해설 먼저 예정제조간접비를 배부하고, 원가계산 기말에 실제 발생액을 산출한 다음, 배부차이액을 계산하고, 배부차이액에 대해 회계처리한다.

5.4 정답 ②

5.5 정답 ②

해설 ₩100×10,000시간 + ₩100,000 = ₩1,100,000

5.6 정답 ③

해설 예정제조간접비배부율 = ₩5,000,000/10,000시간 = ₩500

제조간접비예정배부액 = 1,000시간×₩500 = ₩500,000

5.7 정답 ③

해설 제조간접비 배부차이 조정으로 매출원가조정법, 비례배분법, 영업외손익법이 있다.

5.8 정답 ②

5.9 정답 ④

해설 ① ㉠은 당기제품제조원가가 ₩4,000임을 표시한다.
② ㉡은 제조간접비의 예정배부액이 ₩2,000이라는 것을 표시한다.
③ ㉢은 제조간접비를 예정배부할 때 ₩300 과소하게 배부되었다는 것을 표시한다.
⑤ ㉣은 간접경비에 해당되는 실제제조간접비가 ₩7,000이라는 것을 표시한다.

5.10 정답 ①

해설 제조간접비배부차액의 배부부족액을 매출원가가 부담

5.11 정답 ③

해설 예정제조간접비는 계획단계의 수치이고, 결산시 배부차이는 실제치와 예정배부액과의 차이

5.12 정답 ④

해설 재공품 배부액 = ₩50,000×(₩100,000/₩1,000,000) = ₩5,000

5.13 정답 ①

해설 예정배부액 = ₩3,000,000
실제배부액 = ₩3,100,000 이므로 ₩100,000 과소배부됨.

5.14 정답 ④

해설 제조간접원가 예정배부율 = ₩1,000,000/400시간 = 시간당 ₩2,500
제조간접원가 예정배부액 = ₩2,500×410시간 = ₩1,025,000
배부차이 = ₩1,100,000 − ₩1,025,000 = ₩75,000(과소배부)

5.15 정답 ②

해설 #5의 제조간접비 배부액 = ₩2,000×80% = ₩1,600
기말재공품잔액 = ₩4,000 + ₩24,000 + ₩16,000 + ₩12,800 − ₩48,000 = ₩8,800
#5의 재료비 = ₩8,800 − ₩1,600 − ₩2,000 = ₩5,200

5.16 정답 ②

해설 제조간접원가 예정배부율 = ₩255,000/100,000시간 = 2.55
제조간접원가 예정배부액 = 2.55×105,000시간 = 267,750
배부차이 = 270,000 − 267,750 = ₩2,250(과소배부)

5.17 정답 ④

해설 ₩10,000×800시간 + ₩1,000,000 = ₩9,000,000

5.18 정답 ②

해설 제조간접비 배부액 = 60,000시간×₩200 = ₩12,000,000
제조간접비 실제발생액 = ₩12,000,000 − ₩300,000 = ₩11,700,000

5.19 정답 ②

해설 제조간접비 과대배부: 실제발생액 < 예정배부액
실제발생액(₩2,150,000) + 과대배부액(₩250,000) = 제조간접비배부액(₩2,400,000)
제조간접비 예정배부율 = ₩2,400,000÷₩75,000 = ₩32
제조간접비 예상액 = ₩70,000×₩32 = ₩2,240,000

5.20 정답 ①

해설 제조간접비 과소배부액 ₩1,000,000을 각 조정법별 회계처리는 다음과 같다.

- 총원가기준법의 경우

(차) 재 공 품 200,000 (대) 제조간접비 1,000,000
제 품 200,000
매출원가 600,000

- 매출원가일괄조정의 경우

(차) 매출원가 1,000,000 (대) 제조간접비 1,000,000

- 총원가기준법 적용시 영업이익 감소분: ₩600,000
- 매출원가에서 적용시 영업이익 감소분: ₩1,000,000
- 차 이: ₩400,000

Ⅲ. 주관식

5.1 정답 ₩150,000

해설 기말재공품원가 = 기초재공품원가 + (직접재료비 + 직접노무비 + 예정제조간접비배부액)
− 당기제품제조원가
= ₩20,000 + (₩80,000 + ₩100,000 + ₩150,000) − ₩200,000 = ₩150,000

5.2 해설 1) ₩150,000/1,000 = ₩150/직접노동시간
2) ₩150×1,050시간 = ₩157,500
3) 과대배부액 = ₩157,500 − ₩155,000 = ₩2,500

5.3 정답 65,000시간

해설 제조간접비 예정배부율 = ₩1,000,000/50,000직접노동시간 = ₩20/직접노동시간
배부차이 = 예정배부액 − 실제발생액
= (₩20×실제직접노동시간) − ₩1,200,000 = ₩100,000(초과배부)
실제직접노동시간 = (₩1,200,000 + ₩100,000)/₩20 = 65,000시간

5.4 해설 1)

	No.1	No.2
직접재료비	₩10,000	₩20,000
직접노무비	₩30,000	₩50,000
제조간접비	₩10,000	₩20,000
계	₩50,000	₩90,000
생산량	10,000단위	15,000단위
단위당 원가	₩5	₩6

2) (차) 제 품 140,000 (대) 재공품 140,000
3) 기말재공품(No.3): ₩30,000 + ₩50,000 + ₩40,000 = ₩120,000

5.5 해설

재공품(No.1~3)

기초재고액	100,000	제품(No.1~2)	900,000
직접재료비	200,000	기말재고액(No.3)	200,000
직접노무비	500,000		
제조간접비	300,000		

기말재고액(No.3): ₩200,000에는

직접재료비	₩ ?
직접노무비	₩100,000
제조간접비(₩100,000×0.6)	₩60,000
	₩200,000

따라서, 직접재료비는 ₩40,000임.

5.6 정답 ₩1,480

해설

재공품

기초재공품	₩1,000	당기제품제조원가	₩12,000
직접재료원가	6,000	기말재공품	2,200
직접노무원가	4,000		
제조간접원가	3,200		
계	₩14,200	계	₩14,200

기말재공품 ₩2,200
- 직접재료원가 ₩1,480
- 직접노무원가 400
- 제조간접원가 320 = ₩400×80%

5.7 정답 ₩112,500

해설

재 공 품

월초재공품	15,000	제 품	112,500
직접재료비	34,000	월말재공품	11,500*
직접노무비	30,000		
제조간접비	45,000**		
	124,000		124,000

* 월말재공품재고: ₩4,000 + ₩3,000 + (₩3,000×150%) = ₩11,500

** 제조간접비 예정배부액: ₩30,000×150% = ₩45,000

5.8 해설 1) ₩100,000

2) ₩70,000

3) (차) 매출원가 30,000 (대) 제조간접비 30,000

제조간접비계정 하나로 발생액과 배부액을 기록할 때에는 발생액이 차변에, 배부액이 대변에 기록된다.

5.9 해설 1) ₩10,000,000/20,000 = ₩500/직접노동시간

2) ₩500×21,000 = ₩10,500,000

3) 과소배부액 = ₩12,000,000 − ₩10,500,000 = ₩1,500,000

(분개)			
재공품	10,500,000	제조간접비	12,000,000
제조간접비배부차이	1,500,000		

4) 매출원가 1,500,000 제조간접비배부차이 1,500,000

5.10 해설 1) 총원가기준법:

재공품: $₩100,000 \times \frac{₩50,000}{(₩50,000+₩100,000+₩150,000)} = ₩20,000$

제품: $₩100,000 \times \frac{₩100,000}{(₩50,000+₩100,000+₩150,000)} = ₩30,000$

매출원가: $₩100,000 \times \frac{₩150,000}{(₩50,000+₩100,000+₩150,000)} = ₩50,000$

재공품 20,000
제 품 30,000
매출원가 50,000 / 제조간접비배부차이 100,000

2) 제조간접원가기준법:

재공품: $₩100,000 \times \frac{₩100,000}{(₩100,000+₩150,000+₩250,000)} = ₩16,667$

제품: $₩100,000 \times \frac{₩150,000}{(₩100,000+₩150,000+₩250,000)} = ₩33,333$

매출원가: $₩100,000 \times \frac{₩250,000}{(₩100,000+₩150,000+₩250,000)} = ₩50,000$

재공품 15,667
제 품 33,333
매출원가 50,000 / 제조간접비배부차이 100,000

3) 매출원가조정법:
매출원가 100,000 / 제조간접비배부차이 100,000

제6장 부문별 원가계산

Ⅰ. 평가자체크리스트

6.1 해설 T

6.2 해설 T

6.3 해설 F 원가배부기준은 인과관계기준뿐만 아니라 수혜기준, 부담능력기준, 공정성과 공평성기준 등이 있다.

6.4 해설 F 제조간접비가 전체 제조원가에서 차지하는 비중이 증가할수록 다양한 원가배분기준을 설정해야 보다 정확한 원가계산을 할 수 있다.

6.5 해설 T

6.6 해설 F 보조부문비의 배부기준은 원가배부에 특별한 결함이 발견되지 않는 한 변경하여서는 안된다.

6.7 해설 T

6.8 해설 F 보조부문비의 배분방법에 따라 제조부문에 배분되는 금액이 달라지나 회사의 총이익은 동일하다.

6.9 해설 T

6.10 해설 T

Ⅱ. 객관식

6.1 정답 ③

해설 간접원가(제조간접비)는 별도의 배부방법을 사용하여 원가대상에 할당하여야 하는데 이를 원가배부라 한다.

6.2 정답 ③

해설 ㉠ 부문별로 개별적으로 파악이 가능한 직접비를 먼저 배분한다.
㉡ 부문공통비는 원가발생과 인과관계가 높은 배부기준을 이용해 각 부문에 배분한다.
㉢ 보조부문의 원가로 결국 제품원가에 포함되어야 하므로 제조부문에 배분한뒤 제조부문의 원가와 합쳐 최종적으로 제품에 배부하게 된다.

6.3 정답 ④

해설 원가배부는 이익측정, 정확한 원가정보, 성과평가 활용 등을 위해 필요하다.

6.4 정답 ②

해설 원가 배분 불필요

6.5 정답 ④

해설 공정성과 공평성기준은 포괄적인 개념이기 때문에 구체적으로 적용가능한 원가배부기준이 아니다.

6.6 정답 ①

해설 직접배부법은 보조부분 상호간의 용역수수관계를 전혀 고려하지 않는 방법이다.

6.7 정답 ④

해설 단계배부법이 직접배부법과 상호배부법의 중간형태의 원가배부 방식이다.

6.8 정답 ⑤

해설 배부기준이 원가와 인과관계가 있어야 한다.

6.9 정답 ②

해설 핸드폰에 배부된 제조간접비 = (₩400,000×(500시간/1,000시간)) + (₩100,000×(600시간/1,000시간)) = ₩260,000

6.10 정답 ④

해설 제1제조부문 = ₩1,800,000×(1,000/6,000) = ₩300,000
제2제조부문 = ₩1,800,000×(5,000/6,000) = ₩1,500,000

6.11 정답 ④

해설 동력부문비 배부액: ₩30,000×(40/40 + 20) = ₩20,000
수선부문비 배부액: ₩40,000×(5/5 + 3) = ₩25,000
절단부문에 배부되는 보조부문의 합계: ₩20,000 + ₩25,000 = ₩45,000

6.12 정답 ③

해설 $600,000 \times \frac{5,000}{10,000+57,000} + 200,000 \times \frac{20,000}{30,000+20,0000} = ₩280,000$

6.13 정답 ④

해설

	보조부문		제조부문	
	동력부문	수선부문	절단부문	조립부문
배분전 원가	₩760,000	₩236,500		
동력부문 원가배분	(760,000)	76,000[1)]	₩380,000[2)]	₩304,000[3)]
수선부문 원가배분		(312,500)[4)]	156,250[5)]	156,250[6)]

* 1) ₩760,000×0.1
2) ₩760,000×0.5
3) ₩760,000×0.4
4) ₩236,500 + 76,000
5) ₩312,500×[0.4/(0.4 + 0.4)]
6) ₩312,500×[0.4/(0.4 + 0.4)]

6.14 정답 ⑤

해설 전력부문(제조간접비 ₩200,000) – 제조부문 및 수선부문에 1차 배분하므로 수선부문은 ₩200,000×100kw/(300 + 100 + 100)kw = ₩40,000을 합산한 ₩400,000(360,000 + 40,000)을 수선부문에서 조립부문 및 절단부문에 수선시간을 기준으로 배부한다.
∴ 절단부문의 제조간접비배부액 = ₩400,000×40시간/(10 + 40)시간 = ₩320,000

6.15 정답 ②

해설

	보조부문		제조부문	
	S1	S2	P1	P2
배분전 원가	₩500,000	₩300,000	₩1,500,000	₩1,200,000
S1 배분	(₩500,000)	₩150,000	₩100,000	₩250,000
S2 배분	–	(₩450,000)	₩250,000	₩200,000
배분후 원가	₩0	₩0	₩1,850,000	₩1,650,000

6.16 정답 ④

해설

	보조부문		제조부문	
	A	B	X	Y
배분전 원가	₩200,000	₩100,000	₩300,000	₩400,000
S1 배분	(₩200,000)	₩40,000	₩100,000	₩60,000
S2 배분	-	(₩140,000)	₩28,000	₩112,000
배분후 원가	₩0	₩0	₩428,000	₩572,000

6.17 정답 ②

해설 A = ₩100,000 + 0.3B

B = ₩200,000 + 0.2B

6.18 정답 ③

해설 A = ₩15,000 + 0.2B A = ₩20,000

B = ₩20,000 + 0.25A B = ₩25,000

6.19 정답 ②

해설 X = ₩23,000 + 0.3Y, X = ₩35,000

Y = ₩26,000 + 0.4X, Y = ₩40,000

따라서, B = (₩35,000×0.4) + (₩40,000×0.3) = ₩26,000

6.20 정답 ④

해설 X = ₩160,000 + 0.3Y

Y = ₩200,000 + 0.4X를 연립하여 풀면

X = ₩250,000, Y = ₩300,000이므로

A부문에 배분되는 총보조부문원가는

₩250,000×0.2 + ₩300,000×0.4 = ₩170,000

Ⅲ. 주관식

6.1 정답 ₩44,000

해설 조립부에 배부될 관리부 원가 = (₩99,000×40/90) = ₩44,000

6.2 정답 ₩66,800

해설 동력부부터 배부

	보조부문		생산부문	
	동력부	수선부	A	B
배분전 원가	₩20,000	₩40,000	₩20,000	₩30,000
동력부 배분	(₩20,000)	₩6,000	₩10,000	₩4,000
수선부 배분	-	(₩46,000)	₩36,800	₩9,200
배분후 원가	₩0	₩0	₩66,800	₩43,200

6.3 해설 1)

	보조부문			제조부문	
	동력부	수선부	관리부	엔진부	조립부
발생원가	₩100,000	₩150,000	₩50,000	₩200,000	₩300,000
동력부	(₩100,000)			₩40,000	₩60,000
수선부		(₩150,000)		₩60,000	₩90,000
관리부			(₩50,000)	₩10,000	₩40,000
배부원가	₩0	₩0	₩0	₩310,000	₩490,000

2) 엔진제조부문비 110,000 동력부문비 100,000
조립제조부문비 190,000 수선부문비 150,000
관리부문비 50,000

6.4 해설 1)

	보조부문			제조부문	
	동력부	수선부	관리부	엔진부	조립부
발생원가	₩100,000	₩150,000	₩50,000	₩200,000	₩300,000
동력부	(₩100,000)	₩25,000	₩12,500	₩25,000	₩37,500
수선부		(₩175,000)	₩35,000	₩56,000	₩84,000
관리부			(₩97,500)	₩19,500	₩78,000
배부원가	₩0	₩0	₩0	₩300,500	₩499,500

2) 엔진제조부문비 100,500 동력부문비 100,000
조립제조부문비 199,500 수선부문비 150,000
관리부문비 50,000

6.5 해설 1) 보조부문비: A = ₩200,000 + 0.1B .... (ㄱ)
B = ₩450,000 + 0.2A .... (ㄴ)
(ㄴ)식을 (ㄱ)식에 대입하면,
A = ₩200,000 + 0.10(₩450,000 + 0.2A)
= ₩250,000
B = ₩450,000 + 0.2×₩250,000
= ₩500,000
따라서,
A를 갑과 을에 배부: 갑 제조: ₩250,000×0.5 = ₩125,000
을 제조: ₩250,000×0.3 = ₩75,000
B를 갑과 을에 배부: 갑 제조: ₩500,000×0.6 = ₩300,000
을 제조: ₩500,000×0.3 = ₩150,000

2) 갑제조부문비 425,000 A보조부문비 200,000
을제조부문비 225,000 B보조부문비 450,000

6.6 해설 용역수수관계:

	S1	S2	P1	P2	합 계
배분전원가	₩48,000	₩60,000	₩62,000	₩100,000	₩270,000
S1	–	40%	50%	10%	100%
S2	30%	–	20%	50%	100%

직접배부법

	S1	S2	P1	P2	합 계
배분전원가	₩48,000	₩60,000	₩62,000	₩100,000	₩270,000
S1	(48,000)	–	40,000	8,000	0
S2	–	(60,000)	17,143	42,857	0
배분후원가	₩0	₩0	₩119,143	₩150,857	₩270,000

S1 = 50%:10%, S2 = 20%:50%

6.7 해설 단계배부법

	S1	S2	P1	P2	합 계
배분전원가	₩48,000	₩60,000	₩62,000	₩100,000	₩270,000
S1	(48,000)	19,200	24,000	4,800	0
S2	×*	(79,200)	22,629	56,571	0
배분후원가	₩0	₩0	₩108,629	₩161,371	₩270,000

S1 = S2:P1:P2 = 40%:50%:10%, S2 = P1:P2 = 20%:50%

6.8 해설 1) 연립방정식 도출: S1 = ₩48,000 + 0.3S2
S2 = ₩60,000 + 0.4S1
즉, 연립방정식을 통하여 S1, S2 값을 구하면,
S1 = ₩75,000, S2 = ₩90,000

2) 보조부문 원가배분(상호배부법)

	S1	S2	P1	P2	합 계
배분전원가	₩48,000	₩60,000	₩62,000	₩100,000	₩270,000
S1	(75,000)	30,000	37,500①	7,500	0
S2	27,000	(90,000)	18,000②	45,000	0
배분후원가	₩0	₩0	₩117,500	₩152,500	₩270,000

①: ₩37,500 = ₩75,000×50% = 0.5×S1, ②: ₩18,000 = ₩90,000×20% = 0.2×S2

6.9 해설 1) ₩880,000÷8,000시간 = ₩110

2) 가공부 = 자가부문(₩200,000) + 동력부 ₩24,000(₩60,000×600/1,500) + 운반부 ₩20,000(₩80,000×100/400) + 관리부 ₩24,000(₩40,000×30/50) = ₩268,000

예정배부율 = ₩268,000÷3,000시간 = ₩134

도색부 = 자가부문(₩500,000) + 동력부 ₩36,000(₩60,000×900/1,500) + 운반부 ₩60,000(₩80,000×300/400) + 관리부 ₩16,000(₩40,000×20/50) = ₩612,000

예정배부율 = ₩612,000÷6,000시간 = ₩102

6.10 해설 보조부문비

T = ₩60,000 + 0.10V .... (1)

V = ₩80,000 + 0.30T .... (2)

(2)식을 (1)식에 대입

T = ₩60,000 + 0.10(₩80,000 + 0.30T) = ₩70,103

V = ₩80,000 + 0.30×₩70,103 = ₩101,031

T를 1과 2에 배부
제조부문 1: ₩70,103×50% = ₩35,051
제조부문 2: ₩70,103×20% = ₩14,021
V를 1과 2에 배부
제조부문 1: ₩101,031×60% = ₩60,619
제조부문 2: ₩101,031×30% = ₩30,309

	보조 부문		제조 부문		
	T	V	1	2	계
배부전 제조간접비 예산	₩60,000	₩80,000	₩30,000	₩25,000	₩195,000
T 보조부문비	(70,103)	21,031	35,051	14,021	
V 보조부문비	10,103	(101,031)	60,619	30,309	
	0	0			
배부후 제조부문비			₩125,670	₩69,330	₩195,000

제7장 종합원가계산

Ⅰ. 평가자체크리스트

7.1 해설 T

7.2 해설 F 항상 크거나 같다.

7.3 해설 F 210단위

7.4 해설 T

7.5 해설 T

7.6 해설 T

7.7 해설 F 선입선출법이 적용된 방법이다.

7.8 해설 T

7.9 해설 T

7.10 해설 F 선입선출법은 당기작업량과 당기투입원가에 중점을 맞추고 있으므로 계획과 통제 및 제조부문의 성과평가에도 유용한 정보를 제공할 수 있다.

Ⅱ. 객관식

7.1 정답 ③

해설 소금제조업, 얼음제조업과 같이 단일의 공정을 통해서 대량의 동질적인 제품을 생산하는 방식에 적합한 원가계산방법을 단일종합원가계산이라고 한다.

7.2 정답 ③

해설 평균법에 의한 완성품 환산량 단위당 원가는 당기총제조원가에 기초재공품원가를 가산한 합계액을 완성품환산량으로 나누어 계산한다.

7.3 정답 ⑤

해설 평균법에서는 기초재공품원가도 당기투입원가로 가정한다.

7.4 정답 ②

해설 종합원가계산에서 기말재공품의 완성도를 높게 적용하는 경우 기말재공품의 완성품환산량이 높아져 재공품계정이 과대평가된다.

7.5 정답 ③

해설 재공품 가공비의 완성품 환산량은 당기투입량에 완성도를 곱하여 계산되므로 재공품 가공비의 완성품환산량은 투입량보다 작게 된다.

7.6 정답 ①

해설 재공품 재료비의 완성품환산량은 당기투입량에 완성도를 곱하여 계산되므로 재공품 재료비의 완성품환산량은 투입량보다 작거나 같게 된다.

7.7 정답 ①

해설 기말재공품에 대한 완성도가 실제보다 과대평가되었다면 기말재공품환산량 및 완성품환산량이 과대평가되고, 완성품환산량 단위당 원가 및 완성품원가는 상대적으로 과소평가되며, 기말재공품원가는 과대평가된다.

7.8 정답 ④

해설 선입선출법에 의한 가공비환산량은 10,000단위이다.

평균법	재료비	가공비	선입선출법		재료비	가공비
완 성 품	9,000	9,000	완성품	- 기초	-	1,200
				- 당기투입	7,000	7,000
기말재공품	3,000	1,800			3,000	1,800
완성품환산량	12,000	10,800			10,000	10,000
재료비단위원가: 54,000/12,000 = ₩4.5			재료비단위원가: 52,000/10,000 = ₩5.2			

7.9 정답 ③

해설 재료비: 완성수량400개 + (기말재공품×100%) = 500개
가공비: 완성수량400개 + (기말재공품×50%) = 450개

7.10 정답 ⑤

해설 재료비 6,000개, 가공비 5,500개(4,500 + (2,000×50%))

7.11 정답 ③

해설 재료비와 가공비 완성품환산량 = 200 + 2,100 + 200 = 2,500단위
당기투입원가 = 재료비₩5,000,000 + 가공비₩2,500,000 = ₩7,500,000
완성품환산량단위당원가 = ₩7,500,000/2,500단위 = ₩3,000
월말재공품완성품환산량 = 400개×50% = 200단위
월말재공품의 재료비와 가공비 합계 = 200단위×₩3,000 = ₩600,000

7.12 정답 ①

해설 평균법과 선입선출법은 기초재공품의 완성도 고려여부에 따라 차이가 발생한다.
평균법: 30,000개 + 15,000개×40% = 36,000개
선입선출법: (30,000개 + 15,000개×40%) - 5,000개×20% = 35,000개

7.13 정답 ④

해설 평균법: 재료비환산량(2,500개), 가공비환산량(2,200개)
선입선출법: 재료비환산량(2,500개 - 600개 = 1,900개)
가공비환산량(2,200개 - 300개 = 1,900개)

7.14 정답 ①

해설 재료비환산량: 완성(72,000단위) + 기말(16,000단위) = 88,000단위
가공비환산량: 완성(74,000단위) + 기말(10,000단위) = 84,000단위

7.15 정답 ③

해설 완성품원가 + 기말재공품원가 = 기초재공품원가 + 당기발생원가.
총제조원가(₩4,500,000) = 총발생원가(₩5,000,000) - 기초재공품원가(₩500,000)
완성품환산량 = ₩4,500,000÷500개 = 9,000개

7.16 정답 ⑤

해설 재료비환산량 = 완성품환산량(80,000개) + 기말재공품환산량(20,000개) = 100,000개
가공비환산량 = 완성품환산량(80,000개) + 기말재공품환산량(12,000개) = 92,000개

7.17 정답 ③

해설

	① 물량흐름	② 환 산 량	
		직접재료비	가공비
완성품			
기초재공품	100(50%)	0	50
당기투입량	100	100	100
기말재공품(50%)	100	100	50
합 계	300	200	200

③ 총제조원가 집계:

	직접재료비	가공비
당기총제조원가	₩200,000	₩300,000

④ 환산량 단위당 제조원가 계산:

직접재료비	가공비
₩1,000	₩1,500

⑤ 총제조원가 배분:
- 완성품 원가 = (100×1,000) + (150×1,500) + 60,000 = ₩385,000
- 기말재공품 원가 = (100×1,000) + (50×1,500) = ₩175,000

7.18 정답 ④

해설 재료비 환산량: 60,000개, 가공비 환산량: 54,000개

당기총재료비: ₩420,000, 당기총가공비: ₩270,000

재료비단가: ₩7　　　　가공비단가: ₩5

당기제품제조원가: 50,000개×₩12 = ₩600,000

기말재고액: 10,000개×₩7 + 4,000개×₩5 = ₩90,000

7.19 정답 ①

해설 재료비 환산량: 9,000개, 가공비 환산량: 10,200개.

	① 물량흐름	② 환 산 량	
		직접재료비	가 공 비
완성품			
기초재공품	3,000(80%)	0	2,400
당기투입량	7,000	7,000	7,000
기말재공품(40%)	2,000	2,000	800
합　계	12,000	9,000	10,200

7.20 정답 ②

해설 환산량 단위당원가 - 재료비: 448,000원/1,400개 = ₩320

- 가공비: 204,000원/1,360개 = ₩150

완성품원가: (1,300개×₩320) + (1,300개×₩150) = ₩611,000

Ⅲ. 주관식

7.1 정답 7,300개

해설 2,000개×(1 - 0.30) + 5,000개 + 3,000개×0.30 = 7,300개

7.2 정답 30,000개

해설 20,000개 + (20,000개×0.50) = 30,000개

7.3 해설 1)

	물량흐름	환 산 량	
		직접재료비	가 공 비
기초재공품	5,000		
당기투입량	80,000		
합　계	85,000		

완성품	83,000	83,000	83,000
기말재공품	2,000	1,600(80%)	1,000(50%)
합 계	85,000	84,600	84,000

2)

	물량흐름	환 산 량	
		직접재료비	가 공 비
기초재공품	5,000		
당기투입량	80,000		
합 계	85,000		
완성품			
기초재공품	5,000	2,000(40%)	1,000(20%)
당기투입량	78,000	78,000	78,000
기말재공품	2,000	1,600(80%)	1,000(50%)
합 계	85,000	81,600	80,000

7.4 해설 1)

	물량흐름	환 산 량	
		직접재료비	가 공 비
기초재공품	5,000(70%)		
당기투입량	85,000		
합 계	90,000		
완성품	80,000	80,000	80,000
기말재공품	10,000(60%)	9,200*	6,000**
합 계	90,000	89,200	86,000

*: (10,000×0.8) + (10,000×0.2×0.6) = 9,200단위

**: 10,000×0.6 = 6,000단위

2)

	물량흐름	환 산 량	
		직접재료비	가 공 비
기초재공품	5,000		
당기투입량	85,000		
합 계	90,000		
완성품			
기초재공품	5,000	300*	1,500**
당기투입량	75,000	75,000	75,000
기말재공품	10,000(60%)	9,200***	6,000****
합 계	90,000	84,500	82,500

*: 5,000×(0.2×0.3) = 300단위

**: 5,000×0.3 = 1,500단위

***: 10,000×(0.8 + 0.2×0.6) = 9,200단위

****: 10,000×0.6 = 6,000단위

7.5 해설

		재료비	가공비
완성품			
기초재공품	300	0	210(70%)
당기투입량	2,000	2,000	2,000
기말재공품	500	500(100%)	200(40%)
합계	2,800	2,500	2,410

7.6 해설 평균법:

완성품환산량: 재료비(8,000개), 가공비(8,000개)

기말재공품환산량: 재료비(2,000개), 가공비(1,000개)

총제조원가: 재료비(₩80,000), 가공비(₩90,000)

완성품 환산량 단위당 원가: 재료비(₩80,000/10,000개 = ₩8),

가공비(₩90,000/9,000개 = ₩10)

기말재공품원가 = 재료비(2,000개×₩8) + 가공비(1,000개×₩10) = ₩26,000

완성품원가 = 8,000개×₩18 = 144,000

선입선출법:

완성품환산량: 재료비(7,000개), 가공비(7,600개)

기말재공품환산량: 재료비(2,000개), 가공비(1,000개)

총제조원가: 재료비(₩70,000), 가공비(₩78,000)

완성품 환산량 단위당 원가: 재료비(₩70,000/9,000개 = ₩7.78),

가공비(₩78,000/8,600개 = ₩9.07)

기말재공품원가 = 재료비(2,000개×₩7.78) + 가공비(1,000개×₩9.07) = ₩24,630

완성품원가 = ₩170,000 − ₩24,630 = ₩145,370

7.7 해설 1)

	① 물량흐름	② 환 산 량	
		직접재료비	가 공 비
기초재공품	1,000		
당기투입량	55,000		
합 계	56,000		
완성품	50,000	50,000	50,000
기말재공품	6,000(50%)	6,000	3,000
합 계	56,000	56,000	53,000

③ 총제조원가 집계:

	직접재료비	가공비
기초재공품원가	₩18,000	₩12,000
당기총제조원가	₩150,000	₩200,000
합 계	₩168,000	₩212,000

④ 환산량 단위당 제조원가 계산:

직접재료비	가공비
₩168,000	₩212,000
÷ 56,000	÷ 53,000
₩3	₩4

⑤ 총제조원가 배분:

- 완성품 원가 = (50,000×₩3) + (50,000×₩4) = ₩350,000
- 기말재공품 원가 = (6,000×₩3) + (3,000×₩4) = ₩30,000

2)

	① 물량흐름	② 환 산 량	
		직접재료비	가 공 비
기초재공품(50%)	1,000		
당기투입량	55,000		
합 계	56,000		
완성품			
기초재공품	1,000(50%)	0	500
당기투입량	49,000	49,000	49,000
기말재공품(50%)	6,000	6,000	3,000
합 계	56,000	55,000	52,500

③ 총제조원가 집계:

	직접재료비	가 공 비
기초재공품원가	₩0	₩0
당기총제조원가	₩150,000	₩200,000
합 계	₩150,000	₩200,000

④ 환산량 단위당 제조원가 계산:

직접재료비	가 공 비
₩150,000	₩200,000
÷ 55,000	÷ 52,500
₩2.73	₩3.81

⑤ 총제조원가 배분:

- 완성품 원가 = (49,000×2.73) + (49,500×3.81) + 30,000 = ₩352,365
- 기말재공품 원가 = (6,000×2.73) + (3,000×3.81) = ₩27,635(끝수조정)

7.8 해설 1)

	① 물량흐름	② 환 산 량	
		직접재료비	가 공 비
기초재공품	5,000		
당기투입량	95,000		
합 계	100,000		
완성품			
기초재공품	5,000	0	2,000(40%)
당기투입량	93,000	93,000	93,000
기말재공품	2,000	2,000	1,000(50%)
합 계	56,000	95,000	96,000

③ 총제조원가 집계:

	직접재료비	가 공 비
기초재공품원가	₩0	₩0
당기총제조원가	₩1,045,000	₩1,248,000
합 계	₩1,045,000	₩1,248,000

④ 환산량 단위당 제조원가 계산:

직접재료비	가 공 비
₩1,045,000	₩1,248,000
÷ 95,000	÷ 96,000
₩11	₩13

⑤ 기말재공품 배분:

- 기말재공품 원가 = (2,000×₩11) + (1,000×₩13) = ₩35,000

2) 선입선출법은 기초재공품의 완성품환산량을 제외한 상태에서 당기만의 완성품 환산량을 계산하며, 평균법은 기초재공품의 완성품환산량을 포함한 상태에서 완성품환산량을 계산한다. 따라서, 양자간의 차이는 기초재공품의 포함여부이다.

	① 물량흐름	② 환 산 량	
		직접재료비	가 공 비
기초재공품	5,000		
당기투입량	95,000		
합 계	100,000		
완성품			
기초재공품	5,000	0	2,000(40%)
당기투입량	93,000	93,000	93,000
기말재공품	2,000	2,000	1,000(50%)
합 계	100,000	95,000	96,000
기초재공품수량 추가		5,000	3,000(60%)
합 계		100,000	99,000

7.9 정답 50%

해설 1) 총가공비에서 기말재공품이 차지하는 비율: ₩50,000/₩250,000 = 20%

2) 기말재공품의 완성도(X): 1,000X = (2,000 + 1,000X)×0.2

X = 50%

7.10 해설 1)

	물량흐름	환산량	
		직접재료비	가공비
기초재공품	10,000(80%)		
당기투입량	100,000		
합 계	110,000		
완성품			
기초재공품	10,000(20%)	0	2,000
당기투입량	80,000	80,000	80,000
기말재공품	20,000(40%)	20,000	8,000
합 계		100,000	90,000
단위당 원가		₩15[①]	₩10[②]

①: ₩1,500,000÷100,000 = ₩15, ②: ₩900,000÷90,000 = ₩10

2) 기말재공품원가 = 20,000×₩15 + 8,000×₩10 = ₩380,000

완성품원가 = 기초 재공품원가 + 당기 투입원가 − 기말 재공품원가

= ₩453,800 + ₩2,400,000 − ₩380,000

= ₩2,473,800

제8장 결합원가계산

Ⅰ. 평가자체크리스트

8.1 해설 T

8.2 해설 T

8.3 해설 F 생산량을 사용한다.

8.4 해설 T

8.5 해설 F 순실현가치법을 사용할 수 있다.

8.6 해설 T

8.7 해설 T

8.8 해설 T

8.9 해설 T

8.10 해설 F 분리점에서 증분수익과 증분원가만이 의사결정에 관련된다.

Ⅱ. 객관식

8.1 정답 ③
해설 결합원가는 일반적으로 제조원가로 구성된다.

8.2 정답 ③
해설 연산품B의 판매가치가 상대적으로 하락한다면 연산품A의 판매가치가 상대적으로 높아지게 되므로 배분되는 원가도 연산품A가 증가하게 된다.

8.3 정답 ④
해설 A의 판매가치: ₩200,000, B의 판매가치: ₩200,000,
따라서 결합원가 배분액은 각각 ₩100,000이다.
A의 단위당 원가: ₩100,000/200개 = @₩500
B의 단위당 원가: ₩100,000/400개 = @₩250

8.4 정답 ④
해설 배분되는 결합원가: ₩93,000
컵의 순실현가치: 10,000단위×(₩4 − ₩2) = ₩20,000

쟁반의 순실현가치: 5,000단위×(₩10 − ₩2) = ₩40,000
컵에 배분되는 결합원가: ₩93,000×20,000/60,000 = ₩31,000
컵의 제품원가: ₩31,000 + ₩20,000 = ₩51,000
쟁반에 배분되는 결합원가: ₩93,000×40,000/60,000 = ₩62,000
쟁반의 단위당 제품원가: ₩10,000 + ₩62,000 = ₩72,000

8.5 정답 ②

해설 순실현가치

X제품: 300개×(@₩1,200 − @₩200) − ₩120,000 = ₩180,000(60%)
Y제품: 200개×(@₩2,000 − @₩300) − ₩220,000 = ₩120,000(40%)

제조원가

X제품: ₩250,000×0.6 + ₩120,000 = ₩270,000
Y제품: ₩250,000×0.4 + ₩220,000 = ₩320,000

기말재고액

X제품: ₩270,000×90/300 = ₩81,000
Y제품: ₩320,000×50/200 = ₩80,000
₩161,000

8.6 정답 ②

해설 순실현가능가치의 계산:

	단위당 판매가격	단위당 추가가공비	단위당 순실현가능가치	생산량	순실현가능가치
갑	1,000	200	800	100	80,000
을	800	100	700	80	56,000

결합원가의 배분: 갑 = ₩4,080,000×(80/136) = ₩2,400,000
을 = ₩4,080,000×(56/136) = ₩1,680,000

8.7 정답 ②

해설 순실현가치:

X제품: 200개×@₩3,000 − ₩200,000 = ₩400,000(40%)
Y제품: 240개×@₩4,000 − ₩360,000 = ₩600,000(60%)

결합원가의 배분:

X제품: ₩500,000×0.4 = ₩200,000
Y제품: ₩500,000×0.6 = ₩300,000

8.8 정답 ③

해설

	매출수익	추가가공비	순실현가능가액
'갑'	₩9,100,000	−	₩9,100,000
'을'	₩2,700,000	₩300,000	₩2,400,000
			₩11,500,000

결합원가배분액: '갑' = ₩23,000,000×(₩9,100,000/₩11,500,000) = ₩18,200,000
'을' = ₩23,000,000×(₩2,400,000/₩11,500,000) = ₩4,800,000

8.9 정답 ①

해설 결합원가배분표

	A	B	C	합 계
생 산 량	?	?	50개	250개
결합원가	₩24,000	?	₩15,0003)	₩60,000
분리점의 판매가치	₩48,0001)	₩42,000	₩30,0002)	₩120,000

1) $₩48,000 = ₩120,000 \times \frac{₩24,000}{₩60,000}$

2) ₩30,000 =₩120,000 − ₩48,000 − ₩42,000

3) $₩15,000 = ₩60,000 \times \frac{₩30,000}{₩120,000}$

∴ C제품의 매출총이익 = 50개×₩700 − (₩15,000 + ₩8,000) = ₩12,000

8.10 정답 ②

해설 • 단위당 순실현가능가액:
- '갑': @₩750 − @₩500 = @₩250
- '을': @₩250 − @₩50 = @₩200

• 제품별 순실현가능가액
- '갑': @₩250×200개 = ₩50,000
- '을': @₩200×50개 = ₩10,000

8.11 정답 ③

해설 1) 판매가치비율

제 품	판매가치	결합원가
갑 제 품	₩1,400,000(70%)	₩280,000
을 제 품	₩600,000(30%)	?

2) 결합원가를 X라 하면, X = ₩280,000/70% = ₩400,000

8.12 정답 ①

해설 결합원가 ₩1,000,000을 순실현가치 기준으로 배분하는 단순한 문제이다.
유연휘발유의 순실현가치: 8,000ℓ×₩95 − ₩40,000 = ₩720,000
무연휘발유의 순실현가치: 12,000ℓ×₩120 − ₩160,000 = ₩1,280,000
유연휘발유의 제조원가: ₩1,000,000×₩720,000/(₩720,000 + ₩1,280,000)
+ ₩40,000 = ₩400,000

8.13 정답 ②

해설 ※ 문제에서 판매가격은 단위당 판매가가 아닌 총판매가치를 의미한다고 본다.

A의 순실현가치 = 60,000 − 40,000 =	₩20,000
B의 순실현가치 = 90,000 − 30,000 =	60,000
순실현가치 합계	₩80,000

A에 배분된 결합원가 = ₩70,000×₩20,000/₩80,000 = ₩17,500
B에 배분된 결합원가 = ₩70,000×₩60,000/₩80,000 = ₩52,500

B제품 판매시 매출총이익 = 최종판매가치 − 결합원가배분액 − 추가가공비
= ₩90,000 − ₩ 52,500 − ₩30,000
= ₩7,500

8.14 정답 ②

해설 분말초콜렛원액의 상대적판매가치: ₩2,500×400ℓ = ₩1,000,000
밀크초콜렛원액의 상대적판매가치: ₩4,000×500ℓ = ₩2,000,000
분말초콜렛원액의 결합원가 배분액: ₩3,600,000×1/3 = ₩1,200,000

8.15 정답 ②

해설

PP의 순실현가치	= 20kg×₩10,000/kg − ₩40,000 =	₩160,000
KK의 순실현가치	= 80kg× ₩5,000/kg − ₩60,000 =	340,000
순실현가치 합계		₩500,000

P에 배분할 결합원가 = ₩30,000×₩160,000/₩500,000 = ₩9,600
K에 배분할 결합원가 = ₩30,000×₩340,000/₩500,000 = ₩20,400

8.16 정답 ①

해설

분리점 판매가치		비 율		결합원가의 배분
A: 5,000×₩1,600 =	₩8,000,000	(2/3)		결합원가×2/3 = ₩2,400,000
B: 4,000×₩1,000 =	4,000,000	(1/3)	⇒	결합원가 = ₩3,600,000
	₩12,000,000			

8.17 정답 ②

해설 C제품의 분리점에서의 판매가치: ₩800,000 − ₩400,000* − ₩280,000 = ₩120,000

$* ₩800,000 \times \frac{₩180,000}{₩360,000} = ₩400,000$

C제품의 매출총이익 = ₩500×400개 − ₩14,000 − ₩54,000* = ₩132,000

$*₩360,000 \times \frac{₩120,000}{₩800,000} = ₩54,000$

8.18 정답 ⑤

해설

구분	NRV	비 율	결합원가	추가가공원가	총원가
A	₩280,000	40%	₩128,000	−	₩128,000
C	420,000	60%	192,000	₩80,000	272,000
	₩700,000	100%	₩320,000	₩80,000	₩400,000

구분	매출총이익률
A	(₩280,000 − ₩128,000)/₩280,000 = 54.29%
C	(₩500,000 − ₩272,000)/₩500,000 = 45.60%

8.19 정답 ②

해설 생산기준법은 부산물이 생산되는 시점에서 부산물의 원가를 순실현가치로 평가하여 기록하고 최조 결합원가에서 부산물의 순실현가치를 차감한 금액을 연산품에 배분하는 방법이다. 그러나 판매기준법은 부산물에 결합원가를 배부하지 아니하고 부산물의 판매시점에서 부산물의 판매이익을 잡이익으로 계상하는 방법이므로 결합원가 총액은 연산품에 배부된다.

생산기준법하의 연산품에 배분될 결합원가

= 결합원가 - 부산물의 순실현가치

= ₩10,000,000 - (1,000개×₩1,000 - ₩500,000) = ₩9,500,000

판매기준법하의 연산품에 배분될 결합원가 = 발생된 총 결합원가 = ₩10,000,000

8.20 정답 ①

해설 C제품을 분리점에서 판매시 수익 = ₩4×30,000단위 = ₩120,000

추가가공시 추가수익 = [15,000개×₩8 + 5,000개×₩2 + 10,000개×₩6] - ₩120,000

= ₩70,000

추가가공시 추가비용 = ₩5,000 + ₩1,000 + ₩2,000 + ₩27,000 = ₩35,000

추가가공시 추가이익 = ₩70,000 - ₩35,000 = ₩35,000

Ⅲ. 주관식

8.1 해설 물량 기준법:

	제품 A	제품 B	제품 C
생산비율	20%	30%	50%
결합원가	₩8,000	₩12,000	₩20,000
	(= ₩40,000×0.2)	(= ₩40,000×0.3)	(= ₩40,000×0.5)

8.2 해설 상대적 판매가치법:

	상대적판매가치	
제품 A: 40,000×0.3 = ₩12,000	₩120,000	30.0%
제품 B: 40,000×0.325 = ₩13,000	130,000	32.5%
제품 C: 40,000×0.375 = ₩15,000	150,000	37.5%

8.3 해설 1) 물량기준:

	제품 A	제품 B	제품 C
매출액	₩120,000	₩130,000	₩150,000
결합원가	8,000	12,000	20,000
추가가공비	10,000	15,000	20,000
매출총이익	₩102,000	₩103,000	₩110,000

2) 상대적 판매가치기준법:

	제품 A	제품 B	제품 C
매출액	₩120,000	₩130,000	₩150,000
결합원가	12,000	13,000	15,000
추가가공비	10,000	15,000	20,000
매출총이익	₩ 98,000	₩102,000	₩115,000

8.4 해설

	A	B	계
판매가치:			
1,000×₩100;500×₩80	₩100,000	₩40,000	₩140,000
분리후 가공비	70,000	20,000	90,000
분리점에서 순실현가치	30,000	20,000	50,000
가중치(%)	60%	40%	
결합원가배분액	₩48,000	₩32,000	₩80,000

8.5 해설 순실현가치법:

제품	최종판매가치	추가가공비	순실현가치	배분원가	제조원가
A	₩500,000	₩100,000	₩400,000	₩200,000①	₩300,000
B	₩400,000	₩300,000	₩100,000	₩50,000	₩350,000
C	₩600,000	₩100,000	₩500,000	₩250,000	₩350,000

①: $₩500,000 \times \frac{₩400,000}{(₩400,000 + ₩100,000 + ₩500,000)} = ₩200,000$

8.6 해설 순실현가치법:

	최종판매가치	추가가공비	순실현가치	결합원가배분
A	₩100,000	₩20,000	₩80,000	₩16,000
B	135,000	15,000	120,000	24,000
C	100,000	–	100,000	20,000
D	230,000	30,000	200,000	40,000
합계			₩500,000	₩100,000

결합원가 배분 후 매출총이익 :

	제품 A	제품 B	제품 C	제품 D
매출액	₩100,000	₩135,000	₩100,000	₩230,000
결합원가	16,000	24,000	20,000	40,000
추가가공비	20,000	15,000	–	30,000
매출총이익	₩64,000	₩96,000	₩80,000	₩160,000

8.7 해설

결합원가 ₩100,000

- 갑: 200개 → 추가가공원가 ₩100,000 → 수퍼 갑: 200개×₩1,000/개 = ₩200,000
- 을: 300개, ₩3,000/개 → 수퍼 을: 240개×₩4,000/개 = ₩960,000
- 병: 500개, ₩2,000/개 → 수퍼 병: 600개×₩2,000/개 = ₩1,200,000

제품	순실현가치	배분 비율	결합원가 배분액	추가가공비	총원가	단위당 원가
(수퍼)갑	₩100,000①	5%	₩5,000	₩100,000	₩105,000	₩525
을	900,000	45%	45,000	0	45,000	150
병	1,000,000	50%	50,000	0	50,000	100
합계	₩2,000,000	100%	₩100,000	₩100,000	₩200,000	

①: 200개×₩1,000/개 – ₩100,000 = ₩100,000

8.8 해설

	수퍼 갑	을	병
Ⅰ. 매출액	₩200,000	₩900,000	₩1,000,000
Ⅱ. 매출원가(결합원가+개별원가)	105,000	45,000	50,000
Ⅲ. 매출총이익	₩95,000	₩855,000	₩950,000
Ⅳ. 매출총이익률	47.5%	95%	95%

8.9 해설

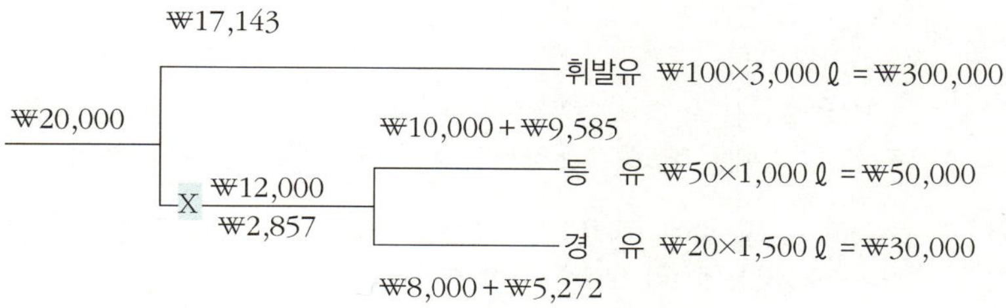

휘발유와 X중간제품

₩20,000×(₩300,000/₩350,000) = ₩17,143

₩20,000×(₩50,000/₩350,000) = ₩2,857

*₩50,000 = ₩80,000 − ₩18,000 − ₩12,000

등유와 경유

₩14,857×(₩40,000/₩62,000) = ₩9,585

₩14,857×(₩22,000/₩62,000) = ₩5,272

휘발유: ₩17,143, 등유:₩9,585, 경유:₩5,272

8.10 해설 순실현가치.

A제품: 500개×(@₩1,000 − @₩500) − ₩50,000 = ₩200,000

B제품: 300개×(@₩2,000 − @₩1,000) − ₩100,000 = ₩200,000

제조원가

A제품: ₩200,000×0.5 + ₩50,000 = ₩150,000

B제품: ₩200,000×0.5 + ₩100,000 = ₩200,000

제9장 원가행태의 결정

Ⅰ. 평가자체크리스트

9.1 해설 F 고정비이거나 준고정원가(계단원가)이다.

9.2 해설 F 감가상각비는 고정비이다.

9.3 해설 F 관련범위가 변하면 고정비도 변할 수 있기 때문에 관련범위는 고정비를 측정하는데 매우 중요하다.

9.4 해설 T

9.5 해설 T

9.6 해설 T

9.7 해설 T

9.8 해설 T

9.9 해설 F 고저점법을 적용할 경우 원가동인의 최고치와 최저치가 비정상적인 상황이라면 원가함수는 정상적인 상황을 대표하지 못하게 된다. 즉 이상치에 영향을 받을 수 있는 단점이 있다.

9.10 해설 F 원가에 영향을 주는 원가동인은 생산량, 판매량 이외에 많은 활동들이 있다. 예를 들면, 운송거리, 병원에서의 침상수, 비행시간 등이다.

Ⅱ. 객관식

9.1 정답 ③
해설 조업도가 증가하는 경우 단위당 고정원가는 감소한다.

9.2 정답 ④
해설 임차료는 관련범위내에서 일정하게 발생한다.

9.3 정답 ⑤
해설 단위당 고정비는 조업도가 증가하면 감소한다.

9.4 정답 ①
해설 제품의 단위당 변동비는 조업도에 관계없이 일정하다.

9.5 정답 ②
해설 ① 변동비, ③준변동비, ④변동비, ⑤변동비에 대한 설명이다.

9.6 정답 ②
해설 변동원가와 고정원가를 원가행태에 따른 분류라고 한다.

9.7 정답 ③
해설 ① 고정원가, ②준고정원가 ③준변동원가, ④변동원가, ⑤조업도 범위에 따라 준고정원가와 준변동원가의 성격을 가진다.

9.8 정답 ①
해설 ②, ③, ④, ⑤는 과거의 원가자료를 근거로 원가를 추정하는 방법임

9.9 정답 ④

해설 고정비 ₩6,000
변동비 ₩3×2,000 9,000
총원가 ₩15,000

9.10 정답 ②

해설 ₩100,000－₩80,000＝₩20,000
₩20,000÷₩4＝5,000단위

9.11 정답 ①

해설 ₩0.40×9,000시간 ₩3,600
₩0.25×18,000시간 ₩4,500

	시간	원가
최고조업도	18,000	₩4,500
최저조업도	9,000	3,600
차 이	9,000	₩900

₩900÷9,000시간＝₩0.10/시간당
₩4,500－(₩0.10×18,000시간)＝₩2,700(고정비)

고정비		₩2,700
변동비:	₩0.10×13,000시간	1,300
총원가		₩4,000

9.12 정답 ②

해설 직접재료비 ₩300＋직접노무비₩220＋변동제조간접비2시간×₩20＝₩560

9.13 정답 ②

해설 단위당 변동비: ₩2,400÷600톤＝@₩4
800톤 생산시 총원가: (@₩4×800톤)＋₩3,000＝₩6,200
단위당 원가: ₩6,200÷800톤＝@₩7.75

9.14 정답 ③

해설 Y＝₩80,000＋100X
＝₩80,000＋100×5,000km
＝₩580,000

9.15 정답 ①

해설 ₩1,000,000－₩700,000＝₩300,000
₩300,000÷₩10＝30,000단위

9.16 정답 ④

해설 시간당 변동비(₩80,000－₩20,000)/(1,000－200)＝₩75

9.17 정답 ②

해설 추정식은 1년에 대한 추정식이므로 이를 월로 전환하여 추정식이 필요하다.
₩60,000 ÷ 12＝₩5,000 → ₩5,000＋10,000×₩2＝₩25,000

9.18 정답 ①

해설 b = (₩340,000 − ₩100,000)/(100,000단위 − 20,000단위) = @₩3

₩340,000 = a + ₩3×100,000, a = ₩40,000

y = ₩40,000 + ₩3×80,000 = ₩280,000

9.19 정답 ①

해설 b = (₩19,800 − ₩13,400)/(3,650시간 − 2,050시간) = @₩4

9.20 정답 ①

해설 단위당 변동비 = (₩680,000 − ₩575,000)/(30,000단위 − 25,000단위) = @₩21

단위당 변동제조간접비 = ₩21 − (₩5 + ₩6) = ₩10

기간당 고정제조간접비 = ₩680,000 − 30,000단위×₩21 = ₩50,000

Ⅲ. 주관식

9.1 해설 1) 변동제조간접비: ₩38,000/100시간 = ₩380

고정제조간접비: ₩30,000

y = ₩30,000 + 38x

2) y = ₩30,000 + 38×300시간 = ₩41,400

9.2 해설 1)

등록률	등록학생수	월간교육비
96%	960	960명×30일×₩15,000 = ₩432,000,000
88%	880	150,000,000 + 250,000,000 = ₩400,000,000

b(단위당변동비) = ₩432,000,000 − ₩400,000,000/960명 − 880명 = ₩32,000,000/80명

= ₩400,000/월

2) 432,000,000 = a + ₩400,000×960명

a = ₩48,000,000(월별 고정비)

y = ₩48,000,000 + ₩400,000x

3) y = ₩48,000,000 + ₩400,000×950명 = ₩428,000,000

9.3 해설 1) 고정비: ₩500,000(= 노무비(₩300,000) + 전화요금(₩40,000) + 전기료(₩20,000) + 광고비(₩100,000) + 보험료(₩40,000))

단위당변동비: ₩2,000,000(= 재료비(₩1,500,000) + 노무비(₩500,000))/2,000개

= ₩1,000

원가함수: Y = ₩500,000 + 1,000X

총원가: Y = ₩500,000 + (₩1,000×2,000개) = ₩2,500,000

2) 원가함수: Y = ₩500,000 + 1,000X 이므로

Y = ₩500,000 + 1,000×2,500개

Y = ₩3,000,000

9.4 정답 ₩5,000

해설 단위당변동비: (₩5,000 − ₩2,000)/(500h − 100h) = ₩7.5
고정비: ₩2,000 = a + ₩7.5×100h, a = ₩1,250
원가함수: y = ₩1,250 + 7.5x
총제조간접비: y = ₩1,250 + ₩7.5×500h
y = ₩5,000

9.5 정답 ₩13,000

해설 단위당 변동원가 = (최고조업도의 총원가 − 최저조업도의 총원가)/(최고조업도 − 최저조업도)
₩40 = (₩15,000 − x)/(250 − 200) x = ₩13,000

9.6 정답 ₩1,500

해설 단위당 변동비 = {(₩3,500,000 + ₩1,500,000)/10,000개} + ₩1,000 = ₩1,500

9.7 해설 단위당 변동비 = (₩70,000,000 − ₩50,000,000)/(2,000개 − 1,000개) = ₩20,000
총고정비 = ₩70,000,000 − (₩20,000×2,000개) = ₩30,000,000
총제조원가 = ₩30,000,000×1.2 + ₩20,000×0.6×3,000개 = ₩72,000,000

9.8 해설 Y = ax + b

$$b \equiv \frac{36,000 - 20,000}{800 - 400} = 40,\ a = 20,000 - 40 \times 400 = 4,000$$

Y = 40x + 4,000

9.9 해설 단위당 변동제조간접비 = (₩720,000 − ₩160,000)/(50 − 10) = ₩14,00
총고정제조간접비 = ₩160,000 − 14,000×10 = ₩20,000
y = 20,000 + 14,000x = ₩1,000,000

9.10 정답 ₩31,500,000

해설 단위당원가 = 단위당 변동원가 + 단위당 고정원가

직접노동시간×	단위당원가 =	총원가
20,000	₩1,500	₩30,000,000
30,000	₩1,200	₩36,000,000

조업도→직접노동시간
y = a + bx
₩36,000,000 = a + 30,000b
₩30,000,000 = a + 20,000b
b = 600시간, a = ₩18,000,000
y = ₩18,000,000 + 600x
y' = ₩18,000,000 + 600×22,500
y' = ₩31,500,000

제10장 원가-조업도-이익 분석

Ⅱ. 객관식

10.1 정답 ③

해설 수익과 원가형태는 관련범위내에서 직선으로 가정한다.

10.2 정답 ⑤

해설 생산량이 증가할 때 단위당 변동원가는 일정하고 단위당 고정원가는 감소한다.

10.3 정답 ③

해설 총공헌이익은 매출액에서 총변동원가를 차감한다.

손익분기점 매출액 = $\frac{\text{고정원가}}{1-\text{단위당변동원가/단위당판매가격}}$이므로 총고정원가가 증가하면 손익분기점 매출액은 증가한다.

10.4 정답 ①

해설 손익분기점 매출액 = $\frac{\text{고정원가}}{1-\text{단위당변동원가/단위당판매가격}}$

10.5 정답 ③

해설 일반적으로, 고정비 비율이 클수록 이익의 안정성이 작아진다.

10.6 정답 ④

해설 P = ₩100,　V = ₩50,　FC = ₩100,000

변동비율 = V/P = 50/100 = 0.5

공헌이익율 = 1 - V/P = 1 - 50/100 = 0.5

단위당 공헌이익 = P - V = 100 - 50 = ₩50

10.7 정답 ①

해설 손익분기점에서 영업이익 = ₩1,000,000 × 0.4 - 고정원가 = 0

⇒ 고정원가 = ₩400,000

영업이익이 ₩250,000일 때, ₩250,000 = 매출액×0.4 - ₩400,000

⇒ 매출액 = ₩650,000 / 0.4 = ₩1,625,000

10.8 정답 ④

해설 목표이익 = 매출액 - 변동원가 - 고정원가

0.2S = S - 0.7S - FC

⇒ 0.1S = FC

⇒ S = FC/0.1

10.9 정답 ①

해설 손익분기점 매출액 = ₩1,300,000/0.65 = ₩2,000,000
(0.65 = 1 - ₩350/₩1,000)

10.10 정답 ②

해설 P - V = ₩100, FC = ₩100,000, TP = ₩50,000

$$Q = \frac{FC + TP}{P - V} = \frac{₩100,000 + ₩50,000}{100} = 1,500개$$

10.11 정답 ①

해설 단위당 공헌이익 = 100 - 60 = 40
변동비율 = 60/100 = 60%
공헌이익율 = 1 - 0.6 = 0.4
손익분기점 판매량 = 100,000/(100 - 60) = 2,500개
손익분기점 매출액 = 100,000/0.4 = 250,000

10.12 정답 ④

해설 목표이익 판매량 = $\frac{\text{고정원가} + \text{목표이익}}{\text{단위당공헌이익}}$
= (30,000 + 50,000)/500 - 100 = 200개

10.13 정답 ②

해설 목표매출액
영업이익 = 공헌이익 - 고정비
₩60,000 = S×0.3 - ₩150,000
∴ S = ₩700,000

10.14 정답 ③

해설 손익분기점은 총공헌이익과 고정원가가 같다.
고정원가 = 손익분기점매출액×공헌이익률 = 200,000×₩4×25% = ₩200,000

10.15 정답 ③

해설 (₩20,000 + ₩30,000/0.8)/₩10 = 5,750단위

10.16 정답 ②

해설

판매가격	₩100	100%
변동비	₩60	60%
공헌이익	₩40	40%

40%×₩100,000 = ₩40,000

10.17 정답 ③

해설 판매량 = 고정비 + (세후이익/(1 - t))/판매가격 - 변동비
= ₩10,000,000 + (₩1,200,000/0.6)/₩8,000
= 1,500개

10.18 정답 ④

해설 손익분기판매량 = ₩30,000,000/₩10,000 - ₩4,000 = 5,000대

안전한계판매량 = 12,000대 - 5,000대 = 7,000대

10.19 정답 ④

해설 1,000단위×₩50 - ₩20,500 = ₩29,500

10.20 정답 ②

해설 판매량 = 고정비 + (세후이익/(1 - t))/판매가격 - 변동비

= ₩60,000 + (₩61,200/(1 - 0.4))/(₩20 - ₩14) = 2,700단위

Ⅲ. 주관식

10.1 해설 1) 공헌이익 = ₩50,000,000 - ₩30,000,000 = ₩20,000,000

공헌이익률 = ₩20,000,000÷₩50,000,000 = 40%

변동비율 = ₩30,000,000÷₩50,000,000 = 60%

2) 손익분기점 판매량 = ₩5,000,000÷₩20,000 = 250대

손익분기점 매출액 = ₩5,000,000÷(1 - 0.6) = ₩12,500,000

3) (₩5,000,000 + ₩5,000,000)÷0.4 = ₩25,000,000

10.2 해설 손익분기 연간점유 객실수 = 고정원가/ 객실당 공헌이익

= ₩1,200,000,000 / (₩50,000/실 - ₩10,000/실)

= 30,000실

연간 임대가능한 총객실수 = 100실/일 × 365일 = 36,500실

점유율 = 30,000실 / 36,500실 = 82.2%

10.3 해설 세전이익 = 세후이익/(1 - 세율)

= (₩1,600,000/(1 - 0.2) = ₩2,000,000

세전이익 = 판매량×단위당 공헌이익 - 고정비

₩2,000,000 = 판매량×(₩200,000 - ₩150,000) - ₩3,000,000

⇒ 판매량 = (₩2,000,000 + 3,000,000)/₩50,000 = 100개

10.4 해설 세후 순이익 ₩3,000,000을 얻기 위한 세전 이익을 x라 하면

x = ₩3,000,000/0.6 ∴ x = ₩5,000,000

세전이익 ₩5,000,000을 얻기 위한 판매량(Q)

Q = (₩1,000,000 + ₩5,000,000)/400 = 15,000개

10.5 해설 1) 단위당 공헌이익: ₩500 - ₩300 = ₩200

공헌이익률: ₩200,000/₩500,000 또는 ₩200/₩500 = 40%

변동원가율: ₩300,000/₩500,000 또는 ₩300/₩500 = 60%

2) 손익분기 판매량 = 고정원가 ÷ 단위당 공헌이익

= ₩150,000 ÷ (₩200,000 / 1,000개) = 750개

손익분기 매출액 = 고정원가 ÷공헌이익률

= ₩150,000 ÷0.4 = 375,000

3) 목표판매량 = (고정원가 + 목표이익)/단위당 공헌이익
= (₩150,000 + ₩80,000)/₩200 = 1,150개
4) 목표매출액 = [고정원가 + 목표이익÷(1 - 세율)]/공헌이익률
= [₩150,000 + ₩70,000/(1 - 0.3)]/0.4
= ₩625,000

또는 다음과 같은 방법으로도 구할 수 있다.
세전목표이익 = 세후목표이익 / (1 - 법인세율) = ₩70,000 / 0.7 = ₩100,000
세전목표이익 = 매출액×공헌이익률 - 고정원가
₩100,000 = 매출액 × 0.4 - ₩150,000
매출액 = ₩250,000 / 0.4 = ₩625,000

10.6 해설 1) p:₩500, v:₩200, p - v:₩300 FC:₩1,500,000
Q = ₩1,500,000/₩300 = 5,000개
2) 목표매출액을 X로 놓고 풀면,
X = ₩1,500,000 + 0.3X/0.6
0.6X = ₩1,500,000 + 0.3X
0.3X = ₩1,500,000
X = ₩5,000,000
3) = ₩1,500,000 + (₩900,000/0.6)/0.6
= ₩5,000,000

10.7 해설 1) (₩200,000 + ₩300,000) ÷ ₩20,000 = 25단위
2) 30단위 판매 계획시
① 총수익 ₩100,000×30 = ₩3,000,000
② 총공헌이익 ₩20,000×30 = ₩600,000
③ 세전 순이익 ₩600,000 - ₩200,000 = ₩400,000
④ 안전한계 ₩3,000,000 - ₩1,000,000 = ₩2,000,000
⑤ 안전한계율 ₩2,000,000÷₩3,000,000 = 66.67%

$$BEP(Q) = \frac{FC}{P-V} = \frac{₩200,000}{₩20,000} = 10개$$

$$BEP(PQ) = \frac{FC}{1-V/P} = \frac{₩200,0000}{1-0.8} = ₩1,000,000$$

10.8 해설 제품단위당 판매가격을 P라 하면,
매출액×공헌이익률 - 고정원가 = 목표이익
20,000개×P×40% - ₩4,000,000 = ₩1,000,000
P = ₩625

10.9 해설 목표이익 매출액의 10%를 실현하기 위한 매출액을 S 라하면.
S - (₩100,000÷₩200,000)S - ₩60,000 = 0.10S
S = ₩150,000

10.10 해설 1) 고정비 계산

$$\frac{\text{고정비}}{\text{공헌이익률}} = \text{손익분기매출액}$$

$$\frac{FC}{0.3} = ₩360,000$$

FC = ₩108,000

2) 목표매출액

영업이익 = 공헌이익 − 고정비

₩84,000 = S×0.3 − ₩108,000

∴ S = ₩640,000

제11장 표준원가와 차이분석

Ⅰ. 평가자체크리스트

11.1 해설 T

11.2 해설 T

11.3 해설 F 표준원가계산제도는 표준원가와 실제발생원가가 중요한 차이를 보이는 항목에 대해 관리하는 예외에 의한 관리를 가능하게 하며, 차이의 원인을 파악하여 원가를 절감하는 원가통제를 가능하게 한다. 이때 중요한 차이를 보이는 항목에는 유리하거나 불리한 차이를 불문한다.

11.4 해설 F 구매담당자는 가격차이에 대한 책임을, 생산관리자는 능률차이에 대한 책임을 질 가능성이 높다.

11.5 해설 T

11.6 해설 T

11.7 해설 F 차이분석 및 차이의 원인을 파악하여 성과평가에 반영하게 된다.

11.8 해설 F 불리하다는 것은 단지 그것이 이익 산정에 (−) 효과를 가져온다는 의미이다.

11.9 해설 T

11.10 해설 F 표준원가계산 시스템 하에서 재공품 차변에 표시되는 재료비는 표준수량에 표준 가격을 곱한 금액이다.

Ⅱ. 객관식

11.1 정답 ③

해설 단위당 표준원가가 설정되어 있기 때문에 원가흐름의 가정이 필요 없으며 단지 재고자산의 물량만 파악하면 된다.

11.2 정답 ⑤

해설 불량품질의 재료를 사용한 경우에는 공손품 및 작업폐물 등이 발생하므로 수량차이

11.3 정답 ④

해설 규정시간을 초과하여 작업을 한 경우는 임률차이

11.4 정답 ①

해설 제조간접비 소비차이는 물가변동, 계절적인 요인에 의한 소비량의 증감, 예산편성의 오류, 소모품 · 전력 등의 낭비와 같은 원인으로 발생한다.

11.5 정답 ③

해설 표준원가계산으로 제조기술 자체가 향상될 수는 없다.

11.6 정답 ②

해설 재료가격차이 = (실제단가 – 표준단가)×실제소비량
(₩15 – ₩10)×3,200 = ₩16,000(불리)
재료수량차이 = (실제소비량 – 표준소비량)×표준단가
(3,200 – 3,000)×₩10 = ₩2,000(불리)

11.7 정답 ①

해설

직접재료비차이

실제소비량×실제가격　　실제소비량×표준가격　　표준수량×표준가격
(　　)×₩600　　(　　)×₩400　　(　　)×₩400

가격차이　　능률차이
₩280,000(불리)　　(?)

실제소비량 = ₩280,000/(실제가격 – 표준가격) = ₩280,000/(₩600 – ₩400) = 1,400kg
표준수량 = 370개×4kg = 1,480kg
능률차이 = (1,400kg×₩400) – (1,480kg×₩400) = – ₩32,000(유리)

11.8 정답 ⑤

해설 직접재료원가 능률차이 = (실제사용량 – 표준사용량)×표준가격
= (₩5,200 / ₩12.5 – 100개×5)×₩10 / 개
= (416개 – 500개)×₩10 / 개
= ₩840(유리)

* 가격차이 = (실제가격 – 표준가격)×실제사용량
= (₩12.5 / 개 – ₩10 / 개)×416개
= ₩1,040(불리)

11.9 정답 ④

해설 구입가격차이: AQ×(AP－SP)＝1,000kg×(₩100－SP)＝₩20,000(유리)

따라서 SP＝₩120

능률차이: (AQ－SQ)×SP＝(800kg－850kg)×₩120＝₩6,000(유리)

11.10 정답 ①

해설 능률차이: (AQ－SQ)×SP＝(실제노동시간－2,000시간)×₩200＝₩20,000

실제노동시간＝2,100시간

11.11 정답 ④

해설 능률차이: (AQ－SQ)×SP＝(6,000시간－2,600단위×2.4hr)×₩11,000.

＝₩2,640,000(유리)

11.12 정답 ①

해설 능률차이 (－)₩300,000 유리＝(실제노무시간－1,000×2)×₩3,000

실제노무시간＝1,900시간

임률차이 ₩190,000 불리＝(실제임률－₩3,000)×1,900

실제임률＝₩3,100

11.13 정답 ②

해설 능률차이＝표준임률×(실제직접노동시간－표준직접노동시간)

₩5,300,000 불리＝₩5,000×(실제직접노동시간－10,000시간)

실제직접노동시간＝₩5,300,000/₩5,000＋10,000시간＝11,060시간

직접노무비 임률차이＝(₩4,800－₩5,000)×11,060시간＝₩2,212,000(유리)

11.14 정답 ⑤

해설

AP×AQ	SP×AQ	SP×SQ
	SP×AQ	SP×24시간/단위×2,000단위
₩4,000,000	＝₩5,200,000	＝₩4,800,000

₩1,200,000(유리) 임률차이 / ₩400,000(불리) 시간차이

SP ＝ ₩4,800,000 / (24시간 / 단위 × 2,000단위)＝₩100 / 시간

AQ ＝ ₩5,200,000 / ₩100＝52,000시간

11.15 정답 ②

해설

AQ×AP	AQ×SP	SQ×SP
7,520시간×₩9,500/시간 ＝₩71,440,000	AQ*×₩10,000/시간 ＝₩75,200,000	8,000시간×₩10,000/시간 ＝₩80,000,000

임률차이 ₩3,760,000(유리) / 능률차이 ₩4,800,000(유리)

* 능률차이를 이용하면 AQ＝7,520시간

11.16 정답 ②

해설 총노무비 = 실제임률×실제 작업시간(1,000시간) = ₩100,000
실제임률 = ₩100
임률차이 = (₩100 − 표준임률)×1,000시간 = ₩3,000
표준임률 = ₩97
시간차이 = (1,000시간 − 1,200시간)×₩97 = −₩19,400(유리한 차이)

11.17 정답 ③
해설 시간차이 = (실제시간 − 2,000시간)×₩10 = ₩1,000
실제 작업시간 = 1,900시간

11.18 정답 ④
해설 능률차이: (AQ − SQ)×SP = (21,000 − 10,000개×2시간)×₩3 = ₩3,000 불리

11.19 정답 ②
해설 변동제조간접비 능률차이 = [10,500시간×₩3] − [5,000단위×2시간×₩3] = ₩1,500(불리)

11.20 정답 ②

해설 고정제조간접원가 표준배부율 = $\frac{54,000}{12,000}$ = @₩4.5

조업도차이 = (12,000시간 − 15,000시간)×@₩4.5 = ₩13,500 유리

Ⅲ. 주관식

11.1. 해설 1)

	실제	예산	차이
생산량	900단위	1,000단위	100단위(U)
간접재료비	₩130,000	₩150,000	₩20,000(F)
간접노무비	160,000	180,000	20,000(F)
소모품	110,000	120,000	10,000(F)
감가상각비	180,000	200,000	20,000(F)
합계	₩580,000	₩650,000	₩70,000(F)

2)

	실제	예산	차이
생산량	900단위	900단위	−
간접재료비	₩130,000	₩135,000[①]	₩5,000(F)
간접노무비	₩160,000	₩162,000[②]	₩2,000(F)
소모품	₩110,000	₩108,000[③]	₩2,000(U)
감가상각비	₩180,000	₩200,000[④]	₩20,000(F)
합계	₩580,000	₩605,000	₩25,000(F)

* 단위당 변동비: ① 간접재료비 = ₩150,000/1,000단위 = ₩150×900단위 = ₩135,000
② 간접노무비 = ₩180,000/1,000단위 = ₩180×900단위 = ₩162,000
③ 소모품 = ₩120,000/1,000단위 = ₩120×900단위 = ₩108,000
④ 감가상각비 = ₩200,000

11.2 해설 가격차이 = 실제직접재료비 − 실제산출량에 대한 표준직접재료비

= (AP×AQ) − (SP×AQ)

= (AP − SP)×AQ

= (AP − ₩10)×2,500 = −₩10,000, AP = ₩6

11.3 해설 (X − ₩4.0)×1,500 = −₩240   X = ₩3.84

11.4 해설 (실제사용량 − 10,000kg)×₩50 = −₩500,000

실제사용량 = 2,000kg

가격차이 = (₩60 − ₩50)×2,000kg = ₩20,000 (불리한 차이)

11.5 해설

실제원가 AP×AQ	실제수량에 대한 표준원가 SP×AQ	변동예산원가 SP×SQ
₩100×(3kg×800단위) = ₩240,000	₩150×(3kg×800단위) = ₩360,000	₩150×(2kg×1,000단위) = ₩300,000

가격차이 ₩120,000F | 능률차이 ₩60,000U

총차이 ₩60,000F

11.6 해설 실제임률 = ₩150,000/10,000시간 = ₩15

임률차이 = (₩15 − 표준임률)×10,000시간 = ₩5,000

표준임률 = ₩14.5

시간차이 = (10,000 − 12,000)×₩14.5 = −₩29,000(F)

11.7 해설 임률차이 = (실제임률 − 100)×1,300시간 = −₩10,000

실제임률 = ₩92.30

실제 임금지급액 = ₩92.30×1,300시간 = ₩119,990

11.8 해설 능률차이 = (실제시간 − 실제생산량에 허용된 표준시간)×표준임률

= (13,000시간 − 1,100개×10시간)×₩1,000

= ₩2,000,000(불리한 차이)

11.9 해설 시간차이 = (실제시간 − 20,000시간)×₩100 = ₩200,000

실제 작업시간 = 18,000시간

11.10 해설 1) 직접재료원가차이

(1) 구입가격차이 = 실제 직접재료원가 구입액 − 표준가격×구입수량

= ₩145,000 − ₩3/kg×50,000kg

= ₩5,000(유리)

(2) 수량차이 = (실제투입수량 − 표준수량)×표준가격

= (18,000kg − 5kg/개×2,500개)×₩3/kg

= ₩16,500(불리)

2) 직접노무원가차이

(1) 임률차이 = 실제 직접노무원가 발생액 − 표준임률×실제시간

= ₩105,000 − ₩4/시간×23,000시간

= ₩13,000(불리)

(2) 능률차이 = (실제시간 − 표준시간)×표준임률
= (23,000시간 − 8시간/개×2,500개)×₩4/시간
= ₩16,500(불리)

3) 변동제조간접원가차이

(1) 소비차이 = 실제발생액 − 표준배부율×실제배부기준량
= ₩1,200,000×0.6 − ₩24/시간×26,000시간
= ₩96,000(불리)

(2) 능률차이 = (실제배부기준량 − 표준배부기준량)×표준배부율
= (26,000시간 − 10시간/개×2,500개)×₩24/시간
= (26,000시간 − 25,000시간)×₩24/시간
= ₩24,000(불리)

4) 고정제조간접원가차이

(1) 예산차이 = 실제발생액 − 예산
= 실제발생액 − 배부율×단위당표준시간×기준조업도
= ₩1,200,000×0.4 − (₩45/시간 − ₩24/시간)×10시간/개×2,400개
= ₩480,000 − ₩504,000
= ₩24,000(유리)

(2) 조업도차이 = 예산 − 배부액
= 배부율×단위당표준시간×(기준조업도 − 실제생산량)
= ₩21/시간×10시간/개×(2,400개 − 2,500개)
= ₩21,000(유리)

제12장 전부원가계산과 변동원가계산

Ⅰ. 평가자체크리스트

12.1 해설 T

12.2 해설 F 변동원가계산하에서는 고정제조원가는 모두 당기의 기간비용으로 처리되므로 기말재공품에 포함되지 않는다.

12.3 해설 T

12.4 해설 T

12.5 해설 F 변동원가계산은 외부보고목적을 위한 재무제표를 작성하기에는 적합하지 않다.

12.6 해설 F 재고수량이 증가하게 되면 전부원가계산에 의한 영업이익이 변동원가계산에 의한 영업이익보다 크다.

12.7 해설 F 변동 판매관리비와 고정 판매관리비는 변동원가계산방법에서 기간 비용으로 취급하고 전부원가계산 방법에서도 같다. 두 원가계산 방법에서 유일한 차이는 고정제조간접비 처리에 있다.

12.8 해설 T

12.9 해설 T

12.10 해설 T

Ⅱ. 객관식

12.1 정답 ①
해설 변동원가계산은 단기의사결정에는 유용하다.

12.2 정답 ③
해설 변동원가계산은 직접재료비, 직접노무비, 변동제조간접비만을 제품원가로 계산하고, 고정제조간접비는 기간비용으로 처리한다.

12.3 정답 ②
해설 변동제조간접원가는 제품원가에 포함된다.

12.4 정답 ②
해설 전부원가계산은 장기의사결정에 유용하나, 변동원가계산은 단기의사결정에 유용하다.

12.5 정답 ③
해설 기초재고수량이 있는 경우에는 생산량과 판매량이 같더라도 두 원가계산에 의한 영업이익이 항상 일치하지는 않는다. 전기의 제조원가와 당기의 제조원가는 다를 수 있기 때문이다.

12.6 정답 ④
해설 변동원가계산방법에서는 고정비를 모두 기간비용으로 처리하므로 당기순이익을 가장 적게 나타낸다.

12.7 정답 ⑤
해설 a: 변동원가계산, b:전부원가계산, c:전부원가계산, d:변동원가계산

12.8 정답 ①
해설 단위당 고정제조간접비₩2(₩20,000/10,000단위)×재고수량(1,000단위) = ₩2,000

12.9 정답 ②
해설 전부원가계산 = 직접재료비 + 직접노무비 + 변동제조간접비 + 고정제조간접비
= ₩100 + ₩350 + ₩150 + ₩500 = ₩1,100

12.10 정답 ①

해설 변동원가계산 = 직접재료비 + 직접노무비 + 변동제조간접비
= ₩100 + ₩350 + ₩150 = ₩600

12.11 정답 ④

해설 전부원가계산 = ₩10,000 + ₩20,000 + ₩5,000 + (₩10,000,000/200 = 50,000) = ₩85,000
변동원가계산 = ₩10,000 + ₩20,000 + ₩5,000 = ₩35,000

12.12 정답 ③

해설 예정고정제조간접비: ₩400×10,000대 = ₩4,000,000
실제고정제조간접비: ₩4,000,000 + ₩250,000 = ₩4,250,000
단위당 실제고정제조간접비: ₩4,250,000/8,500대 = ₩500/대
단위당 실제제조원가: ₩1,600 + ₩680 + ₩220 + ₩500 = ₩3,000

12.13 정답 ④

해설 제품단위당 공헌이익 = ₩1,800 − (₩300 + ₩250 + ₩100 + ₩150) = ₩1,000
순이익 = 제품단위당 공헌이익×판매수량 − 총고정비
= ₩1,000×1,500단위 − ₩600,000 = ₩900,000

12.14 정답 ④

해설

매 출	₩1,000/개×80,000개	=	₩80,000,000
변동원가	₩(200 + 125 + 75 + 100)/개×80,000개	=	40,000,000
공헌이익			₩40,000,000
고정원가	₩12,000,000 + 7,000,000	=	19,000,000
영업이익			₩21,000,000

12.15 정답 ①

해설 ₩18,000/1,200개 = @₩15
@₩15×200개 = ₩3,000

12.16 정답 ②

해설 단위당 고정제조간접비₩20×재고수량(1,000단위) = ₩20,000

12.17 정답 ①

해설 ₩200 = 재고증가량×(₩2,000/1,000개), 재고증가량 = 100

12.18 정답 ②

해설 기말제품에 포함된 고정제조간접비 = ₩960,000×450개/1,500개 = ₩288,000

변동원가계산에 의한 영업이익

전부원가계산에 의한 영업이익	₩368,000
기초제품에 포함된 고정제조간접비	₩120,000
기말제품에 포함된 고정제조간접비	(₩288,000)
변동원가계산에 의한 영업이익	₩200,000

* 변동원가계산에 의한 기말제품재고액도 계산할 수 있다.

변동원가계산에 의한 기말제품재고액

전부원가계산에 의한 기말제품재고액	₩780,000
기말제품에 포함된 고정제조간접비	(₩288,000)
변동원가계산에 의한 기말제품재고액	₩492,000

12.19 정답 ③

해설 생산량>판매량: 전부원가계산 순이익>변동원가계산 순이익

(기말수량 – 기초수량)×단위당 고정제조간접비

$(3,000-1,000)\times\frac{100,000}{10,000개}$ = ₩20,000 만큼 전부원가계산의 순이익이 더 크다.

12.20 정답 ⑤

해설 전부원가계산의 영업이익 – 변동원가계산의 영업이익

= 총고정제조간접원가 / 생산량 × (생산량 – 판매량)

= ₩45,000,000 / 3,000개×(3,000개 – 판매량) = ₩15,000,000

⇒ 판매량 = 3,000개 – 1,000개 = 2,000개

Ⅲ. 주관식

12.1 해설 (₩900,000 + ₩100,000)/10,000단위 = ₩100

12.2 해설 1. 단위당 제품원가 = (₩1,000,000 + ₩600,000 + ₩400,000 + ₩100,000)/1,000단위 = ₩2,100

기말제품 재고액 = 200단위×₩2,100 = ₩420,000

2. 단위당 제품원가 = (₩1,000,000 + ₩600,000 + ₩400,000)/1,000단위 = ₩2,000

기말제품 재고액 = 200단위×₩2,000 = ₩400,000

12.3 해설 1) 변동원가계산(₩1,000×200단위 = ₩200,000)에 의한 재고액이다.

	전부원가계산	변동원가계산
직접재료비	₩500	₩500
직접노무비	₩300	₩300
변동제조간접비	₩200	₩200
고정제조간접비	₩150	
단위당 제조원가	₩1,150	₩1,000

2) 변동원가계산에 의해 계산된 제품의 기말재고액 ₩200,000은 외부보고목적으로 이용될 수 없다. 따라서 외부보고 목적을 위한 기말재고액은 전부원가계산에 의한 원가 즉, ₩230,000 (= ₩1,150×200단위)이다.

12.4 정답 ₩1,440,000

해설 당기 단위당고정제조간접비 = ₩2,000,000/8,000단위 = ₩250

당기 단위당제조원가 = ₩2,440,000/4,000단위 = ₩610

단위당 변동제조원가 = ₩610 − ₩250 = ₩360
변동원가계산에 의한 기말제품재고액 = ₩360×4,000단위 = ₩1,440,000

12.5 정답 ₩120,000

해설

변동원가계산에 의한 영업이익		₩90,000
+기말재고에 포함된 고정제조간접비	₩20×1,500개 =	₩30,000
전부원가계산에 의한 영업이익		₩120,000

12.6 정답 ₩330

해설

	2006년 1월	2006년 2월
단위당 고정제조원가	₩1,350/90개 = ₩15	₩1,400/100개 = ₩14
재고수량	0개 + 90개 − 70개 = 20개	20개 + 100개 − 90개 = 30개

변동원가계산 영업이익		₩210
(−) 기초재고에 포함된 고정제조간접원가	₩15×20개 =	300
(+) 기말재고에 포함된 고정제조간접원가	₩14×30개 =	420
전부원가계산 영업이익		₩330

12.7 해설 1)

Ⅰ. 매출액		₩900,000
Ⅱ. 변동매출원가		
1. 기초제품재고액	₩0	
2. 당기제품제조원가	600,000	
3. 기말제품재고액	60,000	540,000
Ⅲ. 변동판매관리비		90,000
Ⅳ. 공헌이익		270,000
Ⅴ. 고정비		
1. 고정제조간접비		20,000
2. 고정판매관리비		50,000
Ⅵ. 영업이익		200,000

2)

변동원가계산하의 영업이익	₩200,000
기말제품에 포함될 고정제조간접비 (100단위×₩2(= ₩20,000/10,000단위) = ₩200)	200
전부원가계산하의 영업이익	₩200,200

12.8 해설 1)

Ⅰ. 매출액(13,000단위×@₩1,000)		₩13,000,000
Ⅱ. 변동매출원가		
1. 기초제품재고액	₩0	
2. 당기제품제조원가(15,000단위×₩600*)	9,000,000	
3. 기말제품재고액(2,000단위×₩600)	1,200,000	7,800,000
Ⅲ. 변동판매관리비		700,000
Ⅳ. 공헌이익		4,500,000
Ⅴ. 고정비		
1. 고정제조간접비		3,000,000
2. 고정판매관리비		1,300,000
Ⅵ. 영업이익		₩200,000

*: 제품 단위당제조원가 = ₩800
단위당 고정제조간접비 = ₩3,000,000/15,000단위 = ₩200
단위당 변동제조원가 = ₩800 − ₩200 = ₩600

2) 영업이익 차이는 ₩400,000

변동원가계산 영업이익	₩200,000
+ 기말재고에 포함된 고정제조간접비(2,000단위×@₩200)	400,000
전부원가계산 영업이익	₩600,000

또는,
영업이익 차이 = 기말수량×단위당 고정제조간접비
= 2,000 단위×@₩200
= ₩400,000

12.9 해설 1)

손익계산서
(20×8년 1월 1일 ~ 12월 31일)

Ⅰ. 매출액(1,200단위×₩1,000)		₩1,200,000
Ⅱ. 매출원가		
1. 기초제품재고액(₩500,000/1,000단위×200단위)	₩100,000	
2. 당기제품제조원가	500,000	
3. 기말제품재고액	0	600,000
Ⅲ. 매출총이익		600,000
Ⅳ. 판매관리비		
1. 변동판매관리비(₩400×1,200단위)	480,000	
2. 고정판매관리비	100,000	580,000
Ⅴ. 영업이익		₩20,000

2)

공헌 손익계산서
(20×8년 1월 1일 ~ 12월 31일)

Ⅰ. 매출액(1,200단위×@₩1,000)		₩1,200,000
Ⅱ. 변동매출원가		
1. 기초제품재고액(₩450,000/1,000단위×200단위)	₩90,000	
2. 당기제품제조원가	450,000	
3. 기말제품재고액	0	540,000
Ⅲ. 변동판매관리비(₩400×1,200단위)		480,000
Ⅳ. 공헌이익		180,000
Ⅴ. 고정비		
1. 고정제조간접비	50,000	
2. 고정판매관리비	100,000	150,000
Ⅵ. 영업이익		₩30,000

12.10 해설 1차년도의 생산량과 판매량은 동일하므로 전부원가계산과 변동원가계산의 영업이익(₩20,000)은 동일하게 된다.

	1차년도	2차년도	3차년도
Ⅰ. 매출액	₩800,000	₩600,000	₩800,000
Ⅱ. 변동비			
변동매출원가	200,000①	150,000	200,000
변동판매관리비	80,000②	60,000	80,000
Ⅲ. 공헌이익	520,000	390,000	520,000
Ⅳ. 고정비			
고정제조원가	400,000	400,000	400,000
고정판매관리비	100,000	100,000	100,000
Ⅴ. 영업이익	₩20,000	(₩110,000)	₩20,000

① ₩5×판매량(40,000개)

② ₩2×판매량(40,000개)

1차년도: 단위당 판매가격(₩800,000÷40,000개) ₩20
단위당 변동제조원가 5
단위당 변동판매관리비(₩80,000÷40,000개) 2
단위당 공헌이익 ₩13

변동판매관리비는 영업이익 ₩100,000을 역산하여 계산한다.

저/자/약/력

김형경

건국대학교를 졸업하고 동 대학교에서 경영학 박사학위(회계학전공)를 수여받았다. 현재 강릉원주대학교에서 회계학과 교수로 재직 중이다. 미국 일리노이대학교 객원교수, 강릉원주대학교 학생처장, 사회과학대학원 학장 겸 경영정책과학대학원 원장을 역임하였다. [변화하는 제조 및 경영환경하에서의 원가계산시스템에 관한 연구], [대학교육원가계산에 관한 연구], [경영효율성 제고와 성과평가시스템에 관한 연구] 등 다수의 논문을 발표하였다.

김이배

서울대학교를 졸업하고 숭실대학교에서 경영학 박사학위(회계학전공)를 수여받았다. 현재 덕성여자대학교 회계학과 교수로 재직 중이다. 한국회계학회 부회장, 대한회계학회 부회장, 한국사회적기업진흥원 감사, 금융위원회 회계제도심의위원회 위원 등으로 활동하였다. 또한 [한국공항공사의 합리적 예산편성 및 운영방안], [사회적기업 회계 개선방안], [IFRS하 재무제표분석] 등 다수의 논문을 발표하였다.

김재준

강릉대학교를 졸업하고 숭실대학교에서 경영학 박사학위(회계학전공)를 수여받았다. 현재 안산대학교 세무회계과 교수로 재직 중이다. 한국회계학회 상임이사, 한국관리회계학회 상임이사, 대학수학능력시험 출제위원, 중소기업학회 편집위원, 한국사회적기업진흥원 위원, 재경부 사회적협동조합 위원 등으로 활동하였다. 또한 [우리나라 제조업의 X-비효율성 분석], [원가효율성의 가치관련성에 관한 연구], [코스닥기업의 DEA효율성과 수익성의 관련성 연구], [감사품질과 비대칭적 원가행태] 등 다수의 논문을 발표하였다.

정형록

서울대학교를 졸업하고 동 대학교에서 경영학 박사학위(회계학전공)를 수여받았다. 가톨릭대학교 경영학부 회계학전공 교수로 재직했으며, 현재 경희대학교 경영대학 회계・세무학과 교수로 재직 중이다. 한국회계학회 상임이사, 한국경영학회 상임이사, 한국관리회계학회 상임이사, 한국경영교육학회 상임이사, 회계저널 편집위원으로 활동하였다. 또한 [한국 제조기업의 비대칭적 원가행태], [보험회사 활동기준원가계산 도입 사례연구] 등 다수의 논문을 발표하였다.

김미옥

가톨릭대학교 회계학과를 졸업하고 경희대학교 일반대학원에서 경영학 석사·박사학위(회계학전공)를 수여받았다. 현재 배화여자대학교 세무회계학과 강의전담 조교수로 재직중이다. [IBS 연구단 유치기관지원비 개선 방안 수립연구], [2012년 의료기관 간병서비스의 제도적 수용방안] 외 다수의 연구과제를 수행하였으며 [지분율 괴리도와 투자이상현상], [공공기관의 하방경직적 지출행태에 관한 연구], [제조원가명세서 자발적 공시의 결정요인에 관한 연구], [이익조정 측정모형으로서 발생액모형과 수익모형의 적합성, 검정력 비교연구] 등 다수의 논문을 발표하였다.

NCS 원가회계

2016년 9월 5일 1판 1쇄 인쇄
2016년 9월 10일 1판 1쇄 발행

저 자: 김형경 · 김이배 · 김재준
정형록 · 김미옥
발행자: 김 동 규
발행처: 교 육 과 학 사

저자와의
협의하에
인지생략

경기도 파주시 광인사길 71
전화(031)955-6956～8/팩스(031)955-6037
Home-page: www.kyoyookbook.co.kr
E-mail: kyoyook@chol.com
등록: 1970년 5월 18일 제2-73호

낙장 · 파본은 교환해 드립니다.
Printed in Korea.

정가 22,000원
ISBN 978-89-254-1091-3